Dem

Vorkämpfer deutscher Genossenschaftstheorie

Herrn Dr. Otto Gierke

Geheimem Justizrath
und ordentlichem Professor der Rechte an der Universität Berlin

in Verehrung

zugeeignet.

Vorbemerkung.

Nur ungern und mit Widerstreben habe ich in dieser Arbeit die allgemeinen Grundbegriffe des Staatsrechts einer Revision unterzogen, welche in den wesentlichsten Punkten zu einer von der herrschenden fundamental verschiedenen Anschauung gelangt. Eine solche Begriffskonstruktion ist ein ebenso mühevolles, als in der Regel undankbares Unternehmen, besonders wenn sie sich, wie die folgende, zur Negirung der Grundauffassung genöthigt sieht, auf welcher sämmtliche Systeme unserer Wissenschaft beruhen und wenn ihr dabei der Name ihres Verfassers durch gefestigtes Ansehen keinen Schutz zu gewähren vermag. Erspriesslicher und dankbarer ist es, seine Kraft an einer einzelnen, konkreten Frage zu erproben und dabei die allgemeine begriffliche Grundlage, wie sie in der zur Zeit herrschenden Lehre zum Ausdruck kommt, als gegeben anzunehmen.

Aber leider erwies sich ein solches Verfahren bei der Behandlung aller wichtigsten Streitfragen des deutschen Reichsstaatsrechts als völlig aussichtslos. Gerade die eingehende Untersuchung verschiedener höchst konkreter Einzelfragen führte mich zuletzt immer wieder auf die Grundbegriffe zurück und drängte mir endlich die sehr unliebsame Erkenntniss auf, dass diese Grundbegriffe, wie sie in der zur Zeit herrschenden Lehre formulirt sind, eine voll befriedigende Lösung all' jener Fragen nicht ermöglichen. Während ich, vom Standpunkt der herrschenden Grundanschauung ausgehend, bezüglich der wichtigsten Einzelfragen zu Resultaten gelangte, welche der herrschenden Theorie und Praxis gleichmässig widersprachen, ohne doch bei sorgfältigster Prüfung einen logischen Fehler in meiner Deduktion entdecken zu können, zeigt nunmehr das letzte (XII.) Kapitel dieser Arbeit im wesentlichen volle Uebereinstimmung mit der herrschenden Meinung der Theorie wie mit der feststehenden Uebung der Praxis; aber freilich — diese Harmonie der Resultate ist erreicht mittels völliger Umgestaltung der begrifflichen Grundlage.

Nicht mit Unrecht bezeichnet ein französischer Jurist, der sich in sehr verdienstlicher Weise mit deutschem Reichsstaatsrecht befasst hat, dasselbe als *„un écheveau embrouillé, dont on a peine à saisir le fil; on croit le tenir pour longtemps et pouvoir enfin le dévider, quand il faut tout à coup le rompre et de nouveau s'armer de patience"* [1]). Was die Fäden dieses Gewebes verwirrt, das ist in letzter Linie immer wieder das Verhältniss des Reiches zu den Gliedstaaten; und der Grundbegriff, von welchem die Theorie bei der Beurtheilung dieses Verhältnisses stets ausgeht, die Souveränität, macht den Knoten, statt ihn zu entwirren, unlöslich. Im Gespinnst des Souveränitätsbegriffs hat sich die Staatsrechtslehre verfangen wie die Fliege im Gewebe der Spinne.

Längst schon hatte die Gestaltung modernen Staatslebens es der Wissenschaft nahe gelegt, Reich und Staat nicht isolirt zu betrachten, sondern unter Hinzuziehung der Gemeinden die politischen Gemeinwesen überhaupt als Artbegriff zu untersuchen. Jedoch durfte man hierbei nicht stehen bleiben; vielmehr konnte ein fester Ausgangspunkt der Untersuchung nur gewonnen werden, wenn man auch die politischen Gemeinwesen zunächst als eine Art der Gattung „Gesammtperson" erfasste. Und hier war es, wo die junge, hoffnungs- und triebkräftige Lehre der Genossenschaftstheorie unserer Untersuchung Stütze und Stab wurde, da sie lehrte, das Spinnennetz des veralteten, zeitwidrigen Souveränitätsbegriffs zu zerreissen und moderne deutsche Gebilde auch in modernem deutschen Geiste zu begreifen. Jene Lehre, die Beseler, dessen Tod wir heute beklagen, begründet, die Bähr zuerst für die begriffliche Er-

---

[1]) C. Morhain: *„De l'empire allemand"*. Paris 1886.

fassung des Rechtsstaats zu verwerthen versucht, deren Bannerträger heute **Gierke** ist, ward der Grundstein, auf welchem es uns gelang, eine einheitliche Konstruktion von Gemeinde, Staat und Reich, des deutschen Staates in seiner reichen Gliederung, zu errichten. Die Worte Gierke's, welche dieser Arbeit als Motto voranstehen, wurden zu einem wahren Leitstern; sie beleuchteten den Weg, welchen wir zu gehen hatten, um, mit dem Niedersten und Engsten beginnend, die gedankliche Erfassung des Höchsten und Weitesten zu gewinnen.

Freilich erlaubten auch die Lehren Gierke's, weil sie doch hauptsächlich an Fragen des Privatrechts ausgebildet und entwickelt worden, keine unveränderte Uebertragung auf die staatsrechtliche Konstruktion; vielmehr bedurften sie mannigfach umgestaltender Behandlung. Aber wenn in dieser Hinsicht die vorliegende Schrift irgend Erspriessliches bietet, so verdankt sie auch dies im letzten Grunde den Ideen, die aus den Werken Gierke's geschöpft wurden. Nirgends mehr, als wo ich ihn bekämpfe, fühle ich mich als Gierke's Schüler.

Die gedankliche Scheidung des **organischen Sozialrechts** vom **Individualrecht** bildet die unumgängliche Voraussetzung jeder fruchtbaren Behandlung des öffentlichen Rechts überhaupt und des Staatsrechts im besonderen. Wenn diese Scheidung geeignet ist, das Staatsrecht nicht nur den übrigen Disciplinen der Staatswissenschaft zu nähern, sondern auch dasselbe recht lebhaft als einen Zweig am Baume der modernen Wissenschaft erkennen zu lassen, so ist dies freudig zu begrüssen. Nicht das Objekt, aber die Methode der Erkenntniss ist bis zu einem gewissen Grade allen Disciplinen derselben Zeit gemeinsam. Hatte hierin einst die Philosophie die Führung, so hat sie heute die Naturwissenschaft; und die Jurisprudenz braucht sich nicht zu schämen, von dieser zu lernen, wie sie einst von jener gelernt hat.

Besteht zwischen dem organischen Sozialrecht und dem Individualrecht ein gedanklicher Unterschied, so folgt logisch, dass jenes eine andre Technik des Denkens erfordert, als dieses. Wohl ist für die grosse Masse der Juristen privatrechtliches und juristisches Denken identisch; und Anschauungen, welche der individualistischen Schablone widerstreben, gelten ihnen kurzweg als unjuristisch. Sie beweisen damit nur, dass die spröde Einseitigkeit, welche der hier vertretenen Richtung so oft vorgeworfen wird, in Wahrheit bei den Gegnern zu Hause ist. Raum für Alle hat die Jurisprudenz; nur darf man die Eigenart des Theils nicht als unantastbaren Typus des Ganzen hinstellen.

Eines aber ist der Jurisprudenz in allen ihren Zweigen gemeinsam; sie ist die Wissenschaft der angewendeten Logik. Was unlogisch ist, das ist überall und immer unjuristisch. Dass die folgenden Ausführungen keinen Mangel an Logik verrathen, muss ich wünschen und hoffen. Bei der auf Schritt und Tritt nothwendigen Polemik gegen ausnahmslos alle Autoritäten des Faches, bei der den üblichen Anschauungen völlig heterogenen Auffassung und Methode war die logisch schrittweise Fortführung der Untersuchung nur zu oft vor die Wahl gestellt, breit oder unklar zu werden. Ich habe stets die Breite als das kleinere Uebel der Unklarheit vorgezogen. So dürfen manche scheinbare Weitschweifigkeiten, manche Wiederholungen durch das Gebot der Noth entschuldigt werden. Wenn aber hier und da Selbstverständliches gesagt zu werden scheint, so wissen Leute mit offnem Auge und Ohr, wie selten gerade in den grundlegenden Fragen scheinbar Selbstverständliches von selbst verstanden wird.

Treu ihrem eigensten Grundgedanken wird die Genossenschaftstheorie nicht als aprioristisches Axiom der folgenden Untersuchung vorangestellt. Vielmehr zeigt der erste Theil, wie die auf andrer Grundlage aufgebauten Konstruktionen in innerer Haltlosigkeit zusammenbrechen. Erst im zweiten Theil entwickelt sich die sozialrechtliche Anschauung aus der Analyse der bisher herrschenden Grundbegriffe; und auf der so gewonnenen Unterlage baut der dritte Theil, *ab ovo* beginnend, fort, indem sich die Resultate der Synthese aus dem einmal erfassten richtigen Princip gleichsam von selbst ergeben und zum Schlusse die Aufgabe aller wissenschaftlichen Konstruktion erfüllen, die endliche Identität theoretischer und praktischer Wahrheit zu erweisen.

„Bruchstück bleibt, was zur Lösung einer Aufgabe, wie der hier gestellten, der Einzelne beizutragen vermag“. Wenn Gierke dies Bekenntniss an die Spitze seiner Werke stellt, so ziemt es noch ungleich mehr dieser Arbeit, welche sich jenen so wenig nach Werth wie nach Umfang an die Seite zu stellen vermag. Aber was auch immer die Erkenntniss Andrer von unseren Resultaten als falsch erweisen mag, — der eingeschlagene Weg als solcher wird sich am Ende als der richtige erweisen. Auf ihn drängte die Entwicklung der Wissenschaft wie die Gestaltung der Wirklichkeit hin; und ein richtiger Weg muss endlich zum richtigen Ziele führen.

Berlin im September 1888.

Der Verfasser.

Berichtigung.

S. 401 Zeile 11 v. o. ist zwischen die Worte: „Gebietskörperschaft“ und „eventuell“ einzuschieben: für die dadurch vergrösserte bezw. verkleinerte Gebietskörperschaft.

Inhalt.

Motto: „Wenn überall im Bereiche der Gesellschaft wie der Natur das Verständniss der vollkommensten und verwickeltsten Organismen durch das Studium der niederen und einfacheren Organismen gefördert worden ist, so wird auch die Hoffnung sich erfüllen, dass die Genossenschaftstheorie durch das von ihr eingeschlagene Verfahren klärend und befruchtend auf das Staatsrecht einwirke.

O. Gierke.

I.

Einleitung.

„Die Tage, da alles in Deutschland, was sich mit der Gegenwart und Zukunft des Vaterlandes beschäftigte, das Wort Bundesstaat im Munde trug und in Schriften und Reden über die Nothwendigkeit, die Bedingungen und die Folgen seiner Begründung gehandelt wurde, sind vorüber.“

Mit diesen Worten beginnt Georg Waitz seinen berühmten Exkurs über „das Wesen des Bundesstaats“ [1]), dessen Theorie von der getheilten Souveränität lange Jahre unsere Wissenschaft beherrschte und auch heute noch nicht völlig todt ist. Wenn Waitz bei jener Bemerkung lediglich die Aeusserungen des politischen Lebens im Auge hatte, wie sie vornehmlich in der Tagespresse und den Parlamenten zu Tage treten, so ist dieselbe unzweifelhaft zutreffend. Man braucht nur die Verhandlungen des konstituirenden Reichstags von 1867 durchzugehen, und man wird staunen über die Dürftigkeit und Unfruchtbarkeit, welche die zur endlichen Verwirklichung des

---

[1]) „Grundzüge der Politik“, Kiel 1862. „Einzelne Ausführungen“ III. S. 153.

deutschen Einheitstraumes berufene Versammlung hinsichtlich der principiellen Grundfragen an den Tag legte. Gleichzeitig ergiebt dies Studium auch, dass die Ursache für diese Kargheit der begrifflichen Grundlegung durchaus nicht in einer zu grossen Vertrautheit mit dem Wesen des Bundesstaats und den einschlägigen Fragen auf Seiten der Mehrzahl der Abgeordneten zu suchen ist.

Ganz anders gestaltet sich das Verhältniss, wenn man die Wissenschaft, die staatsrechtliche Theorie in's Auge fasst. Seit den Tagen, da Waitz jene Worte schrieb, hat sich die wissenschaftliche Litteratur über die Bundesstaatstheorie und die damit zusammenhängenden Begriffe in einer Weise entwickelt, dass sie alles vor ihm auf diesem Gebiete Geleistete sowohl quantitativ als vor allem qualitativ weit überholt hat. Besonders die specifisch juristische Behandlung dieser Dinge hat durch die von Seydel übermittelte Lehre Calhouns eine weit fruchtbarere Anregung erhalten, als durch jene Theorie, welche Waitz unter dem Einflusse Tocqueville's dem Federalist entnahm. Vergleicht man mit den in den letzten 15 Jahren erschienenen Arbeiten die entsprechenden Ausführungen Pfizer's, Welcker's u. a. m., ja noch die Bluntschli's, so kann man sich nur mit Mühe vor einer ungerechten Beurtheilung dieser älteren Arbeiten bewahren. Auch auf die allgemeinen und grundlegenden Materien hat sich eben die Wandlung erstreckt, welche unsere Disciplin aus einem neutralen Gebiet, auf dem sich Philosophen und Historiker, Civilisten und Politiker nach Herzenslust tummelten, zu einem eigenberechtigten und selbstständigen Zweige der Jurisprudenz zu machen im Begriff ist. Freilich, zu einem abschliessenden Resultat bezüglich des Controversenkreises, welcher sich um die juristische Construktion des zusammengesetzten Staates dreht, hat die neue Methode noch nicht geführt; wir stehen noch immer im Banne des Zweifels, welcher der Vater des Wissens ist. Aber auch ohne vorläufig ein voll befriedigendes Endergebniss erreicht zu haben, sind diese Untersuchungen für die Wissenschaft fruchtbarer, als jene alten, selbstsicheren Dogmen, denen nur der Mangel juristischer Logik Existenz lieh.

Als im Jahre 1874 Brie seine Dogmengeschichte des Bundesstaatsbegriffs erscheinen liess, mochte ihn die Empfindung leiten, dass die Entwicklung dieser Lehre an einem entscheidenden Wendepunkt angelangt sei. Die Zeit, da man die Lösung des Problems in der Theorie von der getheilten Souveränität gefunden zu haben meinte, neigte sich zum Ende. Schon war dieselbe von hervorragenden Schriftstellern, welche noch im allgemeinen auf ihrem Boden standen, wie v. Mohl, v. Gerber, G. Meyer, doch in einzelnen bedeutungsvollen Punkten modificirt worden. Die Untersuchung aber, mit deren Analyse Brie's Werk abschliesst, M. Seydel's Aufsatz über den Bundesstaatsbegriff, bekämpfte nicht nur mit kritischer Schärfe jene herrschende Lehre, sondern gelangte geradezu zur „Bankerotterklärung des Bundesstaatsbegriffs“ [2]). So war man denn nach der wissenschaftlichen Arbeit zweier Jahrhunderte wieder auf dem Standpunkte Pufendorf's angelangt, welcher die Voraussetzung dieser ganzen Theorie, die begriffliche Möglichkeit eines über Staaten herrschenden Staates, schlechtweg negirte. Dennoch trat in der Entwicklung der Lehre kein Stillstand ein; im Gegentheil wurde dieselbe gerade durch diese kühne Negation in so lebhaften Fluss gebracht, wie nie zuvor. Seit dem Jahre 1872 sind in ununterbrochener Reihe jene Arbeiten erschienen, welche, auf wahrhaft juristischer Methode beruhend, der Bundesstaatstheorie und der Lehre von den Staatenverbindungen überhaupt vielfach neue Seiten der Betrachtung abgewannen. In dieser überaus lebhaften Fortbildung der Theorie mag vielleicht der Grund zu suchen sein, dass Brie zwölf Jahre lang zögerte, seiner historischen Darstellung die in Aussicht gestellte dogmatische folgen zu lassen. Der von ihm vielleicht vermuthete Ruhepunkt ist eben keineswegs eingetreten. Seine im Jahre 1886 erschienene „Theorie der Staatenverbindungen“ mag nun wohl als die dogmatische Ergänzung jener früheren Schrift anzusehen sein. Dass aber auch die dort niedergelegten eigenen Ansichten des gründlichen Kenners dieser Theorie die Entwicklung der-

[2]) M. Seydel „Der Bundesstaatsbegriff“ in der Tübinger Zeitschrift f. d. ges. Staatswissenschaft. Bd. 28. Jahrg. 1872. S. 207.

selben nicht zum Abschluss zu bringen geeignet sein dürften, das beweist schon die Kritik Laband's, welche deren principielle Grundlagen ernstlich in Frage stellt[3]).

In der Einleitung seiner Dogmengeschichte des Bundesstaats sagt Brie: „Die Abhängigkeit auch der theoretischen Staatswissenschaft von dem praktischen Staatsleben wird kaum durch die Geschichte irgend einer anderen Lehre so deutlich dargethan"[4]). Diese Behauptung findet ihre Bestätigung in dem tief greifenden Einflusse, welchen die staatliche Neugestaltung Deutschlands auf die deutsche Wissenschaft, besonders auf die Staatstheorie ausgeübt hat. Während man sich früher fast ausschliesslich in abstrakten Spekulationen über Eigenschaften und Erfordernisse der Staatengebilde erging, Spekulationen, welchen unsere geschmeidige Sprache durch die angenehm handliche Antithese von Staatenbund und Bundesstaat einen Mittelpunkt lieh, zwang nunmehr die reale Existenz des neuen Staatenstaates, des deutschen Reiches die Wissenschaft, ihre abstrakten Sätze an diesem concreten Gebilde zu erproben, das faktisch Gegebene juristisch zu construiren. Natürlich drängte sich zuvörderst die Frage auf, ob Bundesstaat oder Staatenbund? Heute scheint dieselbe im wesentlichen erledigt. Gegenüber der herrschenden Meinung, welche dem Reiche unbedingt den bundesstaatlichen Charakter vindicirt, kommt für das Staatsrecht[5]) wissenschaftlich höchstens noch die fast

---

[3]) cf. Archiv für öffentliches Recht. Bd. II. Heft 2. 1887. S. 311 fg.

[4]) Brie „Der Bundesstaat". I. Abtheilung: „Geschichte der Lehre vom Bundesstaate". Leipzig 1874. S. 8.

[5]) Anders verhält sich noch bis auf die neueste Zeit das Völkerrecht. Während Geffcken das von Heffter übergangene deutsche Reich in die Aufzählung der Bundesstaaten aufnimmt (cf. Heffter-Geffcken „Das europäische Völkerrecht". 7. Ausg. 1881. S. 49. 50), erklärt es Bulmerincq (Marquardsen's Handbuch I. 2 § 15) wieder für einen Staatenbund. Merkmale eines solchen soll danach übrigens auch die Schweiz zeigen. Allerdings spricht B. auch noch immer von getheilter und Halbsouveränität etc. — Ebenso meint Martens (Völkerrecht, deutsch von Bergbohm 1883; Bd. I. S. 242), dass die Existenz des Bundesrathsausschusses für die auswärtigen Angelegenheiten sammt dem den Partikularstaaten zustehenden Rechte der diplomatischen Vertretung deutlich dafür

isolirte Anschauung in Betracht, welche nur desshalb dem Reiche jenen Charakter abspricht, weil sie die begriffliche Möglichkeit dieser Staatsform überhaupt leugnet. Da aber jene siegreiche Lehre gleichzeitig die Theorie von der getheilten Souveränität bekämpfte und überwand, so musste sie dazu gelangen, die Eigenschaft der Souveränität aus dem Begriffe des Staates zu eliminiren; die begriffliche Möglichkeit nicht souveräner Staaten, die Realisirung dieser Möglichkeit in den Gliedstaaten des Bundesstaats zu behaupten.

Damit nun ist keineswegs das Problem, welches die Theorie des zusammengesetzten Staates so schwierig macht, gelöst; sondern gewissermassen nur eine Stufe tiefer gelegt. Handelte es sich früher um die begriffliche Scheidung zwischen der Gesammtgewalt eines Staatenbundes und eines Bundesstaats, so handelt es sich jetzt um die begriffliche Scheidung zwischen dem Gliede eines Bundesstaats und dem Selbstverwaltungskörper eines decentralisirten Einheitsstaats. Diese Frage, welche unter der Herrschaft der Waitz'schen Theorie gar nicht aufzuwerfen war, musste mit der Beseitigung jener in den Vordergrund treten.

Und gerade für die deutsche Wissenschaft hat diese Frage nach Lage unserer speciellen Verhältnisse besondere Bedeutung. Denn parallel mit der Fortbildung der bundesstaatlichen Gestaltung ging bei uns die Entwicklung des Gedankens der Selbstverwaltung in Theorie und Praxis. Im Jahre 1853 erschien zuerst[6]) die Untersuchung von Waitz über das Wesen des Bundesstaats, welche aus der Verfassung Nord-Amerikas die Grundlagen auch der bündischen Gestaltung Deutschlands zu abstrahiren suchte; im Jahre 1857 erschien das erste der grundlegenden Werke Gneist's, welche aus der historischen Entwicklung

---

sprechen, dass das deutsche Reich ein Staatenbund sei. — v. Holtzendorff (Handbuch des Völkerrechts Bd. II. S. 143) meint — allerdings mit vorsichtigen Reservationen —, dass das deutsche Reich „staatsrechtlich genommen dem sog. Bundesstaat, völkerrechtlich dagegen dem Staatenbunde näher steht". Vgl. dort S. 148, 149 n. 4 auch die fremde völkerrechtliche Litteratur über diese Frage.

[6]) In der Kieler Monatsschrift.

des englischen Verfassungs- und Verwaltungsrechts die Idee des Selfgovernment als die Basis des modernen Verfassungsstaats abstrahiren. Durch die Fort- und Ausbildung dieser Gedanken wird der überkommene Staatsbegriff von zwei Seiten her, von oben und unten, angegriffen; die Bundesstaats- und die Selbstverwaltungsidee sind natürliche Verbündete, deren fortschreitende Entwicklung sowohl in der Theorie wie in der Praxis in nothwendiger Wechselwirkung steht. Eine Scheidewand zwischen beiden bildet nur noch der Begriff des nichtsouveränen Staates. Gelingt es der Wissenschaft nicht, den begrifflichen Unterschied zwischen diesem und einem Selbstverwaltungskörper festzustellen, so fliessen für die Theorie Bundesstaat und decentralisirter Einheitsstaat begrifflich in eins zusammen.

Dass nun gerade die deutsche Wissenschaft seit Jahren sich müht, diesen Unterschied zu construiren, ergiebt sich als zwingende Nothwendigkeit aus den gegebenen staatlichen Verhältnissen Deutschlands. Wenn man die nordamerikanischen Einzelstaaten oder die Kantone der Schweiz als Kommunalkörper höherer Ordnung bezeichnen wollte, so würde man nicht in einen so augenfälligen Widerspruch mit der Wirklichkeit zu gerathen scheinen, als wenn man dieselbe Bezeichnung auf die Staaten des deutschen Reichs anwendete. Denn dem widerstrebt nicht nur die monarchische Stellung der meisten Staatsoberhäupter, sondern auch der Umstand, dass hier — dynamisch betrachtet — neben Staatswesen von der Bedeutung eines mässigen Communalverbandes andere stehen, deren grösstes für sich allein die Bedeutung einer europäischen Grossmacht hat. Sie alle aber soll dieselbe Begriffskategorie umfassen.

Seit die Wissenschaft den Boden der Waitz'schen Theorie verlassen und den Begriff des nichtsouveränen Staates angenommen hat, bestrebt sie sich eifrig, hier einen Ausweg zu finden, das erlösende Unterscheidungsmerkmal zu construiren. Jede neue Begriffsformulirung ist als mögliches Hilfsmittel in der Noth willkommen. So ist vor allem Ihering's bestechende Interessen- und Zwecktheorie sofort zu jenem Zwecke im Interesse des Staatsrechts verwerthet worden.

Diese Entwicklung, wie sie sich seit Abschluss des Brie'schen

Werkes gestaltet hat, ist zunächst im Einzelnen zu betrachten. Dabei machen wir keinen Ansprnch auf Vollständigkeit[7]; denn diese würde ein Werk von gleichem oder grösserem Umfange als das von Brie erfordern, ohne den gleichen Nutzen zu bieten. Hier kommt es nur auf die Hervorhebung der für die Fortbildung der Lehre charakteristischen Erscheinungen an. Vorher muss jedoch auch auf den schon von Brie behandelten Zeitraum des Zusammenhangs wegen und zur Ergänznng zurückgegriffen werden.

[7]) So konnten manche bekannte Lehrbücher und Kompendien in der folgenden litterarhistorischen Entwicklung übergangen werden.

Erster Theil.

Dogmengeschichte.

II.

Bis zum Abschluss des Werkes von Brie (1872).

Es ist nicht ohne Interesse, gewisse charakteristische Züge, welche der Bundesstaatstheorie und den in ihr hervortretenden Gegensätzen bis auf den heutigen Tag eigen sind, schon bei ihren beiden ersten bedeutenden Vertretern in der deutschen Wissenschaft zu bemerken, bei Ludolf Hugo und Samuel Pufendorf [1]. Seitdem es überhaupt eine deutsche Staatsrechtstheorie giebt, drängte sich ihr als vornehmste Aufgabe die Construirung des rechtlichen Verhältnisses zwischen Kaiser und Reichsständen auf. Während aber in den früheren Stadien, in dem Streite zwischen Vultejus und Antonius [2], zwischen der Lehre Reinkings und der des Arumaeus und seiner Schüler (Limnaeus, Hippolithus a Lapide) [3] die Frage gemäss den überkommenen aristotelischen Schulbegriffen dahin formulirt erscheint, ob das Reich eine Monarchie, eine Aristokratie oder eine aus beiden gemischte Staatsform sei, vertieft sie sich bei jenen erst genannten Autoren, ohne zwar die bisherige Formulirung ganz abzustreifen, zu dem Problem des aus Staaten zusammengesetzten Staates. Wenn man der Ausdrucksweise jener Zeit unsre moderne Terminologie substituirt, so handelt es sich bei

---

[1]) Brie a. a. O. S. 17 fg., S. 22 fg.

[2]) Stintzing, „Geschichte der deutschen Rechtswissenschaft“ I. S. 462 f., II. S. 39 f.

[3]) Stintzing a. a. O. II. S. 40 flg. 48 f. — Vgl. auch Weber in Sybels hist. Zeitschr. XIX (1873) S. 260.

dem Gegensatz der Lehre Hugos und Pufendorfs um die theoretische Möglichkeit des Bundesstaatsbegriffs. Wenn die Theorie Seydels den Amerikaner Calhoun als ihren Vater anerkennt, so findet sie in Samuel Pufendorf jedenfalls einen deutschen Ahnherrn.

Fast alle modernen Erörterungen über unsern Gegenstand beginnen (freilich in oft sehr divergirendem Sinne) mit der Betonung des specifisch staatsrechtlichen Standpunkts. Dies haben schon Hugo und Pufendorf mit einander und mit ihren wissenschaftlichen Nachkommen gemein.

Ludolf Hugo stellt gleich im Eingang [4]) seine Methode in Gegensatz zu der „*longe alia methodo*", deren sich bedienen „*jurisconsulti qui de jure territorii, seu superioritate territoriali scripserunt.*" Diese führen Privatrechtsstellen und Controversen an, und ebenso verfahre man bei den höchsten Reichsgerichten. „*Dubium autem suboriri potest, rectene an secus ita fiat; propterea quod jura privata cum jure publico non commiscenda videntur.*" Und Pufendorfs Monzambano giebt in der *epistola ad Laelium fratrem* seinem Befremden darüber Ausdruck, dass er in einem sehr berühmten Buche über die deutsche Reichsverfassung (wahrscheinlich dem Werke des Limnaeus)[5]) zwar prahlerisch hervortretende Kenntniss des römischen Rechts, aber durchaus kein politisches und historisches Wissen gefunden habe. Ohne solches Wissen aber besitze man für Darstellung des deutschen Staatsrechts ebensoviel Talent, „als der Esel zum Saitenspiel" [6]).

Trotz dieser principiellen Uebereinstimmung gehen nun aber Beide in der Bethätigung ihrer Methode diametral auseinander, auch hierin typische Muster für die Erscheinungen der modernen Litteratur. Man hat die Philosophie und die Geschichte als die beiden grossen Werkstätten bezeichnet, aus denen die Säulen, welche das Gebäude aller Rechtswissen-

[4]) Ludolphi Hugonis: „*De statu regionum Germaniae liber unus*" Gissae 1689 ed. Joh. Nic. Hertius. S. 3, 4.

[5]) Vgl. Sev. de Monzambano: „*De statu imperii germanici*"; übersetzt und eingeleitet von Dr. Harry Bresslau. Berlin 1870. S. 25.

[6]) Ebenda.

schaft tragen, doch zuletzt herrühren [7]). Weniger als die andern Disciplinen der Jurisprudenz vermag noch jetzt das Staatsrecht diesen zweifachen Ursprung seiner Grundpfeiler zu verleugnen; der Kampf zwischen der philosophischen und historischen Auffassung bezeichnet hier nicht eine einzelne Periode seiner Entwicklung, sondern begleitet ständig seine zweihundertjährige Geschichte. Dieser Gegensatz ist es, der in den Lehren Pufendorfs und Hugos, wie in denen von Seydel und Waitz, hervortritt.

„*Si quis res, ut a principio oriuntur ac nascuntur, inspexerit, hoc modo optime rei veritatem perspexerit, — ut auctor est Aristoteles*“, so bezeichnet Hugo selbst [8]) den ihn leitenden Gedanken. Treffend charakterisirt diesen Weg der Untersuchung Jastrow mit den Worten: „Was er von Aristoteles gelernt hat, das ist die wahrhaft historische Methode, in der Politik niemals mit der Theorie, sondern stets mit den historisch gegebenen Verhältnissen zu beginnen und aus ihnen erst die Doktrin abzuleiten“ [9]). Nicht nur von Aristoteles, den er selbst als auctor nennt, hat er diese Methode gelernt, sondern vor allem wohl von seinem unmittelbaren Lehrer Hermann Conring, den gerade historische Forschungen erst zum öffentlichen Recht und zur Politik führten [10]). Auf diesem Wege der Induktion aus den historisch gewordenen Zuständen gelangt Hugo zu der begrifflichen Unterscheidung: „*Superior respublica est, quae omnium summam in universo imperio potestatem habet . . . . Huic autem inferiores respublicae subjectae sunt, quae in partibus regni vel imperii constitutae . . . . . Ad eum igitur modum se habere videntur ditiones Ordinum Imperii nostri, quae territoria vocantur. Peculiaris enim in singulis consistit respublica, et praeterea omnes conjunctim sumptae communi aliqua republica totius imperii continentur*“. Und wie eine Vorahnung der mo-

---

[7]) Gierke in Schmollers Jahrbuch für Gesetzgebung u. s. w. 7. Jg. (1883) Heft 4, S. 9.

[8]) *De stat. reg. Germ. ed. cit.* S. 4.

[9]) Jastrow: „Pufendorfs Lehre von der Monstrosität der Reichsverfassung“. Berlin 1882. S. 46.

[10]) Vgl. Stintzing II. S. 168.

dernsten Controversen auf diesem Gebiete klingt es, wenn er fortfährt: „*Unde differentia apparet inter territoria et circulos. Nam circulorum potestas a Republica imperii communi dependet, et sunt ejusdem corporis quasi artus quidam. Sed territoria singula per se peculiare aliquod corpus civile, imperio tamen insitum, constituunt.*“ Daraus ergiebt sich ihm die Definition des deutschen Territorialstaats: „*esse partem imperii, loco distinctam, ad hoc, ut peculiari regimine civili, reipublicae communi subjecto, administretur*“ [11]). Wenn diese Lehre Hugos von der Theilung der Majestätsrechte zwischen einem Ober- und mehreren Unter-Staaten, von denen der erstere für die gemeinsame Wohlfahrt, die letzteren für die specielle zu sorgen haben, eine wahrheitsgetreue Formulirung der deutschen Reichsverhältnisse bietet, so verbindet sie doch mit diesem Vorzuge auch den Nachtheil ihrer Methode: vor allem den Mangel logisch scharfer Begriffskonstruktion, welche vor einer von höheren und allgemeinen Gesichtspunkten ausgehenden Kritik bestehen könnte [12]). Mit dem damals im Beginn seiner Herrschaft stehenden Staatsbegriff Bodins war diese Theorie schwer vereinbar.

Dieser exakte und scharfe Staatsbegriff, wie ihn die Souveränitätslehre Jean Bodins in die Wissenschaft eingeführt hatte, ist es, der den Ausgangspunkt und die Grundlage der Theorie Pufendorfs bildet. Zwar giebt auch er sich den Anschein, seine Resultate aus der historischen Entwicklung Deutschlands abzuleiten; aber es ist dies eben nur Schein; die geschichtliche Darstellung soll ihm nur zur Illustration seiner vorher schon feststehenden Doktrin dienen. „Wie bei natürlichen und künstlichen Körpergebilden ein gesunder Zustand aus angemessener Harmonie und Verbindung der Theile hervorgeht,

---

[11]) *De stat. reg. Germ. ed. cit.* S. 30. 31.

[12]) J. St. Pütter, der ein Jahrhundert später die Lehre Hugos wieder aufnahm, unterliegt dieser Schwäche der historisch-positiven Methode fast in noch höherem Grade. Es ergeben sich bei ihm daraus mannigfache wissenschaftliche und politische Consequenzen. Vgl. deren Kritik bei R. v. Mohl, Gesch. u. Litt. d. Staatswissenschaften. Bd. II. S. 425 fg.

so sind auch die ethischen Körpergebilde, d. h. die socialen Verbände für gesund und kräftig, oder für schwach und krank zu halten, je nachdem die Verbindung ihrer Bestandtheile gut oder nicht gut ist, d. h. je nachdem sie eine regelmässige Form und Gestaltung oder etwas unregelmässiges und monströses zeigen." Mit diesen Worten leitet er das VI. Kapitel des Monzambano [13]), welches den eigentlichen Kern der Schrift bildet, ein, und sie beweisen, dass er mit einer *a priori* gegebenen Norm der „guten" und „regelmässigen" Staatsbildung an die Betrachtung der deutschen Reichsverfassung herantritt, welche ihm in ihrem Gegensatz zu seiner Norm als „monströs" erscheinen muss. Diese Norm ist die *république avec puissance souveraine* [14]). Aus dem Wesen der Souveränität, der *summa potestas,* ergiebt sich ihm die Einheit und Unabhängigkeit als *essentiale* des Staates; also die begriffliche Unmöglichkeit von *respublicae inferiores* (nach der Terminologie Hugos) gegenüber einer *respublica superior* [15]). Ausser dem Einheitsstaat ist ihm nur das auf einem *foedus expressum* beruhende, eines einheitlichen Oberhauptes entbehrende *systema civitatum* denkbar, d. h. nach moderner Ausdrucksweise der Staatenbund. Auch dies sei Deutschland nicht [16]), also „bleibt nichts übrig, als Deutschland, wenn man es nach den Regeln der Politik classificiren will, ein unregelmässiges und fast monströses Staatsgebilde zu nennen" [17]). Er lässt sich in der logisch-scharfen Durchführung der Consequenzen seines Staatsbegriffs nicht beirren durch überfeine Distinktionen, wie sie auch schon die damalige Wissenschaft uns Epigonen vorweg genommen hat; nicht durch jene Anticipirung der Lehre von der nur nach Umfang, nicht nach Inhalt getheilten Souveränität, welche in

---

[13]) *ed. cit.* S. 98.

[14]) Bodin: „*De la république*" I, 1: *République est un droit gouvernement de plusieurs mesnages et de ce qui leur est commun avec puissance souveraine.*"

[15]) *Jus nat. et gent. pass. — De system civ.* § 8. Vgl auch Jastrow a. a. O. S. 55.

[16]) *De Republ. irreg.* § 10.

[17]) Monzambano *ed. cit.* S. 106.

der Theorie der Reichspublicisten lag, wenn sie lehrten, dass durch die Wahlcapitulation wohl die Vollkommenheit *(plenitudo)*, aber nicht die Hoheit *(summitas)* der kaiserlichen Macht beschränkt werde [18]).

Pufendorf ist also zu seiner Lehre nicht durch vorurtheilslose Untersuchung des historisch Gegebenen gelangt; sondern er geht vielmehr von einem philosophisch konstruirten aprioristischen Staatsbegriff aus. Stärke und Schwäche seiner Theorie liegen daher auf den entgegengesetzten Punkten, als die der Lehre Hugos. An gedanklicher Präcision und Klarheit lässt seine Auffassung des Staates nichts zu wünschen übrig. Aber die aus dieser Auffassung fliessende juristische Konstruktion des in *concreto* gegebenen Staatswesens entspricht weder den thatsächlichen Verhältnissen, noch dem Gange der historischen Entwicklung. Wenn Pufendorf die letztere zur Bestätigung seiner Theorie nutzbar zu machen sucht, so muss er zu der ganz unhaltbaren Hypothese greifen, dass im Mittelalter eine massenweise Lehensauftragung der den Fürsten eigenthümlich gehörigen Territorien an den Kaiser stattgefunden habe [19]).

So zeigt diese erste Controverse über die staatsrechtliche Natur des deutschen Reiches, welche den Gesichtspunkt des aus Staaten zusammengesetzten Staates in's Auge fasst, die bedenkliche Alternative, entweder die begriffliche Möglichkeit eines solchen Staatswesens zu leugnen und damit gegen die historische und politische Realität zu verstossen; oder diese Möglichkeit zu bejahen und damit gegen die herrschende Staatsidee in Widerspruch zu gerathen. Je nachdem in der wissenschaftlichen Natur eines Autors die historisch-politische oder die philosophisch-kritische Richtung überwiegt, wird er in diesem Dilemma seine Stellung neben Ludolf Hugo oder Samuel

---

[18]) Monzambano S. 75. — Bresslau erklärt in seinem Commentar zu dieser Stelle die Unterscheidung von *plenitudo* und *summitas* für eine der „scholastischen Spitzfindigkeiten, mit denen die Publicisten die inneren Widersprüche der deutschen Verfassung so gern verdeckten". In diesem Falle stände die Scholastik noch heute in Blüthe.

[19]) Vgl. Monzambano S. 58, nebst der Anmerkung Bresslaus. — Jastrow a. a. O. S. 14. 15.

Pufendorf nehmen. So haben diese ersten Kämpfer in diesem Streite eine bleibende, prototypische Bedeutung.

Der herrschende, Bodinische Staatsbegriff erfuhr seit der Mitte des 18. Jahrhunderts eine tiefgreifende Wandlung. Bluntschli bezeichnet Bodin einmal als den „gediegeneren Vorgänger von Montesquieu“ [20]). Die Parallele zwischen beiden Männern drängt sich der Betrachtung von selber auf, und mag man hinsichtlich der Gediegenheit ihrer Lehre einen Unterschied statuiren oder nicht, in ihrer epochemachenden Wirkung auf Wissenschaft und Politik sind sie einander ebenbürtig. Aber während Bodin seine Theorie von der Einheit und Untheilbarkeit der souveränen Staatsgewalt aus der politischen Gestaltung seines Vaterlandes, wie sie vor ihm Ludwig XI. begonnen und wie sie ein Jahrhundert nach ihm Richelieu vollendete, abstrahirt hat, baute Montesquieu seine Lehre von der Dreitheilung der Gewalten auf der besonderen Natur des englischen Staatswesens auf, welche doch ihm, dem Fremden, in ihrer intimsten Eigenart verschlossen blieb [21]). Das bedeutungsvolle 6. Kapitel des XI. Buches vom „Geist der Gesetze“ trägt die Ueberschrift: „Von der englischen Verfassung“; im vorhergehenden Kapitel ist die englische Verfassung als die einzige in der Welt bezeichnet, deren unmittelbarer Zweck die von Montesquieu gesuchte politische Freiheit sei; in der Erörterung selbst finden wir Specialitäten des englischen Staatsrechts, wie *Mutiny Act* und *Bill of attainder*, ohne Nennung ihrer technischen Namen, als Postulate der allgemeinen Staatslehre — und trotz alledem ist Montesquieu's Doktrin weit mehr das Ergebniss freier Vernunftspeculation als der wahre Gedankeninhalt der concreten Staatsverfassung Englands. Heute, da wir den Forschungen Gneists erst eine wahre Kenntniss des englischen Staatswesens verdanken, sehen wir, dass in seiner

---

20) Bluntschli, „Geschichte der neueren Staatswissenschaft“ 3. Aufl. 1881. S. 26.

21) „*De l'esprit des lois*“ *livre* XI *cap.* 6. — Bluntschli a. a. O. S. 306 f. — v. Mohl, Gesch. u. Litteratur d. Staatswissenschaft. Bd. I. S. 271 f.

Verfassung die Dreitheilung der Gewalten weit weniger durchgeführt ist, als in irgend einer der modernen Konstitutionen.

Durch eine seltsame Kette internationaler Uebertragung hat die Lehre Montesquieus einem deutschen Nachfolger Ludolf Hugos ebenso zur Grundlage gedient, wie sich durch Vermittlung des Holländers Grotius einst Pufendorf auf Bodin stützte.

Die amerikanischen Kolonien hatten die Grundlagen englischen Staatslebens über den Ocean in die neue Welt verpflanzt. Als nun ihre Losreissung vom Mutterlande sie nöthigte, sich diese Grundlagen ihrer staatlichen Existenz selbst zum Bewusstsein zu bringen, da schöpften sie nicht lediglich aus der natürlichen Urquelle, sondern nahmen — dem Zuge des Zeitgeistes folgend — den französischen Staatsdenker zum Lehrer und Führer in diesem Process ihrer staatlichen Selbsterkenntniss. Wohl erkannten sie das englische Staatswesen als den mütterlichen Boden an, in dem ihre Entwicklung wurzeln müsse; aber sie sahen dasselbe mit den Augen Montesquieus. Die Lehre von der Theilung der Gewalten fand nun aber gemäss den eigenthümlichen Verhältnissen des jungen Staatswesens in der Verfassung von 1789 eine doppelte Anwendung. Einmal ward die Staatsgewalt unter die Organe der Union selbst so getheilt, dass im wesentlichen Montesquieus Princip fast nur die von ihm selbst vorgesehenen Ausnahmen und Durchbrechungen erfuhr. Und zweitens wirkte die Idee der Gewaltentheilung — freilich **in völlig anderer Form und Art** — auf die Gestaltung des Verhältnisses zwischen Union und Einzelstaaten. In dieser Hinsicht sah sich die jüngste Staatsschöpfung vor dieselbe Frage gestellt, deren anscheinende Unlösbarkeit das tausendjährige römische Reich deutscher Nation seiner Auflösung entgegenführte. Die staatlichen Zustände Amerikas unter den Konföderations-Artikeln von 1781 erinnern in der That vielfach an die Leiden des alten Reichs. Es war das alte Problem des aus Staaten zusammengesetzten Staates, für welches das canonische Buch des amerikanischen Staatsrechts, der Federalist, eine neue Lösung fand; und seine Verfasser standen zu sehr unter dem Einflusse der Staatslehre, welche in dem Namen Montesquieu gipfelt, als dass nicht seine

Ideen *mutatis mutandis* in den ihrigen fortklingen sollten. Das Erforderniss der Souveränität als *essentiale* des Staatsbegriffs hatte Montesquieu keineswegs beseitigt; auch der Federalist hält daran fest. Gerade in dem falschen und begriffswidrigen Princip einer Gesetzgebung für Staaten, „der Souveränität über Souveränitäten", sieht er den Grundfehler der früheren Konföderationen [22]). Wie aber Montesquieu durch die Theilung der aus der Souveränität fliessenden Gewalten das Mittel gefunden zu haben schien, die Stärke der Staatsgewalt mit der Freiheit der Bürger zu vereinen, so mochten wohl die Väter der Verfassung von 1789 in der Theilung der Souveränität ihrem Umfange nach das Mittel erblicken, um die nöthige Kraft des Gesammtstaates mit der Lebensfähigkeit und Freiheit der Einzelstaaten zu verbinden. Nirgends wird dieses Princip als solches aufgestellt; denn der Federalist diente nicht theoretischen, sondern eminent praktischen Zwecken. Aber durch das ganze Werk zieht sich die Idee, dass *„national government"* und *„independent states"* neben einander bestehen sollen. Jenes wie diese sollen die Lebensbedingung eines wahren Staatswesens, die unmittelbare Einwirkung auf die einzelnen Bürger besitzen [23]); jenes wie diese je in ihrem Wirkungskreise ihre Gewalt durch direkte Organe ausüben [24]); und im XLV. Abschnitt legt Madison dar, dass die neue Verfassung den Einzelstaaten eigentlich nicht mehr Gewalten ent-

---

[22]) Vgl. Brie a. a. O. S. 97. — *„The great and radical vice, in the construction of the existing confederation, is in the principle of Legislation for States or Governments, in their Corporate or Collective Capacities, and as contradistinguished from the Individuals of whom they consist"*. Federalist, Ausgabe von John C. Hamilton, Philadelphia 1885, S. 141; überhaupt *Number* XV—XX. — Für die Stellung der Verfasser des Federalist zu Montesquieu vgl. S. 99 fg., S. 374 fg. in der citirten Ausgabe. — *„The British constitution was to Montesquieu, what Homer has been to the didactic writers on epic poetry"*. a. a. O. S. 374. Es folgt eine sehr verständige Analyse der Gewaltentheilung in England.

[23]) *Federalist ed. cit.* S. 143 u. S. 150: *„The government of the union, like that of each state, must be able to address itself immediately to the hopes and fears of individuals"*; etc.

[24]) a. a. O. S. 145 f.

ziehe, als die ihre volle Souveränität wahrenden Konföderations-Artikel [25]). Freilich drängt sich bei alledem die Empfindung durch, dass die Erfordernisse der nationalen Wohlfahrt allen Sonderrechten der Einzelstaaten vorzugehen haben: „*if, in a word, the union be essential to the happiness of the people of America, is it not preposterous, to urge as an objection to a government, without which the objects of the union cannot be attained, that such a government may derogate from the importance of the governments of the individual states?*“ [26])

Wurden demnach die Verfasser des Federalist wohl im allgemeinen durch die Idee der Gewaltentheilung auf den Weg geführt, den sie zur Regelung des Verhältnisses zwischen der Union und den Einzelstaaten einschlugen, so ist doch hiervon wesentlich zu unterscheiden die Frage, ob die concrete Gestaltung des amerikanischen Staatswesens, wie sie auf Grund der Verfassung von 1789 erwachsen ist, die mehr oder weniger consequente Durchführung eines derartigen Princips erkennen lässt. Wiederum ein französischer Publicist war es, der zuerst diese Frage mit grösster Entschiedenheit bejahte. Wie Montesquieu in der Verfassung Englands das Princip der Dreitheilung der Gewalten im wesentlichen verwirklicht sah, so erblickte Tocqueville in der Verfassung der Vereinigten Staaten das Princip der Zweitheilung der Souveränität. Ebenso wie jene, war auch diese Betrachtungsweise unvollständig und einseitig. Gewisse wichtige Rechte der Bundesgewalt, welche sein System einigermassen hätten in's Schwanken bringen können, ignorirt Tocqueville völlig [27]). Aber gleich Montesquieu bestach auch Tocqueville durch die elegante und nette Heraushebung eines scheinbar einfachen und einleuchtenden Grundgedankens. „*On y voit deux gouvernements com-*

---

[25]) „*If the new constitution be examined with accuracy and candour, it will be found, that the change which it proposes, consists much less in the addition of new powers to the union, than in the invigoration of its original powers*“. a. a. O. S. 363.

[26]) a. a. O. S. 358. 359.

[27]) Vgl. Brie a. a. O. S. 104.

plètement séparés et presque indépendans";[28]) und demgemäss spricht er unbedenklich von *„deux souverainetés"* [29]).

Wie die aus der Verfassung Englands abstrahirten Ideen Montesquieus die Anregung zur Entwicklung des allgemeinen constitutionellen Staatsrechts auf dem europäischen Kontinent gaben, so wirkte Tocquevilles Betrachtung des amerikanischen Staatswesens befruchtend auf die deutsche Bundesstaatstheorie. Den Gedanken, von dem vielleicht halb unbewusst die Verfasser des Federalist beeinflusst worden, den Tocqueville als eine Eigenthümlichkeit der amerikanischen Union hingestellt hatte, — diesen Gedanken erweiterte und vertiefte Georg Waitz zur leitenden Idee des Bundesstaatsbegriffs überhaupt [30]).

Indem Waitz die Souveränität als „Unabhängigkeit von jeder höheren Gewalt" definirt und in derselben ein Essentiale des Staatsbegriffs sieht [31]), findet er das Charakteristikum des Bundesstaats darin, dass sowohl die Gesammtheit als die einzelnen Glieder wirkliche Staaten, d. h. also souverän seien [32]). Um dies möglich erscheinen zu lassen, muss Waitz eine absolute Trennung der beiderseitigen Gewaltsphären annehmen; und den Widerspruch, welchen eine solche Trennung gegenüber der begrifflichen Einheit und Untheilbarkeit der Souveränität enthält, will er durch den Satz beseitigen: „Nur der Umfang, nicht der Inhalt der Souveränität ist beschränkt; und jener für die eine Staatsgewalt so gut wie für die andere" [33]). Die Frage nach dem begrifflichen Verhältniss von Gliedstaat und Kommunalkörper drängt sich auch ihm schon auf; sie ist jedoch von dem Standpunkt seiner Theorie aus ungemein leicht zu lösen: „Bei aller Selbständigkeit, welche der Gemeinde zustehen mag, wird sie doch jederzeit zugleich als ein Glied des

---

[28]) *La Démocratie en Amérique* (zuerst Paris 1835) I. S. 66.

[29]) a. a. O. S. 257.

[30]) Ueber die Entwicklung der Lehre in Deutschland von Pütter bis zu Radowitz s. Brie S. 25—92.

[31]) Grundzüge der Politik. Kiel 1862, S. 18. „Jeder wahre Staat muss souverain sein".

[32]) a. a. O. S. 43. 44 und 164—166.

[33]) a. a. O. S. 166.

Staates erscheinen, während der Einzelstaat auch nicht in diesem Sinn Glied oder gar Unterabtheilung des Staatskörpers sein soll, den wir Bundesstaat nennen" [34]). Es ist dies die nothwendige Consequenz von Waitz' gesammter Auffassung des bundesstaatlichen Verhältnisses, die er in den bezeichnenden Worten zusammenfasst: „Ueberall ist der Gesammtstaat selbst nur ein Staat wie die Einzelstaaten; freilich nicht räumlich, aber dem Begriff und Recht nach diesen nebengeordnet" [35]).

Diese Theorie schien endlich den Widerspruch, welchen Pufendorf aus dem Begriff des souveränen Staates gegen die Möglichkeit einer bundesstaatlichen Bildung abgeleitet hatte, aufzuheben, wenngleich ihr zu Folge auch von einer *respublica superior* und *respublicae inferiores* im Sinne Hugos eigentlich nicht die Rede sein konnte. In ihr schienen sich die alten Gegensätze zu lösen und zu versöhnen; und so ist sie lange Zeit in fast unbestrittner Herrschaft geblieben. Dennoch konnte sie auf die Dauer ihren Ursprung nicht verleugnen. Von einem Historiker stammend, hatte sie ihre schwache Seite in der Begriffskonstruktion; und doch hatte zugleich das Verlangen, einen festen Begriff konstruiren zu können, und der verlockende Einfluss Tocquevilles ihren Urheber verführt, selbst die historisch gegebenen Verhältnisse unvollständig und einseitig zu würdigen.

Der logischen Schärfe v. Gerbers konnte es nicht entgehen, dass der überkommene Begriff der Souveränität die Untheilbarkeit einschliesse [36]). Trotzdem aber hält derselbe bezüglich der Konstruktion des Bundesstaates noch neuestens an der Theorie von Waitz fest [37]).

---

[34]) a. a. O. S. 177.

[35]) a. a. O. S. 213.

[36]) Grundzüge des deutschen Staatsrechts (zuerst 1865) 3. Aufl. 1880, S. 22: „Auf ihrer Bedeutung als seelischer Kraft der Staatspersönlichkeit eines Volkes beruht ihre Eigenschaft der Untheilbarkeit".

[37]) Ebenda S. 25, Anm. 3: „Ganz unrichtig ist es, wenn Manche in jüngster Zeit behauptet haben, dass eine Theilung der souveränen Staatsgewalt zwischen Bund und Einzelstaaten, und dass eine fragmentarische souveräne Staatsgewalt principiell unmöglich sei — eine

Der in das Leben tretende norddeutsche Bund musste den Anhängern der herrschenden Lehre manche Kümmerniss bereiten. Ihr Meister Waitz hatte zwar die Art der Gewaltentheilung zwischen Gesammt- und Einzelstaat für indifferent erklärt; und von dieser Seite erwuchsen daher aus der neuen Verfassung keine besonderen Schwierigkeiten. Dagegen lehrte er: „Wie das durch die Einzelstaaten bestellte Collegium von Bevollmächtigten oder Räthen oder Regenten den Staatenbund charakterisirt, so genügt ein solches allein, um jeden Gedanken an einen Bundesstaat auszuschliessen“ [38]). Und nun erschien in der Verfassung des norddeutschen Bundes der Bundesrath als ein solches durch die Einzelstaaten bestelltes Collegium. Auch manche andere Bestimmungen (z. B. die Matrikularbeiträge) fügten sich nicht recht dem Waitzschen Dogma. Nichtsdestoweniger hielten die ersten Bearbeiter des neuen Staatsrechts an demselben fest. v. Martitz findet in dem Bunde sogar eine „wunderbar verstärkte Garantie“ der einzelstaatlichen Souveränität. „Nur diese Souveränitätsgarantie kann eine Bundesstaatsverfassung consolidiren“!! [39]) Freilich heisst es dann wieder kurz nachher: „Durch Eingehung eines Bundesverhältnisses begeben sich eben souveräne Staaten der Befugniss, ihr Schicksal lediglich nach eignem Ermessen zu bestimmen“ [40]).

Auch die staatsrechtliche Betrachtung, welcher Rüttimann die beiden älteren Bundesstaaten unterzog, wurzelte principiell in der herrschenden Lehre. Auch er findet das Charakteristikum dieser Staatsform gerade in der Nebenordnung von Gesammt- und Gliedstaat. Aber seine Kenntniss des positiven

---

nicht begründbare Behauptung“. S. 26: „Soweit die Competenz seiner Bundesgewalt reicht, hat der Machtinhalt der Staatsgewalt der einzelnen in ihm verbundenen Staaten eine materielle Minderung erfahren; in den ihr verbliebnen, jenseits jener Competenz liegenden Theilen ist sie nach wie vor souverän“.

[38]) Grundzüge der Politik, S. 173. 174.

[39]) Betrachtungen über die Verfassung des Norddeutschen Bundes. Leipzig 1868. S. 11.

[40]) ebenda S. 13. — Thudichum (Verfassungsrecht des Norddeutschen Bundes. 1870. S. 53) bezeichnet die Einzelstaaten als „halbsouverän“.

Staatsrechts der Union und der Eidgenossenschaft nöthigt ihm doch den Zusatz ab: „Doch ist dies nicht absolut zu verstehen; denn eine gewisse Suprematie des Ganzen über die Theile ist unvermeidlich“ [41]). Und die „Modifikationen“ jenes Princips, welche er an der Hand der schweizerischen Verfassung aufzählt [42]), würden weit mehr, als diese vorsichtige *animae salvatio,* rechtfertigen.

Einen bedeutenden Schritt weiter schien v. Mohl zu gehen, indem er nicht nur von einer „höheren Bundesstaatsgewalt“ sprach, sondern sogar erklärte, dass die Souveränität als Merkmal des Staates nach innen überflüssig, nach aussen unrichtig sei [43]). Dennoch kehren auch bei ihm schliesslich die beiden „in ihrem verfassungsmässigen Wirkungskreise von einander unabhängigen“ Gewalten und die nicht beschränkte, sondern getheilte Souveränität der Gliedstaaten wieder [44]).

Dagegen bezeichnen zwei kleine Schriften von Georg Meyer [45]) einen wohl beachtenswerthen Fortschritt der Lehre, wenngleich der in ihnen angeregte, überaus fruchtbare Gedanke leider nicht zu seinen letzten Consequenzen durchgeführt ist. Meyer erkennt den Staatsbegriff als einen „wesentlich modernen, geschaffen durch Bodin mit dem Charakteristikum der Souveränität“ [46]). Dieser Staatsbegriff „kann daher eine **allgemeine Giltigkeit** für alle Zeiten und Völker **nicht beanspruchen**; er bezeichnet nur eine **bestimmte Phase politischer Entwicklung**, den einfachen Einheitsstaat“ [47]). Demgemäss will Meyer mit der alten und unfruchtbaren Methode der Untersuchung, welche stets von der Souveränität und dem Staate als ewigen und unveränderlichen

[41]) Das nordamerikanische Bundesstaatsrecht verglichen mit den politischen Einrichtungen der Schweiz. I. Bd. Zürich 1867. S. 49.

[42]) ebenda S. 56. 57.

[43]) Encyclopädie der Staatswissenschaften (zuerst 1859) 2. Aufl. 2. Ausgabe. S. 43 resp. 86.

[44]) ebenda S. 367.

[45]) Grundzüge des Norddeutschen Bundesrechts 1868; und Staatsrechtliche Erörterungen über die deutsche Reichsverfassung. 1872.

[46]) Erörterungen S. 4.

[47]) ebenda S. 8.

Begriffskategorien ausgeht, brechen. Statt dessen nimmt er zur Grundlage seiner Erörterung den Begriff **der politischen Gemeinwesen**[48]). Deren Charakteristikum findet er darin, dass sie „die auf einem bestimmten Gebiete befindlichen Menschen nicht bloss nach einer einzelnen Seite ihres Lebens hin, sondern in ihrer Totalität erfassen“. Diese politischen Gemeinwesen organisiren sich durch Ueber- und Unterordnung zu verschiedenartigen Gebilden; und nur die concrete Untersuchung der einzelnen politischen Organisationen vermag von Fall zu Fall eine Beantwortung der Frage nach Souveränitäts- und Staatsbegriff an die Hand zu geben. Dieser Anschauung gemäss bestimmt sich auch seine Auffassung vom Bundesstaat, welche er — in beiden Schriften ziemlich *verbotenus* gleich[49]) — mit den sehr beachtenswerthen Worten ausdrückt: „Der Bundesstaat kann unmöglich anders aufgefasst werden, denn als ein weiterer Ring in der Kette politischer Organisationen; er ruht auf den einzelnen Staaten, **wie die Staaten auf den Provinzen und Gemeinden**; wer das leugnet, der entzieht ihm seine nothwendige und natürliche Grundlage“.

Leider jedoch bleibt Meyer der von dieser Auffassung gebotenen Methode der Untersuchung nicht treu. Statt der Entwicklung der politischen Organisationen von unten herauf zu folgen, fängt auch er — trotz seiner schönen Gesammtanschauung — in obligater Weise an, den Bau des Hauses mit dem Dach zu beginnen; *more solito* den Bundesstaatsbegriff aus dem Nichts heraus zu construiren. Nirgends aber zeigt sich schlagender die Ohnmacht und Unfruchtbarkeit dieser Methode, als hier; denn trotz ihrer gemeinsamen ideellen Grundlage kommen die beiden Schriften *in concreto* zu absolut entgegengesetzten Resultaten.

In der einen stellt Meyer, uneingedenk seines eigenen Programms, mit absoluter Allgemeingiltigkeit das Dogma auf: „Ein Bund ist **niemals** souverän, mag er in der Form des

[48]) a. a. O. S. 8 f. und Grundzüge S. 1 f.
[49]) Grundzüge S. 16. — Erörterungen S. 17.

Bundesstaats oder in der des Staatenbundes auftreten; es fehlt ihm stets ein nothwendiges Erforderniss der Souveränität, die selbständige Bestimmung der Sphäre seiner Thätigkeit. Man darf deshalb auch im Bundesstaate die centrale Organisation **nicht** mit dem Namen **Staat** belegen"[50]). Und in der andern heisst es als Seitenstück hierzu, dass durch Gründung einer Staatenverbindung die Einzelstaaten nicht mehr souverän seien, da sie „eine höhere, über ihnen stehende Gewalt anerkannt" haben[51]). Demnach steckt also die Souveränität weder in der Gesammtheit noch in den Gliedern. Das Kennzeichen derselben erblickt Meyer in dem Rechte der Competenzerweiterung, in jener Eigenschaft, welche später die technische Bezeichnung als Competenz-Competenz erhalten hat. In den beiden älteren Bundesstaaten existirt dafür „eine ganz besondre Gewalt, die verfassunggebende, welche in der Schweiz durch die Kantone und die Schweizerbürger, in Nordamerika durch den Kongress bezw. Verfassungskonvent und die Einzelstaaten vertreten wird. Dieser Gewalt allein kann in den betreffenden Organisationen die Souveränität zugesprochen werden; sie steht sowohl über der Bundesgewalt, als über den Staatsgewalten der Einzelstaaten"[52]). Wie steht es aber in dem neuen, dritten Bunde? Hier verengert sich das Problem zu einer Frage der Interpretation des Art. 78 der norddeutschen Bundes- resp. deutschen Reichsverfassung. In der ersten Schrift fasst Meyer diese Bestimmung nicht als Berechtigung der Bundesgewalt zur Competenzerweiterung auf; also ist dieselbe nicht souverän, und — ein völliger Rückfall in die bekämpfte Bodinische Theorie —: „dafür spricht denn auch der Umstand, dass der norddeutsche Bund ein Bund und kein Staat ist"[53]). Dagegen hat er in der zweiten Schrift[54]) seine Auffassung des Art. 78 geändert; und nun erscheint „als die souveräne Gewalt in Deutschland die Gesammtheit der verbündeten deutschen

[50]) Grundzüge S. 24.
[51]) Erörterungen S. 6.
[52]) Erörterungen S. 8.
[53]) Grundzüge S. 56.
[54]) Erörterungen S. 82.

Regierungen, Monarchen und Senate, repräsentirt durch den Bundesrath". Die Einzelstaaten stehen auch in ihrem selbstständigen Wirkungskreise unter der Reichsgewalt, und sind demnach „nicht einmal beschränkt souverän". Nur die durch Art. 78 al. 2 besonders geschützten Rechte lassen die mit ihnen versehenen Gliedstaaten „in ganz beschränkter Weise als souverän" erscheinen [55]).

Wie man sieht, hat sich G. Meyer in diesen Schriften nicht völlig aus dem Bannkreise der alten Lehre losgemacht. Die Idee einer beschränkten, getheilten, halben Souveränität geht noch mannigfach um; die Annahme einer besonderen verfassunggebenden Gewalt und ihre Identificirung mit der Souveränität steht ganz auf dem Boden der früheren Anschauungsweise. Sein Verdienst und die Bedeutung dieser kleinen Schriften für die Entwicklung der Lehre besteht nicht in der Durchführung, sondern in der Anregung, in der halb unklaren Vorahnung fruchttragender neuer Gedanken. Neben v. Mohls flüchtiger Andeutung hat er zuerst in der neueren Litteratur [56]) das Dogma von der Identität des Staats- und Souveränitätsbegriffs erschüttert; die Wesensgleichheit der kleinsten und grössten Glieder in der Kette politischer Gemeinwesen betont; und in die Theorie von der Nebenordnung des Gesammt- und der Gliedstaaten mit Entschiedenheit Bresche gelegt. Diese Schriften bezeichnen den ersten ernstlichen Abfall von der herrschenden Waitzschen Bundesstaatslehre. Die Richtung dieser Secession war, wenn auch noch nicht klar als solche herausgearbeitet, doch in ihrem Wesen eine entschieden centripetale. An sie schliesst sich in der Fortbildung der Lehre eine ebenso entschieden centrifugale Secession an, deren Verdienst es ist, die Unhaltbarkeit der herrschenden Theorie beleuchtet und auf die entgegengesetzte Richtung vertiefend und anregend gewirkt zu haben.

Wir haben oben (S. 22) das Wesen der Waitzschen Lehre in dem Versuche erblickt, die Postulate des überkommenen

---

[55]) Erörterungen S. 82.

[56]) Gegen Zachariae, Zöpfl, Bluntschli, Schulze, Gerber, Waitz.

Staatsbegriffs mit denen der realen politischen Gestaltungen zu verbinden. Die bisher betrachtete Entwicklung der Lehre hat zu dem Resultat geführt, dass Waitz' Theorie diesen realen Verhältnissen nicht gerecht werde. Nunmehr wird der Angriff auch von der andern Flanke eröffnet, indem Seydel darthut, dass diese Theorie auch dem überkommenen Staatsbegriffe durchaus widerspricht.

„Der Begriff des Bundesstaats, wie ihn die herrschende Lehre aufstellt, ist rechtlich unhaltbar, weil er im Widerspruch steht mit dem Begriffe des Staats". Das ist die Quintessenz von Seydels Kritik des Bundesstaatsbegriffs [57]); und wenn Seydel sich nur auf eine Stimme von jenseits des Oceans beruft, auf die John C. Calhouns, so hätte ihn doch auch ein grösserer deutscher Vorgänger ermuthigen können; denn so ungefähr sagt dies Samuel Pufendorf auch, nur mit ein wenig andern Worten [58]). Nach Seydels Auffassung ist der Staat an sich „die vollkommene Einigung"; und der einzelne Staat *in concreto* „für die Menschen, die er umfasst, die vollkommene Einigung"; oder mit andern Worten definirt: Staat ist „die durch einen höchsten Willen vereinigte Gesammtheit der Menschen eines Landes". Daraus folgt, dass „Staat neben Staat für dasselbe Gebiet nicht denkbar, weil eine doppelte vollkommene

---

[57]) „Der Bundesstaatsbegriff"; Zeitschrift für die ges. Staatswissenschaft, Bd. 28, Jahrg. 1872, S. 198.

[58]) Seydels Arbeit darf wohl zu denjenigen modernen Schriften gezählt werden, in denen Gierke (Schmollers Jahrbuch 1883, Heft 4, S. 96) eine Wiederbelebung der „überwunden geglaubten Schemen der naturrechtlichen Doktrin hinter der nach neuester Mode zurechtgestutzten Verlarvung" erblickt. Wenn Gierke a. a. O. darüber urtheilt, dass diese Richtung die Irrthümer des Naturrechts aufnehme; dass aber das Eine fehle, „was den fruchtbaren Kern des einstigen lebendigen Naturrechts, den grossen Gehalt seiner geschichtlichen That, das Unsterbliche in ihm bildete: der bergeversetzende Glaube an die Rechtsidee! Mit diesem Einen aber fehlt Alles"; — so halten wir dies Urtheil bei aller Härte doch für gerecht. Nichtsdestoweniger ist an dieser Stelle das Verdienst zu würdigen, welches diese Richtung, und speciell Seydel, sich durch logische Präcision und Schärfe um die Entwicklung der Lehre zweifellos erworben hat.

Einigung eine *contradictio in adjecto* ist" [59]). So wenig wie im Privatrecht für dieselbe Sache zwei Eigenthumsrechte, so wenig seien für denselben Staat zwei Herrscherrechte denkbar [60]). „Die Staatsgewalt ist einig und untheilbar" [61]); eine Souveränität, der einzelne Befugnisse begrifflich fehlen, ist gar keine Souveränität. Damit fällt Waitz' Grunddogma; denn: „es ist gerade der Inhalt der Souveränität, dass sie keinen bestimmten Umfang hat, ebenso wie dies der Inhalt des Eigenthumsrechts ist. Die Souveränität darf innerhalb des Staatsgebiets, das sie beherrscht, an keine Grenzmarke stossen, wo ihr ein Gleichberechtigter Halt! zuruft; sie ist nicht mehr die Staatsgewalt, wenn sie nicht die ganze Staatsgewalt ist [62]). Aus diesen noch im einzelnen durchgeführten Widerlegungen der herrschenden Theorie ergiebt sich das ganz Pufendorfsche Facit: „Alle staatlichen Gebilde, die man mit dem Namen Bundesstaat zu bezeichnen pflegt, müssen entweder einfache Staaten oder Staatenbünde sein" [63]). Für die drei gegenwärtig bestehenden sog. Bundesstaaten entscheidet Seydel diese Alternative dahin, dass sie als ausschliesslich auf vertragsmässiger Einigung souveräner Staaten beruhend diese Souveränität nicht alterirt haben, also Staatenbünde seien. Dabei weist er mit Recht jede Argumentation aus der Terminologie der Verfassungsurkunden zurück, indem er den sowohl gegen [64]) als für seine Lehre zu verwendenden, aber zweifellos richtigen und beherzigenswerthen Satz aufstellt: „Die Gesetzgebung kann ebensowenig bestimmen, dass ein Ding Staat sein soll ohne die Eigenschaften eines Staates, als sie Naturgesetze wegdecretiren kann" [65]). Bluntschli, im wesentlichen auf dem Boden der Waitzschen Theorie stehend, hatte doch zugeben müssen, dass

[59]) Seydel a. a. O. S. 188.

[60]) a. a. O. S. 189.

[61]) a. a. O. S. 190.

[62]) a. a. O. S. 202.

[63]) a. a. O. S. 208.

[64]) Besonders mit Rücksicht auf den Art. 3 der Schweiz. Verfassung, der die Souveränität der Kantone ausspricht.

[65]) a. a. O. S. 226.

es zwischen Gliedstaat und Provinz „wie in allen relativen Verhältnissen einen kaum bemerkbaren Uebergang von Einem zum Andern gebe“ [66]). Es ist ein grösserer Gegensatz nicht denkbar, als der zwischen Bluntschlis allzu weicher Unbestimmtheit und Seydels allzu spröder Härte. Während also Ersterer durch solche Concession die herrschende Lehre zu retten wähnte, sah Letzterer darin einfach „die Bankerotterklärung des Bundesstaatsbegriffs. Denn ein Begriff, der nicht einmal eine scharfe Grenzlinie zwischen Staat und Staatstheil zieht, sondern wo eins in's andre unbemerkbar verschwimmt, ermangelt eben des wesentlichen Erfordernisses eines rechtlichen Begriffs, der Bestimmtheit“ [67]). In seinem Commentar zur Reichsverfassung drückt Seydel seine Anschauung in dem Bilde aus: „Der Satz, dass eine Anzahl Staaten als solche fortbestehen und zugleich einen neuen Staat bilden können, klingt ebenso, als wenn Jemand behaupten wollte, wenn man 25 Stäbe zusammenbinde, entsteht ein sechsundzwanzigster. Es entsteht ein Bündel Stäbe; kein Stab“ [68]).

Gegen solche Stösse vermochte die Waitzsche Theorie, deren eigne Anhänger bereits den Abbröckelungsprozess begonnen, sich nicht auf die Dauer zu halten. Die Wandlung, welche das deutsche Staatswesen erfahren, zog auch eine Wandlung der Staatswissenschaft nach sich. Die künstlich construirten Doktrinen verblassten vor den politischen Gestaltungen der Wirklichkeit. Von hervorragender symptomatischer Bedeutung ist eine Schrift J. v. Held's, welche im gleichen Jahre wie der eben analysirte Artikel Seydels erschien [69]); unabhängig von diesem, doch von völlig gleichen Grundanschauungen ausgeht, daraus freilich ganz entgegengesetzte Consequenzen

---

66) Bluntschli, „Lehre vom modernen Staat“; Bd. I. Buch VII. S. 576.

67) a. a. O. S. 207.

68) Seydel, „Commentar zur Verfassungsurkunde für das deutsche Reich“. Würzburg 1873. S. 9; vgl. auch ebenda Einleitung S. XI, XIII, XIV.

69) J. v. Held, „Die Verfassung des deutschen Reichs vom staatsrechtlichen Standpunkte betrachtet. Ein Beitrag zu deren Kritik“. Leipzig 1872.

ziehend. Wenn man — unter politischem Gesichtswinkel — die Arbeit Seydels als die Dogmatisirung des Partikularismus bezeichnen kann, so ist die Schrift v. Helds die Dogmatisirung des entschiedensten Unitarismus. Schon früher hatte Held die Montesquieusche Lehre von der Theilung der Gewalten, welche wir oben als die freilich sehr mittelbare Quelle der Waitzschen Theorie darzustellen versucht haben, sehr entschieden verworfen [70]). Er hatte die Einheit der Souveränität und ihre Identität mit dem Staatsbegriff behauptet [71]). In gegenwärtiger Schrift nun führt er dies mit grösserer Schärfe durch; und es klingt wie ein Ausspruch Seydels, wenn er sagt [72]): „Ist die Souveränität Natur- und Vernunftpostulat der staatlichen Eigenschaft eines Wesens, so erscheint die Einheit und Untheilbarkeit nach Inhalt und Zuständigkeit als ein Natur- und Vernunftpostulat der Souveränität"; und „Eine Wahrheit, welche in der Ethik und Vernunft nicht minder als in der physischen Natur ihre vollständige Bestätigung findet, ist die, dass es für ein und dasselbe Gebiet, für ein und dasselbe Volk nur **eine** höchste Gewalt geben, oder dass eine Mehrheit von Gebieten und staatlichen Völkern, deren jeder eine solche höchste Gewalt hat, nicht eine staatlich geartete Einheit sein könne" [73]). Hieraus zieht er für die deutschen Verhälnisse den Schluss, dass im Laufe der Entwicklung nothwendig entweder das Reich von den Einzelstaaten oder diese von jenem in ihrer staatlichen Existenz aufgesogen werden müssen [74]). Das Letztere sei im Gegensatz zu dem Entwicklungsgange des alten Reichs gegenwärtig das Natürliche. „Alle sog. Staatenverbindungen sind in der That Etappen auf dem Einigungs- oder Enteinigungswege der Völker, also

[70]) Held, „Staat und Gesellschaft vom Standpunkte der Geschichte der Menschheit und des Staates". Leipzig 1863. Bd. II, S. 602.

[71]) Art. Souveränität in Rotteck und Welckers Staatslexikon. 3. Aufl. 1864. Bd. XIII. S. 442. „Mehrere Souveränitäten in einem Staate ist eine *contradictio in adjecto*; ein souveräner Staat eigentlich eine Tautologie".

[72]) Verfassung des deutschen Reichs, S. 19.

[73]) ebenda S. 186.

[74]) a. a. O. S. 25 u. 100.

Uebergangsstationen, die sich eben deshalb den genauen staatsrechtlichen Bestimmungen entziehen müssen"[75]). Aus solcher Auffassung ergiebt sich ganz consequent, dass dem Reiche „als einem staatsrechtlichen Wesen" gegenüber die deutschen Gliedstaaten nur noch „als **selfgovernmentale, territoriale Unterabtheilungen**"[76]) erscheinen. Auch dies ist wieder in aller Form die Bankerotterklärung des Bundesstaatsbegriffs.

Die Aufgabe der Waitzschen Theorie hatte, wie die jeder Bundesstaatstheorie, vor allem darin bestanden, den Begriff des Bundesstaats von dem des Staatenbundes und des Einheitsstaates klar und präcise abzugrenzen. Sie hat diese Aufgabe nicht erfüllt. Hatte Seydel den Bundesstaat zu Gunsten des Staatenbundes expropriirt, so that Held das Gleiche zu Gunsten des Einheitsstaats. Die bis dahin herrschende Theorie hat aus sich heraus nicht mehr die Kraft gehabt, diese Angriffe zurückzuweisen; sie hat damit die Herrschaft verloren[77]).

Bei jenen siegreichen Angriffen handelte es sich jedoch nicht bloss um eine Beseitigung der Waitzschen Theorie; sondern um die Eliminirung des Bundesstaatsbegriffs selbst. Sollte dieser nicht mit seiner bisherigen Trägerin zu Grunde gehen, so musste er auf eine neue und festere Grundlage gestellt werden. Dies war nunmehr die Aufgabe der wissenschaftlichen Entwicklung, welche da anhebt, wo Bries Dogmengeschichte abbricht.

---

[75]) a. a. O. S. 29.

[76]) a. a. O. S. 143.

[77]) Freilich giebt es noch genug verspätete Anhänger des *ancien régime*, z. B. Rümelin in der Zeitschr. f. d. ges. Staatswissenschaft. Bd. 39, S. 195 f.; vgl. dagegen Gierke a. a. O. S. 64. — Völlig ungebrochen ist der Begriff der „Halbsouveränität" etc. im Völkerrecht. Alle Lehrbücher desselben enthalten ihn. Vgl. neuestens v. Holtzendorff, Handbuch des Völkerrechts, Bd. II. S. 98 fg.

III.

Seit Abschluss des Werkes von Brie (1872) bis zur Gegenwart.

Aus der Verbindung zweier von der älteren Staatslehre gleichmässig anerkannter Principien: der Einheit und Untheilbarkeit der Souveränität einerseits, der Identität des Staats- und Souveränitätsbegriffs andererseits ergab sich die absolute Negation des Bundesstaatsbegriffs. Nur durch Eliminirung eines dieser Principien konnte derselbe gerettet werden. Die Eliminirung des ersten war der Waitz'schen Schule missglückt; naturgemäss ging man nunmehr dem zweiten zu Leibe. Es kam also darauf an, Staats- und Souveränitätsbegriff von einander zu scheiden. Die ersten Versuche v. Mohl's und Meyer's in dieser Richtung sind bereits im vorigen Abschnitt erwähnt. Nachhaltigere Anregung gab ein Jahr nach Erscheinen der Seydel'schen Kritik des Bundesstaatsbegriffs eine grössere Monographie Hänels [1]).

Hänel geht durchaus nicht grundstürzend vor; vielmehr vorsichtig, man möchte sagen tastend. Er weicht so wenig als möglich vom Boden der überkommenen Doktrin ab. Seine Definitionen des Staatsbegriffs entsprechen wesentlich den herkömmlichen [2]). Auch von einer „beschränkten Souveränität"

[1]) Hänel: Studien zum deutschen Staatsrecht. I. Die vertragsmässigen Elemente der deutschen Reichsverfassung. Leipzig 1873.

[2]) S. 44: „Der Staat ist die vollkommene und selbstgenügsame Gemeinschaft, die in sich selbst die Macht- und Rechtsmittel zur Behauptung ihrer Existenz und Wirksamkeit beschliesst"; ebenso im Anschluss an Aristoteles ebenda S. 61.

spricht er noch; aber in Beziehung auf die Glieder eines Staatenbundes[3]). „Der **Bundesstaat** durchbricht die Souveränität der verbündeten Staaten, welche der Staatenbund im Verhältniss zu den Staatsbürgern wahrte, indem er sich in direkte Beziehung zu diesen selbst setzt"[4]). Diese Hervorhebung der direkten Beziehung zwischen Bund und Individuen war allgemeine Lehre der Waitz'schen Schule, also nicht neu; jene „Durchbrechung" der Souveränität nicht recht präcise. Dagegen tritt ein neues Element ein in der näheren Kennzeichnung des Souveränitätsbegriffs. „Es gilt von allen Personen im Staate in jedem Sinne der Satz: Niemand kann sich selbst seine Competenz erweitern. Aber er trifft **nicht** zu für den Staat selbst. . . . . . . **In dieser Rechtsmacht des Staates über seine Competenz liegt die oberste Bedingung** der Selbstgenügsamkeit, **der Kernpunkt seiner Souveränität.** Einem politischen Gemeinwesen, dem dieses wesentlichste Merkmal zukommt, werden wir die Natur des Staats zusprechen; wir werden ihm den vollen und normalen Begriff des Staats absprechen, wenn das Merkmal fehlt"[5]).

Also ein Charakteristicum der Souveränität hat Hänel[6]) in der „Rechtsmacht des Staates über seine Competenz", in der sog. Competenz-Competenz aufgestellt; aber er hat dasselbe noch nicht klar und entschieden zur Trennung des Staats- und Souveränitätsbegriffs ausgenutzt. Vielmehr ist ihm die Competenz-Competenz auch zugleich bestimmend für den „vollen und normalen Begriff des Staats". Wo aber bleibt dann das Schmerzenskind, der Bundesstaatsbegriff? Denn dass jene Competenz-Competenz in den bestehenden Bundesstaaten und speciell im Deutschen Reiche dem Gesammtstaat zukommt, darüber lässt Hänel keinen Zweifel[7]). Hören dann aber nicht die sog. Gliedstaaten auf, Staaten zu sein? wird nicht der sog. Bundesstaat zum Einheitsstaat? Bei der Beantwortung dieser Frage wendet

---

[3]) a. a. O. S. 43.

[4]) a. a. O. S. 46.

[5]) a. a. O. S. 148. 149.

[6]) Wie schon vorher G. Meyer; vgl. oben S. 26.

[7]) a. a. O. S. 156 bis zum Schluss.

sich Hänel mit Entschiedenheit gegen die Waitz'sche Lehre und greift zu seiner — freilich nicht besonders präcisen — Durchbrechungstheorie. „Das Unterscheidungsmerkmal des Bundesstaats vom Einheitsstaat kann nicht in der Annahme einer nur dem Umfange nach beschränkten Souveränität der Einzelstaaten neben dem beschränkten Umfang der Souveränität des Gesammtstaats gefunden werden, sondern nur in einer so losen Gliederung des Ganzen, dass die Einzelstaaten, **den Begriff der Selbstverwaltung durchbrechend, nach der Weise eines Staats d. h. zu eigenem Rechte** und nach eigenen Gesetzen staatliche Aufgaben vollziehen"[8]. Diese Bestimmung des Bundesstaats im allgemeinen, zusammen mit der Lehre von der Competenz-Competenz führt in Anwendung auf die gegenwärtige Verfassung Deutschlands zu dem Resultat: „Die rechtliche Selbstbestimmung seiner Competenz fällt dem Reiche zu — in dem Umfange, dass sie formell selbst da noch anerkannt ist, wo es sich um Verfassungsvorschriften über Sonderrechte der Einzelstaaten handelt. Damit ist das Reich ausschliesslich souverän. Denn mit der souveränen Bestimmung seiner eigenen Competenz bestimmt es in endgiltig entscheidender Weise über den Umfang der Competenz der Einzelstaaten, die um desswillen souverän nicht sein können. Damit ist das Reich eine Potenz über den Einzelstaaten auch in der Rechtssphäre, welche nach Massgabe der bestehenden Bestimmungen der Verfassung ihrer Selbständigkeit und ihrer Wirksamkeit nach der Weise von Staaten anheimfällt"[9].

Bei aller Behutsamkeit seines Vorgehens hat also Hänel doch einerseits den Bruch mit der Waitz'schen Theorie vollzogen, ohne andrerseits den Bundesstaatsbegriff überhaupt aufzugeben. Der Nebenordnung von Gesammt- und Gliedstaat und der zwischen ihnen getheilten Souveränität stellt er die Ueberordnung und die auf der Competenz-Competenz basirende ausschliessliche Souveränität des Gesammtstaats entgegen. Zwar hat er sofort die Empfindung, dass damit die

[8]) a. a. O. S. 66.

[9]) a. a. O. S. 240. 241.

Glieder eigentlich ihre Staatsnatur verlieren und zu Selbstverwaltungskörpern würden; aber er lässt sie doch „den Begriff der Selbstverwaltung durchbrechen"; und obgleich auch ihm noch der eigentliche Staat identisch mit dem souveränen ist, so giebt ihm doch die Erfüllung staatlicher Aufgaben durch die Bundesglieder „zu eignem Recht und nach eignen Gesetzen" Anlass, selbige als nichtsouveräne Quasi-Staaten gelten zu lassen. Ohne so radikal einzusetzen, wie G. Meyer in seinen oben analysirten Schriften, hat Hänel den von Jenem angedeuteten Weg mit nachhaltigerem Erfolge eingeschlagen. Die allgemeine Anschauung ist bei Meyer mehr versprechend und weiter; die concrete Durchführung bei Hänel erspriesslicher.

Bezeichnend für jene mehr historisch-politische, als juristische Auffassung des Problems, aus welcher schon die Stärke wie die Schwäche der Waitz'schen Theorie floss, sind die bezüglichen Auslassungen v. Treitschke's. Während er früher den Bundesstaatsbegriff seines älteren Fachgenossen acceptirt hatte[10]), schliesst er sich schon ein Jahr nach dem Erscheinen von Hänels Arbeit der neuen Wendung der Lehre an[11]). Er erkennt die unbedingte Ueberordnung des Gesammtstaats über die Gliedstaaten an; aber weit entschiedener als Hänel, ganz im Einklang mit der alten Schule, betont er die Souveränität als Essentiale des Staatsbegriffs: „Der Staat steht und fällt mit der Souveränität. Eine Gemeinde oder eine Provinz wird sofort selbst ein Staat, sobald sie die über ihr stehende Gewalt abgeworfen und die Souveränität für sich errungen hat"[12]). Kennzeichen der Souveränität ist auch ihm die Competenz-Competenz (neben der Kriegsherrlichkeit)[13]). Demgemäss erscheinen ihm die Gliedstaaten der Union und die Kantone der Schweiz „heute lediglich als Provinzen, ausgestattet mit einem freilich viel umfassenden Recht der Autonomie"[14]). Den einzigen Unter-

[10]) Vgl. „Bundesstaat und Einheitsstaat" 1864. Historische und politische Aufsätze. 4. Aufl. Bd. II. S. 77 fg.

[11]) „Bund und Reich" in den Preussischen Jahrbüchern 1874. Heft 5, S. 514 fg.

[12]) a. a. O. S. 526.

[13]) a. a. O. S. 527.

[14]) a. a. O. S. 528.

schied dieser Körper von den Kommunalkörpern des Einheitsstaats sieht er darin, dass ersteren ihre Gewalt nicht unmittelbar von der Centralgewalt übertragen und nicht in deren Namen und Auftrag auszuüben sei[15]). Aber Deutschland — und damit tritt seine politisch-dynamische Auffassung hervor — erklärt er nicht für einen Bundesstaat, wie die Union und die Schweiz, sondern für ein Reich[16]). Denn für jenen sei ein annäherndes Gleichgewicht der Glieder unbedingt nothwendig[17]). „Unser Reich ist in Wahrheit: der die Mehrheit der Nation unmittelbar beherrschende preussisch-deutsche Einheitsstaat mit den Nebenlanden, welche seiner Krone in föderativen Formen untergeordnet sind, oder kurz: die nationale Monarchie mit bündischen Institutionen“[18]). Souverän sei auch hier nur das Reich; die Territorien haben ihre Souveränität verloren; „sie sind nicht mehr Staaten“[18]). „Preussen allein unter den deutschen Territorien hat seine Souveränität nicht verloren, darf wider seinen Willen seiner Hoheitsrechte nicht beraubt werden, da seine 17 Stimmen jede Verfassungsänderung verhindern können“[19]).

Das alles ist in seiner Art ganz klar und nett, enthält auch manche richtige Beobachtung und treffende Bemerkung; nur Schade, dass es sich für Staatsrecht ausgiebt. Juristisch aber kann man eine solche Darlegung nicht einmal kritisiren; sie ist im Verhältniss zur Jurisprudenz eine völlig incommensurable Grösse. Dabei mögen die Grundgedanken vollkommen gut und richtig sein; das Resultat ganz annehmbar; — in die juristische Konstruktion lässt es sich in dieser Weise nicht einfügen; und ist desshalb unfruchtbar geblieben für die Entwicklung der Lehre.

---

[15]) a. a. O. S. 529.

[16]) Früher schon unterschieden Bluntschli (zuerst „Bemerkungen über die neuesten Vorschläge zur deutschen Verfassung“ München 1848) und Stahl („Die deutsche Reichsverfassung nach den Beschlüssen der National-Versammlung“ u. s. w. 1849) zwischen Bund und Reich. — Vgl. darüber Brie S. 85 fg.

[17]) a. a. O. S. 534.

[18]) a. a. O. S. 536.

[19]) a. a. O. S. 539.

In der chronologischen Folge ist hier einer Arbeit Gierke's über „die Grundbegriffe des Staatsrechts und die neuesten Staatsrechtstheorien" zu gedenken[20]). Wir werden im ganzen Laufe unserer Untersuchung wiederholt auf die in verschiedenen Arbeiten niedergelegten Gedanken Gierke's zurückzukommen haben; ja, diese Gedanken mögen oft genug ihren beherrschenden Einfluss ausüben, ohne dass wir immer im Stande wären, von Fall zu Fall Gierke als *auctor* zu nennen. Nicht als ob die hier zu behandelnde Lehre ihm eine irgendwie abschliessende Lösung zu danken hätte; im Gegentheil müssen wir später seinen positiven Formulirungen in dieser Hinsicht widersprechen; auch findet man überall in seinen Ausführungen der sehr bestreitbaren und auch in sich selbst widerspruchsvollen Einzelheiten genug. Die vorliegende Arbeit im besondern beschäftigt sich nur vorübergehend mit unserer Frage. Aber diese Frage steht in so unmittelbarem Zusammenhange mit den Grundbegriffen des Staatsrechts, dass jede neue Auffassung dieser Grundbegriffe auf die Behandlung unserer Frage massgebend einwirken muss. Gerade darin liegt aber die Bedeutung der Arbeiten Gierke's. Aus ihnen spricht eine eigenartige, moderne und überaus fruchtbare Auffassung von Staat und Recht und ihrer Wechselwirkung. Es ist weder Zufall noch eitle Spielerei, wenn hier in einer publicistischen Untersuchung die Namen Darwin und Häckel erscheinen[21]). Der Begriff organischer Entwicklung ist kein specifisch naturwissenschaftlicher; er gehört zu den Begriffen, welche in Folge der schliesslichen Wesenseinheit alles Lebens Gemeingut aller Wissenschaften sein müssen, deren Gegenstand irgendeine Gestaltung des Lebens ist. Und diesen Begriff organischer Entwicklung bringt Gierke im Gegensatz zu jener mehr mechanischen Staatsauffassung, welche in neuerer Zeit z. B. Seydel vertritt, erfrischend und fruchttragend zum Ausdruck. Er ist weder Philosoph noch Historiker, und doch von beidem so viel, als nöthig ist, um wissenschaftlicher

[20]) Zeitschrift für die gesammte Staatswissenschaft. Bd. XXX. Jahrgang 1874.

[21]) In der Polemik gegen van Kricken: „Ueber die sogenannte organische Staatstheorie" a. a. O. S. 269 fg. Näheres s. u. im VIII. Abschnitt.

Jurist zu sein. Beispiele wie Gneist und Gierke gegenüber Waitz und Treitschke zeigen, dass nur der Jurist, der sich auf historische Studien stützt, und nicht der Historiker, der in Jurisprudenz dilettirt, segensreiches für unsere Wissenschaft leisten kann[22]).

Von unmittelbarer Bedeutung für unsern Gegenstand ist nur Einiges aus dem Inhalt der gedankenreichen Arbeit, während mittelbar die ganze Auffassungsart Einfluss üben muss. Der Gedanke G. Meyer's, in den Mittelpunkt des Staatsrechts nicht den überkommenen Begriff des Staates, sondern den allgemeineren des politischen Gemeinwesens zu stellen, findet hier eine weitere und tiefere Grundlage. Die über den Einzelwesen sich erhebenden „Gemeinwesen" erscheinen hier als reale Existenzen, nicht als blosse Rechtsfiktionen; aber auch nicht in dem mystischen Nebelschein Bluntschli'scher Symbole und Allegorien. Der Staat ist eines dieser Gemeinwesen; aber sie alle, politische Körperschaften, Gemeinden, Bünde sind staatlicher Natur[23]). „Wie aber der Staat immer nur das höchste unter den menschlichen Gemeinwesen und in Bezug auf die allgemeinen Merkmale des gesellschaftlichen Organismus ihnen gleichartig bleibt, so hat auch das Staatsrecht seine Stelle zwar an der Spitze, aber innerhalb des Gesammtbaues der öffentlichen Verbandsrechte. Desshalb lassen sich alle staatsrechtlichen Grundbegriffe als die Steigerung entsprechender korporativer Begriffe betrachten, und der innere Aufbau des Staatsrechts ist dem eines jeglichen Körperschaftsrechts analog"[24]). Wie der Einheitsstaat auf der Ineinanderfügung der Gemeinden, Kommunal- und Provincial-Verbände aufgebaut ist, so erscheint „auch die bundesstaatliche Zusammenfügung von Einzelstaaten zu einem Gesammtstaat nur als Steigerung desselben Gedankens . . . und daher kann sie ihre begriffliche Abgrenzung sowohl gegen den

---

[22]) Vgl. unten im V. Abschnitt.

[23]) a. a. O. S. 304.

[24]) a. a. O. S. 319.

gegliederten Einheitsstaat wie gegen den völkerrechtlichen Staatenbund allein unter dem Gesichtspunkt der ungleichartigen Gliederung einer Gesammtpersönlichkeit erfahren"[25]). Hier ist wieder und tiefer gehend als bei G. Meyer die Erkenntniss angebahnt, dass man zu einer den modernen Begriffen adäquaten wissenschaftlichen Erfassung der staatlichen Gebilde nur gelangen kann, indem man, dem organischen Aufbau folgend, von unten herauf konstruirt, und nicht bei der obersten, complicirtesten Erscheinungsform die Construktion mittels aprioristischer Definitionen aus der Natur des Staates u. dgl. beginnt. Methodisch und consequent ist diese fruchtbare Idee in der Litteratur unserer Frage bis heute nicht verwerthet worden. Auch Gierke selbst kommt zu keiner durchgreifenden und klaren Lösung. Er empfindet zwar den Widerspruch zwischen seiner ganzen Staats- und Rechtsanschauung und dem „historisch überkommenen Souveränitätsbegriff"[26]); aber später bringt er doch das Attribut „souverän" wieder in den Staatsbegriff hinein, und nennt „unter den politischen Verbänden, obwohl sie alle staatlich sind, nur den jeweilig höchsten Machtverband ‚Staat'"[27]). Damit will es nicht recht übereinstimmen, wenn er in der Einleitung seines Aufsatzes gegen die Theoretiker kämpft, welche auf Grund ihres „vorgefassten Staatsbegriffs" bald dem Reich, bald den Einzelstaaten die besondere Existenz als Staat absprechen[28]). Indessen nicht sowohl in den Resultaten, als in der allgemeinen Idee und Anschauungsweise liegt die hohe Bedeutung Gierke's für die staatsrechtliche Construktion.

Auf der Bahn, welche Hänel noch mit vorsichtiger Zurückhaltung betreten hatte, schreitet Laband in seinem grundlegenden Reichsstaatsrecht rückhaltlos und entschieden vor-

---

[25]) a. a. O. S. 327.

[26]) a. a. O. S. 175.

[27]) a. a. O. S. 304.

[28]) a. a. O. S. 158. — Darüber, wie er selbst in einer späteren Abhandlung es fertig bringt, beiden die Staatseigenschaft zuzusprechen, vgl. unten S. 62 fg.

wärts[29]). Er schneidet das Band, welches Staats- und Souveränitätsbegriff so fest an einander gekettet hatte, durch; Staat und souveräner Staat sind ihm nicht identisch. „Wenn mehrere bisher unabhängige Staaten in eine solche Verbindung mit einander treten, dass sie eine höhere Gewalt über sich haben, so hören sie zwar auf, souverän zu sein, aber sie brauchen nicht aufzuhören, Staaten zu sein .... Und sie heissen nicht bloss Staaten, sie sind es auch; denn sie sind nicht zu blossen Verwaltungsdistrikten des Reiches herabgesunken, sondern selbständig berechtigte Subjekte höchst umfassender und wichtiger öffentlicher Hoheitsrechte geblieben“[30]).

Wie im Privatrecht die Societät, als welche ein Rechtsverhältniss ist, sich von der juristischen Person, als welche ein Rechtssubjekt ist, unterscheidet, so unterscheidet sich im öffentlichen Recht der Staatenbund, als welcher eine völkerrechtliche Societät ist, vom Bundesstaat, als welcher eine staatsrechtliche Person ist[31]). Damit hat Laband nur den Gedanken, welcher im allgemeinen auch die frühere Theorie beherrschte[32]), klarer und fester formulirt. Bei seiner Konstruktion des Bundesstaats selbst aber kann von einer blossen Modifikation oder Reform der Waitz'schen Lehre absolut nicht mehr die Rede sein; sie ist vielmehr der volle Gegensatz, die Negation und Umkehrung jener. Vielleicht dürfte sich in unserer Wissenschaft nur schwer ein zweites Beispiel finden, dass derselbe Begriff aus so diametral entgegengesetzten Merkmalen construirt wird, wie es Waitz und Laband bezüglich des Bundesstaatsbegriffs thun. Nicht nur, dass Laband, wie mehrere Vorgänger, die begriffliche Unbeschränkbarkeit und Untheilbarkeit der Souveränität betont[33]), — was seit Seydel als feststehend betrachtet werden kann; — nicht nur, dass er demgemäss von keiner Nebenordnung des Gesammt- und Gliedstaats

---

[29]) Laband: Das Staatsrecht des deutschen Reichs Bd. I. 1876.

[30]) a. a. O. S. 63. 64.

[31]) a. a. O. S. 56. 57.

[32]) Abweichend Hänel („Die vertragsmässigen Elemente“ S. 42 f.), welcher auch den Staatenbund für eine juristische Person erklärt.

[33]) a. a. O. S. 62. 73. 93.

wissen will und ersterem allein und ausschliesslich die Souveränität beilegt[34]); er stösst auch die Annahme um, welche alle Vorgänger, soweit sie nicht den Bundesstaat überhaupt negirten, mit Waitz gemeinsam hatten. Sie Alle[35]) sahen ein Charakteristicum des Bundesstaats in der direkten Beziehung der Centralgewalt zu den einzelnen Bürgern. Dies geht als *communis opinio* durch fast alle genannten und auch fast alle nicht genannten einschlägigen Schriften[35]). Laband aber erklärt dies nicht nur für dem Bundesstaatsbegriff nicht wesentlich, sondern sogar das gerade Gegentheil für wesentlich: „Gerade das ist wesentlich für den Begriff des Staatenstaats oder zusammengesetzten Staats und folglich auch für den Bundesstaat, der nur eine Art desselben ist, dass sich die Centralgewalt zum Zweck der Erreichung der staatlichen Aufgaben der Gliedstaaten bedient“[36]). Zwar könne sie auch ausnahmsweise „durch die Einzelstaatsgewalt hindurch unmittelbar auf das natürliche Substrat jedes staatlichen Gebildes, Land und Leute“ einwirken, aber „das direkte, unmittelbare Objekt der in der Reichsgewalt enthaltenen Herrschaftsrechte sind die Staaten; die Staaten als Einheiten, als juristische Personen des öffentlichen Rechts sind die Mitglieder, die Unterthanen des Reichs“[37]).

Und ebenso wie bezüglich des Objekts der Bundesstaatsgewalt kehrt Laband bezüglich des Subjekts derselben die Waitz'sche Lehre geradezu um. Während dieser jede Betheiligung der Gliedstaaten als solcher an der Willensbildung des Gesammtstaats für einen essentiellen Verstoss gegen die Natur des Bundesstaats erklärt[38]), lehrt Laband: „Der Bundesstaat wird gerade . . . . . . durch die Betheiligung der Einzelstaaten

---

[34]) a. a. O. S. 75. 76.

[35]) Die einzigen Ausnahmen, auf welche sich auch Laband selbst beruft, sind v. Mohl (Encyclop. d. Staatswiss. S. 376 und Reichsstaatsrecht S. 29) und v. Holtzendorff (Encyclop. d. Rechtswiss. I. S. 792).

[36]) a. a. O. S. 78.

[37]) a. a. O. S. 71 und 70. — Diese Lehre Labands wird ganz besonders scharf kritisirt von v. Martitz in seiner Recension: Zeitschrift f. d. ges. Staatswissenschaft 1876. S. 564 f.

[38]) Vgl. oben S. 23.

an der Herstellung des Gesammtwillens begrifflich bestimmt"[39]). Die Ueberordnung einer Staatsgewalt über andere, „so dass die Reichsgewalt Staaten zu Unterthanen hat", sei das Kriterium des Gattungsbegriffs „zusammengesetzter Staat oder Staatenstaat". Dieser Gattungsbegriff schliesse die beiden Arten des souzeränen und des Bundesstaats ein. Bei ersterem stehe die Reichsgewalt, von den Einzelstaaten losgelöst, als drittes über ihnen. „Die Reichsgewalt kann aber auch der Gesammtheit der Gliedstaaten, die letztere als begriffliche Einheit gedacht, zustehen. Die Träger der Landesstaatsgewalt bilden dann zusammengenommen die juristische Person des öffentlichen Rechts, welche das Subjekt der unter dem Namen Reichsgewalt zusammengefassten Hoheits- oder Herrschaftsrechte ist. Das nennt man einen Bundesstaat"[40]). So kommt er dazu, den Bundesstaat der reinen Demokratie zu vergleichen, da bei beiden die Gesammtheit der Objekte das Subjekt der Staatsgewalt ist.

Diese Laband'sche Lehre ist in der That der Todtenschein der weiland herrschenden Bundesstaatstheorie. Von deren ganzem Gebäude bleibt auch nicht ein Stein auf dem andern. Seydel hatte Bresche in sie gelegt, Laband schleift sie. Den Bundesstaatsbegriff selbst aber, den Jener aufgiebt, hält er sehr energisch fest. Und allerdings erscheint er nach der einen Seite, dem Staatenbund gegenüber, schärfer abgegrenzt als je. Nur der Bundesstaat, nicht der Staatenbund, ist souverän; nur er ist öffentlich-rechtliche Person; nur er ist Staat. Seitdem tritt diese Seite der Frage zurück; dagegen die andere, die Abgrenzung gegenüber dem decentralisirten Einheitsstaat in den Vordergrund. Hänel, der nächste Vorgänger und Verwandte Laband's[41]), hatte diese Schwäche, welche der neuen Wendung der Lehre anhaftete, wohl empfunden, ohne sie beseitigen zu können. Indem er die Gliedstaaten nur als un-

---

[39]) a. a. O. S. 82. 83.

[40]) a. a. O. S. 71. 72.

[41]) „Unter allen Schriftstellern, welche bisher den Begriff des Bundesstaates festzustellen versucht haben, ist Hänel der hier vertretenen Ansicht am nächsten gekommen". Laband a. a. O. S. 85.

eigentliche, als „den Begriff der Selbstverwaltung durchbrechende“ Quasi-Staaten gelten liess, den wahren und vollen Staat aber weder im Gesammtstaat noch in den Gliedern je für sich allein, sondern nur in ihrem „organischen Miteinander“, in der „Totalität beider“ sah, brachte er das Bewusstsein jener Schwäche zum Ausdruck. Laband dagegen vindicirt sowohl dem Gesammt- wie den Gliedstaaten den vollen und wirklichen Charakter des Staats, ersterem mit der Eigenschaft der Souveränität, letzteren ohne dieselbe. Die Hänel'sche Auffassung gebe den Unterschied zwischen Bundes- und decentralisirtem Einheitsstaat preis. „Der Staat als Anstalt zur Erfüllung des gesammten Inbegriffs seiner Kulturaufgaben ist auch durch das Zusammenwirken von Bundesstaat und Einzelstaat noch nicht vollkommen gegeben; auch Kreise und Gemeinden, und andere Selbstverwaltungskörper aller Art sind wesentliche Bestandtheile des Gesammtorganismus, sind „Glieder des Ganzen“. Zum „Staat schlechthin“ gehören auch sie. Das Wesen des Bundesstaats aber beruht gerade darauf, dass er Glieder mit individueller **staatlicher** Sonderexistenz voraussetzt“[42]).

Wenn dem aber so ist, — welche Merkmale kennzeichnen nun die begriffliche Grenze zwischen dem mehr oder weniger autonomen Kommunalkörper und dem nichtsouveränen Gliedstaat? Diese Frage ist von jetzt ab das *punctum saliens* der ganzen Lehre. Aus der eben analysirten Theorie Laband's lassen sich drei solcher Merkmale abstrahiren:

1. Die nichtsouveränen Gliedstaaten sind in ihrer Gesammtheit die Träger der souveränen Bundesstaatsgewalt; — was die Kommunalkörper im Einheitsstaat nicht sind.

2. Die nichtsouveränen Gliedstaaten sind (wenigstens *primo loco* und der Regel nach) die einzigen direkten Unterthanen der souveränen Centralgewalt; sie mediatisiren die Individuen; — was die Kommunalkörper nicht thun.

3. Die nichtsouveränen Gliedstaaten besitzen ihre obrigkeitlichen Befugnisse nicht als Organe des Reichs, sondern

---

[42]) a. a. O. S. 84.

„**kraft eigenen Rechts**"; — was die Kommunalkörper nicht thun[43]).

Von diesen drei Merkmalen stehen die beiden ersten in schroffstem Gegensatz zur früheren Bundesstaatstheorie, während das dritte ihr völlig entspricht. In ihrer weiteren Entwicklung hat sich nun die Lehre mit der Kritik und allmäligen Abtragung dieser drei Grenzzeichen erfolgreich beschäftigt.

Gegen die von Hänel und Laband unternommene Neuconstruktion des Bundesstaatsbegriffs hielt Seydel, der zu dieser Reform mit den Anstoss gegeben, seinen absolut negirenden Standpunkt fest. Aber in dieser Wiederholung und schärferen Betonung seiner Principien[44]) zeigt er nur, wie berechtigt Gierke's Verwerfung dieser mechanischen, aller modernen Anschauung widersprechenden Auffassung von Recht und Staat ist. Wenn er sagt: „Wie aus der Vereinigung von hundert Menschen nicht ein 101. Mensch entspringt, so auch aus hundert Willen nicht ein 101. Wille. Dieser Satz ist arithmetisch unanfechtbar"[45]); — so verwechselt er eben die Begriffe der Wissenschaft des organischen Lebens mit denen der Mathematik; die Vielheit in der Einheit, deren Existenz jeder Blick auf das organische Leben in der Natur bezeugt, kann man mit dem grossen oder kleinen Einmaleins weder beweisen noch widerlegen. Ebenso allen heutigen Grundideen incommensurabel ist der Satz: „Der Staat selbst ist überhaupt kein Subjekt, sondern ein Objekt; Subjekt ist der Inhaber der Herrschaft über den Staat"[46]). Damit hätte Seydel nicht nur den Begriff des Bundesstaats, sondern den einer selbständigen Staatsrechtswissen-

---

[43]) a. a. O. S. 106. — Gegenüber der neuesten Litteratur, besonders der Untersuchung Rosin's über den Begriff des „eigenen Rechts" hat Laband in der 2. Aufl. seines Staatsrechts (1888) Bd. I. S. 62 fg. seine Lehre dahin authentisch interpretirt, dass nicht das eigene Recht, sondern das eigene Herrschaftsrecht entscheidend sei. Wir werden uns damit später im VI. u. VII. Abschnitt auseinanderzusetzen haben.

[44]) Seydel: „Die neuesten Gestaltungen des Bundesstaatsbegriffes" in Hirth's Annalen des deutschen Reichs. Jahrgang 1876.

[45]) a. a. O. S. 647.

[46]) a. a. O. S. 653.

schaft getödtet; die etwaigen Besonderheiten des subjektiven Rechts am Staatsobjekt wären füglich im Sachenrecht, vielleicht zwischen Eigenthum und Emphyteuse, abzuhandeln. Und die unterscheidende Klimax: „Die öffentlich-rechtlichen Körperschaften sind Vereinigungen unter der Rechtsordnung; der Staat ist vereinigt durch die Rechtsordnung; die völkerrechtlichen Verbindungen stehen ausserhalb der Rechtsordnung“ [47]); ist zwar dialektisch geschickt, aber weder richtig noch fruchtbar. Die von Laband scharf gezogene Grenze zwischen Bundesstaat und Staatenbund hebt Seydel auf, indem er den Unterschied der juristischen Person als Rechtssubjekts vom blossen Rechtsverhältniss als lediglich in der juristischen Technik beruhend erklärt; in Wirklichkeit sei auch die juristische Person ein Rechtsverhältniss [48]). Seydel hat sich durch die scharfsinnige Zersetzung der Waitz'schen Theorie ein grosses und bleibendes Verdienst um die Entwicklung der Lehre erworben; aber seine Wirksamkeit auf diesem Gebiet ist eine rein negative geblieben; über diese Grenze reicht sein Einfluss nicht hinaus. Mit seiner Eliminirung des Bundesstaatsbegriffs überhaupt steht er in der deutschen staatsrechtlichen Litteratur isolirt da.

Aber ebenso bleibt andrerseits Laband mit der Lehre von der Mediatisirung der Bürger im Bundesstaat durch die Einzelstaaten isolirt. Wie völlig auch die Waitz'sche Theorie überwunden ist, daran hält die *communis opinio* im Gegensatz zu Laband fast ausnahmslos fest, dass die unmittelbare Einwirkung der Centralgewalt auf die Individuen jedenfalls dem Wesen des Bundesstaates nicht widerspricht, wenn sie nicht sogar als Essentiale desselben zu betrachten ist. Laband selbst hatte ja auch nicht vermocht, sein Princip consequent festzuhalten und durchzuführen [49]). Damit wurde aber schon eines der drei oben fixirten Grenzzeichen hinfällig. Auch Hänel blieb in einer durch Seydels neuen Angriff veranlassten Replik Laband gegen-

---

[47]) a. a. O. S. 649.

[48]) a. a. O. S. 653.

[49]) Staatsrecht, Bd. I, S. 80 u. an vielen andern Stellen. Vgl. auch Gierke in Schmollers Jahrbuch 1883. Heft 4, S. 66.

über dabei stehen, „dass die Befähigung zu unmittelbarer Wirksamkeit, abgesehen von den Einzelstaaten, der Reichsgewalt wesentlich ist“ [50]).

Derselbe Punkt ist es auch, welcher in erster Linie einen Gegensatz zwischen Laband und Liebe in seiner Monographie („Sind die zu einem Bundesstaat vereinigten Staaten souverän?“) [51]) bildet. Zwar meint Liebe, dass von einer herrschenden Theorie des Bundesstaats wohl kaum mehr zu reden sei [52]); doch schliesst er sich im allgemeinen der Hänel-Labandschen Richtung an. Er erkennt die Existenz nichtsouveräner Staaten, die Untheilbarkeit der Souveränität, die Ueberordnung des Gesammtstaats über die Gliedstaaten, und die ausschliessliche Souveränität des ersteren an [53]). Mit Hänel sieht er in der Competenz-Competenz das Kriterium der Souveränität [54]). Indem er dies als unbeschränkte Rechtsfähigkeit auffasst, lässt er eine Beschränkung der Handlungsfähigkeit als mit dem Begriff der Souveränität vereinbar insoweit gelten, als der Staat selbst sich beschränken wollte [55]). Dagegen scheidet er von dem Begriff der Souveränität die Hoheitsrechte ab. „Dies sind dem Berechtigten nicht nur der Ausübung nach, sondern zu eigenem Rechte zustehende, ein staatsrechtliches Verhältniss begründende Rechte über ein Gebiet“. „Für den Staatsbegriff ist nicht wesentlich die Souveränität; sondern es sind für ihn wesentlich drei andre Begriffe: Territorium, Unterthanen, Hoheitsrechte. Jeder Vasallen- und Gliedstaat ist daher ein Staat“ [56]). Das zweite dieser drei Postulate setzt aber als Unterthanen Individuen voraus. „Nicht eine Vielheit von juristischen Personen, sondern nur eine Vielheit von Menschen können einen

---

[50]) „Zur Kritik der Begriffsbestimmung des Bundesstaats“, in Hirths Annalen, Jahrg. 1877. S. 86.

[51]) Liebe, Staatsrechtliche Studien. I. Leipzig 1880.

[52]) a. a. O. S. 14.

[53]) a. a. O. S. 41.

[54]) a. a. O. S. 30.

[55]) a. a. O. S. 10.

[56]) a. a. O. S. 30.

Staat bilden" [57]). Da nun der Bundesstaat den Charakter eines wirklichen Staates hat, so folgt im Gegensatz zu Labands Lehre, dass die Centralgewalt direkt auf die einzelnen Bürger einzuwirken begrifflich befugt sein müsse [58]). Fällt somit für Liebe dieser von Laband aus seiner gegentheiligen Ansicht abgeleitete Unterschied zwischen Gliedstaat und Kommunalkörper fort, so hält er um so entschiedener den andern fest: „Die Aufgaben, welche die Gliedstaaten im Bundesstaate zu lösen haben, haben sie zu lösen kraft eignen Rechts; die Aufgaben, welche die Kreise u. s. w. im Einheitsstaate zu lösen haben, haben sie zu lösen kraft überwiesenen Rechts". Und als ob er das beseitigte Genzzeichen durch ein neues zu ersetzen wünschte, fügt er noch ferner hinzu: „Weiter aber sind die Aufgaben, welche die Gliedstaaten des Bundesstaats zu lösen haben, meist Aufgaben, welche nach den Anschauungen der betreffenden Zeit nur einer Staatsgewalt zufallen können" [59]). So wenig wie mit der Aussonderung von Hoheitsrechten gegenüber der Souveränität dürfte sich mit dieser ziemlich vagen Unterscheidung etwas erspriessliches für die Lösung des Problems anfangen lassen. Jedoch werden wir sie in etwas modificirter Form bald wieder antreffen.

Zwei Jahre später hat Liebe, hauptsächlich in Polemik gegen die gleich zu besprechenden, in der Zwischenzeit erschienenen Arbeiten Zorns, seine Ideen nochmals dargelegt [60]). Hier betont er die Gleichwerthigkeit der Rechte des Gesammt- und der Gliedstaaten, insofern sie beiden zu eignem Rechte zustehen [61]), sowie die Unabhängigkeit und Selbstständigkeit der Hoheitsrechte gegenüber der Souveränität. „Der charakteristische Inhalt der Hoheitsrechte ist das Herrschen, der Befehl; der Inhalt der Souveränität die rechtliche Unab-

---

[57]) a. a. O. S. 34.

[58]) a. a. O. S. 33—35 und S. 6 Anm.

[59]) a. a. O. S. 24. 25.

[60]) „Staatsrechtliche Streitfragen" in der Zeitschr. f. d. ges. Staatswissenschaft. Bd. 38. Jahrg. 1882.

[61]) S. 640. 641.

hängigkeit von Befehlen Andrer" [62]). Schwerlich kann man hierin mehr finden, als eine andre Formulirung für die Bejahung der Existenz nichtsouveräner Staaten und einen Beweis für die immer weiter greifende Erkenntniss von der Unbrauchbarkeit des alten Souveränitätsbegriffes. Auch Liebe schliesst sich der Reihe von Schriftstellern seit Georg Meyer an, welche jenen Begriff gern los sein möchten; ihn aber nicht hinauszuwerfen wagen, und desshalb mehr und mehr in die Ecke zu drängen suchen. In diesem Sinne gebührt ihm ein Platz in der Entwicklungsgeschichte der Lehre.

Auf einem wesentlich andern Standpunkte steht Zorn, sowohl in seinem Lehrbuch als auch in einer bald nach dem ersten Bande desselben erschienenen Abhandlung [63]). Mit Hänel und Liebe sieht Zorn in der Competenz-Competenz das entscheidende Kriterium für die Souveränität [64]). Aber entgegen der ganzen neueren Richtung identificirt er wieder Staat und Souveränität: „Souveränität ist das erste und oberste begriffliche Merkmal des Staats" [65]); und: „Staatscharakter und Souveränität sind identisch; denn Souveränität ist nicht nur eine, Souveränität ist vielmehr die Eigenschaft des Staates. Jeder Staat ist souverän und nur der Staat ist souverän" [66]). In schroffstem Gegensatz zu Liebe erklärt Zorn die Souveränität für die Gesammtheit und Quelle aller einzelnen Hoheitsrechte [67]). Im Bundesstaate spricht Zorn die Competenz-Competenz und damit die ausschliessliche Souveränität dem Gesammtstaate zu; gerade daraus allein ergiebt sich ihm der Staatscharakter des Bundesstaats [68]). Diese Prämissen führen ihn nun nothwendig zu dem Schluss: „Da der Bund der Staat ist, da zwei

---

62) S. 642.

63) Zorn: „Das Staatsrecht des deutschen Reichs". I. Band 1880; und „Streitfragen des deutschen Staatsrechts" in der Zeitschr. f. d. ges. Staatswissenschaft. Bd. 37. Jahrg. 1881.

64) Streitfragen S. 305.

65) Staatsrecht S. 47.

66) Streitfragen S. 305.

67) Streitfragen S. 309.

68) Staatsrecht S. 52 fg.; Streitfragen S. 304.

Staaten in demselben Territorium neben einander begrifflich nicht möglich sind, — können im Bundesstaat die Einzelstaaten eine Staatsgewalt im streng juristischen Sinne des Wortes nicht haben“ [69]) oder: „Im strengen Sinne des Wortes sind die Einzelstaaten . . . . . . keine Staaten mehr, weil ihnen das erste Essentiale des Staatsbegriffs, die Souveränität, fehlt“ [70]). Demgemäss beseitigt Zorn auch das dritte Grenzzeichen, welches Laband zwischen Gliedstaat und Kommunalkörper aufgestellt und Liebe entschieden festgehalten hatte, das dem Gliedstaat zustehende „eigene Recht“. Da alle Hoheitsrechte aus der Competenz-Competenz d. h. aus der Souveränität herfliessen, so könne nur der souveräne Staat d. h. der Bund solche kraft eignen Rechts besitzen; die Gliedstaaten ebenso wie alle „dem Staat untergeordneten Verbände haben ihre Autonomie nur als eine von diesem abgeleitete“ und „übertragene“ [71]). Zorn verkennt nicht die Consequenzen seiner Lehre: „Man kann sich darüber keiner Täuschung hingeben, dass das unterscheidende Merkmal zwischen Bundesstaat und Einheitsstaat kein principielles ist, wie dies zwischen Staatenbund und Einheitsstaat der Fall. Das unterscheidende Merkmal liegt lediglich darin, dass nicht die Totalität der Staatsaufgaben von der Centralgewalt durchgeführt wird; dass letztere von einem grossen Theil der Staatsaufgaben zu Gunsten der Gliedstaaten ‚sich fernhält‘ “ [72]). Dann wird man sich aber ebensowenig darüber täuschen können, dass in dieser Lehre, genau so wie in der Seydels, nur zu Gunsten eines andern Begriffs, die „Bankrotterklärung des Bundesstaatsbegriffs“ gegeben ist. Denn ein andres Unterscheidungsmerkmal, als ein „principielles“ giebt es für die Wissenschaft überhaupt nicht [73]).

[69]) Streitfragen S. 314.

[70]) Staatsrecht S. 59. 60.

[71]) Streitfragen S. 310. 314. 303. Staatsrecht S. 58.

[72]) Staatsrecht S. 61.

[73]) Eine treffende Widerlegung der Lehre Zorns giebt jetzt Laband in der 2. Aufl. seines Staatsrechts (1888) Bd. I. S. 71. 72. „Zorn selbst macht auch von seiner Konstruktion des Bundesstaats den allein möglichen Gebrauch, nämlich er ignorirt sie vollständig“.

Einer erneuten gründlichen Revision hat Jellinek den Bundesstaatsbegriff im Zusammenhange der Staatenverbindungen überhaupt unterzogen [74]). Gemeinsam mit der ganzen neueren Richtung der Lehre ist ihm die Annahme der Untheilbarkeit der Souveränität und des ausschliesslich souveränen Gesammtstaats gegenüber nichtsouveränen Gliedstaaten. Dagegen verwirft er die Competenz-Competenz als entscheidendes Kriterium, da dieselbe nur die staatsrechtliche Seite beachte; die im Staatsvertrage hervortretende völkerrechtliche ignorire [75]). Ihm ist Souveränität „die Eigenschaft eines Staats, kraft welcher er nur durch eignen Willen rechtlich gebunden werden kann“ [76]). Auch in diesem Sinne ist ausschliesslich der Bund souverän, wie aus seiner allzu langen und schon desshalb wenig glücklichen Definition des Bundesstaates [77]) hervorgeht. Desshalb hören jedoch die Gliedstaaten nicht auf, Staaten zu sein. Zwar stimmt er mit Zorn darin überein, dass nur durch den Willen des souveränen Staats nichtsouveräne gebildet werden können und daher ersterer begrifflich stets das Primäre, letzterer das Secundäre ist [78]). Aber auch dadurch verliert letzterer den Staatscharakter nicht. „Wo ein politisches Gebilde nach irgend einer Richtung staatlicher Thätigkeit hin aus eignem Rechte bindende Normen zu erlassen berechtigt ist, da ist im juristischen Sinne ein Staat vorhanden“ [79]). Der Begriff des eignen Rechts ist aber unabhängig davon, ob es auch in der Person des Inhabers entstanden ist oder ihm wider seinen Willen nicht entzogen werden kann; (denn sonst hätten die Gliedstaaten ihre Competenz nicht kraft eignen Rechts); sondern „eignes Recht ist rechtlich uncontrolirbares Recht“ [80]). Also: „Eine Körperschaft, welche staatliche Macht ohne Controle ausübt,

---

[74]) Jellinek: „Die Lehre von den Staatenverbindungen“. Wien 1882.
[75]) a. a. O. S. 29.
[76]) a. a. O. S. 34.
[77]) a. a. O. S. 278.
[78]) a. a. O. S. 46.
[79]) a. a. O. S. 40.
[80]) a. a. O. S. 41. 42.

nennen wir Staat"[81]); daher seien die Gliedstaaten eines Bundesstaats wirkliche Staaten. Und nur dadurch unterscheide sich der Bundesstaat vom decentralisirten Einheitsstaat, dass in ersterem die Gliedstaaten ihre Rechte ohne Controle ausüben und desshalb Staaten seien; während in letzterem die Kommunalkörper einer Controle unterliegen und desshalb eben keine Staaten seien[82]). Einzig und allein auf dieses eine Merkmal reducirt Jellinek diese begriffliche Grenzscheidung; auf das (weiter ausgeführte und anders begründete) dritte der von Laband aufgestellten Grenzzeichen; die beiden andern verwirft er. In Uebereinstimmung mit ziemlich allen Schriftstellern über diese Frage bekämpft er die von Laband behauptete Mediatisirung der Individuen im Bundesstaat durch die Gliedstaaten und hält an der direkten Unterordnung des Volks unter die Centralgewalt fest[83]). Wenn Laband ferner die föderale Organisation, d. h. die Einrichtung, dass die Gesammtheit der Gliedstaaten Trägerin der Souveränität des Gesammtstaats sei, als unterscheidendes Merkmal des Bundesstaats aufgestellt hatte, so erklärt es Jellinek mit triftigen Gründen als „für den Begriff des Bundesstaats gleichgiltig, in welcher Weise sein von dem Willen der Glieder unterschiedner und über ihnen stehender Wille zu Stande kommt"[84]); höchstens sei ganz vage ein gewisser Einfluss der Gliedstaaten auf die Centralgewalt als *naturale* des Bundesstaatsbegriffs zuzugeben[85]). Auch in diesem Punkte hat sich die Litteratur im allgemeinen gegen Laband entschieden; es bleibt also nur noch der dritte, das „eigene Recht". Eine wie zerbrechliche Scheidewand dieses — wenigstens wie Jellinek es definirt — zwischen Bundes- und Einheitsstaat bildet, zeigen klar die eignen Worte Jellineks: „Durch einen einzigen Satz der Verfassung könnte bei völliger Belassung der gegenwärtigen Organisation der Gliedstaaten, ja sogar der Bundesgewalt, ein jeder

[81]) a. a. O. S. 277.
[82]) a. a. O. S. 276. 277.
[83]) a. a. O. S. 282 fg., S. 291.
[84]) a. a. O. S. 287.
[85]) a. a. O. S. 289.

der Bundesstaaten in einen decentralisirten Einheitsstaat übergehen — durch die Fesstellung des *jus supremae inspectionis* der Centralgewalt" [86]).

Aber auch dieses dritte und letzte Bollwerk ward sehr bald von der fortschreitenden Doktrin abgetragen. Freilich nicht in der Art, wie es eine Recension des Jellinek'schen Werkes in der Tübinger Zeitschrift fordert [87]), woselbst der Referent die ganze juristische Construktion auf diesem Gebiet für verlorene Mühe hält, da jedes Staatsgebilde in jedem Augenblick „*sui generis*" sei, und die Rückkehr zur alten Methode anräth, welche die Vertheilung der einzelnen Funktionen zwischen Gesammtstaat und Gliedstaat zur Klassifikation heranzog. Eine solche „Umkehr der Wissenschaft" ist glücklicher Weise nicht erfolgt. Dagegen befindet sich der Referent auf dem richtigen Wege der fortschreitenden Wissenschaft, indem er einen Gegensatz zwischen politischer Corporation und nichtsouveränem Staat weder juristisch noch dynamisch anerkennt, und vor allem, indem er das von Jellinek aufgestellte Unterscheidungsmerkmal der Controlirbarkeit als solches anzweifelt. Schon die nächste Arbeit hat über den Zweifel hinaus dieses Merkmal beseitigt [88]).

Unmittelbar an Jellinek knüpft Rosin seine kritischen Begriffsstudien über Souveränität, Staat, Gemeinde, Selbstverwaltung an [89]). Rosin steht insofern auf dem Boden der neueren Schule, als er die Untheilbarkeit der Souveränität betont; keine halbe, unvollständige, getheilte, sondern nur eine ausschliessliche Souveränität kennt [90]), und diese im Bundesstaat dem Gesammtstaat zu-, den Gliedstaaten abspricht [91]).

---

[86]) a. a. O. S. 312.

[87]) Zeitschrift f. d. ges. Staatswissenschaft. Bd. 38, S. 816 fg. Die Recension ist mit Sch. gezeichnet.

[88]) Eine durchgreifende Widerlegung Jellineks giebt jetzt Laband in der 2. Aufl. seines Staatsrechts (1888) Bd. I, S. 70. Vgl. übrigens auch Jellinek selbst in „Gesetz u. Verordnung" (1887) S. 204.

[89]) Hirths Annalen 1883, Heft 5 u. 6; auch in Separatabdruck, München u. Leipzig 1883.

[90]) Annalen S. 270. — Sep.-Abdr. S. 6.

[91]) Annalen S. 302. — Sep.-Abdr. S. 38.

Ferner verneint er gegen Zorn die Identität von Souveränität und Staat, nimmt vielmehr mit der Mehrzahl der neueren Schriftsteller die Existenz nichtsouveräner Staaten an[92]). Gegen Hänel und Liebe, und in Uebereinstimmung mit Jellinek verwirft er die Competenz-Competenz als entscheidendes Kriterium der Souveränität[93]), und definirt letztere mit geringer redaktioneller Abweichung von Jellinek „als ausschliessliche Bestimmbarkeit durch eignen Willen“[94]).

Den Staatscharakter der Gliedstaaten hatte, wie wir gesehen, Laband (wenigstens theilweise) aus ihrem Besitz von Hoheitsrechten „zu eignem Recht“ abgeleitet; Zorn dagegen eben wegen des derivativen Charakters dieser ihrer Rechte denselben bestritten; Jellinek endlich das Kriterium des „eignen“ Rechts in der Uncontrolirbarkeit gefunden. Zur Klärung dieser entscheidenden Frage geht Rosin genau und scharfsinnig an die Beantwortung der Vorfrage: was heisst zu „eignem Rechte“ zustehen? In der Negative stimmt er mit Jellinek überein, dass nämlich sowohl die Art der Entstehung wie der Beendigung indifferent sei[95]). Dagegen verwirft er das Kriterium der Uncontrolirbarkeit und beweist mit völlig durchschlagenden Gründen[96]), dass die Controlirbarkeit in der Ausübung eines Rechts die Eigenschaft desselben als eines „eigenen“ für den Berechtigten nicht ausschliesst[97]). Zudem würde dieses Kriterium seine Aufgabe, als begriffliche Grenzscheide zwischen Staat und Kommunalkörper zu dienen, gar nicht erfüllen können. Denn sowohl gemäss den allgemeinen Begriffen als gemäss dem positiven Recht (auch in Deutschland) ist einerseits auch der nichtsouveräne Staat in mancher Hinsicht der Controle des souveränen unterworfen, und andrerseits auch die Gemeinde in mancher Hinsicht uncontrolirbar[98]). Also weder als Unter-

---

[92]) Annalen S. 283. — Sep.-Abdr. S. 19.

[93]) Annalen S. 271. — Sep.-Abdr. S. 7 und S. 273 resp. S. 9.

[94]) Annalen S. 269. — Sep.-Abdr. S. 5.

[95]) S. 277 resp. S. 13.

[96]) S. 277—279 resp. 13—15.

[97]) S. 279 resp. S. 15.

[98]) a. a. O. S. 284 resp. S. 21.

scheidung von Staat und Gemeinde noch als Kriterium des „eignen" Rechts ist jener Jellinek'sche Begriff verwendbar. „Eignes" Recht ist nun aber gar nichts andres, als der Gegensatz von fremdem Recht, welches man in Vertretung eines Andern ausübt. „Jedes Recht ist für sein Subjekt, den Berechtigten, ‚eigenes' Recht" und „‚Eigenes' Recht ist für eine Person jedes Recht, dessen Subjekt sie ist" [99]). Kann man dieser Definition, welche, wie so oft, die einfachste und richtigste zugleich ist, vorbehaltlos zustimmen, so gilt das gleiche auch für die Schlussfolgerung, dass die Einzelstaaten die von ihnen ausgeübten Hoheitsrechte zu „eigenem" Rechte besitzen [100]). Aber gleichzeitig ist auch nach dieser Definition der Begriff für den Zweck, um dessentwillen er überhaupt hervorgeholt worden war, völlig unverwendbar geworden. Denn nicht nur der Gliedstaat, sondern auch die Gemeinde und alle andern Selbstverwaltungskörper besitzen gewisse Befugnisse zu „eignem" Recht [101]).

Nach allgemeiner Ansicht unterscheidet sich die Gemeinde etc. vom blossen Verwaltungsbezirk durch die ihr zustehende rechtliche Persönlichkeit [102]). Im Anschluss an Iherings Interessen- und Zweck-Theorie definirt Rosin diese rechtliche Persönlichkeit als „ein Wesen, welchem das Recht einen eignen Lebenszweck zuerkennt, zu dessen Realisirung es ihm Rechte . . . . . . verliehen hat. Subjekt eines bestimmten concreten Rechts ist diejenige Persönlichkeit, in deren Interesse dasselbe von der Rechtsordnung verliehen ist . . . ." [103]). Aus alledem folgt aber: „Wie auch immer nach positivem Rechte der Umfang der ‚eigenen' öffentlichen Rechte der Gemeinde gezogen sein mag, es muss einen Kreis solcher geben, sobald einmal die Gemeinde als solche dem staatlichen Ver-

---

[99]) a. a. O. S. 279. 280 resp. S. 15. 16.

[100]) a. a. O. S. 280 resp. S. 16; vgl. auch gegen Laband treffend S. 282 resp. S. 18.

[101]) Völlig übereinstimmend jetzt: Laband Staatsrecht. 2. Aufl. (1888) Bd. I, S. 62.

[102]) a, a. O. S. 286 resp. S. 22.

[103]) a. a. O. S. 289 resp. S. 25.

waltungsbezirk gegenüber zur Anerkennung gelangt ist" [104]). Somit ist nunmehr auch das dritte und letzte der von Laband aufgestellten Unterscheidungszeichen zwischen nichtsouveränem Staat und Kommunalkörper gefallen; der Begriff des „eignen" Rechts findet gleichmässig auf beide Anwendung.

Aber Rosin giebt damit den Unterschied selbst nicht auf; an Stelle des beseitigten Grenzzeichens versucht er ein neues zu errichten. Den Weg dazu zeigt ihm eben jene Ihering'sche Zwecktheorie. Anknüpfend an die Worte H. Schulze's: „Die Gemeinde ist der Organismus der örtlichen Gemeinschaft, wie der Staat der Organismus der Volksgemeinschaft" [105]), lehrt Rosin: „Der rechtliche Unterschied der Gemeinde vom Staat liegt ..... **begrifflich in der Verschiedenheit ihres Zwecks** ..... Während die Befriedigung der auf dem örtlichen Zusammenwohnen und der nachbarlichen Lage der Grundstücke beruhenden Gemeindebedürfnisse Zweck der Ortsgemeinde ist, verfolgt der Staat die Aufgabe, die nationalen, dem Gesammtvolke als natürlicher Gemeinschaft eignen Interessen zu realisiren" [106]). Im Bundesstaate erscheint der nationale Organismus in doppelter Gestalt: als souveräner Gesammt- und als nichtsouveräner Gliedstaat; der örtliche Organismus der Gemeinde ist seinem Wesen nach stets nichtsouverän [107]). „Der einem Bundesstaat angehörige Einzelstaat steht der Gemeinde eines decentralisirten Einheitsstaats begrifflich darin gleich, dass sie beide eine öffentlich-rechtliche und zwar nichtsouveräne Persönlichkeit darstellen. Sie unterscheiden sich dadurch, dass nur der Einzelstaat Staat ist, weil ihm Aufgaben zukommen, die nach der Auffassung des Rechts, d. h. des ausgesprochnen Volksbewusstseins als Aufgaben eines Staats anerkannt werden; die Gemeinde dagegen ihren Lebenszweck in der Verwirklichung lokaler Aufgaben abschliesst" [108]). Andrer-

---

[104]) a. a. O. S. 291 resp. S. 27.

[105]) H. Schulze: Lehrbuch des deutschen Staatsrechts, Bd. I. 1881 S. 411.

[106]) Annalen S. 291. — Sep.-Abdr. S. 27.

[107]) Annalen S. 284. — Sep.-Abdr. S. 20.

[108]) Annalen S. 302. — Sep.-Abdr. S. 38.

seits unterscheidet sich der Gliedstaat vom Gesammtstaat einzig und allein durch seine Unterordnung unter letzteren, d. h. durch die mangelnde Souveränität.

So ist denn also der Zweck (nationaler resp. lokaler) als einziges begriffliches Unterscheidungsmerkmal zwischen Staat und Kommunalkörper hingestellt [109]).

Gleichzeitig mit Rosin's kritischen Begriffsstudien hat Gierke gleichfalls solche in seinem Aufsatz: „Laband's Staatsrecht und die deutsche Rechtswissenschaft" angestellt [110]). Was wir oben von dem früheren Artikel Gierke's über die Grundbegriffe des Staatsrechts sagten (vgl. oben S. 38 fg.), das gilt ebenso von dieser Arbeit. Auch hier beschäftigt sich nur ein kleiner Theil direkt mit dem gegenwärtigen Problem, und auch hier sind es nicht so sehr die positiven Resultate, als die allgemeine Anschauung, welche der Arbeit ihre Bedeutung giebt.

Gierke hat die Begriffsstudien Rosin's erst nach Abschluss seines Aufsatzes kennen gelernt, und befasst sich nur in einer kurzen nachträglichen Anmerkung [111]) mit ihnen. Er acceptirt darin vollkommen die von Rosin gegebene einfache Definition des „eignen" Rechts, und die Auffassung, dass ein solches eigenes Recht den Selbstverwaltungskörpern ebenso wie den Gliedstaaten im Bundesstaate zukomme, dass also dieser Begriff nicht zur Unterscheidung von Staat und Kommunalkörper verwendet werden könne. Schon in seinem Artikel selbst ist Gierke, unabhängig von Rosin, zu dem gleichen Ergebniss gelangt [112]). Dagegen kann er das von Rosin neu construirte Unterscheidungsmerkmal nicht anerkennen. Zwar stimmt er im Princip der Ansicht, „dass der Zweck eines Gemeinwesens

---

[109]) Die dann noch folgende Untersuchung Rosins über den Begriff der Selbstverwaltung, welche ihn den Gliedstaat als eine Art der Gattung „Selbstverwaltungskörper" anerkennen lässt, ist nicht in diesem Zusammenhange zu analysiren. Wir kommen darauf im construktiven Theile zurück. Vgl. unten Abschnitt VIII.

[110]) In Schmollers Jahrbuch für Gesetzgebung, Verwaltung und Volkswirthschaft. N. F. 7. Jahrg. 1883, Heft 4.

[111]) a. a. O. S. 98. 99.

[112]) a. a. O. S. 67 fg.

ein Rechtsbegriff und dessen concrete Bestimmung ein wesentliches Element der körperschaftlichen Rechtspersönlichkeit ist", vollkommen bei. Aber gerade zwischen Staat und Gemeinde lasse sich eine principielle Verschiedenheit der Zwecke nicht nachweisen. Rosin's „unbestimmte Formel des Unterschiedes ‚nationaler' und ‚örtlicher' Interessen" sei gänzlich unhaltbar. „Bedenkt man, dass unter den Staatsbegriff ein Stadtstaat wie Lübeck, unter den Gemeindebegriff die grösste und selbständigste Provinz fällt, so zerfliesst diese Grenzbestimmung". In der That; — dieses blosse Beispiel scheint uns statt aller weiten Deduktionen genügend, auch das von Rosin aufgerichtete Grenzzeichen zu beseitigen [113]). Somit kann man „auch Rosin's Versuch einer Konstruktion des Bundesstaates im Sinne der zur Zeit herrschenden Lehre nicht als gelungen betrachten" [114]) [115]).

---

[113]) O. Mejer (Einleitung in das deutsche Staatsrecht, 2. Aufl. 1884. S. 28 N. 10), welcher Rosins Unterscheidung nur mit Aenderung des Wortes „lokal" in „social" festhält, bemerkt gegen Gierke, dass allerdings ein solcher Stadtstaat wie Lübeck sich kommunalen Selbstverwaltungskörpern annähere, dass er aber doch davon wesentlich verschieden sei: „nicht blos weil er an der Leitung der deutschen Gesammtinteressen im Bundesrathe seinen Antheil hat, sondern auch dadurch, dass er in seiner autonom gebliebenen Regierungsthätigkeit für sein kleines Gebiet . . . . die Gesammtinteressen der Nation im Auge zu halten an seinem Theile verpflichtet ist; nicht vermöge gegebner Leitung von aussen und oben, sondern selbständig". Was die Mitwirkung im Bundesrath betrifft, so fällt dies mit Laband's von uns oben S. 44 unter 1) aufgezählten Kennzeichen zusammen und wird als solches im Text behandelt. Das zweite Moment ist aber zur Differenzirung ganz ungeeignet, denn „die Gesammtinteressen der Nation im Auge zu behalten", ist jeder Kommunalkörper genau ebenso verpflichtet wie die Gliedstaaten, und bei beiden tritt, wenn sie diese Pflicht nicht „selbständig" erfüllen, gleicherweise die „Leitung von aussen und oben" ein. — Die Eigenschaft des „lokalen" oder „socialen" wohnt jeder niederen Organisation gegenüber der höheren inne: dem Gliedstaate gegenüber dem Reiche; der Provinz gegenüber dem Staate; dem Kreise gegenüber der Provinz u. s. w. Hier existirt eine Stufenleiter vom engsten zum weitesten Kreise; keine Kluft gerade zwischen Gliedstaat und Kommunalkörper.

[114]) Rosin begegnet jenem Einwurf Gierke's mit der Bemerkung

Ebenso wenig als das Kriterium des „eigenen“ Rechts werden die anderen Unterscheidungsmerkmale Laband's von Gierke anerkannt. Was den Antheil des Gliedstaates an der souveränen Centralgewalt betrifft (vgl. oben S. 44 unter 1.), so erklärt dies Gierke mit Jellinek u. a. m. einmal für ein blosses *naturale* des Bundesstaatsbegriffs; und bemerkt des weiteren sehr richtig, dass eine solche Theilnahme im Princip sehr wohl auch im Einheitsstaate zu Gunsten von Gemeinden und Provinzen vorkommen könne[116]). In der zweitens von Laband behaupteten principiellen Mediatisirung der einzelnen Bürger durch die Gliedstaaten aber (vgl. oben S. 44 unter 2.) sieht Gierke den „schwersten und verhängnissvollsten Fehler seiner ganzen Bundesstaatstheorie. Mit Recht hat die Kritik so gut wie einstimmig diese Lehre verworfen“[117]). Der moderne Bundesstaat wenigstens könne ohne unmittelbare Herrschaftsrechte der Centralgewalt über jeden einzelnen Volksgenossen und ohne unmittelbare Gesammtstaatsangehörigkeit aller An-

———

(„Das Recht der öffentlichen Genossenschaft“ 1886, S. 41, n. 7): „Der Charakter der örtlichen Interessen ändert sich weder dadurch, dass sie im Stadtstaat mit den nationalen Aufgaben der Volksgemeinschaft in demselben Organismus vereinigt erscheinen noch auch dadurch, dass sie in höheren Kommunalverbänden einheitlich für eine Reihe von Ortsgemeinden zur Erfüllung gelangen“. Diese Bemerkung trifft doch offenbar weder das Wesen der Sache noch den Kern von Gierke's Einwand. Hat etwa Lübeck als Stadtstaat nationale Zwecke in anderem Sinne, als sie auch eine Provinz oder z. B. die Stadt Berlin bei Verfolgung ihrer lokalen Aufgaben zu berücksichtigen hat?

115) Gegen die Heranziehung des Zweckmoments wendet sich jetzt mit treffenden Ausführungen Laband, Staatsrecht 2. Aufl. (1888) Bd. I. S. 63. 64: „Der Zweck, welchem ein Rechtsinstitut dient, liegt jenseits seines Begriffs“ .... „Der von Rosin aufgestellte Unterschied passt überhaupt nur auf den Gegensatz zwischen der Ortsgemeinde einerseits und dem Nationalstaat andererseits; er erweist sich als unzutreffend für Kreis-, Bezirks- und Provinzialverbände, die mit den Ortsgemeinden in einem gemeinsamen Gegensatz zum Staat stehen, und er ist ebenfalls unzutreffend für Stadtstaaten oder andere Kleinstaaten, die wirkliche Staaten sind trotz ihrer vollkommenen Unfähigkeit, die nationalen Aufgaben des Gesammtvolkes zu realisiren“. Vgl. auch daselbst S. 64 n. 1.

116) a. a. O. S. 65.

117) a. a. O. S. 66.

gehörigen der Gliedstaaten nicht gedacht werden [118]). Freilich träte innerhalb des Competenzkreises der Gliedstaaten eine gewisse Mittelbarkeit ihrer Bürger gegenüber dem Reiche ein; jedoch nicht anders, als innerhalb des Wirkungskreises der Gemeinden, deren Angehörige staatsmittelbar seien. Ein begrifflicher Unterschied werde dadurch nicht begründet.

So hätte denn nun Gierke wiederum *tabula rasa* gemacht mit den Unterscheidungsmerkmalen von Gliedstaat und Kommunalkörper. Und doch erkennt er, dass „schliesslich jede Untersuchung über den Bundesstaatsbegriff auf die Frage nach dem Unterschiede der staatlichen Verbandspersönlichkeit von jeder andern Verbandspersönlichkeit zurückgeworfen wird“. „Und das Problem der juristischen Construktion dieser Staatsform reducirt sich darauf, ob und wie die gleichzeitig staatliche Qualification eines Ganzen und seiner Theile sich mit dem Staatsbegriffe vereinbaren lässt“ [119]). Demgemäss unternimmt er denn auch seinerseits einen neuen Versuch zur Lösung dieses Problems. Er knüpft dabei an die Idee Hänels an, „dass im Bundesstaate der volle Staat nicht im Gesammtstaate und nicht in den Gliedstaaten, sondern nur in ihrer Totalität zur Erscheinung kommt“ [120]). Diese Idee jedoch gestaltet er zu seiner Bundesstaatskonstruktion aus auf Grundlage jener Anschauung, welche seiner ganzen publicistischen Thätigkeit das charakteristische Gepräge giebt; der genossenschaftlichen Staatskonstruktion. Was ihn von der ganzen bisherigen Theorie und speciell von ihrer juristisch vollendetsten Ausprägung in dem Werke Laband's scheidet, das ist die Differenz in der juristischen Formulirung des staatlichen Wesens. Er stimmt mit Laband völlig darin überein, dass in der Staatspersönlichkeit nichts als „die höchste Steigerung des allgemeinen Begriffs der Ver-

[118]) Ebenda. Allerdings fasst Gierke diese Unmittelbarkeit (gegen Martitz, Hänel, Meyer, Jellinek) nicht als *essentiale* des Bundesstaats, sondern des modernen Staats. Dagegen sei z. B. das alte Reich *de facto* „nahezu ein Bundesstaat nach Laband's Schema“ gewesen. — Treffend dagegen G. Meyer, Lehrbuch 2. Aufl. S. 30 n. 3.

[119]) a. a. O. S. 63.

[120]) a. a. O. S. 71. — Hänel: Studien I. S. 63 fg.

bandspersönlichkeit" zu sehen ist[121]). Aber er erkennt einen fundamentalen Fehler Laband's und aller Andern in der Identificirung dieses Begriffs der Verbandspersönlichkeit mit dem rein privatrechtlichen der *universitas*, der juristischen Person. Indem jene den Begriff der künstlichen, fingirten Person in das Centrum des Staatsrechts stellten, haben sie sich nach Gierke's Anschauung eine richtige Einsicht in das Wesen des staatlichen Organismus unmöglich gemacht. Die Gesammtpersönlichkeit dürfe nicht, „um als Subjekt in das Recht einzutreten, vermöge einer Fiktion zum Einzelwesen umgestaltet und so als etwas gedacht werden, was sie in Wirklichkeit nicht ist .... Will daher das öffentliche Recht den Begriff der Persönlichkeit überhaupt durchführen, so kann es dabei unmöglich von dem specifischen Unterschiede zwischen der Einheit des gesellschaftlichen Ganzen und der Einheit des Individuums absehen. Es muss vielmehr voll und ganz den Gedanken zum Ausdruck bringen, dass dem Gemeinwesen eine Persönlichkeit höherer Ordnung eignet, die sich in rechtlich normirter Weise aus Gliedpersönlichkeiten zusammensetzt .... Es muss gleichzeitig das Verbandsganze in seiner realen Einheit als Gesammtpersönlichkeit auffassen und den Verbandstheilen in ihrer Stellung zum Ganzen eine Gliedpersönlichkeit wahren. So wird es möglich, dass, was dem privatrechtlichen Denken unfassbar sein muss, und womit doch die Möglichkeit eines öffentlichen Rechts steht und fällt, ein Ganzes und seine Theile, ohne hierbei aus dieser ihrer Zusammenordnung herauszutreten, als einander berechtigte und verpflichtete Subjekte erscheinen .... Diese specifischen Begriffe des öffentlichen Rechts empfangen ihre Vollendung im Staatsrecht, gehören aber demselben nicht ausschliesslich an, sondern entfalten sich bereits in mehr oder minder vollem Masse in dem Verfassungs- und Verwaltungsrechte jedweder Körperschaft"[122]).

---

[121]) a. a. O. S. 29. 30.

[122]) a. a. O. S. 30—32. Dieselben Gedanken finden sich auch schon in früheren Arbeiten Gierke's, theilweise ziemlich wörtlich übereinstimmend in seiner Recension über die beiden ersten Bände von Laband's

Die befruchtende Anregung in dieser Grundanschauung Gierke's, wie sie hier möglichst mit seinen eigenen Worten in flüchtigem Umriss skizzirt ist, dürfte ohne weiteres einleuchten. Eine andere Frage ist es, in wie weit er durch Anwendung dieser Grundgedanken auf die Konstruktion des Bundesstaats und im besondern des begrifflichen Unterschiedes von Gliedstaat und Kommunalkörper zu einem befriedigenden Resultat gelangt ist.

In dieser Hinsicht geht er davon aus, dass man die Staatsgewalt der Souveränität nicht entkleiden könne, ohne das Specifische in ihr aufzuheben. Denn das Kriterium des „Staatlichen" liege darin, dass es „eine auf dem Rechtsgebiete höchste Verbandsgewalt über allen andern Verbandsgewalten in jedem selbständigen nationalen Lebenskreise geben müsse". Von einer Theilung dieser höchsten, souveränen Gewalt könne ihrem Begriff und Wesen nach nicht die Rede sein. „Wenn nun dennoch das moderne Rechtsbewusstsein mehrere Subjekte von Staatsgewalt in demselben Gemeinwesen anerkennt, so kann hierbei das Verhältniss schlechthin nur so gedacht sein, dass ein bestimmter Inbegriff von Rechten und Pflichten als **Eine** höchste und untheilbare Machtsphäre konstituirt, jedoch eine Mehrheit von Subjekten zu deren gemeinschaftlicher Innehabung berufen ist. Mithin ist auch im Bundesstaate die Staatsgewalt als solche genau so beschaffen wie im Einheitsstaate. Der Unterschied liegt nur in der eigenthümlichen Gestaltung des Subjekts der Staatsgewalt, welches hier nicht eine einzige Gesammtperson, sondern eine in bestimmter Weise zusammengeordnete Mehrheit von Gesammtpersonen ist"[123]. Dies Subjekt sei weder der Gesammtstaat noch die Gesammtheit der Gliedstaaten je für sich allein, sondern Gesammtstaat **und** Einzelstaaten in organischer Zusammengehörigkeit. Dadurch werde aber keine neue staatliche Person über den Komponenten geschaffen, wenngleich

---

Staatsrecht in Grünhut's Zeitschrift f. d. Priv.- u. öffentl. Recht. Bd. VI. (Jahrg. 1879) S. 226.

[123]) a. a. O. S. 72.

darin auch keine blosse Summe jener zu sehen sei[123]). In dieser organischen Gemeinschaft sei der Gesammtstaat als solcher das Haupt. „Darum vertritt der Gesammtstaat nach aussen zugleich die Gesammtheit der Gliedstaaten und hat auch nach innen in Zweifelsfällen die letzte Entscheidung. Gerade hierdurch erst ist für die erforderliche Einheit der Mehrheit gesorgt und, trotz der Spaltung der staatlichen Rechtssubjektivität in eine vielfache Persönlichkeit, in letzter Instanz die Einheitlichkeit des Staatswillens verbürgt“[124]). Die dieser organischen Gemeinschaft der Substanz nach ungetheilt zustehende Staatsgewalt sei der Ausübung nach zu selbständigem Rechte unter Gesammtstaat und Gliedstaaten aufgetheilt. „Allein keine dieser staatlichen Sphären ist für sich allein die Staatsgewalt. Jede von ihnen ist vielmehr der Ergänzung durch die andere bedürftig. Die Gesammtstaatsgewalt ist freilich schon für sich allein die höchste Gewalt, allein sie ist nach unten hin nicht die ganze Staatsgewalt. Die Gliedstaatsgewalt ist wenigstens potentiell für ihr Gebiet die ganze Staatsgewalt, allein sie ist für sich genommen nach oben hin nicht die höchste Gewalt“[124]). Desshalb „als die keiner höheren Person eingegliederten Mitträger der nur zur Ausübung unter sie vertheilten einheitlichen staatlichen Sphäre“ seien sowohl der Gesammt- wie die Gliedstaaten **wirkliche** Staaten. „Die Gliedstaaten insbesondere würden weder wegen ihres Migliedschaftsrechts innerhalb der souveränen Gesammtpersönlichkeit noch wegen ihres Sonderrechtes innerhalb ihrer nichtsouveränen Einzelsphäre als Staaten erscheinen, wenn sie nicht zugleich in verfassungsmässiger Zusammenordnung mit dem Gesammtstaate als Theilhaber an der Substanz der souveränen staatlichen Totalgewalt vorgestellt würden. Diese Vorstellung allein gewährt den Schlüssel für die Möglichkeit, dass die deutschen Einzelstaaten und ihre Landesherren trotz der staatlichen Geschlossenheit des Reiches nach aussen hin als völkerrechtliche Subjekte auftreten und die Ehrenrechte der Souveränität geniessen. Und sie allein er-

---

[124]) a. a. O. S. 73.

klärt nach innen hin den für unser Rechtsbewusstsein nun doch einmal vorhandenen principiellen Unterschied zwischen Gliedstaat und Kommunalverband, da sie eben auf den letzteren unübertragbar ist“[125]). Das Analogon dieser Bundesstaatskonstruktion findet Gierke in dem genossenschaftlichen Gesammteigenthum. Wie die souveräne Staatsgewalt der Substanz nach ungetheilt der Gemeinschaft von Gesammtstaat und Gliedstaaten zustehe, so sei das untheilbare Eigenthum dort der Substanz nach bei der juristischen Person und den Einzelnen; hier wie dort sei die Ausübung zwischen beiden Sphären getheilt[125]).

Während für die in den früher analysirten Schriften aufgestellten Theorien in der Regel je der folgende Schriftsteller die Kritik des vorhergehenden übernahm, und man meist in negativer Hinsicht sich dieser Kritik anschliessen musste, ist die eben entwickelte Theorie Gierke's bisher ziemlich bei Seite liegen gelassen worden[126]), und es scheint daher geboten, dieselbe an dieser Stelle näher zu beleuchten. Je mehr man geneigt sein wird, die Gesammtanschauung Gierke's über den Aufbau der staatlichen Organismen als eine befruchtende und segensreiche Idee anzuerkennen und sich von ihrer Ausgestaltung hohen Gewinn für die Wissenschaft vom Staate zu versprechen, um so lebhafter muss man es empfinden, dass die hier entwickelte Bundesstaatskonstruktion ebenso unbefriedigend

---

125) a. a. O. S. 74.

126) Laband in Marquardsen's Handbuch II, 1 (1883) konnte jene Arbeit noch nicht kennen; Brie (Theorie der Staatenverbindungen 1886) erwähnt sie nur vorübergehend; vgl. auch G. Meyer: Lehrbuch 2. Aufl. 1885. S. 30 Anm. 4. — Nunmehr beschäftigen sich polemisirend mit Gierke's Bundesstaatstheorie Borel in der unten (im Anhang) analysirten Schrift (besonders S. 162) und vor allem Laband in der 2. Aufl. seines Staatsrechts Bd. I. S. 77 fg. Die Unhaltbarkeit der Gierke'schen Bundesstaatskonstruktion als solcher weist Laband (a. a. O. S. 80) übereinstimmend mit der hier im Text dargelegten Ansicht nach; und können wir zu unserer Unterstützung darauf Bezug nehmen. Wenn Laband aber die Grundlage jener Konstruktion, die genossenschaftliche Personentheorie überhaupt verwirft, so können wir ihm darin nicht folgen. Wir kommen darauf im VI. Abschnitt ausführlich zurück.

im ganzen als widerspruchsvoll im einzelnen erscheint. Zunächst springt in die Augen, dass sie für die gedankliche Erfassung die schwierigste und complicirteste von allen versuchten Lösungen des Problems ist. Und wie man in der Technik den Mechanismus als den vorzüglichsten ansieht, welchen Jedermann leicht begreifen und handhaben kann, so ist auch in der Regel die klarste und einfachste Begriffskonstruktion die brauchbarste und beste[127]). Sodann überrascht uns hier derselbe Abfall von der selbst vorgezeichneten Methode, den wir früher (vgl. oben S. 25. 26) G. Meyer gegenüber erwähnt haben. Noch entschiedener als dieser hätte Gierke durch seine Grundanschauung von der Wesensgleichheit des Staats mit der ganzen Reihe der Verbandspersönlichkeiten dahin gedrängt werden müssen, die Begriffskonstruktion von unten herauf zu führen und nicht mit der letzten und complicirtesten Erscheinungsform zu beginnen. Bei seiner trefflichen Auffassung von der wahren Bedeutung des ererbten Souveränitätsbegriffs hätte man doch von ihm am wenigsten erwartet, dass seine Bundesstaatskonstruktion mit der aprioristischen Annahme des souveränen Staats einsetzen würde. Von diesem falschen, gerade im Sinne Gierke's selbst ganz besonders falschen Ausgangspunkt entspringt die Unklarheit und der Widerspruch in seiner Konstruktion, wodurch als das Endresultat derselben schliesslich zu unangenehmster Ueberraschung die Lehre von der getheilten Souveränität, nur in dunklerer und begrifflich verklausulirter Form, von den Todten aufersteht. Gierke nimmt eine *petitio principii* in zweifacher Richtung vor, indem er erstens die Souveränität als Specificum des Staatsbegriffs anerkennt, und zweitens „der Jurisprudenz das Recht bestreitet", dem Reiche oder den Einzelstaaten den staatlichen Charakter „zu rauben"[128]). Diese beiden Prämissen führen aber mit dem Zwange der Logik zu dem Schlusse:

---

127) Gierke selbst ist freilich bezüglich des Werthes der Einfachheit für die juristische Konstruktion anderer Ansicht, wie aus seinen Bemerkungen gegen Heusler's „Institutionen des deutschen Privatrechts" hervorgeht; s. sein neuestes Werk: „Die Genossenschaftstheorie", Berlin 1887, Nachträge S. 906.

128) a. a. O. S. 63.

Theilung der Souveränität. Gierke erkennt dies selbst vollkommen[129]) und verwirft andererseits entschieden diese Theilung[130]). Damit aber ist seiner Konstruktion, welche die Prämissen festhält, die *conclusio* verwirft, von vornherein die Lebensfähigkeit unterbunden; sie ist ein Versuch, das logisch Unmögliche möglich zu machen.

Gierke muss grosses Gewicht darauf legen, dass jenes aus Gesammtstaat *plus* Gliedstaaten bestehende Wesen keine neue staatliche Person sein soll; denn damit würde die ganze Unterscheidung desselben vom Gesammtstaat zwecklos werden. Andrerseits soll gerade diesem Wesen das vornehmste aller staatlichen Rechte, die souveräne Staatsgewalt, ihrer Substanz nach zustehen d. h. es soll das Subjekt dieses Rechtes sein. Rechtssubjektivität und rechtliche Persönlichkeit sind doch aber Synonima. Der Hinweis auf das sog. genossenschaftliche Gesammteigenthum des Privatrechts könnte höchstens zur Illustration *per analogiam* dienen, ist aber doch kein genügender Beweis, dass man — der ganzen modernen Staatstheorie zum Trotz — ein unpersönliches Etwas zum Subjekt des höchsten staatlichen Rechts machen müsse[131]). Man kann sehr wohl, wie es Gierke fordert, in der Verbandspersönlichkeit des öffentlichen Rechts etwas anderes sehen, als die juristische Person der Romanisten, ohne doch sich zur Konstruktion eines unpersönlichen Rechtssubjekts zu versteigen. Die Identität von Rechtssubjekt und rechtlicher Persönlichkeit ist gerade für das öffentliche Recht absolut unentbehrlich[132]). Demgemäss fordert aber überhaupt der ganze Gedanke eines aus Gesammt- und

---

[129]) ebenda.

[130]) a. a. O. S. 72.

[131]) Richtig dagegen G. Meyer (Lehrbuch 2. Aufl. S. 30 n. 4), dem diese Heranziehung des Gesammteigenthums wenig glücklich erscheint und „doppelt auffällig bei einem Schriftsteller, der selbst vor der Verwendung privatrechtlicher Analogien im Staatsrecht zu warnen für nöthig erachtet“.

[132]) a. a. O. S. 29 erkennt dies Gierke auch vollauf an, indem er in der Durchführung dieser Idee ein Hauptverdienst Laband's sieht. Ueberhaupt verstösst Gierke's Bundesstaatskonstruktion durchweg gegen nichts so sehr, wie gegen die Lehren Gierke's.

Gliedstaaten bestehenden dritten Wesens eine gedanklich unvollziehbare Vorstellung. Mit jenen beiden Kategorien ist alles erschöpft, was das specifische Leben des Bundesstaats darbietet. Jenes Gesammtwesen, welches — *sit venia verbo* — noch etwas gesammteres sein soll, als der Gesammtstaat, ist eine reine Fiktion, ein lebloses Schemen; ist eines jener Begriffskunststücke, über welche Ihering so reichlich seinen Spott ergiesst. Und dazu gelangt Gierke, der ausgesprochene Feind der Fiktionen! Er selbst muss zugeben, dass jenes Wesen absolut keine Lebensthätigkeit entfaltet, dass seine ganze Existenz aufgeht in der blossen Innehabung eines *nudum jus*, dessen gesammte Ausübung in völliger Todtheilung unter Gesammt- und Gliedstaaten aufgetheilt ist[133]). Dabei hätte er sich eines Ausspruches von Hänel, an den er ja in diesem Gedankengange anknüpft, erinnern sollen: „Die Annahme einer Scheidung zwischen dem Recht selbst und seiner Ausübung wird zur Willkür, wenn sie nicht durch den Nachweis begründet ist, dass das abgeleitete Recht der Ausübung in der Art der Ausübung oder in deren Dauer durch das Recht selbst bedingt ist“ [134]).

Gierke bezeichnet den Gesammtstaat als das „Haupt der Gemeinschaft“; ihm stehe in Zweifelsfällen die letzte Entscheidung zu. Das kann doch nichts andres heissen, als dass er den Gliedstaaten übergeordnet ist. Und doch charakterisirt Gierke die Gliedstaaten als souveräne Staaten und die souveräne als höchste Gewalt. Aber dann soll wieder die Gesammtstaatsgewalt „schon für sich allein die höchste Gewalt“ sein. Ist sie damit nicht auch schon allein die souveräne? Und wozu dann der ganze Apparat? „Allein sie ist nach unten hin nicht die ganze Staatsgewalt!“ Wohl; jedoch — und hier liegt der Kernpunkt — das ist keine Eigenthümlichkeit des Bundesstaats; auch die Gewalt des decentralisirten Einheitsstaats ist nach unten hin nicht die ganze Staatsgewalt. Gerade Gierke dürfte doch zuletzt verkennen, dass auch diese der Ergänzung

---

133) a. a. O. S. 73.

134) Hänel: Studien I. S. 52.

durch die Selbstverwaltungskörper bedürftig ist[135]). Seine ganze Konstruktion hat den Zweck, jenen vielgesuchten und nie gefundenen begrifflichen Unterschied zwischen Gliedstaat und Kommunalkörper zu eruiren; trotz aller gewagten Begriffsbildungen verfehlt sie diesen Zweck völlig. Die Gliedstaatsgewalt sei nach oben hin „nicht die höchste Gewalt“ (und doch staatlich, doch souverän?!), aber „wenigstens potentiell für ihr Gebiet die ganze Staatsgewalt“. Kurz vorher aber heisst es: „Es ist ein gemeinsames Kennzeichen der staatlichen und kommunalen Verbände, dass sie an sich auf den menschlichen Gemeinschaftszweck in seiner Totalität angelegt sind“ [136]) . . . Also auch hier kein Unterschied, sondern Gleichheit! Aber die Gliedstaaten sollen wirkliche Staaten sein als „die keiner höheren Person eingegliederten Mitträger der einheitlichen staatlichen Sphäre“. Jedoch — ganz abgesehen von jenem unpersönlichen Gesammtorganismus, den Gierke zu fingiren sucht, — sie sind doch unzweifelhaft auch dem Gesammtstaat als solchem eingegliedert, und dieser ist doch auch nach Gierke im Verhältniss zu ihnen eine „höhere Person“. Wenn Gierke mit alledem „den für unser Rechtsbewusstsein nun doch einmal vorhandenen principiellen Unterschied zwischen Gliedstaat und Kommunalverband“ erklärt zu haben glaubt, so kann man ihm schwerlich beistimmen. Aber diese letzten Worte erklären vielmehr seine ganze Theorie des Bundesstaats. Von jenem „nun doch einmal vorhandenen Unterschied“ ist er als von etwas *a priori* gegebenem ausgegangen; er hat nicht dessen begriffliche Existenzberechtigung geprüft; sondern ihn ohne weiteres in seine Konstruktion hineingezwängt. Und so gelangt er, dessen allgemeine Anschauungen fruchtbarste Förderung modernster Ideen von Staat und Recht enthalten, zur Urväterweisheit der guten alten Zeit: Souveränität als *essentiale* des Staatsbegriffs; souveräner Gesammtstaat neben souveränen Gliedstaaten u. s. w. Gerade den Unterschied von Gliedstaat und Kommunalkörper

---

[135]) Vgl. Laband: Staatsrecht Bd. I. S. 84; — in dieser Abhandlung oben S. 44.

[136]) a. a. O. S. 70.

aber eruirt er am allerwenigsten. Denn wenn seine Konstruktion jenes Gesammtorganismus überhaupt annehmbar wäre, so müsste man auch im Einheitsstaat als Träger der Souveränität ihrer Substanz nach einen Gesammtorganismus aus Staat *plus* Kommunalkörpern konstruiren, und das *nudum jus* jener Souveränität wäre zwischen diesen der Ausübung nach getheilt. Damit verschwindet eben jener Unterschied wieder völlig.

In seiner Bearbeitung des deutschen Reichsstaatsrechts in Marquardsen's Handbuch[137]) hält Laband die in seinem grossen Werke aufgestellte Lehre gegen die folgenden Schriften — welche er bis Jellinek kannte — aufrecht. Nur zwei Punkte seien hier erwähnt. Gegenüber dem seiner Theorie (von v. Martitz u. a.) gemachten Einwurfe, dass ein Staat nur aus einer Vielheit von Menschen, nicht — wie Laband wolle, indem er die Gliedstaaten als die ausschliesslichen Mitglieder des Reiches bezeichne — aus einer Vielheit von Korporationen bestehen könne, sagt er[138]): „Es können nicht beliebige Korporationen sein; ein Staat kann nicht aus Aktienvereinen oder Kirchen oder Hilfskassen gebildet werden. Die Korporationen müssen congenialer Art d. h. selbst Staaten sein, also Unterthanen, Gebiet, Herrschaftsrechte, politische Aufgaben haben". Nun mag man über diese Frage selbst denken, wie man will, — zur principiellen Unterscheidung der Gliedstaaten von den Kommunalkörpern kann sie gerade nach Laband's hier gegebener Erklärung nicht verwerthet werden. Denn Unterthanen, Gebiet, Herrschaftsrechte[139]), politische Aufgaben haben auch die Kommunalkörper, und es stände daher begrifflich nichts im Wege, dass ein Staat direkt nur aus solchen bestände. Damit giebt Laband selbst eines seiner früher aufgestellten Unterscheidungsmerkmale (cf. oben S. 44 no. 2) auf. — Gegen Jellinek weist er kurz — was Rosin in seiner oben analysirten Schrift aus-

---

[137]) Handbuch des öffentlichen Rechts II. Bd. 1. Halbbd. 1883. — Vgl. jetzt auch die 2. Aufl. seines Staatsrechts Bd. I § 8.

[138]) a. a. O. S. 20 n. 4. — Staatsrecht 2. Aufl. Bd. I S. 73 n. 1.

[139]) Allerdings bezeichnet Laband in der 2. Auflage das „eigene Herrschaftsrecht" als Kriterium des Staates gegenüber den Kommunalkörpern. S. darüber unten im VI. u. VII. Abschnitt.

führlich thut — darauf hin, dass die Unkontrolirbarkeit kein Kriterium des Staats, auch des nichtsouveränen, sei, da die Gliedstaaten auch in ihrer Sphäre bezüglich der Kompetenzgrenze der Kontrole des Reichs unterliegen[140]).

In demselben Sammelwerke erschien im gleichen Jahre Gareis' Allgemeines Staatsrecht[141]). Grundlage dieser Arbeit ist die reine und absolute Interessen-Theorie. Auf dieser baut daher Gareis auch die Konstruktion der hier in Betracht kommenden Begriffe auf, dadurch zur Evidenz den Beweis erbringend, dass jene Theorie zur Klärung und Lösung dieses Problems völlig ungeeignet ist. Der Staat ist ihm „Interessengemeinschaft". „Das herrschende Gemeinwesen kann als sein Interesse bezeichnen und zum Rechtsgut erheben, welches Interesse es will, ... — dies ist die Souveränität, eine wesentliche Eigenschaft des Staates als des herrschenden Gemeinwesens"[142]). Indem er so die Souveränität wieder als *essentiale* des Staatsbegriffs einführt, muss Gareis auch nothwendig ihre Theilbarkeit zugeben, um den Gliedstaaten den Staatscharakter erhalten zu können. Er thut dies mit der unbedeutenden Modification, dass er statt „Theilbarkeit" „Einschränkbarkeit" setzt. „Mit der Charakterisirung als einschränkbar ist die Souveränität dem Staate wesentlich"[143]). Dabei verkennt er nicht, dass eigentlich damit der logische Widersinn einer „abhängigen Unabhängigkeit" der Wissenschaft aufgenöthigt wird; aber er rechtfertigt dies durch Beispiele der Geschichte, welche die thatsächliche Einschränkung der Staatshoheit darthun sollen. Ueberhaupt erleichtert er sich die Sache einigermassen, indem er die ganze Frage nach der Theilbarkeit der Souveränität aus dem eigentlichen Gebiete des Staatsrechts hinausweisen will[144]). In Wahrheit zeigt seine ganze Ausführung hierüber[145]) nur, dass es der Interessen-Theorie

140) a. a. S. 23 n. 2. — Staatsrecht 2. Aufl. Bd. I S. 62.

141) Marquardsen's Handbuch Bd. I. Halbbd. 1. 1883.

142) a. a. O. S. 29.

143) a. a. O. S. 31.

144) a. a. O. S. 30.

145) Vgl. besonders die „verschiedenartigsten Verhältnisse" bezüglich der Souveränität, welche er S. 31 oben anführt.

völlig an der Schärfe und Präcision fehlt, welche allein sie zur Grundlage juristischer Konstruktion geeignet machen könnte, und dass sie das Staatsrecht allmälig in Politik auflösen würde.

Eigentlich sind es weniger jene geschichtlichen Beispiele, welche Gareis zur Annahme von Staaten mit eingeschränkter Souveränität veranlassen, als die Rücksicht auf das uns beschäftigende Problem. Er sagt: „Die Annahme von Staaten mit eingeschränkter Souveränität in den Fällen der Bnndes- und der Vasallenstaaten verdient m. E. vor der Annahme von Staaten ohne Souveränität desshalb den Vorzug, weil durch letztere Annahme die Grenze zwischen Staat und Provinz verwischt wird“ [143]). Es ist doch aber keine Lösung eines wissenschaftlichen Problems, wenn man dasselbe durch Duldung eines unlogischen d. h. unwissenschaftlichen Begriffs, wie ein solcher in jener „abhängigen Unabhängigkeit“ unzweifelhaft liegt, umgeht. Auch kein geschichtliches oder politisches Beispiel vermag die Nothwendigkeit einer solchen Annahme zu erhärten. Die Begriffsbildung ist nicht Aufgabe der geschichtlichen oder politischen Thatsachen, sondern lediglich der wissenschaftlichen Theorie. Aus jenen muss sie diese abstrahiren; und wenn sie dabei die Wirklichkeit nicht vergewaltigen darf, so darf sie doch ebenso wenig die Logik verletzen.

Kurz vorher [146]) hatte Gareis ein anderes Unterscheidungsmerkmal zwischen Staat und Kommunalkörper aufgestellt: „Provinzen mit Selbstverwaltung oder autonome Korporationen sind keine Staaten; denn die ihnen zustehende Wahl von Interessen etc. ist ihnen überlassen von dem höheren Gemeinwesen (Staat), welches ihnen dieselbe in jedem Augenblick rechtlich auch wieder entziehen kann“. Diese Auffassung dürfte einerseits durch die neueren Erörterungen, besonders Rosin's, über den Begriff des „eigenen“ Rechts zum Theil beseitigt sein und giebt andererseits, soweit sie haltbar ist, kein Unterscheidungsmerkmal vom Gliedstaat, da man auch dessen Rechtssphäre als ihm vom Reiche übertragen ansehen kann (vgl. Zorn), und sie

[146]) a. a. O. S. 30 n. 2.

ihm jedenfalls von demselben rechtlich entzogen werden kann. Gareis selbst verwickelt sich auf diesem Gedankengange in arge Widersprüche. Einmal sagt er: „Die Selbstverwaltung ist nicht Eigenverwaltung d. h. nicht Verwaltung eigener Interessen des Verwaltenden, sondern stets ein Stück Staatsverwaltung; und eben weil der Staat im Gegensatz zu dem Selbstverwaltungskörper steht, ist die Selbstverwaltung immer Verwaltung fremder Angelegenheiten“ [147]). Diese Behauptung entzieht der juristischen Konstruktion der Selbstverwaltung völlig den Boden und verstösst auch sogar gegen die Interessentheorie. Subjekt der Selbstverwaltung ist doch ohne Zweifel der Selbstverwaltungskörper als juristische Person, Objekt derselben sind gerade nach der Interessentheorie die Interessen des Subjekts d. h. des Selbstverwaltungskörpers. Also ist Selbstverwaltung gerade umgekehrt Verwaltung eigener Interessen. Anderenfalls wäre auch der Name ebenso unlogisch als der einer beschränkten Souveränität. Das giebt denn auch Gareis selbst an anderer Stelle ganz ruhig zu, indem er von den Gemeinden sagt: „dass diesen Gebietstheilen und zugleich Bevölkerungsgruppen juristische Persönlichkeit beigelegt oder wenigstens (?) zuerkannt wird, folglich zur Anerkennung gelangt, dass sie Träger eigener Interessen sein können und als solche geschützt werden müssen“ [148]). Seiner Grundanschauung gemäss kommt Gareis schliesslich zu jener letzten Konsequenz der Lehre von der getheilten Souveränität, welche annimmt, dass je in ihrer Sphäre Gesammtstaat und Gliedstaaten gar nicht für einander existiren resp. sich wie „fremde“ Staatsgewalten gegenüber stehen [149]). Eine solche Anschauung braucht nach dem heutigen Stande der Litteratur nicht mehr des weiteren widerlegt zu werden, und ebenso erübrigt sich ein Eingehen auf die Dreitheilung in Fürsten-, Staaten- und Volks-Bundesstaat [150]).

---

[147]) a. a. O. S. 87.

[148]) a. a. O. S. 156.

[149]) a. a. O. S. 107.

[150]) a. a. O. S. 109–114.

Es wäre Unrecht, die absolute Unfruchtbarkeit der Gareisschen Konstruktionsversuche für die Lösung unsres Problems dem verdienstvollen Verfasser zur Last zu legen. Wenn eine solche Unfruchtbarkeit und Unklarheit hier ganz besonders hervortritt, so ergiebt auch dies — wie das Misslingen andrer, aussichtsvollerer Versuche — einen Fingerzeig für die zu befolgende Methode. Auf dem Boden des „allgemeinen“ Staatsrechts, auf dem Wege der Deduktion aus irgendwelchen aprioristischen Principien ist es unmöglich, der Lösung dieser Frage auch nur einen Schritt näher zu kommen. Dazu muss man von der speciellen Untersuchung der einzelnen Rechts- und Staatsbildungen ausgehen.

Die in seinen früher erwähnten beiden kleineren Monographien in Angriff genommene Konstruktion hat G. Meyer in seinem grösseren Werke über deutsches Staatsrecht [151]) wieder aufgenommen. Wie früher stellt er auch hier den Begriff des „politischen Gemeinwesens“ als den der Gattung in den Mittelpunkt. Arten dieser Gattung sind die Gemeinden und Kommunalverbände höherer Ordnung, die Staaten und Staatenverbindungen. Die Souveränität ist kein *essentiale* des Staatsbegriffs; es giebt souveräne und nichtsouveräne Staaten. Im Bundesstaat ist der Gesammtstaat souverän; die ihm untergeordneten Gliedstaaten sind es nicht [152]). So stösst er direkt auf die Frage nach dem Unterschied zwischen Staat und Kommunalverbänden. Alle bisher aufgestellten Unterscheidungsmerkmale verwirft er natürlich; — mit wie grosser Berechtigung, dürfte die bisherige Ausführung gezeigt haben. Nach seiner eignen neuen Lehre besteht der Unterschied vielmehr darin: „dass die Herrschaft des Staates über die Kommunalverbände eine rechtlich unbeschränkte, die des Bundes über die Staaten dagegen eine rechtlich beschränkte ist; dass letztere eine zweifache Selbständigkeit besitzen, welche den Kommunalverbänden abgeht, nämlich:

a. die Befugniss, gewisse politische Aufgaben selbständig, d. h. nach eignen Gesetzen zu erfüllen;

[151]) Lehrbuch des deutschen Staatsrechts. 2. Aufl. 1885.

[152]) a. a. O. S. 5 und 32.

b. die Befugniss, ihre eigne Organisation selbständig, d. h. **durch** eigne Gesetze zu regeln" [153]).

Gegenüber der Konstruktion Gierke's hat diese G. Meyer's den unbestreitbaren Vorzug der Einfachheit und Klarheit für sich; wäre sie zutreffend, dann wäre dies Problem genau so spielend gelöst, wie Columbus das Ei zum Stehen brachte. Aber leider hat schon Gierke [154]) darauf hingewiesen, dass solche Selbständigkeit einerseits auch der mit Autonomie und konstitutiver Gewalt begabten Landschaft oder Stadt zusteht, und dass sie andrerseits auch für den Gliedstaat (wie in der Schweiz und in der Union durch die Vorschrift republikanischer Verfassung) mehr oder minder beschränkt sein kann. Dieser Einwand greift in der That völlig durch, und die Replik Meyer's [155]) vermag ihn nicht zu entkräften. Dabei braucht man gar nicht speciell an Canada oder an andere englische Kolonien zu denken, wie es Meyer Gierke supponirt; sondern nur das allgemeine Wesen der Selbstverwaltungskörper im Auge zu halten. Was das erste Kriterium betrifft, so sind die Ortsstatuten doch nichts andres als „eigne Gesetze" der Gemeinden, und was wäre der Inhalt der Selbstverwaltung anders, als „die Befugniss gewisse politische Aufgaben selbständig zu erfüllen". Sagt doch an andrer Stelle [156]) Meyer selbst: „Der Staat besitzt über die Gemeinden nur gewisse Aufsichtsbefugnisse". Allerdings erfüllen die Gemeinden ihre Aufgabe nicht bloss gemäss ihren eignen Gesetzen, vielmehr gehen diesen die Staatsgesetze vor. Aber genau ebenso gehen für die Gliedstaaten die Reichsgesetze den Landesgesetzen vor, — wie wieder Meyer selbst sehr richtig betont [157]). Und was das zweite Kriterium, die eigne Organisation betrifft, so ist der Einwand Gierke's durchaus nicht mit der Bemerkung Meyer's abgethan, dass jene Verfassungsvorschiften der Union und der Schweiz nur

---

[153]) a. a. O. S. 6.

[154]) In Schmoller's Jahrbuch, S. 70, n. 1. — Diese Konstruktion fand sich bereits in der 1. Aufl. von Meyer's Lehrbuch.

[155]) a. a. O. S. 6, n. 12.

[156]) a. a. O. S. 294.

[157]) a. a. O. S. 31.

den „allgemeinen staatsrechtlichen Charakter" der Einzelstaatsverfassungen normiren; die Organisation im Einzelnen den Gliedern überlassen, während die Organisation der Gemeinden und Provinzen durch staatliche Gesetze geregelt würde. Zunächst ist es eine recht vage Grenze, welche das Wörtchen „allgemein" zieht. Man könnte in dieser Hinsicht daran erinnern, dass sogar ein blosser Staatenbund, der alte deutsche Bund, seinen Mitgliedern durch die bekannte Bestimmung der Bundesakte „landständische Verfassungen" zur Pflicht machte, was doch schon nicht so „allgemein" ist, wie monarchische oder republikanische Staatsform. Ueberhaupt ist ist es doch aber lediglich eine *quaestio facti*, wie weit der souveräne Gesammtstaat in der Beschränkung seiner Glieder nach dieser Richtung hin gehen, und andrerseits, wie viel Freiheit der Einzelstaat seinen Kommunen in dieser Richtung lassen will. Sagt doch ebenso wieder Meyer selbst an andrer Stelle: „Die Gemeinden besitzen eine Reihe von Befugnissen, welche sich auf ihre eigne Organisation beziehen. Sie haben das Recht, innerhalb des Rahmens der Staatsgesetzgebung durch autonomische Bestimmungen ihre Verfassung zu regeln und unter staatlicher Bestätigung ihre Obrigkeiten zu bestellen"[158]. Nach alledem kann man zwar zugeben, dass thatsächlich eine erhebliche Differenz zwischen der Selbstständigkeit der Gliedstaaten und der Kommunen nach den beiden von G. Meyer bezeichneten Richtungen vorkommen wird; aber ein auf der Natur der beiden Arten von Gemeinwesen basirter rechtlicher und begrifflicher Unterscheidungsmassstab kann auf diese Weise nicht gewonnen werden.

Nachdem Brie in einem kritischen Artikel der Theorie Jellineks gegenüber in negirendem Sinne Stellung genommen[159], hat er seine eigene Doktrin ausführlich in einer Monographie über die Theorie der Staatenverbindungen ent-

---

158) a. a. O. S. 305. 306.

159) Brie: „Zur Lehre von den Staatenverbindungen" in Grünhuts Zeitschrift Bd. XI. 1884: „Erster Artikel". — Ein zweiter ist nicht gefolgt.

wickelt [160]). Das *punctum saliens* seiner Lehre ist die Zweck-Idee; diese spielt bei ihm dieselbe Rolle, wie bei Gareis die Interessen-Theorie. Brie definirt den Staat als „ein Gemeinwesen von Menschen zur subsidiären Förderung **aller** vernünftigen Interessen seiner gegenwärtigen und zukünftigen Mitglieder" [161]). Demgemäss ist ihm die Competenz-Competenz ein *essentiale* nicht blos des Souveränitäts-, sondern überhaupt des Staatsbegriffs [162]). Wenn er unter Souveränität „die Eigenschaft einer Gewalt, dass sie in ihrer Sphäre die höchste ist" [163]), verstehen will, so leuchtet das Unzureichende dieser Definition ein. Denn danach könnte man z. B. das Reichsgericht, das preussische Oberverwaltungsgericht u. a. m. als souverän bezeichnen, was doch Niemandem einfallen wird. Ferner ist es ein alter Fehler, wenn Brie es zwar als „Vernunftforderung" bezeichnet, „dass dem Staate in jeder Beziehung und dass nur dem Staate Souveränität zukomme"; sodann aber diesem „idealen Postulat" die unbedingte geschichtliche Geltung abspricht. Es beruht diese so häufige Anschauung auf einem Irrthum bezüglich des Verhältnisses theoretischer Begriffe und empirischer Thatsachen. Wenn erstere in sich korrekt sind, müssen sie unbedingt und immer mit den letzteren harmoniren [164]). Aus jener Auffassung ergiebt sich auch wieder der alte, für endlich überwunden gehaltene, unlogische Begriff einer „relativen" oder „sachlich eingeschränkten" Souveränität, welcher wie bei Gareis auch hier in Brie's Schrift herumspukt.

Indessen — alles dies ist hier nicht von entscheidender Bedeutung; denn Brie geht in seiner Konstruktion nicht von dem Souveränitätsbegriff aus, sondern von dem Staats**zwecke** [165]). Damit betritt er den Weg, welchen vor ihm bereits Rosin eingeschlagen hatte. Dessen Versuch, den Unterschied von

---

160) Brie: „Theorie der Staatenverbindungen". Stuttgart 1886.

161) a. a. O. S. 5.

162) S. 6; 8.

163) S. 9.

164) Vgl. das oben S. 71 gegen Gareis Gesagte.

165) a. a. O. S. 10.

Staat und Gemeinde auf die Verschiedenheit ihrer Zwecke zurückzuführen, erachtet Brie als misslungen, „weil Rosin die Aufgabe des Staats in durchaus vager und für das allgemeine Staatsrecht nicht verwendbarer Weise bezeichnet“ [166]). Ein Gegensatz des Zweckes soll also als Unterscheidungsmerkmal festgehalten werden; jedoch nicht der „vage“ nationaler und lokaler Interessen. Desshalb tritt Brie der von Gierke und G. Meyer vertretenen Anschauung entgegen, wonach das Gemeinsame des Staats mit allen politischen Gemeinwesen in der Totalität ihres Aufgabenkreises bestehe, und statuirt vielmehr die **principielle** Allseitigkeit des Zwecks als das unterscheidende Kriterium des Staatsbegriffs. Zwar haben die Kommunalverbände in ihren Grundlagen viel gemeinsames mit dem Staate, aber „die kommunalen Interessen fallen nicht zusammen mit den menschlichen Lebenszwecken überhaupt und daher auch die Aufgabe der politischen Gemeinde nicht mit der Aufgabe des Staats. Der Zweck der Gemeinde wird wesentlich bestimmt durch die territoriale Beziehung derselben. Die Ortsgemeinde bezweckt Förderung aller derjenigen Gemeininteressen, welche auf dem lokalen Zusammenwohnen, bezw. der nachbarlichen Lage der Grundstücke beruhen; ähnlich der Kreis, der Provinzialverband u. s. w. Förderung derjenigen Gemeininteressen, welche auf dem Zusammenwohnen in dem Gebiete dieses grösseren Verbandes beruhen . . . . Dagegen insbesondere der militärische Schutz wider auswärtige Feinde, die Rechtsgesetzgebung und die Handhabung der Rechtsordnung, die Pflege der religiösen Interessen gehören principiell nicht zu den Aufgaben der sog. politischen Kommunen“. Zwar komme thatsächlich häufig eine beträchtliche Erweiterung des kommunalen Wirkungskreises vor, aber das Entscheidende sei stets der principielle Mangel der sachlichen Unbegrenztheit; „eine Gemeinde aber, welche einen wenigstens principiell allseitigen, d. h. einen mit dem Staatszweck identischen Zweck hat, ist selbst Staat“ [167]). Diese

[166]) a. a. O. S. 14 n. 1.
[167]) a. a. O. S. 13. 14. 15.

Allseitigkeit des Zweckes nun muss Brie, da er sie als Charakteristikum des Staates überhaupt hinstellt, im Bundesstaat sowohl dem Gesammt- als den Gliedstaaten, als welche beide wirkliche Staaten sein sollen, zuschreiben. In der That schreckt er vor der logischen Bedenklichkeit dieser Gedankenoperation nicht zurück. „Der Bundesstaat ist zugleich Bund und Staat; er ist also ..... einerseits ein aus Staaten zusammengesetztes, föderativ organisirtes Gemeinwesen, und andrerseits ein aus Menschen zusammengesetztes Gemeinwesen mit einer principiell alle Zwecke des menschlichen Lebens umfassenden Aufgabe und Zuständigkeit". „Die Glieder des Bundesstaats aber sind gleich dem Ganzen wirkliche Staaten, denn auch ihnen kommt eine principiell alle Seiten des menschlichen Lebens umfassende eigene Aufgabe und Competenz zu" [168]). Wie überhaupt im Begriffe des Staates nach Brie der Allseitigkeit seiner Wirksamkeit deren Subsidiarität ermässigend entspricht [169]), so soll auch der Gesammtstaat nur subsidiär für die Gliedstaaten eintreten. „Den Gliedstaaten fällt zunächst die Erfüllung der staatlichen Aufgaben anheim, und der Gesammtstaat ist nur soweit (soweit aber auch in jeder Beziehung) zur Verwirklichung des Staatszwecks berufen, als diesem durch die Gliedstaaten keine genügende Befriedigung zu Theil wird" [170]). Den Gliedstaaten sei bei Begründung des Bundesstaats ihre bisherige Staatsgewalt — mit Ausnahme der auf jenen übertragenen Befugnisse — verblieben. „Dadurch ist schon der durchgreifende rechtliche Unterschied zwischen diesen Gemeinwesen und kommunalen Körperschaften fixirt. Durch ihren principiell unbegrenzten Wirkungskreis würden die Einzelstaaten in den modernen Bundesstaaten sich juristisch als wirkliche Staaten charakterisiren, wenn auch noch so viele einzelne Funktionen ihrer Competenz entzogen wären" [171]). Schliesslich auf die Souveränität zurückkommend, erklärt Brie nur den Bund für souverän, die Gliedstaaten für nichtsou-

---

[168]) a. a. O. S. 95, 96.
[169]) a. a. O. S. 5, 6.
[170]) a. a. O. S. 100.
[171]) a. a. O. S. 106.

verän[172]); jedoch sollen die mit Reservatrechten (Art. 78, 2 R.-V.) ausgestatteten deutschen Gliedstaaten ausnahmsweise für den Bereich dieser Rechte souverän geblieben sein, „und der preussische Staat hat sogar für das ganze bisher nicht von der Reichsgewalt verfassungsmässig ergriffene Gebiet seiner Zuständigkeit Souveränität bewahrt, weil jede Erweiterung der Reichscompetenz über die bisherigen verfassungsmässigen Grenzen hinaus der Zustimmung Preussens bedarf" [173]).

Diese letzte Wendung weist schon allein auf einen gewissen Mangel an logischer Geschlossenheit in der Doktrin Brie's hin. Denn während er früher [174]) die Lehre von der getheilten Souveränität zurückweist, führt er sie hier (wie auch an andern Orten [175]) doch wieder mit geringer Nuance ein. Wenigstens wüssten wir keine andre Bezeichnung für diese Auffassung, dass nicht nur das Reich, sondern für gewisse Gebiete auch gewisse Einzelstaaten und besonders Preussen souverän seien. Auf diesen Widerspruch und seine gedankliche Ursache haben wir oben (S. 76) hingewiesen.

Abgesehen hiervon muss man sich fragen, ob der von Brie in den Mittelpunkt gerückte Zweckgedanke an sich geeignet ist, das Rückgrat der ganzen Konstruktion zu bilden? In seiner Kritik des Brie'schen Werkes [176]) verneint Laband diese Frage aus zureichenden Gründen. Er sagt: „Der Zweck liegt ausserhalb der Einrichtung, durch welche er realisirt werden soll; er liegt jenseits der begrifflichen Grenzen des Mittels, durch welches er erreicht werden soll. Der Zweck ist subjektiv verstanden die Absicht, objektiv genommen die Wirkung,

---

[172]) a. a. O. S. 112. Dabei ist es nur seltsam, dass er als Grund die Competenz-Competenz des Bundes ansieht, denn gerade nach seiner ganzen Staatsauffassung muss diese sowohl dem Bunde wie den Gliedstaaten zustehen. Vgl. oben n. 162.

[173]) Eine eingehende und widerlegende Kritik von Brie's Schrift giebt jetzt auch Dr. H. Rehm in der „Kritischen Vierteljahrsschrift f. Gesetzgebung u. Rechtswissenschaft" (Brinz u. Seydel). Neue Folge. Bd. X, H. 2, S. 257—278.

[174]) a. a. O. S. 23.

[175]) z. B. a. a. O. S. 32.

[176]) Archiv für öffentliches Recht. II. 2. 1887. S. 311 fg.

welche durch eine Einrichtung realisirt werden soll, bezw. hervorgebracht wird, aber kein Theil dieser Einrichtung selbst" [177]). Laband führt dies für die einzelnen Rechtsinstitute überhaupt durch. Für uns ist kein Anlass, in dieser Allgemeinheit zu der Frage Stellung zu nehmen. Speciell für die Konstruktion des Staatsbegriffs halten wir jedenfalls mit Laband den Zweck für ein völlig unbrauchbares Moment, wenigstens sofern man von moderner wissenschaftlicher Anschauung ausgeht. Will man den Zweck in den Staatsbegriff hineinbringen, so muss man den Staat entweder als göttliche oder menschliche Schöpfung, jedenfalls als Produkt eines bewussten Willens auffassen. Also nur die Theorie, welche den Staat als göttliche Institution betrachtet (Stahl), oder aber die Vertragstheorie können den Zweck aus dem Willen des Schöpfers oder der Contrahenten heraus in den Staatsbegriff aufnehmen. Keine dieser beiden Theorien entspricht dem Geiste der heutigen Wissenschaft. Sie betrachtet den Staat wie alles menschliche Gemeinleben als organisch gewordenes Gebilde, als Organismus zwar höherer Art aber nicht andern Wesens als die übrigen organischen Gebilde der Natur. So wenig man daher in den wissenschaftlichen Begriff einer Pflanze den Zweck, Blumen oder Früchte zu tragen, in den eines Thieres den Zweck, dem Menschen Nahrung o. dgl. zu liefern, aufnehmen wird, so wenig gestattet der Geist moderner Wissenschaft die Aufnahme des Zwecks in den Staatsbegriff. In dieser Hinsicht trifft Waitz das richtige, wenn er sagt: „Bei dem Staate als einem Organismus ist von einem Zweck im gewöhnlichen Sinne nicht zu sprechen: alles Organische trägt den Grund seines Daseins in sich. Der Staat ist sich selbst Zweck" [178]).

---

177) S. 317. — Vgl. jetzt auch Laband Staatsrecht. 2. Aufl. (1888) Bd. I. S. 63: „Der Zweck, welchem ein Rechtsinstitut dient, liegt jenseits seines Begriffs".

178) Waitz: Grundzüge der Politik 1862, S. 11. — Vgl. auch Seydel in der Zeitschrift f. d. ges. Staatswissenschaft. Bd. 28. 1872. S. 186. — Ebenso Sarwey, („Das öffentliche Recht" etc. S. 51 n. 1): „Es giebt keinen andern Staatszweck, als den, dass das Volk im Staat handlungsfähig wird".

Aber auch die Attribute, welche Brie dem Zweckmoment im Staatsbegriffe beilegt, die Allseitigkeit und Subsidiarität, erweisen sich als unzulänglich. Treffend führt Laband aus, dass jene Allseitigkeit des Zweckes eine *contradictio in adjecto* ist; „der Verzicht, den Zweck zu präcisiren" [179]). Wohl kann dem Staate die unumschränkte freie Wahl seiner Zwecke oder besser seiner Aufgaben zustehen, dies ist aber nichts andres, als die Selbstbestimmung, die Souveränität oder präciser die Competenz-Competenz. Unmöglich jedoch kann man einerseits die Existenz nichtsouveräner Staaten anerkennen, und zugleich andrerseits die Competenz-Competenz als entscheidendes Kriterium für den Staatsbegriff überhaupt aufstellen. Auch *in concreto* ist es falsch, dieselbe sowohl dem Reich als den Gliedstaaten zuzuschreiben, „denn das Reich kann seine Competenz auf Kosten der Einzelstaaten erweitern, aber nicht die Einzelstaaten auf Kosten des Reichs" [180]).

Was ferner die Subsidiarität betrifft, so mag es vielleicht ein richtiger politischer Grundsatz sein, dass der Staat nur solche Dinge auf sich nehme, welche die ihm eingeordneten Korporationen und Einzelnen nicht oder nicht ebenso gut besorgen können. Aber ein Rechtssatz ist es nimmermehr, und thatsächlich beschränkt sich *in concreto* der Staat keineswegs auf diese subsidiäre Rolle. Am allerwenigsten aber trifft diese Subsidiarität auf das Verhältniss des deutschen Reichs zu den Einzelstaaten zu, vielmehr kommt erst das Reich, welches den Einzelstaaten nur den Rest übrig lässt [181]). Und endlich — selbst wenn man einmal die Voraussetzungen Brie's, von ihrer inneren Unhaltbarkeit absehend, zugeben wollte, lässt sich nicht erkennen, dass er auf Grundlage des Zweckmoments den begrifflichen Unterschied zwischen Staat und Kommune irgend besser entwickelt habe, als die von ihm — und mit Recht — verworfene Theorie Rosin's. Schon Laband bemerkt, dass sich wohl kaum irgend ein Zweck denken lasse, dessen

---

179) Archiv a. a. O. S. 318.

180) Ebenda S. 319.

181) Vgl. Laband a. a. O. S. 319.

Förderung nicht auch den Gemeinden obliegen kann und im Lauf der geschichtlichen Entwicklung auch wirklich ihnen zugestanden hat. Und wenn dagegen Brie auf den militärischen Schutz, die Rechtsgesetzgebung u. a. m. verweist, so muss man andrerseits einhalten, dass diese Aufgaben oder doch einige davon im Bundesstaate den Gliedstaaten principiell ebenso entzogen sind, wie den Gemeinden im Einheitsstaate. Gerade auf die Unterscheidung der Gemeinde vom nichtsouveränen, vom Gliedstaat kommt es doch aber an. Und der Gedanke eines Bundesstaats wäre überhaupt unvollziehbar, wenn es nicht irgendwelche Aufgaben gäbe, welche principiell den Gliedern entzogen, dem Ganzen vorbehalten sind.

Brie meint, der Kreis, die Provinz bezwecke Förderung der Gemeininteressen, welche auf dem Zusammenwohnen in dem Gebiete dieses Verbandes beruhen. So allgemein gehalten, könnte man genau mit demselben Rechte sagen: der Gliedstaat bezwecke Förderung der Gemeininteressen, welche auf dem Zusammenwohnen in seinem Territorium beruhen. Das ist ebenso richtig wie jenes, und zur begrifflichen Unterscheidung ebenso ungeeignet. Und wenn er darauf Gewicht legt, dass die kommunalen Interessen nicht zusammenfallen mit den „menschlichen Lebenszwecken überhaupt", so ist auch dies zweifellos wahr; aber ebenso wahr ist es, dass die Interessen von Reuss, ja sogar die des grössten nationalen Reiches nicht zusammenfallen mit den „menschlichen Lebenszwecken überhaupt". Sollte es dafür des Beweises bedürfen, so läge er zur Genüge in der Existenz der Kirchen, des internationalen Rechts und seiner modernen Schöpfungen, wie des Weltpostvereins u. a. m. Die „menschlichen Lebenszwecke überhaupt" fallen eben nur zusammen mit den Interessen der Menschheit überhaupt. Wohl nähert sich ihnen das Reich mehr an, als ein Gliedstaat; dieser mehr, als seine Provinz; diese mehr als ihre Kreise und Gemeinden. Aber auch unter diesem Gesichtspunkt betrachtet, zeigt sich hier eine ununterbrochene Stufenleiter von dem Verbande der Dorfgemeinde bis zur Gesammtheit von allem, was Menschenantlitz trägt. Eine principielle Scheidung gerade zwischen der Provinz und dem Gliedstaat, ein Specificum des Staatsbegriffs giebt auch diese Betrachtung nicht an die Hand.

Wir stehen damit am Ende der dogmengeschichtlichen Entwicklung und ihrer Kritik. Zahlreich und mannigfach waren die Konstruktionsversuche; allen gemeinsam nur das absolut negative Resultat. Was der Vorgänger aufgebaut hatte, reisst der Nachfolger nieder, und uns blieb nur hier und da Nachlese zu halten übrig, um zu einem völligen Vacuum zu gelangen. Ueberschaut man diese zwei Jahrhunderte wissenschaftlichen Kampfes, so könnte man heute dem Ganzen als Motto das Wort Seydels vorsetzen von der Bankerotterklärung des Bundesstaatsbegriffs [182]).

Anhang zur Dogmengeschichte.

Erst nach Ausarbeitung des vorstehenden Abschnittes hatte ich Gelegenheit von einer Genfer Doktor-Dissertation Einsicht zu nehmen: *„Etude sur la souveraineté et l'état fédératif" par Eugène Borel, Licencié en droit, Avocat. Berne, Staempfli 1886.* Obgleich die obige Dogmengeschichte — abgesehen von den einleitungsweise herangezogenen Montesquieu, Federalist und Tocqueville — der Aufgabe dieser Arbeit gemäss nur die deutsche Litteratur in's Auge fasst, glaube ich doch, die erwähnte Studie Borels nicht ganz mit Stillschweigen übergehen zu dürfen. Denn einmal wurzelt sie nach Inhalt

[182]) Ihre Ergänzung findet diese Dogmengeschichte im zweiten Theile, der Analyse. Im besondern wären die Herrschaftstheorien Gerber's, Rosin's, Laband's und Jellinek's hier anzuschliessen. Da eine Kritik derselben von unserm Standpunkte aus aber erst auf Grund der im V. und VI. Abschnitt gegebenen Erörterungen über Souveränität, Organismus und Person mit Erfolg möglich ist, so sind sie in den VII. Abschnitt verwiesen.

und Methode völlig im Boden deutscher Wissenschaft; überwiegend deutsche Litteratur ist in ihr verarbeitet und in der That fast nur die Sprache das einzig Undeutsche an ihr. Sodann stimmt sie in der Kritik der meisten bisher aufgestellten Theorien mit unserm oben dargelegten Standpunkt so überein, dass wir bei früherer Bekanntschaft mit ihr uns an vielen Stellen auf sie hätten berufen können. Allerdings kommt Borel im Anschluss an Zorn zu dem Resultat: „*que la souveraineté est un élément essentiel de la motion juridique de l'Etat et que l'Etat non souverain n'est pas un Etat dans le sens juridique de ce mot*". (S. 77). Was ihn zu dieser Annahme bestimmt, das ist die Ueberzeugung: „*qu'à part la souveraineté il n'y a aucun critère pour distinguer absolument l'Etat des collectivités publiques inférieures, telles que les communes, les provinces, etc.* . . . . . *Dès que l'on enlève la souveraineté à l'Etat, il n'y a plus de différence de principe entre lui et la commune, de sorte que si l'on veut maintenir cette différence entre l'Etat el les corps inférieurs, si l'on veut conserver la juste notion juridique du premier comme organisme complet, il fut reconnaître que la souveraineté est son élément juridique principal, sa qualité essentielle*". (S. 77. 78). Um dies nachzuweisen, giebt Borel eine Uebersicht und Kritik der bisherigen Versuche einer andern begrifflichen Unterscheidung zwischen Staat und Kommune. (S. 78—103; vgl. auch S. 121—167). Wenn auch in den Motiven und Gesichtspunkten mannigfach im einzelnen differirend, stimmen doch im ganzen seine kritischen Resultate mit den unsern überein. Hervorgehoben sei sein allzu scharfes Urtheil über die eigenartigste dieser Lehren, die Theorie Gierke's: „*Elle ne résout absolument pas le problème que son auteur s'était posé, mais elle nous montre en revanche, à quelles inconséquences et à quelles obscurités on peut aboutir quand on apporte à l'interprétation des faits un parti pris d'avance et ne reposant que sur des motifs de sentiment*". (S. 166). Aber wie überall bei der Entwicklung dieser Lehre, so endet auch hier die Uebereinstimmung mit der Negation. Seine positive Konstruktion können wir als allgemein giltig und abschliessend nicht anerkennen; wie schon aus dem Text des III. Abschnitts hervorgeht. Indem Borel die Souveränität als *essentiale* des Staatsbegriffs, die Glieder des Bundesstaats als nichtsouverän und demgemäss auch nicht als Staaten im juristischen Sinne ansieht, unterscheidet er den Bundesstaat vom Einheitsstaate resp. die Glieder des Bundesstaats von den Provinzen des Einheitsstaats dadurch, dass erstere begrifflich stets einen Antheil an der Bildung des Bundesstaatswillens haben müssen. „*L'Etat fédératif est donc l'Etat dans lequel une certaine participation à l'exercice du pouvoir souverain est accordée à des collectivités inférieures, soit qu'on les adjoigne à l'organe souverain pour la formation de la volonté nationale, soit que, prises dans leur totalité, elles forment elles-mêmes cet organe souverain. Ces collectivités — qu'elles s'appellent Etats, Cantons ou Provinces etc. — ne sont pas des Etats proprement dits, parce que la souveraineté leur fait défaut, mais leur participation à l'exercice du pouvoir suprême les distingue des communes et autres corporations de droit public*“. (S. 172. 173; vgl. die entsprechende Definition S. 177). Die ganze Entwicklung, welche Borel zu diesem Resultate führt, zeigt, so sehr er sich auch wiederholt dagegen verwahrt, dass er sich von einem historischen, nicht von einem juridischen Gedankengange leiten lässt. Man kann ganz davon absehen, ob der Process der staatlichen Willensbildung an sich geeignet ist, als unterscheidendes Merkmal zwischen Bundes- und Einheitsstaat zu dienen. (Vgl. Jellinek a. a. O. S. 284 fg.). Jedenfalls trifft die Doktrin Borels nicht auf den Gattungsbegriff des Bundesstaats, wie man ihn aufgestellt hat und auch er ihn acceptirt, zu. Die Einwendungen Gierke's gegen diese Anschauung versucht er vergeblich zu widerlegen. (S. 174—175). Höchstens liesse sie sich zunächst für das deutsche Reich festhalten. In der Union und der Schweiz tragen die Vertretungen der Glieder keinen andern Charakter an sich, als etwa erste Kammern u. dgl. in Einheitsstaaten. Und man wird kaum behaupten wollen, dass etwa der Staat Preussen in einen Bundesstaat übergehen würde lediglich dadurch, dass an Stelle königlicher Ernennung nur die Wahl durch Kreise oder Provinzen zum Eintritt in das Herrenhaus berechtigen würde. Andrerseits liesse sich auch im deutschen Reiche eine Gestaltung denken, welche unter

Beseitigung des eigenthümlich föderativen Charakters des Bundesraths dennoch den Gliedern einen *status* beliesse, welcher es der theoretischen Betrachtung nach wie vor schwer machen würde, jene Glieder einfach für Provinzen eines Einheitsstaats zu erklären. Ueberhaupt darf man bei der Unterscheidung von Staat und Provinz nicht einzig und allein auf ihr Verhältniss zur Gesammtheit sehen; sondern man muss doch auch ihr Wesen an sich in's Auge fassen. Trotz alledem ist die Konstruktion Borels nicht schlechter, als irgend eine der in der deutschen Litteratur aufgestellten; ja wir meinen, dass man auf dem bisher begangenen Wege zu einer besseren und haltbareren schwerlich gelangen kann. (Vgl. jetzt auch die Recension von Laband, Archiv f. öffentl. Recht, Bd. III, H. 1, S. 184).

Zweiter Theil.

Analyse.

IV.

Analyse der Aufgabe und Methode.

„Hiernach scheint es also wirklich ein vergebliches Bemühen, einen begrifflichen Unterschied zwischen staatlichen und kommunalen Gliedern eines Staates zu entdecken“; diese Worte Gierke's [1]) dürften den Eindruck bezeichnen, welchen die in den beiden vorigen Abschnitten versuchte Dogmengeschichte hinterlässt. Ebenso aber muss man ihm beipflichten, wenn er fortfährt: „Gleichwohl kann sich die Jurisprudenz nicht bei einem solchen Resultate beruhigen . . . . . . In der Welt des Rechtsbewusstseins muss dem Satze, dass dieses Gebilde ein Staat ist und jenes nicht, irgend ein fasslicher Gedanke zu Grunde liegen. In irgend einer noch so unabgeklärten Form muss die Vorstellung eines Unterschiedes walten, der ein Unterschied der Art und nicht bloss des Grades ist. Die Jurisprudenz soll und wird immer wieder den Versuch unternehmen, diesen Gedanken zum Begriffe zu erheben“ [2]). Dass Gierke's eigene Konstruktion auch nicht zum Ziele führt, ist oben zu zeigen versucht worden. Und doch ist die Quintessenz all' seiner wissenschaftlichen Forschung — auch in Werken, die zunächst kaum hierher zu gehören scheinen — ein deutlichster Fingerzeig auf den hier einzuschlagenden Weg; und doch hat er für die endliche Lösung dieses Problems reicheres Material geliefert, als irgend ein Anderer.

---

[1]) In Schmoller's Jahrbuch 1883. H. 4. S. 70.

[2]) Ebenda S. 71.

Wenn man trotz alledem es wagen will, auf diesem anscheinend unfruchtbaren Felde der Forschung weiter zu arbeiten, so wird man Eines aus dem Ueberblicke der Dogmengeschichte lernen müssen: dass es nämlich nicht die Aufgabe sein kann, festhaltend an der bisherigen Methode, lediglich irgend eine neue Befugniss oder Eigenschaft auszuklügeln, welche nun als das ersehnte Unterscheidungsmerkmal zu proklamiren wäre. Ein solches Beginnen erscheint von vornherein völlig aussichtslos. Wenn auf diesem bisher allein begangenen Wege die Lösung des Problems überhaupt zu finden wäre, dann hätten wahrlich nicht so manche Meister der Wissenschaft vergeblich gesucht. Was ihnen allen nicht gelungen, das wird keinem Nachfolger gelingen. Selbst wenn noch nicht alle denkbaren Unterscheidungsmittel dieser Art erschöpft wären, wäre dennoch kein neues denkbar, gegen welches nicht gleich triftige Einwände, wie gegen die früheren, erhoben werden könnten. Wer demnach heute an dieses Problem herantritt, der darf auch vor dem grösseren Wagniss nicht zurückschrecken, die Fläche, auf welcher sich bisher der Streit fast ausschliesslich bewegte, gänzlich zu verlassen und erheblich weiter in die Tiefe zu graben. Thörichte Verblendnng wäre es, zu verkennen, wie gross die Gefahr ist, sich dabei völlig in der Irre zu verlieren. Aber der gegenwärtige Stand der Lehre ist so trostlos, dass er auch einen gewagten wissenschaftlichen Versuch einer Klärung rechtfertigt. Zudem sind es nicht blos eigene Gedankenprodukte des Verfassers, mit denen hier operirt werden soll, sondern meist Konsequenzen und weitere Ausführungen von Ideen, welche als Keime bereits in reichster Fülle in unserer Wissenschaft vorhanden sind; oft nur die Anwendung von Lehren, welche von ihren Urhebern selbst — unter dem wohl erklärlichen Banne alt überkommener Anschauungen — nicht rücksichtslos genug durchgeführt worden sind. Und schliesslich, wenn die im Folgenden zu versuchende Konstruktion eine irrthümliche sein sollte, so dürfte wohl Trost und Rechtfertigung in dem alten Spruche zu finden sein: *certius ex errore, quam ex confusione oritur veritas.*

Die nothwendige Aenderung der bisherigen Untersuchungsweise muss sich sowohl auf den Ausgangspunkt wie auf die Methode und den Zielpunkt der Erörterung erstrecken. Die ganze Dogmengeschichte zeigt als den unmittelbaren oder mittelbaren Ausgangspunkt aller Untersuchungen den Souveränitätsbegriff. Die Hauptphasen in der Entwicklung der Lehre kennzeichnen sich durch eine stetige Verschiebung des Platzes, welchen man diesem Begriff anweist. Wohin man ihn aber auch stellen mag, überall bildet er die Klippe, an welcher die Konstruktionen scheitern. Die Lehre von der getheilten Souveränität hat sich als logisch unhaltbar erwiesen. Um dann den Bundesstaatsbegriff retten zu können, musste man die Souveränität als *essentiale* des Staatsbegriffs ausscheiden, die begriffliche Möglichkeit nichtsouveräner Staaten zulassen. Die weitere Entwicklung hat aber die Erfolglosigkeit auch dieser Operation gezeigt. Solange der Souveränitätsbegriff irgendwo innerhalb der Staatskonstruktion seinen Platz behauptet, steht die Bundesstaatsdoktrin stets vor der trostlosen Alternative: entweder die begriffliche Scheidung des nichtsouveränen Staates vom Kommunalkörper aufgeben zu müssen, da der Gegensatz beider gegenüber dem souveränen Staate nothwendig jede Differenzirung beider von einander erdrückt, — oder in mehr oder weniger verhüllter Form zu der eben verlassenen Lehre von der getheilten Souveränität zurückkehren zu müssen. Mit Recht sagt Zorn[3]): „Der Souveränitätsbegriff ist eine der grössten Verlegenheiten für die neueste staatsrechtliche Litteratur geworden; nicht wegen der Konstruktion des Völkerrechts — eine wissenschaftliche Behandlung, welche sich bis zur Mühe der Konstruktion erhob, hatte diese Disciplin in Deutschland in letzter Zeit überhaupt nicht mehr gefunden — sondern wegen der Konstruktion des Bundesstaatsbegriffs“.

Vergebens wird man den Grund für das Scheitern aller Konstruktionen an dem Begriffe der Souveränität in jeder einzelnen Konstruktion suchen; dieser Grund liegt vielmehr in jenem Begriff, und zwar nicht in dieser oder jener Formulirung

---

3) Recension von Bulmerincq's Völkerrecht. Kritische Vierteljahrsschrift N. F. Bd. VIII. H. 3. S. 380.

desselben, sondern in der Festhaltung des Souveränitätsbegriffes überhaupt. Die erste Bedingung, deren Erfüllung allein einen Fortschritt der modernen Staatstheorie ermöglicht, ist daher die Eliminirung des Souveränitätsbegriffs aus der Dogmatik des Staatsrechts. Vielfach ist in der oben besprochenen Litteratur die Erkenntniss zum Ausdruck gekommen, dass der Begriff des souveränen Staates, als dessen wissenschaftlicher Begründer Bodin gemeinhin angesehen wird[4]), keine allgemein giltige, absolute Denkkategorie sei, vielmehr die theoretische Abstraktion aus einer einzelnen, historisch gewordenen und daher auch historisch wandelbaren Phase staatlicher Entwicklung. Aus dieser Anschauung, welche man wohl als die heute herrschende bezeichnen darf, ist lediglich die nächstliegende Konsequenz zu ziehen. Bisher hat man sich darauf beschränkt, jene Erkenntniss zur Eliminirung der Souveränität aus den *essentialia* des Staatsbegriffs zu verwerthen. Bleibt man jedoch hierbei nicht stehen, sondern unterwirft man, von jener richtigen Anschauung ausgehend, den Souveränitätsbegriff selbst einer durch keine aprioristischen Annahmen beirrten kritischen Betrachtung, so muss man erkennen, dass dieser ganze Begriff einer Vorstellungswelt entstammt und angehört, welche mitsammt der ihr entsprechenden staatlichen Erscheinungsform für uns eine vergangene ist.

Wie die reale Gestaltung der Staaten wesentlich verschieden ist in Zeit und Raum, so müssen diesen verschiedenen Phasen auch in der theoretischen Betrachtung verschiedene Grundideen entsprechen. Man kann nicht aus einem und demselben Gedanken heraus den griechischen Stadtstaat und das römische Weltreich, den modernen Rechtsstaat und das orientalische Sultanat begrifflich erfassen. Und wie sich der absolute Fürstenstaat des 17. und 18. Jahrhunderts scharf abhebt von dem mittelalterlichen Feudalstaat, so auch jetzt der moderne Verfassungs- und Rechtsstaat vom absoluten Staat. Wohl vollzieht sich diese, wie jede organische Entwicklung nicht in schroffen Abbrüchen, sondern in allmäligen Uebergängen; wohl

---

[4]) Vgl. näheres darüber im nächsten Abschnitt.

lässt sich keine mathematisch genaue Grenzlinie zwischen der einen und der anderen Entwicklungsstufe ziehen und jedes folgende Stadium enthält mannigfache Rudimente der vorhergehenden. Aber es hiesse auf jede wissenschaftliche Erfassung staatlichen Lebens überhaupt verzichten, wenn man die Existenz eines — für jede jener Phasen specifisch verschiedenen — tragenden Grundprincips leugnen wollte. Das wirkliche Leben ist ein ununterbrochener Strom, es kennt keine Abschnitte und Epochen, alle Scheidungen und Eintheilungen sind Hilfslinien, welche sich der menschliche Geist zur gedanklichen Erfassung der Wirklichkeit zieht; aber als solche sind sie unentbehrlich. Für die staatswissenschaftliche Betrachtung sind solche unentbehrlichen Hilfsmittel jene leitenden Ideen, auf welche man den geistigen Gehalt einer jeden grossen Epoche staatlicher Entwicklung als auf ihren Centralpunkt zurückführen muss. Ohne diese Abstraktion widerstrebt die politische Erscheinungswelt jeder theoretischen Erfassung. Es kommt nun aber vor allem darauf an, dass man richtig abstrahire, dass jene Grundidee wirklich der adäquate Ausdruck des realen staatlichen Lebens der Zeit sei. Hier liegt die Quelle aller Irrungen, welche in der Litteratur des vorliegenden Problems hervortreten. Bei der Konstruktion des Bundesstaates handelt es sich lediglich um moderne Verfassungs- und Rechtsstaaten. Trotzdem ist man bei dieser Konstruktion schliesslich immer wieder ausgegangen von der Grundidee einer verflossenen Periode staatlicher Gestaltung, von dem tragenden Princip des absoluten Staates, dem Souveränitätsbegriff. Damit trug man in die Konstruktion eines eigenartig modernen Staatsgebildes ein völlig heterogenes und incommensurables Begriffselement hinein, an welchem sich alle Versuche einer principiellen Erfassung mit logischer Nothwendigkeit zerschlagen mussten.

Ebenso wenig, wie man den absoluten Staat auf dem Princip der Feudalität, der Lehnstreue theoretisch aufbauen kann, kann man von dem Souveränitätsbegriffe aus zur Theorie eines modernen Staatswesens gelangen. Das Lehnsband war die ideelle Grundlage des mittelalterlichen Feudalstaates, die Souveränität das tragende Princip des absoluten Staates; für die

Konstruktion des Rechtsstaats bedarf es eines dritten, specifisch verschiedenen Princips, wenn anders man denselben als ein den früheren gegenüber selbständiges Stadium staatlicher Entwicklung anerkennt. Dass der heutige Staat noch manche Reste des Feudalismus, noch viele Rudimente des Absolutismus enthält und enthalten muss, widerspricht dem nicht; denn die Anerkennung der Wandelbarkeit auch der staatlichen Lebensformen erheischt durchaus nicht die Leugnung der historischen Kontinuität. Vergeblich aber ist der so vielfach unternommene Versuch, durch Deuteln und Drehen an dem Souveränitätsbegriffe in denselben einen anderen Inhalt hineinzubringen, als ihm von Natur eigen ist, und ihn dadurch auch als Träger der heutigen Staatsidee verwenden zu können. Ein Begriff, welcher zugleich das eine oder nach Belieben auch etwas anderes bedeuten kann, ist überhaupt kein Begriff, und wer das Wesen verwirft, darf — wenigstens in der Wissenschaft — nicht am Namen festhalten wollen. So wenig man in das Lehnswesen den Souveränitätsbegriff hineinkonstruiren kann, wie man vielmehr beide als specifisch verschiedene, eigenartige Principien anerkennen muss, so muss man auch darauf verzichten, den absoluten Staat der Vergangenheit und den Rechtsstaat der Gegenwart auf ein und derselben ideellen Grundlage begrifflich aufzubauen. Kurz, man muss sich entschliessen, den Souveränitätsbegriff endlich aus der Dogmatik unseres Staatsrechts zu streichen, und ihn nur noch als historischen Begriff, gleichwie das Lehnsprincip, zu betrachten.

Zu dieser Auffassung hätten eigentlich diejenigen Schriftsteller, welche die Souveränität nicht mehr als *essentiale* des Staatsbegriffs ansehen, sofort gelangen müssen, wenn sie nur Willens gewesen wären, ihre eigene Anschauung konsequent durchzuführen. Jedoch scheint diese Anschauung bei ihnen fast weniger aus der Ueberzeugung innerer Nothwendigkeit hervorgegangen zu sein, als aus der Abneigung, mit der nun einmal üblichen Bezeichnung der Glieder eines Bundesstaats als Staaten zu brechen. Daher stellen sie auch gar nicht einen von dem Souveränitätsbegriff gereinigten Staatsbegriff auf, sondern sie nehmen als unumgängliche Voraussetzung der von ihnen zugelassenen nichtsouveränen Staaten stets die Existenz eines über denselben stehenden souveränen Staates an. So ist die Souveränität als *essentiale* jedes höchsten Staatsgebildes beibehalten, und dem entspricht die gerade in den neuesten Konstruktionen immer wieder auftauchende Ansicht, dass auch die Glieder ihren Staatscharakter nur durch ihren Antheil an der Souveränität behaupten; durch die Hinterthür kommt eben die Souveränität als *essentiale* des Staatsbegriffs und damit auch die getheilte Souveränität immer wieder hinein. Diese Schriftsteller stehen — zum Theil vielleicht unbewusst — unter der zwingenden Kraft, welche jedem Grundprincip nach logischem Gesetze innewohnt. Der Souveränitätsbegriff ist seiner Natur nach ein staatsrechtlicher Centralbegriff, welcher jeder Konstruktion, in die er überhaupt aufgenommen wird, seinen Stempel aufprägt; mit anderen Worten: der Souveränitätsbegriff muss in die Staatskonstruktion als *essentiale* oder überhaupt gar nicht aufgenommen werden.

Die Erklärung dafür, dass dieses Verhältniss in der bisherigen Litteratur nicht mit genügender Klarheit erkannt worden ist, bietet die in derselben durchweg befolgte Methode. Es ist oben in der Dogmengeschichte bereits darauf hingewiesen worden, wie die hier und da gemachten Ansätze, mit dieser Methode zu brechen, eben lediglich Ansätze geblieben sind und wie die betreffenden Autoren nach einigem Zögern stets wieder in das alte Geleise einlenkten. Das Wesen dieser Methode stellt sich als Umdrehung der natürlichen Klimax dar; sie konstruirt von oben nach unten. Allerdings wird in philosophischen Einleitungen oder dergl. der Entwicklungsgang vom engeren zum weiteren anerkannt, dort wird man in der Regel die Reihenfolge: Gemeinde, Staat, Staatenverbindung (Reich) finden; sobald es aber an die juristische Konstruktion geht, dreht sich die Sache geradezu um: man beginnt mit der Konstruktion des Bundesstaats[5]), um dann zum Gliedstaat und endlich zur Ge-

[5]) Es sei ausdrücklich bemerkt, dass in dieser Arbeit die Bezeichnung „Bundesstaat“ stets auf den Gesammtstaat sich bezieht, und dass die Einzel- oder Gliedstaaten so und nicht als „Bundesstaaten“ bezeichnet werden.

meinde zu gelangen. Auch diese Methode ist ein Erbstück aus der Anschauungswelt des absoluten Staates, sie steht mit dem Souveränitätsbegriff in unlösbarer Wechselwirkung. Im folgenden Abschnitte wird des näheren darzulegen sein, wie die Souveränität ihrem Wesen gemäss alle Elemente staatlichen Lebens nach einem Centralpunkt hin aufsaugt, und wie daher im Bannkreise dieses Begriffs jede Betrachtung politischer Gebilde von jenem Centralpunkte, dem souveränen Staate, ihren Ausgang nehmen muss. Und umgekehrt: — wie der Souveränitätsbegriff diese Methode unbedingt fordert, so bedarf diese Methode wiederum des Souveränitätsbegriffes als ihrer Voraussetzung. Denn so wenig man den Bau eines Hauses mit dem Dach beginnen kann, wenn man dasselbe in die Luft setzen muss und es nicht durch ein Nothgerüst stützen kann, so wenig kann man bei der Konstruktion einer vom engeren zum weiteren aufsteigenden Begriffsreihe mit dem weitesten, dem obersten Begriffe beginnen, wenn man sich nicht eines ausserhalb jener Begriffsreihe stehenden, aprioristischen Begriffs bedient, um von ihm aus mit der Konstruktion einzusetzen. In diesem *circulus vitiosus* bewegt sich die ganze bisherige Lehre; ihre Methode hindert sie an der Eliminirung des Souveränitätsbegriffs, und der Souveränitätsbegriff hindert sie am Verlassen dieser Methode. Wir können daher nicht eines von beiden, wir müssen beides gleichzeitig aufgeben.

Die Methode entwicklungsgeschichtlicher Betrachtung, welche vom niederen zum höheren, vom einfachen zum complicirten, vom engeren zum weiteren fortschreitet, ist ein gemeinsamer Grundzug der modernen Wissenschaft in allen ihren Zweigen. Indem man diese Methode, welche sich auf allen Gebieten so überaus fruchtbar erwiesen hat, auch für das Staatsrecht, und speciell für das vorliegende Problem verwerthet, wird man den Schlüssel für die gedankliche Erfassung des Staates nicht mehr in einem alt überkommenen und *a priori* angenommenen Begriffe suchen, sondern unter möglichster Vermeidung aller aprioristischen Voraussetzungen die Entwicklung seines Wesens von seinem begrifflichen Ursprung an verfolgen. Nicht von oben her, nicht vom Souveränitätsbegriffe aus wird nach dieser Methode die Untersuchung einzusetzen haben, sondern von unten her, vom niedersten, einfachsten und engsten Begriffe dieser ganzen Kette, von der Grenze des Individualrechts. Und jedenfalls nicht völlig eitel erscheint die Hoffnung, auf diesem Wege zu einem neuen Grundprincip zu gelangen, welches als adäquate Abstraktion des modernen Staatslebens geeignet wäre, die unhaltbare Souveränität als tragende Centralidee der Staatskonstruktion zu ersetzen, und welches zu dieser Methode dann in einem analogen Verhältniss der Wechselwirkung stehen würde, wie die Souveränität zu der bisherigen Methode.

Der Zersetzung und Eliminirung des Souveränitätsbegriffs, dem Wandel der Methode muss sich als drittes Moment eine Veränderung des Zieles der Untersuchung anreihen. Zum überwiegenden Theile bewegt sich bisher die Lehre auf dem weiten Felde einer Art von allgemeinem Bundesstaatsrecht, und auch die Untersuchungen, welche speciell dem deutschen Reichsstaatsrecht gewidmet sind, setzen ausdrücklich oder stillschweigend die Existenz eines allgemeinen Bundesstaatsrechts voraus, welches im deutschen Reiche eine mehr oder weniger modificirte Verwirklichung gefunden habe. Nun soll die Existenz eines solchen allgemeinen Bundesstaatsrechts durchaus nicht geleugnet werden; jedoch ebenso wenig kann man von ihr als von einem *a priori* feststehenden Axiom ausgehen. Auch hier muss man sich mehr, als bisher geschehen, der Forschungsmethode moderner Wissenschaft anbequemen. Wohl gelangt man zu ausreichenden Erkenntnisssätzen nur durch die Verbindung von Induktion und Deduktion, aber jene muss dieser vorangehen; nur ein von induktiver Forschung aufgehäuftes erschöpfendes Material kann in deduktiver Weise fruchtbar verwerthet werden. Unter dem alten Uebel des Generalisirens aus spärlichen und ungenauen Einzelbeobachtungen, an welchem einst die Naturwissenschaft krankte, leidet das Staatsrecht und speciell die Lehre vom Bundesstaat noch heute. Im II. Abschnitt ist darauf hingewiesen worden, wie die neuere deutsche Bundesstaatstheorie in ihrem Ursprunge sich anlehnt an eine einzelne und noch dazu ungenaue Abstraktion aus der amerikanischen Unionsverfassung. Lange bevor es einen deutschen Bundesstaat gab, hatte die Theorie ihr Schema eines solchen fix und fertig. Und wenn man nun auch seitdem unter dem Einflusse der thatsächlichen Gestaltungen vielfache Modifikationen zugelassen hat, so sind denselben doch alle Nachtheile und Unvollkommenheiten eigen, welche mit tiefgreifenden Reparaturen an einem fertigen Werke nun einmal unvermeidlich verbunden sind. Ohne ausreichende induktive Forschung, aus der flüchtigen Beobachtung eines Einzelfalls mit Herbeiziehung aprioristischer Vorstellungen und Forderungen hatte man die Grundzüge eines allgemeinen Bundesstaatsrechts deducirt, und an diesem Dinge musste man nun ständig herumflicken, immer wieder klagend, dass sich Theorie und Wirklichkeit nicht decke. Hat man doch sogar diesen Zwiespalt von Theorie und Praxis für das normale und natürliche Verhältniss beider erklärt. Zwischen einer richtigen Theorie und einer gesunden Praxis kann aber in Wahrheit kein Gegensatz bestehen; vielmehr sind beide identisch.

Aber auch dieser Zustand hängt auf's innigste mit der *radix malorum,* dem Souveränitätsbegriffe, zusammen. So lange man an diesem Begriffe festhält, konzentrirt sich das ganze Problem in der Frage nach dem Sitz der Souveränität, und wie dieser Begriff selbst ein aprioristischer ist, so beantwortet man auch diese Frage *a priori.* Je nach dem augenblicklich herrschenden Dogma heisst es dann: ein Bundesstaat ist vorhanden, wenn die Souveränität zwischen Gesammt- und Gliedstaaten getheilt ist, oder wenn über nichtsouveräne Gliedstaaten ein souveräner Gesammtstaat herrscht, oder wenn die Gesammtheit der nichtsouveränen Gliedstaaten die Trägerin der Souveränität des Gesammtstaats ist u. s. w. Sobald man aber den Souveränitätsbegriff aufgiebt, so sieht man sich auf dem Gebiete des allgemeinen Bundesstaatsrechts einem absoluten Vacuum gegenüber. Bestehen bleibt dann nur die Thatsache, dass es etliche Staatswesen giebt, deren Theile Anspruch darauf erheben, etwas anderes zu sein, als Provinzen eines Einheitsstaats. Ob es einen höheren Einheitsbegriff giebt, unter welchen man diese Staatswesen subsumiren kann, und welches die wesentlichen Eigenschaften jenes Begriffs sind, — das sind dann zunächst offene Fragen, für deren Beantwortung die induktive Untersuchung erst das nöthige Material herbeischaffen muss.

Einen Theil dieses Materials herbeizuschaffen, das ist die Aufgabe dieser Arbeit. Ihr Ziel kann daher nicht die Konstruktion des Bundesstaats sein, vielmehr will sie lediglich unter Eliminirung des Souveränitätsbegriffs und unter Anwendung der oben entwickelten Methode eines der bisher gewöhnlich als Bundesstaaten bezeichneten Gemeinwesen, und zwar das uns nächstliegende, das deutsche Reich, nach seiner staatsrechtlichen Struktur zu begreifen suchen. Demgemäss beschränkt sie sich im wesentlichen auf die Verarbeitung des deutschen Rechts, sowohl seiner allgemeinen Grundsätze, als auch seiner historischen und positiven Gestaltung. Wenn die Dogmengeschichte gezeigt hat, dass zur Zeit der Kernpunkt des ganzen Problems die Frage ist: wie unterscheidet sich der Gliedstaat eines Bundesstaats von dem Kommunalkörper eines decentralisirten Einheitsstaats? — so soll und kann dies hier nicht in solcher Allgemeinheit beantwortet werden, vielmehr formuliren wir die Frage: wie unterscheiden sich die Gliedstaaten des deutschen Reichs von deutschen Kommunalkörpern? Der Bundesstaatsbegriff als solcher bleibt vorläufig nach Existenz und Art eine unbekannte Grösse. Späteren Arbeiten mag es vorbehalten bleiben, in analoger Weise jedes einzelne der in Betracht kommenden Staatswesen zu analysiren; und erst wenn so durch die Induktion ausreichendes Material herangeschafft und gesichtet ist, wird die Entscheidung möglich sein, ob man daraus einen allgemeinen Bundesstaatsbegriff, und eventuell wie man ihn deduciren kann.

V.

Analyse des Souveränitätsbegriffs.

Als König Friedrich Wilhelm I. gegenüber den feudalen Reminiscenzen seines Adels das bekannte Wort von der Stabilirung seiner *souveraineté* gleich einem *rocher de bronce* aussprach, da war diese Hervorhebung des Souveränitätsbegriffs als Quintessenz damaliger Staatsraison schwerlich das Resultat subtiler staatsrechtlicher Begriffskonstruktion. Aber mit dem ihm eigenen glücklichen Griff für die realen Forderungen der Zeit hat der König auch hier in Sinn und Wort den Kern der Sache getroffen. Zu einer Zeit, da die Staatsverwaltung „zu einem künstlichen Uhrwerke geworden, dessen einzige Feder der König war"; zu einer Zeit, da „der durch seine Stellung von gesellschaftlichen Einflüssen freie König zum einzig belebenden Elemente des ganzen Staates" [1]) wird, bedurfte es keiner mühsamen Definition des Souveränitätsbegriffs; das Wesen dieses Begriffs war mit Händen zu greifen, er beherrschte das Staatsleben in allen seinen Aeusserungen. Und wenn es darauf

---

[1]) C. Bornhak: „Geschichte des Preussischen Verwaltungsrechts" 1885, Bd. II, S. 4. — Wenn Bornhak ebenda sagt: „Die Staatsidee stellt sich unter ihm (Friedrich Wilhelm I.) in einer Reinheit dar, wie sie allein im absoluten Staate . . . möglich ist . . .", so kann man dem beistimmen, insofern der absolute Staat, wie schon der Name andeutet, eben alles politische Leben in dem einen souveränen Staatswesen concentrirt. Aber zu verwerfen ist die dem Wortlaut nach ebenfalls mögliche Anschauung, dass der absolute Staat die Staatsidee κατ' ἐξοχὴν in ihrer Reinheit repräsentire, wonach dann andere Formen staatlicher Entwicklung als Korrumpirungen der einen — nur im absoluten Staate rein vorhandenen — Staatsidee erscheinen müssten.

ankam, dem dahingegangenen Lehnsstaate gegenüber den Charakter des damals modernen Staates klarzustellen, sprang dem einsichtigen Sohne der Zeit das Wort Souveränität von der Lippe. Kurz, damals war die Souveränität kein todter Schulbegriff, sondern nur der abstrakte Ausdruck einer realen, lebendigen Kraft.

Ueberblickt man dagegen die einschlägige neuere Litteratur, so gewinnt man den Eindruck, dass die wahrhaft erdrückende Fülle höchst verschiedenartiger Definitionen des Souveränitätsbegriffs hervorgeht aus dem schier verzweifelten Streben, einem in der Wirklichkeit todten Begriff ein künstliches Scheinleben einzuhauchen. Von vorn herein schon muss man misstrauisch werden gegen einen Centralbegriff, den ziemlich jeder Autor anders auffasst. Die *termini technici* einer Wissenschaft bilden eine Art Chiffernsprache behufs kürzerer Verständigung unter den Wissenden. Die erste Voraussetzung aber für die Zweckdienlichkeit der Chiffer ist, dass sie für Jeden genau dasselbe bedeute; schon kleine Nuancen der Auffassung können eine heillose Verwirrung anstiften. Und hinsichtlich der Souveränität handelt es sich durchaus nicht bloss um kleine Nuancen; einige der Definitionen schliessen sich sogar gegenseitig absolut aus. Schon dieser Umstand würde es jedenfalls rathsam erscheinen lassen, nicht einen Ausdruck, über dessen Bedeutung man so wenig einig ist, im Mittelpunkt der ganzen Theorie stehen zu lassen. Aber jener Definitionenreichthum giebt einen deutlichen Fingerzeig zur Beseitigung nicht nur des Namens, sondern auch des Wesens der Souveränität. Der unwiderstehliche Einfluss, welchen, doktrinärer Absperrung trotzend, die alle Regungen der Zeit durchdringende moderne Staatsanschauung auf die staatsrechtliche Theorie ausübt, zeigt sich nicht zum wenigsten darin, dass die lange Reihe der Souveränitätsdefinitionen schliesslich auf eine völlige Aushöhlung, auf eine Abtragung jenes Begriffs von innen heraus hinausläuft.

Eine kleine Blüthenlese von Souveränitätsdefinitionen aus der neueren und neuesten Litteratur wird diese Bemerkungen bestätigen.

Kein blosser Zufall ist es, dass Stahl, welcher in der Wissenschaft wie im Leben die „Umkehr" zu einer im Niedergange begriffnen Staatsauffassung anstrebte, den Begriff der Souveränität am vollsten, consequentesten und richtigsten fasst: „Die Souveränität ist die erste, ursächliche und oberste Gewalt, die alle Organe und Verrichtungen bedingt und umschliesst .... Sie ist der Herrscherwille, der im ganzen Bereiche des Staats gegenwärtig und wirksam ist, seine innerste Persönlichkeit" [2]). Dieser volle und kräftige Begriff schrumpft schon bei Waitz zur blossen „Unabhängigkeit von jeder höheren Gewalt" [3]) zusammen, um dann von Hänel u. a. durch die „Competenz-Competenz" [4]) ersetzt zu werden. Liebe definirt aber die Souveränität wieder als „rechtliche Unabhängigkeit von Befehlen Anderer", welche von den Hoheitsrechten zu scheiden sei [5]), während sie nach Zorn gerade im Gegentheil die Quelle und der Inbegriff aller Hoheitsrechte sein soll [6]). Jellinek betrachtet sie als „die Eigenschaft eines Staates, kraft welcher er nur durch eignen Willen rechtlich gebunden werden kann" [7]), und Rosin als „ausschliessliche Bestimmbarkeit durch eignen Willen" [8]). Dagegen sieht Gareis in der Souveränität die Fähigkeit des „herrschenden Gemeinwesens, als sein Interesse zu bezeichnen und zum Rechtsgut zu erheben, welches Interesse es will" [9]); eine Anschauung, welche schon 50 Jahre früher Klüber kürzer so ausgedrückt hatte: Souveränität „heisst das Recht, die Mittel zu dem Zweck des Staates zu wählen" [10]). Das Völkerrecht, welchem Gareis den eigentlichen Beruf zur

---

[2]) Stahl: Philosophie des Rechts. 5. Aufl. 1878. Bd. II, Abth. 2, S. 190. 191.

[3]) Waitz: Grundzüge der Politik. Kiel 1862. S. 18.

[4]) Vgl. oben S. 34.

[5]) Vgl. oben S. 48. 49.

[6]) Vgl. oben S. 49.

[7]) Vgl. oben S. 51.

[8]) Vgl. oben S. 54.

[9]) Vgl. oben S. 70.

[10]) Klüber: Das öffentliche Recht des teutschen Bundes. 3. Aufl. 1831. S. 4.

Feststellung des Souveränitätsbegriffs zuweist [11]), scheint diese Aufgabe bescheiden abzulehnen; wenigstens ist es nur eine Ablehnung jeder Definition, wenn Martens meint: „Die Idee der Souveränität involvirt nur das Eine, nämlich dass jeder Staat für sich eine selbständige juristische Persönlichkeit bildet; sie vermag jedoch nicht darüber Aufklärung zu geben, in welchen Beziehungen sich nun der eine Staat zum andern befindet“ [12]). Fast wie eine Entschuldigung wegen des Festhaltens an diesem Begriffe klingt es, wenn Gierke das Kriterium der Souveränität darin findet, dass es „eine auf dem Rechtsgebiete höchste Verbandsgewalt über allen andern Verbandsgewalten in jedem selbständigen nationalen Lebenskreise geben müsse“ [13]), und Brie endlich definirt kurz und gut die Souveränität als „die Eigenschaft einer Gewalt, dass sie in ihrer Sphäre die höchste ist“ [14]) [15]).

Diese zuletzt genannten Anschauungen geben in Wahrheit bereits das Wesen der Souveränität preis, indem sie noch den Namen festhalten. Dass es in einer vom engeren zum weiteren, vom niederen zum höheren fortschreitenden Reihe von Erscheinungen eine — wenigstens vorläufig und zur Zeit — weiteste und höchste geben muss, ist zweifellos; und ferner mag auch zugegeben werden, dass unter den organisirten Verbänden

[11]) Vgl. oben S. 70.

[12]) Fr. v. Martens: Völkerrecht. Das internationale Recht der civilisirten Nationen. Deutsch von C. Bergbohm. Bd. I. 1883. S. 199.

[13]) Vgl. oben S. 62.

[14]) Vgl. oben S. 76.

[15]) Neuestens hält Jellinek in seiner Schrift: „Gesetz und Verordnung“ (Freiburg 1887. S. 196 fg.) an seiner Souveränitätsauffassung im wesentlichen fest, nur dass er sie nicht mehr für den Inbegriff aller Hoheitsrechte, sondern für die Möglichkeit alle Hoheitsrechte zu besitzen erklärt (S. 201). Wir kommen darauf nachher zurück. Siehe unten S. 133 fg. — Vgl. jetzt auch Laband, Staatsrecht. **2. Aufl.** (1888) Bd. I, S. 67: „In dem hier zur Erörterung stehenden Begriffskreise bedeutet souveräne Gewalt die höchste, oberste Gewalt. Es wird also durch die Eigenschaft „souverän“ nicht positiv ausgedrückt, welche Befugnisse eine Gewalt in sich schliesst, sondern es wird das negative Moment hervorgehoben, dass sie keine Gewalt über sich hat, welcher die Befugniss zusteht, ihr rechtlich bindende Befehle zu ertheilen“.

der Staat, welcher keinen ihn mitumfassenden Staat über sich hat, also z. B. das Reich ein höchster Verband ist. Mit dieser äusserlichen Relation ist aber gar nichts über das innere Wesen des Staatsbegriffs festgestellt, und ferner auch nichts für die Erkenntniss seines Verhältnisses nach unten und oben gewonnen. Denn die von jenem „höchsten“ umschlossnen niederen Gemeinwesen können immerhin gleichfalls staatlicher Natur sein; und andrerseits kann jener „höchste“ Organismus immer noch abhängig sein von einem weiteren, nur noch nicht zu völliger Organisation gediehenen Verbande; nämlich von der internationalen Völkerrechtsgemeinschaft; denn die „höchste“ Gewalt soll jene ja nur in ihrem „nationalen Lebenskreise“, in „ihrer Sphäre“ sein. Dass man für die Bezeichnung dieser äusseren Relation sich nicht mit den Komparationsformen der Adjektiva „hoch“ und „niedrig“ etc. begnügt, sondern einen eignen *terminus technicus* aufstellt, mag vielleicht überflüssig sein; aber es wäre nicht viel dagegen zu sagen, wenn man nicht zu diesem Behufe gerade das Wort „souverän“ heranzöge, welches dem Wortschatze der Staatswissenschaft bereits angehört, und schon auf einen völlig andern Inhalt geprägt ist. Der Souveränitätsbegriff, welchen Brie, Gierke u. a. m. aufstellen, ist mit dem modernen Rechtsstaat wie mit dem modernen Völkerrecht durchaus vereinbar; jedoch nur desshalb, weil er mit dem alten und eigentlichen Souveränitätsbegriff nicht das Wesen, sondern lediglich den Namen gemein hat. Es ist nicht anders, als wenn man für die heutige Beamtenernennung die Bezeichnung der „Belehnung“ mit dem Amt anwenden wollte, ohne ihr doch die Eigenart des Lehnsverhältnisses aufzwingen zu können. In beiden Fällen das gleiche unzulässige Festhalten an technischen Ausdrücken, welche nach Entstehung und Art einer früheren Epoche der Staatsentwicklung und Staatsanschauung angehören, für völlig anders geartete Verhältnisse.

Es ist bereits oben[16]) bemerkt worden, wie die nach Brie's Definition durchaus zulässige Anwendung des Wortes „souverän“ etwa auf das Reichsgericht, das preussische Oberverwaltungs-

---

[16]) S. 76.

gericht und viele andere Institutionen, welche keine Staaten, aber „in ihrer Sphäre die höchsten" sind, unserem staatsrechtlichen Sprachgefühl völlig unannehmbar ist. Einst war dies anders. Im Mittelalter hiess „jede Behörde, welche in oberster Instanz den Entscheid gab, so dass eine Berufung an eine höhere Autorität nicht möglich war, eine souveräne Behörde" [17]). Demgemäss nannten sich die französischen Parlamente *„cours souverains"*; ihre Präsidenten *„souverains du parlement"* und die grossen Feudalherren betrachteten sich als souverän in ihren Besitzungen [18]). Wenn dagegen heute Gierke gelegentlich von dem „souveränen Organ" irgendeiner Genossenschaft spricht [19]), so wird man dies für eine wenig präcise Ausdrucksweise halten, wenn man nicht im Zusammenhange mit seiner ganzen Anschauung darin einen weiteren Beweis sieht, dass er sich im wesentlichen vom Banne des Souveränitätsbegriffs befreit hat. Zwischen jener Zeit, da man das Wort „souverän" frei auf mannigfache Verhältnisse anwenden konnte, und unsern Tagen liegt die Epoche, welche ihr tragendes Grundprincip in dem Worte „Souveränität" ausgedrückt hat, und damit diesem Worte eine specifische Bedeutung gegeben hat, deren man dasselbe unmöglich entkleiden kann. Das Zeitalter des absoluten Staates hat in der That die *souveraineté* stabilirt wie einen *rocher de bronce*, der in seiner starren Eigenart jeder Modificirung trotzt. Der tragende Grundbegriff des absoluten Staates muss seinem Wesen nach selbst ein absoluter Begriff sein, und nicht die lediglich relative Bezeichnung für irgendeine in ihrer Sphäre höchste Gewalt. Dass das Wort einen solchen relativen Sinn einstmals, in einer für seine specifische Bedeutung prähistorischen Zeit besessen hat, ist für seine heutige

---

[17]) Bluntschli: „Lehre vom modernen Staat". Bd. I, Buch VII. S. 561.

[18]) Held: „Staat und Gesellschaft", Bd. II, S. 505; vgl. auch desselben Art. „Souveränität" in Rotteck und Welckers Staatslexikon. 3. Aufl. 1865. Bd. XIII; ferner Bluntschli's entsprechenden Art. in seinem und Braters Staatswörterbuch. Bd. IX. (1865).

[19]) Gierke: „Die Genossenschaftstheorie und die deutsche Rechtsprechung" 1887. S. 687.

Anwendung völlig gleichgiltig; denn die Bedeutung eines technischen Ausdrucks einer Wissenschaft ist in erster Linie aus dieser Wissenschaft heraus, und nicht nach lediglich philologischen Erwägungen zu erkennen. Und mit dem einzigen Zwecke der Schaffung technischer Ausdrücke, kurzer und deutlicher Verständigung, ist es durchaus unvereinbar, einen solchen Ausdruck des ihm einmal aufgeprägten specifischen Charakters zu entkleiden, und ihn in einem früheren, unpräcisen Sinne weiter zu gebrauchen.

Von der im Begriffe eines „Zuoberstsein" liegenden Negation einer höheren Gewalt hat der Souveränitätsbegriff seinen Ausgang genommen, seitdem die Legisten und zuerst Bartolus die *„universitates quae superiorem non recognoscunt"* in scharfen Gegensatz zu den *„universitates superiorem recognoscentes"* stellten [20]. Gemäss der Anschauung des früheren Mittelalters vom *imperium mundi* des römischen Kaisers hätte eigentlich nur das römisch-deutsche Reich in die erste Kategorie gehört, und indem stetig mehr der Staatsbegriff mit der Eigenschaft des *„superiorem non recognoscere"* identificirt wurde, hätte folglich allein das Reich als eigentlicher Staat angesehen werden können. Hiergegen sträubte sich in gleicher Weise das Nationalgefühl der Völker und der Stolz ihrer Fürsten. Zuerst waren es die Könige Frankreichs, welche für sich eine Exemtion von dem kaiserlichen *dominium mundi* beanspruchten; ihre Gewalt gleich der kaiserlichen für unmittelbar *„par la grâce de Dieu"* übertragen erklärten, und demgemäss auch ihren Staat als eine *universitas superiorem non recognoscens* betrachteten [21]. Ihrem Beispiel folgten die andern Fürsten und Völker, und soweit ging dieser ideelle Emancipationsprocess, dass man sogar die deutschen Territorien, seitdem sich immer entschiedner ihr staatlicher Charakter ausprägte, in die Kategorie der *universitates superiorem non recognoscentes* aufnahm, was freilich nur

---

[20]) Gierke: „Das deutsche Genossenschaftsrecht", Bd. III. „Die Staats- und Korporationslehre des Alterthums und des Mittelalters und ihre Aufnahme in Deutschland". 1881. S. 381 fg. 639 fg.

[21]) Vgl. die n. 18 citirten Stellen; ferner H. Schulze: „Einleitung in das deutsche Staatsrecht" 1867. S. 166.

möglich war mittels der Fiktion, „dass ohne *superior* jede *universitas* sei, die keinen andern *superior* als den Kaiser habe“[22]). Aber nicht nur nach oben hin zeigte diese Idee ihre absorbirende und aufsaugende Kraft; auch nach unten bewährte sie sich in gleicher Weise. Wohl hat Bluntschli Recht, wenn er sagt[23]): „Es ist auf Jahrhunderte hin entscheidend geworden, dass die Ausprägung dieses Begriffs, für den es damals in keiner andern, weder antiken noch modernen Sprache ein völlig entsprechendes Wort gab, zuerst in einem Volke geschah, dessen ganze Neigung und Geschichte auf möglichste Concentration der gesammten Staatsgewalt in einer Hand hintrieb, und dass dieser Begriff nun von den französischen Königen zur Beseitigung aller hergebrachten Schranken ihrer Macht und zur Ausbildung einer modernen Absolutie mit grösstem Erfolg benutzt wurde“. Dieser absolute Obrigkeitsstaat ist jedoch, wenn auch wohl in Frankreich am vollkommensten durchgeführt, keine französische Eigenthümlichkeit, sondern eine gemeinsame Entwicklungsstufe aller europäischen Culturstaaten[24]); eine Entwicklungsstufe, welche die Staaten des Continents ungefähr gleichzeitig einnahmen, während sie England schon ein halbes Jahrtausend früher durchgemacht hatte[25]).

Lag in jener Unterscheidung der Legisten stillschweigend noch die Anerkennung, dass die *universitates superiorem recognoscentes* und *non recognoscentes* nur Arten einer und derselben Gattung, der *universitas*, seien, so nahm die absolute Staatsidee, indem sie sämmtliche als Staaten anzuerkennende Gemeinwesen nach oben hin wohl oder übel begrifflich emancipirte, für dieselben einen eignen, einzig von ihnen erfüllten Gattungsbegriff in Anspruch und brach principiell jeden Zusammenhang

---

[22]) Vgl. Gierke a. a. O. S. 696.

[23]) Art. „Souveränität“ in Bluntschli und Braters Staatswörterbuch (1865) Bd. IX. S. 552.

[24]) Ueber den absoluten Obrigkeitsstaat in Deutschland, besonders über seine Entwicklung aus dem deutschen Herrschaftsverbande ist hier nur im allgemeinen auf Gierke's Genossenschaftsrecht, besonders Bd. I. und III. zu verweisen. Wir kommen darauf später in anderm Zusammenhange zurück.

[25]) Vgl. Gneist: „Das englische Parlament“ 1886. S. 7 u. S. 53 fg.

zwischen ihnen und den *universitates superiorem recognoscentes* ab. Damit geht der Begriff der *universitas superiorem non recognoscens* in den des souveränen Staates, „des Staates als Exclusivverbandes“ [26]) über, der mittelalterliche Schulbegriff in das leitende Princip des modernen Absolutismus [27]).

Der absolute Staat ist seinem Wesen nach ein Exclusivverband, d. h. er saugt alle öffentlichen Gewalten, welche das Mittelalter unter eine lange Reihe engerer und weiterer Verbände, von der Markgenossenschaft und Zunft aufsteigend bis zum römisch-deutschen Weltreich, vertheilt hatte, in sich auf. Wie er über sich keinerlei allgemeineren Verband anerkennt, so duldet er unter sich keinerlei selbständiges Gemeinwesen; er stellt neben den absoluten Staat lediglich das absolute Individuum. Sein Ziel ist „ein Zustand, in welchem es ausser dem Staat nur Individuen giebt; in welchem daher zwischen der höchsten Allgemeinheit des allsorgenden Staates und der das Volk bildenden Summe einzelner Individuen keine Mittelglieder irgendwelcher Art stehen; solche Verbindungen vielmehr entweder nur als lokale Erscheinungsformen des Staats oder selbst als Individuen gelten“; kurz: „Centralisation der Regierung und Atomisirung des Volks“ [28]). Diese Tendenz des absoluten Staates erhielt ein überaus starkes begriffliches Fundament und fand ihre theoretische Vollendung durch den Personenbegriff des römischen Rechts.

„Es ist kein Zufall“, sagt Laband [29]), „dass auf dem Ge-

---

[26]) Gierke Bd. III. S. 635.

[27]) Dass dieses Princip eben durch jene Doktrin schon im Mittelalter angebahnt wurde; dass „schon im Mittelalter die unaufhaltsam vorschreitende Richtung der Theorie auf die Steigerung der ausschliesslichen staatlichen Souveränität zur ausschliesslichen Darstellung alles Gemeinlebens durch den Staat“ hindrängte, wie Gierke a. a. O. S. 641 lehrt, wird hierdurch keineswegs geleugnet.

[28]) Vgl. Gierke: Genossenschaftsrecht, Bd. I.: „Rechtsgeschichte der deutschen Genossenschaft“ 1868. S. 645. 646, woselbst auch darauf hingewiesen wird, dass dieses Ideal des absoluten Staates, „in Frankreich durch die Revolution annähernd verwirklicht“, in Deutschland durch das Erwachen des Genossenschaftssinns nicht voll erreicht wurde.

[29]) Laband: „Die Bedeutung der Reception des römischen Rechts

biete des öffentlichen Rechts das Drängen nach Einführung des römischen Rechts zuerst zu Tage tritt; politische Motive waren in der That die eigentlich ausschlaggebenden; die Reception des römischen Rechts in Deutschland fängt im Staatsrecht an; von hier aus wurden dem Siegeslauf des fremden Rechts die Wege geebnet; es dringt von oben nach unten vor".

Das römische Recht in seiner der Reception zu Grunde liegenden Gestaltung wies zwischen dem öffentlichen und privaten Rechtsgebiet eine unüberbrückbare Kluft. Im Mittelpunkte des öffentlichen Rechts stand ihm der Staat, „der als einziges Wesen seiner Gattung keiner Subsumtion unter einen höheren Begriff bedurfte"[30]); im Mittelpunkte des Privatrechts das Individuum als Grundtypus der Persönlichkeit. Beides sind absolute Begriffe, die einander absolut ausschliessen, über denen kein gemeinsamer, umfassender Gesammtbegriff steht. Wie im öffentlichen Recht der Staat, so ist im Privatrecht das Individuum das einzige originäre Rechtssubjekt; und wo man dennoch Erscheinungen, die nicht Individuen sind, als Träger von Rechten anerkennen muss, da betrachtet man sie als von der juristischen Technik geschaffene, künstliche Nachbildungen des Individuums. Den Staat selbst, soweit er in das Gebiet des Privatrechts eintritt, muss man — da es eben keinen höheren Gesammtbegriff giebt — als Fiskus in dieses Schema einzwängen. Für diese nur „ein Bedürfniss der juristischen Technik befriedigende"[31]), „nicht wirklich existirende, nur vorgestellte Person, welche als Subjekt von Rechten und Verbindlichkeiten behandelt wird"[32]), dürfte statt des allzu weiten

für das deutsche Staatsrecht", Rektoratsrede. Strassburg 1880. S. 30; vgl. auch Gierke a. a. O. S. 647 und Stintzing, Geschichte der deutschen Rechtswissenschaft. Bd. I. S. 57 und 664 fg.

[30]) Gierke: Genossenschaftsrecht Bd. II (1873) „Geschichte des deutschen Körperschaftsbegriffs" S. 27; vgl. auch Bd. III. S. 134 und Art. „Juristische Person" in Holtzendorff's Rechtslexikon Bd. II. S. 418.

[31]) Windscheid: Lehrbuch des Pandektenrechts. 5. Aufl. Bd. I. S. 126.

[32]) Windscheid a. a. S. 147.

Ausdrucks „juristische Person", der auch für eine völlig andere Anschauungsweise Raum lässt, der bezeichnendere Ausdruck *„persona ficta"*, „fingirte Person"[33]), vielleicht noch besser „fingirtes Individuum" zu setzen sein. Hatten römische Kaiser die Bildung von Vereinen als Substrat solcher fingirten Personen bei Strafe verboten[34]), so lag dem absoluten Obrigkeitsstaate jedenfalls die Auffassung nahe, dass die Rechtsfiktion, kraft welcher ein Wesen, welches kein Individuum ist, doch *personae vice fungitur*, nur von dem nach absoluter Staatsanschauung einzigen Rechtserzeuger, dem Staate, ausgehen könne. Auf keinen Fall war diese *persona ficta* geeignet, als Verbindungsglied zwischen die beiden absoluten Begriffe Staat und Person zu treten, sie dadurch in relative Begriffe verwandelnd. In seiner Eigenschaft als Fiskus war der Staat eben nicht Staat, sondern fingirte Privatrechtsperson, und andererseits ward der *persona ficta* auch in ihren höchsten Erscheinungsformen niemals ein staatsähnlicher Charakter zugestanden. Zwischen den je in ihrer Sphäre einzigen Rechtsträgern, Staat und Individuum, gab es keine Vermittlung; je in seiner Sphäre ward aber jeder der beiden Begriffe in ganz analoger Weise gedanklich ausgeprägt: der **souveräne** Staat und die romanistische **absolute Person** sind **korrelate** Begriffe. Mit vollem Recht wendet daher Gierke das Attribut der Souveränität auch auf die romanistische Person an: „Die römische Person ist nach aussen wie nach innen souverän .... Sie ist ferner untheilbar wie die Individualität. Ihr gesammter und überall gleicher Gehalt ist wesentlich für ihren Begriff; sie

---

33) Windscheid a. a. O. S. 128. — Der früher übliche Ausdruck „moralische Person" wies nach der Sprachweise des vorigen Jahrhunderts auf den gleichen Gegensatz zum natürlichen hin; vgl. Dernburg, Lehrbuch des Preussischen Privatrechts (3. Aufl.) Bd. I. S. 99 n. 3. — Bezüglich der neuesten Litteratur über die juristische Person genügt hier der Hinweis auf die Citate in Gierke's „Genossenschaftstheorie" etc. (1887) besonders in der Einleitung (vgl. jetzt auch die Besprechung dieses Werkes von Rosin in Rassow und Küntzel „Beiträge zur Erläuterung des deutschen Rechts". 4. Folge. Jhg. I. Heft 6, S. 753 fg.) und auf den bisher erschienenen I. Theil der Pandekten von E. J. Bekker.

34) Vgl. *l. 1. pr. Dig. quod cuiusque univers.* 3, 4.

kann ohne Selbstzerstörung kein Stück von sich ablösen; sie kann daher auch nicht Theil oder Glied einer andern Persönlichkeit sein"[35]). In diesen Sätzen kann man den Worten „die römische Person" die Worte „der absolute Staat" substituiren, ohne an ihrer Richtigkeit das geringste zu ändern. In so analoger Weise haben sich beide Begriffe ausgeprägt; und dieses ihr gemeinsames Gepräge, in ein Wort gefasst, heisst: **Souveränität**. Das ist das ureigene und eigentliche Wesen dieses Proteus unter den Begriffen.

Der souveräne Staat fordert als sein unumgängliches Korrelat die souveräne Person d. h. das absolute Individuum des römischen Rechts, und dieses wiederum ist unhaltbar ohne die Ergänzung durch die *persona ficta*, das fingirte Individuum. Gegen dieses Erzeugniss der Romanistik richtet sich die unter den Auspicien Beseler's[36]) begonnene wissenschaftliche Bewegung, welche seit einem halben Jahrhundert in langsamem, aber unaufhaltsam siegreichen Vordringen[37]) begriffen ist. Und der entschiedenste Vertreter dieser Richtung, der er sein ganzes Forschen und Wirken gewidmet hat, Gierke hält, trotzdem er nach seinen eben citirten Auslassungen den Zusammenhang zwischen der Souveränität und dem romanistischen Personenbegriff nicht verkennen kann, doch an dem staatlichen Souveränitätsbegriff fest[38])! Dass freilich sein Souveränitätsbegriff nicht der echte und rechte ist, wurde schon oben angedeutet[39]), und kommen wir darauf später noch zurück[40]). Soviel erhellt aber vielleicht

---

[35]) Gierke: Genossenschaftsrecht Bd. II. S. 29 und Art. „Juristische Person" in Holtzendorff's Rechtslexikon a. a. O.

[36]) Beseler: Erbverträge (1835); Volksrecht und Juristenrecht (1843); System des deutschen Privatrechts (3. Aufl. 1873).

[37]) Wie diese Bewegung in unseren Tagen in die Praxis der höchsten Gerichte — der dieselben sonst noch beherrschenden älteren Theorie zum Trotz — mehr und mehr eindringt, das zeigt für alle Theile dieser Doktrin Gierke's neuestes Werk: „Die Genossenschaftstheorie und die deutsche Rechtsprechung". Berlin 1887.

[38]) Rechtslexikon S. 422; ferner „Die Grundbegriffe des Staatsrechts" u. s. w. in der Zeitschrift für die gesammte Staatswissenschaft. Bd. XXX. 1874. S. 304 und a. v. a. O.

[39]) Vgl. oben S. 103 fg.

[40]) Vgl. unten S. 129 fg.

schon aus der bisherigen Ausführung, dass konsequenter Weise die Verwerfung der *persona ficta* und damit des römischen Personenbegriffs auch die Verwerfung seines Korrelats, des Souveränitätsbegriffs, nach sich ziehen muss.

Das einzige Subjekt im Bereiche des öffentlichen Rechts, unfähig, Glied einer grösseren Gemeinschaft zu sein, und ebenso unfähig, engere politische Gemeinwesen zu umschliessen, absolut isolirt nach oben und unten — das ist die souveräne Staatsgewalt, das ist Bodin's *„puissance absolue et perpétuelle d'une République"*, die *„summa et legibus soluta in republica potestas"*. Von diesen beiden Definitionen, welche der Vater der absoluten Staatstheorie giebt, ist die ursprüngliche französische präciser, als die lateinische Version[41]), das Attribut *absolue* bezeichnender, als das Wort *summa.* Denn nicht die höchste unter mehreren öffentlichen Gewalten ist nach dieser Anschauung die Staatsgewalt, sondern die einzige in ihrer Art, ebenso wie andererseits das Individuum im Privatrecht nicht als niedrigster oder einfachster, sondern als einziger Träger subjektiver Rechte erscheint. Desshalb ist für diesen absoluten Begriff auch nur das Eigenschaftswort „absolut" angemessen und nicht eine Superlativform, welche in diese Anschauungsweise den Schein eines ihr völlig fremden relativen Verhältnisses hineinträgt. Recht deutlich zeigt sich dieser Widerspruch bei Stahl, welcher unter allen neueren Schriftstellern die Idee des absoluten Staates am reinsten festhält. Er sagt: „Als die Anstalt zur Beherrschung des gesammten menschlichen Gemeinzustandes ist der Staat die Eine, oberste, die **souveräne** Macht auf Erden"[42]). Wenn aber der Staat die Eine Macht auf Erden ist, so ist die Bezeichnung als oberste Macht mindestens überflüssig, da es neben der Einen eben keine anderen homogenen Mächte, unter denen sie die oberste sein könnte, auf Erden giebt. Bei Stahl ist dies, wie seine oben angeführte Souveränitätsdefinition beweist, nur eine sprachliche Ungenauig-

[41]) Jean Bodin: *De la république*; zuerst französisch 1576; dann von ihm selbst in das Lateinische übersetzt 1584.

[42]) Stahl: Philosophie des Rechts. Bd. II. Abth. 2 (5. Aufl. 1878) S. 154.

keit; den Versuch, auf diesem Wege den absoluten Souveränitätsbegriff in einen relativen zu verwandeln, haben Andere gemacht. Wem der Staat noch die Anstalt zur Beherrschung des gesammten menschlichen Gemeinzustandes ist, der kann neben, über oder unter ihm keine selbständigen Gemeinwesen anerkennen, der steht voll und ganz auf dem Boden des absoluten Souveränitätsbegriffs.

Es ist das untrügliche Kennzeichen einer gesunden und wahren Theorie, dass sie der Wirklichkeit nicht in doktrinärer Sprödigkeit gegenübersteht, vielmehr mit ihr in ein fruchtbares Verhältniss der Wechselwirkung tritt. Auf der Höhe ihrer Aufgabe steht die Theorie, wenn sie nicht bloss ein genaues Spiegelbild der realen Verhältnisse giebt, sondern, gestützt auf ein aus dem Wesen der Dinge geschöpftes Erkennen, die Bahnen, welche die thatsächliche Entwicklung einschlagen muss, nicht ahnend, sondern wissend vorhersagt[43]). Indem sie diese Erkenntniss nur aus der genauen Beobachtung der Wirklichkeit und ihrer noch im Entstehen begriffenen Kräfte schöpfen kann, steht sie unter dem Einflusse des realen Lebens. Aber andererseits beeinflusst sie dieses in erheblichster Weise, indem sie das in ihm waltende Princip zum Ausdruck und Bewusstsein bringt. Dieses Verhältniss der Wechselwirkung bestand zwischen dem im 16. Jahrhundert abschliessend formulirten Souveränitätsbegriff und dem damals noch in der Ausgestaltung begriffenen, im 17. und 18. Jahrhundert zur Reife und Ueberreife gelangten absoluten Staate. Desshalb nimmt der Souveränitätsbegriff in der Geschichte der Staatstheorien genau dieselbe Stelle ein, wie der absolute Staat in der Geschichte der Staaten.

---

[43]) Damit bekennen wir uns durchaus nicht zu der seltsamen Ansicht v. Lindgrens („Die Grundbegriffe des Staatsrechts. Versuch einer juristischen Konstruktion des Staats und der Staatsgewalt". Leipzig 1869. S. 191), dass es die Rechtswissenschaft nicht mit dem positiven Recht zu thun habe, und dass die Wissenschaft unter Rechten und Pflichten meist nicht das verstehe, was Recht oder Pflicht sei, „sondern was das eine oder andere *sein soll*". In dieser Form ist diese ungeschickte Reaktivirung des seligen Naturrechts nur eine mehr unter den vielen schiefen Ideen jener Schrift.

Der absolute Staat war in der That, wie es der Souveränitätsbegriff fordert, die Anstalt κατ' ἐξοχήν zur Beherrschung des gesammten menschlichen Gemeinzustandes; er war die einzige Erscheinungsform seiner Gattung, weder über noch unter sich eine selbständige politische Gemeinschaft duldend. Er kannte weder ein Völkerrecht noch ein den Kreis der privatrechtlichen *persona ficta* durchbrechendes Recht engerer Gemeinwesen; ja, er konnte seinem Wesen nach überhaupt kein öffentliches Recht kennen. Denn wenn Recht die Abgrenzung der Willensmacht der Persönlichkeiten ist[44]), so setzt der Begriff eines öffentlichen Rechts die Anerkennung voraus, dass auch der Staat nur eine, wenn auch die höchste, unter anderen Persönlichkeiten sei. Dies ist aber, wie wir gesehen, der gerade Gegensatz zur Idee des souveränen Staates. Der souveräne Staat fällt nicht unter den Personenbegriff, steht demselben vielmehr zusammenhangslos gegenüber. Als Person erscheint er nur im Privatrecht, wo er seines specifisch staatlichen Charakters entkleidet und als Fiskus zu einer gewöhnlichen *persona ficta* wird; nur hier kann daher von einer Abgrenzung seiner Willensmacht von der anderer Personen die Rede sein. Nur die Beziehungen der Individuen zu einander tragen Rechtscharakter; mit dem Souveränitätsbegriff ist nur ein Privat-, kein öffentliches Recht vereinbar.

War dem Mittelalter der theoretische Begriff eines Völkerrechts ziemlich fremd[45]), so fand derselbe doch mehr als ein blosses Surrogat in den beiden internationalen Weltmächten des römischen Kaiser- und Papstthums. Die beiden Schwerter repräsentirten das über Völker und Staaten erhabene Gemeinwesen der gesammten Christenheit. Der absolute Staat war von diesem Ueberbau frei, ohne dass das noch in den ersten theoretischen Anfängen stehende moderne Völkerrecht schon

[44]) Rosin: „Souveränität, Staat, Gemeinde, Selbstverwaltung" Hirth's Annalen 1883, Heft 5 u. 6, S. 268 (Sep. Abdr. S. 4) und „Recht der öffentlichen Genossenschaft" (1886) S. 46.

[45]) Vgl. über die Vorläufer des Hugo Grotius und die einschlägige Litteratur: A. Rivier in Holtzendorff's „Handbuch des Völkerrechts". Bd. I (1885) S. 395 fg.

hätte an seine Stelle treten können. Das römische Kaiserthum war keine internationale Oberherrschaft mehr; das Zeitalter des absoluten Staates ist die Epoche, welche die völlige Zersetzung dieser einst weltbeherrschenden Macht auch in ihrem deutschen Stammlande herbeiführte. Denn da die neue Staatsidee nach Lage der Dinge nur in den Territorien, nicht im Reiche verwirklicht werden konnte, musste sie schliesslich auch das nationale Band sprengen; ein Staat über Staaten war in der klassischen Periode der Souveränitätsidee in der That ein Unding, ein Monstrum, wie es Pufendorf als echter Sohn seiner Zeit nannte. Durch die Reformation war auch das Band zerrissen, durch welches die römische Kirche alle Staaten christlicher Kultur zu einer höheren Gesammtheit verbunden hatte. Seit den Zeiten der Völkerwanderung hat es keine Epoche gegeben, welche so völlig jedes völkerrechtlichen Zusammenhanges entbehrte, wie die Zeit des absoluten Staates, der Herrschaft des Souveränitätsbegriffs. So ist es kein Zufall, sondern innere Folgerichtigkeit, dass der historische Repräsentant souveräner Staatsgewalt, Ludwig XIV., zugleich als der gewaltthätigste Verächter des Völkerrechts erscheint. Der Mann des *„l'état c'est moi"*, für den es kein öffentliches Recht im Staate gab, konnte auch kein Recht zwischen den Staaten anerkennen. Und in beiden Beziehungen war der *roi soleil* kein principienloser Frevler, sondern der energische Vertreter der Principien seiner Zeit. Daher hat ihn auch das ganze Zeitalter als glänzendes Vorbild verehrt, und wenn man ihm etwas verübelte, so waren es nicht seine Grundsätze an sich, sondern die Brutalität ihrer Durchführung. Und nur hierin, in der Art der Ausführung, nicht in den leitenden Gesichtspunkten, unterscheidet sich die mit Recht bewunderte innere und äussere Politik der Begründer unseres Staates, des grossen Kurfürsten und Friedrichs des Grossen [46], von der des französischen Königs. Es war dies

[46]) Bezeichnend ist in dieser Hinsicht, was Friedrich d. Grosse in der Vorrede zur „Geschichte meiner Zeit" bezüglich der von ihm „geschlossenen und wieder gebrochenen Verträge" sagt. „Ausgewählte Werke Friedrichs d. Grossen", übersetzt von Merkens (Würzburg 1873) Bd. I. S. 253.

eben die von der Souveränitätsidee beherrschte Staatskunst und daher die den Bedürfnissen wie den Anschauungen der Zeit angemessene.

Wie die beiden grossen mittelalterlichen Universalmächte, Kaiserthum und Kirche, so wurde auch all' das vielgestaltige Leben, welches das Mittelalter in kleinen und kleinsten öffentlichen Verbänden erzeugt hatte, von dem souveränen Staate aufgesaugt. Er entspricht dem Bilde, unter welchem einer seiner konsequentesten Theoretiker, Hobbes, ihn darstellt; er ist der Alles verschlingende Leviathan. Während der ständische Staat des Mittelalters so überreich gegliedert war, dass ihn Bornhak[47]) ganz treffend als ein Konglomerat von Monarchien und Republiken bezeichnen kann, während dies Konglomerat monarchischer Patrimonialherrschaften und republikanischer Städte den Hauptheil seiner Kraft in dem selbständigen, um das Ganze unbekümmerten Sonderleben seiner Theile absorbirte, fing der souveräne Staat alle Ausstrahlungen politischen Geistes in einem Brennpunkt auf. Wie die finanziellen Leistungen, welche früher Grundherren und Städte von ihren Hintersassen und Bürgern erhoben und als eine Art Matrikularbeiträge an den Staat abgeführt hatten, sich in unmittelbare Staatssteuern verwandelten; wie an die Stelle städtischer Statuten „rathhäusliche Reglements" traten, so ward überhaupt auf dem ganzen Gebiet der allgemeinen, der Polizei- Finanz- Kriegs- und Justiz-Verwaltung das System der Mittelbarkeit durch das der Unmittelbarkeit verdrängt, der ländliche Hintersasse und der städtische Bürger in den Staatsunterthan verwandelt. An die Stelle auflösender Decentralisation trat uniformirende Centralisation. So hörten Dorf- und Stadtgemeinden, Kreise und Landschaften auf, von eigenem Leben erfüllte Gemeinwesen, Träger eigener Rechte zu sein; sie wurden blosse Objekte der Staatsthätigkeit, geographische Distrikte der Staatsverwaltung. Zwischen ihnen und dem souveränen Staate gab es kein Rechtsverhältniss, da sie nicht als jenem homogene Gemeinwesen, als Träger einer eigenen Willenssphäre in Betracht kamen. Rechts-

[47]) Gesch. d. preuss. Verwaltungsrechts Bd. II. S. 10.

subjekte waren sie — freilich auch nur in beschränkter Weise gleich Unmündigen und Wahnsinnigen — im Bereich des Privatrechts als fingirte Individuen. Absoluter Staat und absolutes Individuum — es gab kein Drittes!

So erfüllt der absolute Staat nach aussen wie nach innen alle Forderungen, welche sich als Konsequenzen aus dem Princip der Souveränität ergeben. Die Idee der Souveränität waltet als einheitlicher Grundzug im internationalen wie im nationalen Leben jenes Zeitalters.

Kein schroffer Riss trennt die damaligen Zustände von den heutigen; von Schritt zu Schritt liesse sich die Entwicklung des Ueberganges verfolgen. Wie alles irdische Leben tragen auch die Erscheinungsformen des Staatslebens von ihrer Geburt an den Keim des Todes in sich. Schon in den ersten Anfängen der Epoche des absoluten Staates deuten manche Phänomene, wie die Entstehung der naturrechtlichen Anschauung u. a. m., auf eine geistige Bewegung hin, welche nach vielen Irrungen zur Ueberwindung des staatlichen Zustandes beitragen sollte, in dessen Schosse sie erwachsen. Ja, wie jede Idee gerade durch ihre volle Entfaltung ihren Untergang selbst vorbereitet, so hat der absolute Staat gerade in seiner höchsten Verwirklichung seine Beseitigung angebahnt, möglich und schliesslich nothwendig gemacht. Und andererseits bieten die gegenwärtigen staatlichen Zustände keineswegs das Bild der Abgeschlossenheit und des Stillstandes. Für die historische Betrachtung ist ja doch jede Gegenwart nichts als ein Kampf zwischen Vergangenheit und Zukunft. Unter einem anderen Gesichtswinkel jedoch muss die juristische Theorie die Dinge betrachten. Für ihre Zwecke muss sie den ewigen Fluss der menschlichen Zustände in einem gegebenen Augenblicke ideell stillstellen, und aus der Beobachtung dieses allerdings fingirten Zustandes der Ruhe ihre Principien und Dogmen abstrahiren. Damit diese Abstraktionen möglichst richtig d. h. die Fehlergrenzen möglichst eng seien, muss sich aber die juristische Theorie stets bewusst bleiben, dass ihre Operationsbasis eben eine fingirte, ein — thatsächlich nicht existirender — „ruhender Pol in der Erscheinungen Flucht“ ist. Während daher der Historiker die juristische Betrachtungsart völlig ausser Acht lassen kann, hat der Rechtstheoretiker trotz seiner besonderen Methode doch auch die historische Entwicklung in Betracht zu ziehen. Hieraus dürfte sich vielleicht die oben (S. 39) ausgesprochene Wahrnehmung erklären, dass wohl die historischen Forschungen berufener Juristen, nicht aber die juristischen Versuche sonst rühmlichst bewährter Historiker für die Wissenschaft sich fruchtbar erwiesen haben. Nach alledem wird die Aufgabe einer staatsrechtlichen Erfassung der Gegenwart darin bestehen, unter voller Würdigung der historischen Wahrheit, dass der gegenwärtige Staatszustand neben mehr oder minder bedeutenden Rudimenten vergangener Epochen mehr oder minder kräftige Keime zukünftiger Entwicklungen in sich birgt, dennoch diesen in Wirklichkeit fliessenden Zustand als einen stillstehenden zu betrachten, indem man aus den thatsächlich gegebenen Verhältnissen ein theoretisches Princip zu abstrahiren sucht, unter welches sich jene Rudimente und diese Keime als unter eine gemeinsame höhere Einheit ohne Zwang subsumiren lassen, wie die Nenner verschiedener Brüche unter einen Generalnenner. Dieses Princip bietet dann die Grundlage, auf welcher man die begriffliche Konstruktion des Staates und seiner äusseren wie inneren Beziehungen aufzurichten hat. Für das Zeitalter des absoluten Staates war diese principielle Grundlage, wie in der bisherigen Darstellung ausgeführt worden, die Souveränität; und diese Ausführungen dürften auch zugleich das vorläufig lediglich negative Resultat angedeutet haben, dass für den heutigen Staat die Souveränität jene einigende und zusammenfassende Grundlage nicht mehr darbieten kann.

In der Epoche, da die Souveränitätsidee in Wahrheit lebte und herrschte, bewährte sie den ihr specifischen, absoluten Charakter nach oben und unten, auf dem Gebiet des internationalen Rechts wie auf dem des Rechts der engeren politischen Gemeinwesen, oder vielmehr, sie bewährte ihn durch die völlige Aufsaugung dieser beiden Rechtsgebiete. Heute sind das Völkerrecht und das Recht der engeren politischen Verbände d. h. das politische Selbstverwaltungsrecht die verbündeten Gegner und Ueberwinder der Souveränitätsidee. Wohl sind beide noch sehr weit von ihrer endgiltigen und abschliessenden Ausgestaltung entfernt; sie erscheinen vielmehr noch als kräftige Keime zukünftiger Entwicklung. Aber als solche nehmen sie bereits einen allzu bedeutenden Platz im gegenwärtigen Staatszustande ein, als dass man sie neben den Trümmern und den Rudimenten der Vergangenheit bei der staatsrechtlichen Erfassung der Gegenwart ignoriren könnte. Da sind die beiden Brüche, für die es einen Generalnenner zu finden gilt. Und da beide von einander specifisch verschieden sind, kann der Nenner des einen, die Souveränität, jedenfalls nicht der gemeinschaftliche Generalnenner sein.

„Tagtäglich sehen wir Staaten einander Leistungen versprechen und Versprechen erfüllen, sich zur Erreichung gemeinsamer Zwecke verbinden und Normen für diese Verbindungen festsetzen. Ueber seine Grenzen hinaus schützt der Staat seine Bürger, aus dem fremden Lande zieht er den flüchtigen Verbrecher vor seine Tribunale, auf fremdem Staatsgebiete übt er Akte der Verwaltung durch seine Konsuln aus, mit anderen Staaten stellt er Grundsätze auf für die gleichmässige Behandlung staatlicher Angelegenheiten, das Geld, welches er prägt, wird in anderen Staaten als Münze angenommen, er übt die Polizei aus auf Strömen, die nicht durch seine Fluren ziehen, durchsticht Landengen, die nicht auf seinem Gebiete liegen“ [48]). Diese Skizzirung des modernen internationalen Verkehrs, welche Jellinek giebt, liesse sich leicht noch weit fortspinnen, und fast jeder Blick in eine Tageszeitung liefert fernere Belege dafür, dass der moderne Staat nur ein nach allen Seiten abhängiges Glied der grossen Staatengemeinschaft ist. Ueberblickt man die Reihe internationaler Kongresse, vom Wiener Kongress bis zur Kongo-Konferenz, so entspricht jener immer intensiver werdenden Gemeinschaft die immer grössere Zahl und immer tiefer greifende Bedeutung der dort gesetzten positiven Normen. Und wenn sich diese internationale Völkerrechtsgemeinschaft als ein

---

[48]) Jellinek: „Die Lehre von den Staatenverbindungen“ S. 92. 93. — Vgl. ausserdem v. Holtzendorff: „Handbuch des Völkerrechts“ Bd. I. S. 18 fg., woselbst auch die hauptsächliche Litteratur zu finden.

noch nicht abgeschlossenes, noch im Werden begriffenes Gebilde durch den vorläufigen Mangel einer Organisation kennzeichnet, so ist sie doch in allerjüngster Zeit wenigstens auf gewissen Gebieten der Verwaltung auch schon über diese Grenze kräftig hinausgewachsen. In den internationalen Verwaltungsvereinen für Post-, Eisenbahn-, Schiffahrts-, Messungs-, Münz-, Handels-Wesen u. a. m. besitzt die Gegenwart bereits organisirte völkerrechtliche Einheiten über den Staaten [49]); und damit ist in scheinbar nüchterner Alltagsarbeit ein Weg betreten, der den höchsten und idealsten Zielen öffentlicher Rechtsgestaltung zuführt. Denn nach Lage der Dinge bedingt der culturelle Fortschritt jedes einzelnen Staates sein fortschreitendes Hineinwachsen in diese internationale Gemeinschaft: „*l'interdépendance des états progressifs est nécessairement progressive*“ [50]).

Gegenüber diesen handgreiflichen Erscheinungen unserer Tage ist es denn doch eine mehr als gewagte Behauptung, dass der zwischen den Staaten obwaltende Zustand ein vollkommen rechtloser sei [51]). Und es ist auch keine überzeugende Argumentation, durch welche Lasson diese seine Behauptung *e contrario* zu beweisen sucht. Er meint: „Wären die Verhältnisse zwischen den Staaten wirklich rechtlich geordnet, so würde die Folge sein, dass die vorhandenen Staatenbildungen in alle Ewigkeit conservirt werden müssten“ [52]). Hat denn aber das durch das Privatrecht doch sicher rechtlich geordnete Verhältniss zwischen den Individuen zur Folge, dass die vorhandenen Vermögen etc. ewig conservirt werden müssen? Dies wäre nicht widersinniger, als jenes. Wie das Privatrecht nicht die wirthschaftlichen Wandlungen hindert, so das Völkerrecht nicht die politischen. Und ebenso wenig fordert das Völkerrecht jenen „lächerlichen“ Zustand, „wo die Staaten auf Erden

[49]) Vgl. Jellinek a. a. O. S. 158 fg.

[50]) Lorimer: „*Le problème final du droit international*“, in der *Revue de droit internatinal* IX. S. 175.

[51]) Lasson: „Princip und Zukunft des Völkerrechts“. Berlin 1871. S. 22.

[52]) a. a. O. S. 26.

ein Liebesband umfängt, wo zwischen den Völkern eine herzliche Eintracht und brüderliche Zuneigung herrscht“ [53]) u. s. w. Denn die allgemeine Bruderliebe der Individuen wird mindestens ebenso lange ein frommer Wunsch bleiben, wie die allgemeine Eintracht der Staaten, und dessen ungeachtet umschlingt die Individuen das Band des Rechts. Nicht einmal als Keim eines zukünftigen Rechts kann Lasson von seinem Standpunkt aus das Völkerrecht anerkennen. Zwar drängt sich auch ihm die Wahrnehmung auf, dass die internationale Interessengemeinschaft in beständigem Zunehmen begriffen ist, je mehr Menschen und Staaten aus dem Naturzustande heraustreten [54]); aber trotzdem leugnet er jede Möglichkeit einer Vervollkommnung des Völkerrechts in dem Sinne, „dass jemals die Verhältnisse zwischen Staaten rechtlich oder sittlich geordnet werden könnten“ [55]). Gegenüber einer solchen Anschauung, welche in schroffstem Widerspruche steht zu dem Geiste der Zeit wie zu der kräftigen Entwicklungsfähigkeit der Rechtsidee und zu den Erscheinungen, in denen sich beides vor unsern Augen manifestirt; gegenüber einer Anschauung, welche logisch consequent und treu realistisch sein will, in Wahrheit aber innerlich widerspruchsvoll ist und ebenso in Widerspruch steht zur wirklichen Entwicklung des staatlichen Lebens, schliesst man sich gern den nüchtern aber entschieden für das Völkerrecht eintretenden Ausführungen Fricker's an, wenn er u. a. sagt: „Es wäre ein in sich widersprechender Gedanke, dass zwar jeder Mensch dem allgemeinen menschlichen Wesen gemäss zu andern Menschen getrieben werde, gleichwohl aber dieser Zug nur einen engen Kreis verbinden könne und andern Kreisen

---

[53]) a. a. O. S. 30.

[54]) a. a. O. S. 42.

[55]) a. a. O. S. 85. — Die innere Haltlosigkeit dieser Lehre zeigt sich deutlich, wenn Lasson (S. 93) trotz alledem die Aufstellung völkerrechtlicher Grundsätze „in der Form des Gesetzes“ fordert, und es für die eigenthümliche Natur des Völkerrechts erklärt, „dass es zunächst durch die Erkenntniss des Zweckmässigen und des Gerechten wächst!“ Ist das nicht die Natur des Rechts überhaupt? Besser kann der Rechtscharakter des Völkerrechts nicht anerkannt werden, als es hier unbewusst seitens eines Gegners geschieht.

gegenüber umgekehrt einen feindlichen Gegensatz in sich schliesse". Und mit Fricker sehen wir in dem Wort Völkerrecht den Ausdruck für die Forderung, „dass das Recht nicht an der Grenze des Staats aufhört" [56]). Freilich ist dies eine wesentlich moderne Forderung, welche mit dem staatlichen Grundprincip eines früheren Zeitalters absolut unvereinbar ist; in so weit ist ein Gegner der Positivität des Völkerrechts, Zorn, im Recht: „Völkerrecht und Souveränität sind zwei sich gegenseitig ausschliessende Begriffe" [57]).

Nicht anders verhält es sich mit den Beziehungen des Staates nach unten, gegenüber den engeren politischen Verbänden. Wie die moderne Rechtsentwicklung die absolute Stellung des Staats nach oben untergräbt, indem sie ihn als Glied in die internationale Rechtsgemeinschaft hineinzwingt, so macht sie auch seiner absoluten Herrschaft nach unten ein Ende, indem sie die engeren politischen Verbände als Träger eines eignen öffentlichen Rechts, einer selbständigen Willenssphäre zur Anerkennung bringt. Wohl ist auch dieses Rechtsgebiet, ebenso wie das Völkerrecht, noch sehr weit von seiner abschliessenden Ausgestaltung entfernt; wohl befindet es sich — wenigstens auf dem europäischen Continent — noch in den Anfangsstadien seiner Entwicklung; aber immerhin ist von ihm unser ganzes öffentliches Leben schon zu intensiv durchdrungen, als dass sich die heutige Staatsgestaltung noch unter einem Gesichtspunkte erfassen liesse, welcher jene Idee ausschliesst. Den Gemeinden und andern Kommunalkörpern gegenüber erscheint heute der Staat nicht mehr als einziges Wesen seiner Gattung, als einziger Träger öffentlicher Rechte, sondern als eines unter mehreren zwar niederen, aber homogenen und gleichartigen Wesen. Und wenn auch heute noch etliche Schriftsteller in jenen engeren Gemeinwesen nur staatliche Schöpfungen

---

[56]) Fricker: „Das Problem des Völkerrechts"; in der Zeitschrift für die gesammte Staatswissenschaft, Bd. XXVIII, Jg. 1872, S. 134 resp. S. 384; vgl. auch S. 125; 131 etc.

[57]) Zorn in der Kritischen Vierteljahrsschrift. N. F. Bd. VIII, H. 3, S. 380.

zu staatlichen Zwecken sehen wollen[58]); wenn sie in ihnen eigene Persönlichkeiten nur auf dem Gebiete des Vermögensrechts erblicken, so schliessen sie eben ihre Augen für die charakteristischen Phänomene moderner Staats- und Rechtsgestaltung, ganz so wie die Leugner des Völkerrechts. Was die heutige Gemeinde etc. von ihrer früheren Stellung als blossen geographischen Theil des souveränen Staates unterscheidet, das ist ihre Anerkennung als Trägerin einer eigenen Willenssphäre, als Person des öffentlichen Rechts[59]). Und treffend weist Gierke darauf hin, wie die in modernen Gesetzen übliche feierliche Zusicherung der selbständigen Verwaltung ihrer eigenen Angelegenheiten für Gemeinden, Kirchen etc. geradezu als eine Ironie des Gesetzgebers erscheinen müsste, „falls derselbe wirklich gleichzeitig diese Verbandseinheiten als willens- und handlungsunfähige, nach dem Muster von Kindern und Wahnsinnigen bevormundete Personen dächte“[60]). Dem absoluten Staate freilich und der ihn beherrschenden Souveränitätsidee war diese Anschauung, wie wir gesehen haben, die einzig angemessene und zulässige. Mit dem Princip selbst stehen und fallen seine Ausflüsse[61]).

Diese beiden Strömungen nun, welche, aus dem eigenartigen modernen Staatsgeiste entsprungen, von oben und von unten her die Grundlagen des überkommenen souveränen Staates erschüttert haben, stossen zusammen in der Praxis und der Theorie derjenigen politischen Gebilde, welche sich als aus Staaten zusammengesetzte Staaten darstellen, im sogenannten Bundesstaatsrecht. Gebilde dieser Art kannte das Mittel-

[58]) So — ausser Seydel, Zorn u. a. m. — noch neuerdings, nur weniger consequent als die Genannten: E. Löning, Verwaltungsrecht, S. 153 fg., 180 fg. — Ein näheres Eingehen auf diese ganze Frage erübrigt sich hier, weil wir darauf später *ex professo* zurückkommen müssen. Vgl. unten Abschnitt VIII.

[59]) Vgl. z. B. Rosin in Hirths Annalen 1883. S. 286.

[60]) Gierke: Die Genossenschaftstheorie etc. S. 613 Anm.

[61]) Die Empfindung, wie schwer sich der Souveränitätsbegriff mit der heutigen Gestaltung des Staats- und Völkerrechts vereinigen lässt, klingt auch durch in den betr. Ausführungen von Holtzendorffs im Handbuch des Völkerrechts. Bd. II. S. 9.

alter und kennt die Neuzeit; die Lebensluft des absoluten Staates wirkte tödtend auf sie. Von all' den zahlreichen Einungen und Bünden, welche seit dem 13. Jahrhundert überall emporgewachsen waren, hat sich nur die schweizerische Eidgenossenschaft Dank ganz besondrer Umstände und Verhältnisse bis heute erhalten [62]). In der tausendjährigen Geschichte des deutschen Reichs wird das Zeitalter des absoluten Staates durch eine Epoche völligen Verfalls bezeichnet, während welcher dasselbe in der That *„monstro tantum simile"* war, und erst nach innerlicher Ueberwindung der absoluten Staatsidee konnte es in unsern Tagen als wirklicher Staat wiedererstehen. Alle drei Staatswesen, welche man gewöhnlich unter die Bezeichnung „Bundesstaat" subsumirt, stehen auf dem Boden des modernen Rechtsstaats [63]); alle drei erkennen wenigstens im Princip die Selbstverwaltungsidee für die Gemeinden etc. an, wenn sie auch diese Idee in verschiedener Form und in verschiedenem Grade durchführen. Und andrerseits sehen wir in dem Heimaths- und Musterlande des modernen *selfgovernment* in unsern Tagen mehr und mehr eine Bewegung um sich greifen, welche durch Steigerung der Idee des *selfgovernment* zur Idee des *home-rule* in Irland, Schottland und Wales, sowie durch Heranziehung der Kolonien die Umwandlung des alten Grossbritanniens in den Bundesstaat des *Greater Britain* vorbereitet. In der Form des zusammengesetzten Staates erkennen politische Gemeinwesen, welche für sich noch die Eigenschaft von Staaten in Anspruch nehmen, über sich ein Rechtsband und eine Gemeinschaft an, welche durch ihre Organisation und ihre Macht noch weit entschiedner, als selbst die moderne Völkerrechtsgemeinschaft, die absolute Ungebundenheit der Staaten nach oben negirt. Und auf der andern Seite erhebt sich von unten her die Kategorie der engeren politischen Gemeinwesen innerhalb eines Staates durch die Existenz solcher Gliedstaaten eines Oberstaates zu einer Bedeutung, der gegen-

[62]) Vgl. Gierke: Genossenschaftsrecht. Bd. I. S. 468 fg., bes. S. 532; und Bd. II. S. 853 fg.

[63]) Vgl. Gneist: „Der Rechtsstaat und die Verwaltungsgerichte in Preussen". 2. Aufl. 1879. S. 323.

über es kaum möglich bleibt, dieser ganzen Kategorie die Eigenschaft selbständiger Persönlichkeiten des öffentlichen Rechts noch ferner abzusprechen. Beiden Richtungen dieser Entwicklung aber muss der Souveränitätsbegriff seinem Wesen gemäss ein absolutes Veto entgegenstellen. So ist es kein Zufall, sondern innere Nothwendigkeit, dass der Souveränitätsbegriff gerade der Konstruktion des Bundesstaates die grössten, ja geradezu unübersteigliche Hindernisse entgegensetzt, und dass wir daher von der Bundesstaatstheorie aus zuerst zu einer Kritik und Eliminirung des Souveränitätsbegriffs gelangen.

Ohne diese Eliminirung steht die heutige Theorie vor der Alternative: entweder das wahre Wesen der Souveränität festhaltend, nicht nur die Positivität des Völkerrechts, sondern auch den Begriff des Bundesstaats und die eigene Rechtspersönlichkeit der Gemeinden zu negiren; — oder unter Anerkennung dieser modernen Entwicklungen, dem Worte Souveränität einen völlig andern Inhalt unterzuschieben.

Unter den Vertretern der ersten Richtung ragen besonders Seydel und Zorn hervor, deren Endresultate freilich diametral entgegengesetzte sind [64]). Zeichnen sich diese Ausführungen durch eine strenge und geschlossne begriffliche Consequenz aus, so stehen sie andrerseits in unlösbarem Widerspruch zu den realen Erscheinungen des modernen Staatslebens. Während sie gern für sich einen besonders realistischen und praktischen Charakter in Anspruch nehmen, stehen sie in Wahrheit der heutigen Welt, welche sie vom Standpunkte eines der Vergangenheit angehörigen Staatsprincips begreifen wollen, in doktrinärer Abgeschlossenheit gegenüber. Sie sind denn auch

---

[64]) Bezüglich Seydels vgl. oben S. 28 fg.; bezüglich Zorns oben S. 49 fg. Zwar erkennt Letzterer den Bundesstaatsbegriff thatsächlich an; aber wenn er (Staatsrecht Bd. I. S. 59. 60) in den deutschen Einzelstaaten keine Staaten „im strengen Sinne des Wortes“ sieht, so läuft dies doch auf eine Leugnung jenes Begriffs hinaus. Und wenn er (*eodem* S. 58) die Rechtssphäre der Gliedstaaten als eine vom Reich abgeleitete bezeichnet, so involvirt dies die Leugnung selbständiger Rechtspersönlichkeit für alle engeren politischen Verbände. Bezüglich seiner Anschauung vom Völkerrecht vgl. Staatsrecht Bd. II, S. 419 fg. und Kritische Vierteljahrsschrift. N. F. Bd. VIII, H. 3, S. 380 fg.

in der Litteratur stets in der Minorität geblieben, und von Hänel, Laband und Gierke in erschöpfender Weise widerlegt worden [65]).

Dagegen ist jene andere Richtung, welche materiell den modernen Gestaltungen: dem Völkerrecht, der Form des zusammengesetzten Staates, dem Selbstverwaltungsrecht der Gemeinden Rechnung trägt, formell jedoch wenigstens das Wort Souveränität festhält, die heute herrschende. Die innere Unhaltbarkeit, das methodisch wie begrifflich Fehlerhafte dieses Verfahrens, welches einen scharf ausgeprägten, für einen absoluten Begriff geschaffenen *terminus* auf ein völlig anderes, lediglich relatives Verhältniss übertragen will, haben wir im Eingange dieses Abschnitts (S. 103 fg.) darzulegen versucht. Es verhält sich damit genau so, wie mit den Bemühungen, den romanistischen Begriff der *persona ficta,* dessen Zusammenhang mit dem Souveränitätsbegriff oben (S. 110 fg.) gezeigt ist, den modernen Gestaltungen anzupassen. Alle jene Theorien von Ihering, Böhlau, Arndts u. A. m., welche der alten *persona ficta* einen neuen Inhalt unterschieben wollen [66]), scheitern an der innern Unmöglichkeit, einen Begriff über die Grenzen seines Wesens hinaus zu erweitern. Die römische Person ist gleich der Souveränität ein absoluter Begriff, und einen solchen in einen relativen verwandeln, heisst sein Wesen vernichten. Die Idee der Fiktion kann niemals über sich selbst hinaus, und ebenso die Idee der Souveränität. Gierke, welcher diese Wahrheit bezüglich jener Idee voll erkennt, verkennt sie bezüglich dieser. Die Folge ist das Misslingen seiner so aussichtsvoll angelegten Staatskonstruktion [67]).

In der That beginnt seit Anfang unseres Jahrhunderts der früher so feste und einheitliche Begriff der Souveränität sich auseinander zu ziehen und zu verblassen; und hier und da erheben sich schon einzelne Stimmen gegen die Beibehaltung des Wortes. Die rheinische Bundesakte scheidet bereits die „blosse Souve-

---

65) Vgl. oben S. 33 fg.
66) Vgl. Gierke: Genossenschaftstheorie. S. 7 fg.
67) Vgl. oben S. 62 fg.

ränität" von der vollen „Souveränität und Proprietät", und reduzirt erstere auf 5 einzelne, ganz bestimmte Rechte[68]). Auf dem Wiener Kongress, welcher sich besonders in seinen hoffnungsvollen Anfängen dem Geiste einer neuen Zeit keineswegs verschloss, erklärten sich Oestreich und Preussen gegen den Ausdruck der Souveränität, weil damit ein absolutes Regiment bezeichnet werde, und wünschten, ihn durch das Wort „Landeshoheit" zu ersetzen[69]). Höchst verschwommen und unklar erscheint der Begriff der Souveränität bei Ancillon, welcher in ihr „das Wesen eines jeden politischen Vereins", „die erste Bedingung seines Daseins" sieht, ohne dass es klar wird, ob er noch an andere politische Vereine als den Staat denkt. Auch die Umschreibung der Souveränität durch den „allgemeinen Willen, der Intelligenz, Freiheit und zwingende Gewalt voraussetzt und in sich vereinigen muss", trägt kaum etwas zur Klärung bei. Immerhin ist es ungemein charakteristisch für den schroffen Gegensatz, in welchem die ganze Souveränitätsdoktrin zu dem allgemeinen Geiste moderner Wissenschaft steht, dass Ancillon seine Untersuchung mit der entschiednen Betonung der specifischen und ewigen Wesensverschiedenheit von Mensch und Thier anhebt[70]). Die heutige Staatswissenschaft hat mit der heutigen Naturwissenschaft den principiellen Unterschied von den alten Schulen beider Disciplinen gemeinsam, dass sie die Erscheinungen des organischen Lebens nicht in absoluter Isolirtheit betrachtet, dass sie die verschiedenen Arten nicht durch eine ewig unüberbrückbare Kluft von einander scheidet; sondern die Stufenleiter der Organismen in innigem Zusammenhage vom niedrigsten zum höchsten, vom engsten zum weitesten verfolgt. Und dabei hat

---

[68]) Vgl. Klüber: „Oeffentliches Recht des teutschen Bundes". 3. Aufl. 1831. S. 45. 46.

[69]) Held in Rotteck und Welcker's Staatslexikon. 3. Aufl. (1865). Bd. XIII, S. 441. — Klüber: Akten des Wiener Kongresses. Bd. I, 1 u. 3; II, 5 *pass.*; IV *pass.* u. s. w.

[70]) Fr. Ancillon: „Ueber Souveränität und Staatsverfassungen. Ein Versuch zur Berichtigung einiger politischen Grundbegriffe". 2. Aufl. Berlin 1816. S. 1, 11, 12, 17.

die Staatswissenschaft den grossen Vortheil vor der Naturwissenschaft voraus, dass für sie diese Kette durch keine völlig untergegangenen und uns unbekannten Mittelglieder unterbrochen wird. Der alten Anschauung von der ewigen Unveränderlichkeit der Arten entspricht in der Staatswissenschaft die Souveränitätslehre. Die Naturwissenschaft hat heute jene alte Lehre überwunden; für uns gilt es, ihrem Beispiele zu folgen.

Wenn Held eine gewisse Relativität in den Souveränitätsbegriff hineinbringen will durch den Hinweis auf die Unterordnung aller Staaten unter die himmlische, göttliche Autorität [71]), so wird man ihm bei diesem Uebertritt aus dem Gebiet der Jurisprudenz in das der Theologie nicht folgen können. Dagegen möchte Welcker, der unter Souveränität „nur das Oberste in seiner Art" versteht, diesen Ausdruck durch den „viel besseren": „staatliche Selbständigkeit und Hoheit" ersetzen [72]).

In vollem Gegensatz zu Zorn's oben erwähnter Ansicht meint Bluntschli, dass das Völkerrecht, „welches alle Staaten zu einer gemeinsamen Rechtsordnung verbindet", durchaus nicht in Widerspruch mit der Souveränität der Staaten stehe [73]). Diese Differenz der Meinungen erklärt sich sehr natürlich daraus, dass Zorn consequent den alten und echten Sinn des Wortes Souveränität festhält, während Bluntschli lehrt, dass es eine absolute Staatsgewalt und Unabhängigkeit nicht gebe, und auch die Souveränität „nur relativ, nicht absolut zu verstehen" sei. Und auf diesem Wege gelangt er doch zu der Erkenntniss, dass es nothwendig sei, „allmälig in die Rechtssprache wieder andere Ausdrücke einzuführen und eher von Staatshoheit und Staatsautorität, als von Souveränität zu sprechen" [74]). Es ist dieser in der neueren Litteratur immer wiederkehrende, aber nicht klar genug zum Bewusstsein und Ausdruck gebrachte

---

[71]) Held: „Staat und Gesellschaft". Bd. II. S. 509.

[72]) Welcker in seinem und Rottecks Staatslexikon. Bd. XIII. S. 511.

[73]) Bluntschli: „Lehre vom modernen Staat". Bd. I. Buch VII. S. 563.

[74]) Bluntschli: Artikel „Souveränität" in seinem und Braters Staatswörterbuch. Bd. IX. S. 554.

Drang, sich aus dem Banne der Souveränitätsidee zu befreien, welcher auch bei Fricker hervortritt. Wäre jene Idee mit der modernen Rechts- und Staatsgestaltung überhaupt in Einklang zu bringen, so könnte dies nicht besser als durch die Anschauung Fricker's geschehen: „Die Souveränität bezeichnet die jeweilige Grenze der menschlichen Organistation; innerhalb dieser Grenze sind auch die relativ selbständigen Kreise nicht souverän; jenseits derselben stehen andere Souveränitäten, die zu einer höheren Organisation noch nicht zusammengefasst sind“ [75]. Aber sofort gelangt er zu einer völligen Negation des eben festgestellten Begriffs, indem er sagt: „Wir geben den Begriff einer abstrakten Souveränität überhaupt nicht zu; die Staaten wie die Menschen halten wir für ebenso ursprünglich gebunden als frei, und erblicken also in dem Fortschreiten der Organisation den ordentlichen und natürlichen Gang der Dinge“ [76]. Diese Anschauung, der wir völlig beitreten, involvirt doch bereits die Eliminirung der Souveränität. Denn einen andern, als einen abstrakten Begriff giebt es nicht, und wenn man den Begriff nicht zugiebt, darf man auch das Wort nicht zugeben. Eben darauf läuft auch die Ansicht Schäffle's hinaus: „Des Staates ‚Souveränität‘ hat nur insoweit Aussicht auf Erhaltung, als es die Abwehr einer die Einheit im Nothwendigen überschreitenden Centralisation gilt . . . Absolute Souveränität ist reiner Partikularismus im nationalen Massstab. Genau betrachtet ist sie schon jetzt durch zwingende internationale Rücksichten beschränkt“ [77].

Streben schon alle diese Anschauungen dahin, den absoluten Souveränitätsbegriff zu einem relativen abzuschwächen, so hat sich Gierke dazu entschliessen müssen, gerade in diese Relativität das eigentlichste Wesen jenes Begriffs zu verlegen. Das ist für ihn der einzige Ausweg aus der Verlegenheit, in welche ihn der innere Widerspruch zwischen seiner so völlig modernen Gesammtanschauung und der Scheu, das alte, durch jahrhundertelange Tradition geheiligte Wort Souveränität über

---

[75]) Fricker: „Das Problem des Völkerrechts“. Tübinger Zeitschrift. Bd. XXVIII. (1872). S. 359.

[76]) Ebenda.

[77]) Schäffle: „Bau und Leben des socialen Körpers“. Bd. IV. S 342.

Bord zu werfen, gebracht hat. Er erkennt die Wesensgleichheit aller politischen Körperschaften, Gemeinden, Bünde etc. mit dem Staate völlig an. „Einen specifischen Charakter jedoch und eine Reihe qualitativer Unterschiede von allen andern politischen Verbänden muss derjenige Machtverband aufweisen, dessen Macht nach oben hin durch keine ähnliche Macht beschränkt und nach unten hin jeder ähnlichen Macht überlegen ist. Denn eine Macht, welche die höchste ist, unterscheidet sich von jeder andern Macht durch das specifische Merkmal, dass sie durch und durch Macht, die Macht schlechthin ist; und ein Wille, dem derartige Macht entspricht, ist von jedem andern Willen als ein souveräner, schlechthin allgemeiner, nur durch sich selbst bestimmter Wille verschieden“[78]). Wohl in sämmtlichen Schriften Gierke's findet sich nichts, wogegen gerade ein Anhänger seiner allgemeinen Lehren so entschiednen Widerspruch erheben muss, wie gegen diesen Satz. Zunächst ist schon ein Zweifel berechtigt, ob wirklich die Macht des Staates nach oben hin durch keine „ähnliche“ Macht beschränkt wird? Denn die von Gierke durchaus anerkannte Völkerrechtsgemeinschaft ist doch immerhin eine ähnliche — wenn auch Mangels einer durchgeführten Organisation keine gleiche — und zwar eine den Staat beschränkende Macht. Völlig irrig ist dann aber die folgende Behauptung, dass die höchste Macht die Macht schlechthin sei. Damit fällt Gierke völlig zurück in den Bann der absoluten Staatstheorie, von dem er sich doch sonst so glücklich befreit hat. Mit dieser Behauptung reicht er seinem Gegner Seydel die Hand. Der König ist zweifellos das höchste Organ im Staate; ist er desshalb das Staatsorgan schlechthin? Entweder sieht man in ihm den Herrn über den Staat, d. h. den Souverän; dann kann von der Relation des „höchsten“ überhaupt nicht die Rede sein, denn es giebt nichts andres seiner Gattung, womit er verglichen werden könnte; oder er ist das höchste Organ

[78]) Gierke: „Die Grundbegriffe des Staatsrechts und die neuesten Staatsrechtstheorien“. Tübinger Zeitschrift, Bd. XXX. (1874) S. 304; (vgl. auch oben S. 40 fg.). — Ferner: Genossenschaftsrecht, Bd. II, S. 831 u. a. a. O.

unter andern Organen, dann kann er nicht das Organ schlechthin sein. Es ist eben eine logische Unmöglichkeit, einen absoluten Begriff ohne Zerstörung seines Wesens in ein relatives Verhältniss überzuführen; eins schliesst das andere unbedingt aus. Der Superlativ ist eine Form der Komparation, d. h. der Vergleichung, und demgemäss involvirt die Verbindung eines Begriffs mit einem superlativischen Eigenschaftswort die Anerkennung, dass dieser Begriff kein absoluter ist, dass er nicht die Sache *κατ' ἐξοχήν* bezeichnet. Im geraden Gegensatz zu Gierke muss man also sagen: das specifische Merkmal einer höchsten Macht ist es nun und nimmer, dass sie die Macht schlechthin ist; und *vice versa* die Macht *κατ' ἐξοχήν* darf man in der Sprache der Wissenschaft niemals als eine „höchste" bezeichnen; denn es giebt keine andere, zu der sie im Verhältniss des Höherseins stehen könnte. Wir betonen ausdrücklich: in der Sprache der Wissenschaft; denn in einer poetisch übertragenen Ausdrucksweise liegen die Dinge anders. Eine solche Ausdrucksweise mag z. B. das vorzüglichste oder heiligste Buch als das Buch schlechtin, als die Bibel bezeichnen; und ebenso meinten die Bewundrer des ersten Napoleon ihn als den grössten Mann zu bezeichnen, wenn sie ihn *l'homme*, den Mann schlechthin, nannten. Wohin aber käme man in der Wissenschaft, vor allem in der Jurisprudenz, als welche die Wissenschaft der angewendeten Logik ist, wenn man ihre scharf umrissene und ausgeprägte Terminologie durch die bewegliche und fliessende Sprache des Volkes und der Poesie zersetzen liesse? Dass Gierke hier in diesen Fehler verfallen ist, erklärt sich eben aus jenem Abfall von seinen eigenen Lehren, den er der Souveränität zu Liebe hier begeht. Aus seinem eigensten Forschungsgebiete, der Personentheorie, konnte er die Erkenntniss von der logischen Unmöglichkeit, das Absolute und das Relative in einander überzuführen, mitbringen. Wiederholt haben wir auf den romanistischen Personenbegriff als Korrelat des Souveränitätsbegriffs hingewiesen (vgl. S. 110). Nun würde der hier bekämpften Argumentation Gierke's bezüglich der Souveränität etwa die folgende bezüglich der Person entsprechen: Das einfachste und für die primitive Anschauung nächstliegende Rechtssubjekt ist das Individuum. Sein specifischer Charakter ist, dass es nach unten hin keine Person mehr unter sich hat, und nach oben hin in jeder höheren Persönlichkeit enthalten ist. Das Individuum als die fundamentale und primäre Person unterscheidet sich also von jeder andern Person durch das specifische Merkmal, dass es durch und durch Person, die Person schlechthin ist. Durch solche Argumentation wäre eine Brücke geschlagen zwischen der römischen Personen- und der germanisch-modernen Genossenschaftstheorie; von dem relativen Wesen der letzteren ausgehend, wäre man zu dem absoluten Begriff der ersteren gelangt. Dass dies logisch unmöglich, und jene ganze Deduktion innerlich falsch ist, wird Niemand klarer erkennen, als Gierke. Jene beiden Anschauungen gleichen excentrischen Kreisen, die sich gegenseitig absolut ausschliessen; keine von ihnen kann über sich selbst hinaus. Der romanistischen Doktrin ist das Individuum nicht die einfachste, sondern einzig und allein die Person κατ' ἐξοχήν; es giebt keine andern Personen, im Verhältniss zu denen das Individuum die einfachste sein könnte; jede Person ist ein wirkliches oder ein fingirtes Individuum; kurz: die römische Person ist ein absoluter Begriff. Dagegen sieht die Genossenschaftstheorie das Individuum nie und nirgends als die Person schlechthin an, sondern stets und überall nur als das unterste Glied einer langen Kette von Persönlichkeiten; kurz: die germanisch-moderne Person ist ein relativer Begriff. Und da nun die Bedeutung dieses Begriffs in der aufsteigenden Stufenfolge seiner Erscheinungsformen keineswegs an der Grenze des Privatrechts Halt macht; da derselbe vielmehr als ein allgemeiner Rechtsbegriff auch das öffentliche Recht durchdringt, so muss er seinem Wesen gemäss nicht nur den im Privatrecht ihm entgegenstehenden absoluten Personenbegriff, sondern auch den im öffentlichen Recht ihm entgegenstehenden absoluten Souveränitätsbegriff negiren. Damit dürfte der innere Widerspruch jener Deduktion Gierke's nachgewiesen sein.

Aber selbst so gelingt es nicht, die Souveränität als einen Rechtsbegriff festzuhalten, vielmehr wird sie in Wahrheit bereits aus dem Gebiete des Rechts hinausgedrängt. Denn der Begriff der nackten, absoluten Macht, welchen Gierke hier zur Charakterisirung des souveränen Willens heranziehen muss, ist überhaupt kein Rechtsbegriff[79]). Wenn das Wesen des Rechts in der Abgrenzung der Willensmacht der Persönlichkeiten besteht, so kann Macht im Rechtssinne stets nur eine durch andere Willenssphären beschränkte und umgrenzte Macht sein. Eine absolute Macht, welche den mit ihr bekleideten Willen zum schlechthin allgemeinen, zum souveränen Willen erhebt, kann es im Gebiete des Rechts nicht geben; denn dadurch würde eben das in der Abgrenzung beruhende Wesen des Rechts negirt. Das Recht aber kann sich nicht selbst negiren. Das heisst nun nichts anderes, als dass der Souveränitätsbegriff die Negation des öffentlichen Rechts involvirt, worauf schon oben hingewiesen wurde. Die Souveränität ist — *sit venia verbo* — ein negativer Rechtsbegriff d. h. der technische Ausdruck für eine Rechts- und Staatsanschauung, welche jenseits der Grenzen des Privatrechts keine Beziehungen selbständiger Persönlichkeiten zu einander, also kein Recht kennt, sondern nur den alle Lebensregungen absorbirenden, „souveränen" Willen des allmächtigen Staates. Zugleich jedoch ein öffentliches Recht und seine Negation, den Souveränitätsbegriff, anzunehmen, das ist eine logische Unmöglichkeit.

Trotz alledem hat noch neuestens wieder auch Jellinek sich an der undankbaren Aufgabe versucht, das logisch Unmögliche möglich zu machen[80]). Klarer noch als die Deduktion Gierke's zeigt die seinige den unlösbaren Widerspruch, welcher darin liegt, dass man die Unbeschränktheit, als welche das Wesen der Souveränität ist, und die Beschränkung, als welche das Wesen des Rechts ist, mit einander in einem Begriffe verbinden will. Vollkommen richtig sagt Jellinek[81]): „Wenn der

---

[79]) Rosin: „Souveränität, Staat" etc. S. 4. — Vgl. auch Liebe: Staatsrechtliche Studien I. S. 14; Zorn, „Streitfragen" in der Zeitschrift f. d. ges. Staatswissenschaft, Bd. 37 (1881) S. 307. — A. M. Gerber: Grundzüge, S. 25 n. 4.

[80]) Jellinek: „Gesetz und Verordnung". Freiburg 1887. S. 197 fg. — Vgl. jetzt auch Laband: Staatsrecht, 2. Aufl. (1888) Bd. I, S. 67.

[81]) a. a. O. S. 199 n. 11.

Staat selbst nicht durch Rechtsschranken gebunden ist, dann giebt es kein Rechtsverhältniss zwischen ihm und irgend einer Persönlichkeit. Dann giebt es nur ein Privat-, aber kein öffentliches Recht d. h. kein Recht des Staates gegen den Einzelnen und des Einzelnen gegen den Staat". Aber andererseits will er doch die Souveränität nicht missen. Diese ist ihm die absolute Selbstbestimmung d. h. doch aber das begriffliche Gegentheil rechtlicher Gebundenheit. Freilich will es zu dieser absoluten Selbstbestimmung des Staates schon nicht recht passen, wenn Jellinek von dem „souveränen Staate fordert, dass er die nationalen und menschheitlichen Zwecke, um deren willen er da ist, so umfassend als möglich erfülle". Gerade desshalb sei ihm die Fähigkeit der Selbstbestimmung „verliehen" u. s. w.[82]). Da muss man denn doch fragen, wer von dem lediglich durch sich selbst bestimmbaren Staate irgend etwas „fordern" darf; wie und von wem dem souveränen Staate irgend etwas (und noch dazu *sub modo*) „verliehen" werden kann? Schon das sind Zeichen dafür, dass diesem Gedankengange völlige logische Geschlossenheit fehlt. Aber um den Souveränitätsbegriff d. h. die Unbeschränkbarkeit und den Rechtsbegriff d. h. die Beschränkung zu vereinen, muss Jellinek auf der Bahn des Widerspruchs weiter schreiten. Aus der Fähigkeit der Selbstbestimmung leitet er die der Selbstbeschränkung für den Staat ab. Aber der Staat kann sich nicht nur selbst beschränken, er muss es, um aus einer bloss physischen Kraft eine Rechtspersönlichkeit zu werden. „Indem er Persönlichkeiten unter sich und neben sich anerkennt, schafft er sich sein Recht nach Innen und Aussen. An dem anerkannten Rechte der fremden Persönlichkeit findet sein Recht eine Grenze. Das Recht des Staates ist daher enger als seine Macht" [83]). Diese letzten Worte stossen die ganze Souveränitätstheorie um; sie negiren den Rechtscharakter der Souveränität. Denn wenn das Recht des Staates enger ist als seine Macht, so ist die unbegrenzte Macht eben keine Rechtsmacht und also kein juristischer Begriff. Und wenn der Staat,

[82]) a. a. O. S. 198.

[83]) Ebenda und S. 199.

um eine Rechtspersönlichkeit zu werden, sich selbst beschränken muss, so ist er nicht nur durch sich selbst bestimmbar, sondern auch durch eine höhere Macht, die sich in jenem „muss" äussert. Denn besässe er wirklich die absolute Selbstbestimmung, so müsste er sich auch ohne irgendwelche Selbstbeschränkung rechtliche Persönlichkeit beilegen können. Dies scheitert jedoch an dem Begriffe des Rechts; und dieser Begriff an sich ist unabhängig vom Staate[84]). Jellinek's ganze Deduktion läuft also schliesslich darauf hinaus, dass mit dem Eintritt in das Rechtsgebiet die Selbstbestimmung zur Selbstbeschränkung werden d. h. die Souveränität sich selbst negiren muss. Sofern dadurch jedenfalls der Souveränitätsbegriff aus der Dogmatik des Rechts ausgeschlossen wird, können wir dieses Resultat wohl annehmen.

Nach alledem sehen wir, wie in der neuesten Litteratur der Souveränitätsbegriff selbst von den Schriftstellern, welche ihn formell festhalten, materiell aufgegeben wird. Wir sehen, wie dieselben dazu gezwungen werden durch den inneren und unlöslichen Widerspruch, in welchem jener Begriff zum modernen Staat und Recht, vor allem zu dem öffentlichen Recht in allen seinen Erscheinungsformen steht. Der Aufschwung und Ausbau des öffentlichen Rechts ist das charakteristische Kennzeichen für die Rechtsentwicklung unserer Zeit. Ein Begriff, der diese Entwicklung negirt, der geschaffen worden in einer Zeit, welche sich im Gegensatz zur heutigen durch den Mangel jeglichen öffentlichen Rechts charakterisirt, hat daher im modernen Recht keinen Raum mehr; er ist ein historischer Begriff. Die Eliminirung des Souveränitätsbegriffs aus der Dogmatik des Staatsrechts ist demgemäss nur ein kleiner Schritt vorwärts auf der von unserer Wissenschaft längst eingeschlagenen Bahn.

Da sich unsere Ausführungen gegen den Souveränitätsbegriff an sich und überhaupt richten, so erübrigt sich ein Eingehen auf die viel erörterte Unterscheidung von Fürsten-, Volks- und Staatssouveränität. Diese Unterscheidung knüpft sich naturgemäss an die verschiedenen Staatsformen an[85]), und

[84]) Vgl. darüber Näheres unten im VIII. Abschnitt.

[85]) Vgl. H. Schulze: Einleitung, S. 172 fg. u. A. m.

letztere wiederum sind für Begriff und Wesen der Souveränität an sich unerheblich. Allerdings findet die in diesem Begriff liegende Concentrirung und Einheit ihren natürlichsten und angemessensten Ausdruck in der Person eines herrschenden Individuums; und historisch ist denn auch die absolute Monarchie die häufigste Erscheinungsform des souveränen Staates. Dass diese Form ihm jedoch nicht wesentlich ist, das beweisen die italienischen und deutschen Städterepubliken im 17. und 18. Jahrhundert; das beweist vor allem die französische Republik von 1793, welche die denkbar grösste Spannung und Ueberspannung des absoluten Staatsbegriffs aufweist[86]).

Wir haben den Souveränitätsbegriff als das tragende Princip des absoluten Obrigkeitsstaates erkannt. Der Gedanke des Obrigkeitsstaates ist auch im heutigen Staatsleben noch in mannigfachster Weise lebendig; aber er bildet nicht mehr den einzigen Grundzug desselben, ist vielmehr mit anderen Elementen durchsetzt. Eben desshalb ist es die Aufgabe der Staatstheorie, das Souveränitätsprincip, als welches nur die Idee des Obrigkeitsstaates zum Ausdruck bringt, zu ersetzen durch ein neues Princip, welches Raum hat für die noch bestehenden Reste des Alten und die schon wirkenden neuen Kräfte. Das Mischungsverhältniss dieser beiden Elemente ist wiederum begrifflich unabhängig von der Staatsform, wie denn die heutige französische Republik weit mehr Rudimente des obrigkeitlichen Staates enthält, als die meisten konstitutionellen Monarchien. So sind denn auch die der Obrigkeitsidee gegenüberstehenden neuen Ideen nicht Früchte des aus Frankreich geholten konstitutionellen Dogmas, sondern neue Formen der altgermanischen, in England erhaltenen und entwickelten Idee der Selbstverwaltung. Aus derselben Quelle, der diese fruchtbare Idee entsprungen, aus dem germanischen Recht entwickelt sich auch das Grundprincip des modernen Rechtsstaats, welches berufen ist, den romanischen Begriff und das romanische Wort „Souveränität“ zu verdrängen und zu ersetzen.

---

[86]) Vgl. H. Taine: „Die Entstehung des modernen Frankreich“, Bd. II, Abth. 3, Buch 5.

VI.

Analyse des organischen und persönlichen Staatsbegriffs.

Obgleich die neuere Theorie, wie wir gesehen, die Souveränität bei der Konstruktion des Staates festhält — gleichviel ob als *essentiale* des Begriffs oder nicht —, so strebt sie daneben doch noch nach Gewinnung einer anderen Charakterisirung staatlichen Wesens. Sie sieht in der Souveränität eine Eigenschaft der Staatsgewalt[1]), und sucht demgemäss für dieses Eigenschaftswort ein stützendes Hauptwort. Auf diesem Wege ist sie zur Entwicklung der Begriffe „Organismus" und „Person" in Beziehung auf den Staat gelangt. Dass hierin schon ein Abfall von der Souveränitätsidee, als welche den Staat als einziges Wesen seiner Gattung betrachtet, liegt, hat man sich nicht voll zum Bewusstsein gebracht; vielmehr operirt man ruhig mit der *contradictio in adjecto* eines souveränen Organismus oder der souveränen Person. Mit der Eigenschaft der Souveränität haben wir uns im vorigen Abschnitt auseinandergesetzt; hier ist die Charakterisirung des Staates als Organismus bezw. Person näher zu prüfen und im besonderen zu untersuchen, in wie weit diese Bezeichnungen — nach Beseitigung des Adjektivs „souverän" — an sich einen Anhalt für die Konstruktion des modernen Staates gewähren.

---

[1]) Vgl. z. B. Gerber: Grundzüge, 3. Aufl., S. 22 n. 5: „Souveränität ist also nicht selbst Staatsgewalt, sondern bezeichnet nur eine Eigenschaft der vollkommenen Staatsgewalt". — So jetzt auch Laband: Staatsrecht, 2. Aufl., Bd. I, S. 68.

Man hat versucht, den Keim der organischen Staatstheorie in das Alterthum zu verlegen, ihren Anfangspunkt in der Lehre des Aristoteles von dem Vorhandensein des Ganzen vor den Theilen zu erblicken[2]). Das ist irrig. Gerade in Bezug auf den Staat ist diese Lehre unanwendbar; denn von einer Existenz des Staates vor seinen Theilen und zwar speziell vor seinen einfachsten Theilen, den Individuen, kann vernünftiger Weise keine Rede sein. Ein Staat ohne Menschen ist eine unvollziehbare Vorstellung, welche auch gerade mit der richtig verstandenen organischen Anschauung im schärfsten Widerspruche steht. Vielmehr ist die organische Staatstheorie eine wesentlich moderne, und auch nur als solche zu verstehen. Denn ihre Bedeutung liegt in ihrem Gegensatze gegen die absolute oder theokratische Staatsidee auf der einen, gegen die naturrechtliche oder Vertragstheorie auf der andern Seite. Den Ausgangspunkt dieser organischen Theorie bildet die Philosophie Schelling's[3]). Er sah den Fehler aller früheren Staatskonstruktionen darin, „dass der Staat immer zur Erreichung irgend eines Zweckes ..... also immer als Mittel zu diesem Zweck gedacht werde, während es nach seiner Philosophie nur eine richtige Auffassung gab — die Konstruktion des absoluten Organismus in Form des Staates“[4]). Alle neu auftretenden Ideen tragen die Tendenz zu einseitiger Uebertreibung in sich, und diese allgemeine Neigung erhielt durch die ganze, von Schwärmerei und Mystik nicht freie Denkart Schelling's besondere Nahrung. So ist es nicht zu ver-

[2]) A. Th. van Krieken: „Ueber die sogenannte organische Staatstheorie. Ein Beitrag zur Geschichte des Staatsbegriffs“. Leipzig 1873. S. 20.

[3]) Sie ist nicht — wie van Krieken a. a. O. S. 65 annimmt — zuerst von Fichte bestimmt ausgesprochen worden. Vielmehr stand dieser noch auf dem Boden des Naturrechts und der Vertragstheorie; vgl. Bluntschli: „Geschichte der neueren Staatswissenschaft“. 3. Aufl. S. 399 fg. — Von Schelling leitet die organische Theorie richtig ab: v. Mohl „Geschichte und Litteratur der Staatswissenschaft“. Bd. I. S. 258 fg.; vgl. dort auch über Schelling's nächste Schüler, besonders Planta.

[4]) v. Krieken a. a. O. S. 68. — Schelling: „Vorlesungen über die Methode des akademischen Studiums“, S. 229 fg.

wundern, dass die nächstfolgenden Vertreter der organischen Staatslehre weit über die Anschauungen des Meisters hinausgingen. Ihren Höhepunkt erreichte diese übertreibende Richtung in der seltsamen, mystisch-symbolischen Lehre des sonderbaren Propheten Friedrich Rohmer und seines wissenschaftlichen Apostels Bluntschli; jener anthropomorphischen Staatslehre, welche in dem Makrokosmos „Staat" das Ebenbild des Mikrokosmos „Mensch" und speciell „Mann" sah; welche auf jenen die 16 Grundkräfte des individuellen Organismus und sogar die Bezeichnungen ihrer physischen Organe übertrug, und die in *den politischen Parteien sich manifestirenden Strömungen des Staatslebens als Analogie der Altersstufen des individuellen* Lebens betrachtete. Wohl wurzelt dieser staatswissenschaftliche Mysticismus in der organischen Theorie; aber er ist ein Auswuchs derselben, nicht ihr gedanklicher Kern. van Krieken, der sich die Aufgabe gestellt hat, die organische Theorie als eine „grossartige Verirrung"[5]) darzustellen, macht sich daher die Sache doch zu leicht, wenn er als Grundthema der von ihm zu widerlegenden Lehre den Satz hinstellt: „Der Staat ist nach dem Bilde des Menschen gemacht und demnach ganz wie ein Mensch eingerichtet. Der Staat ist ein Mensch im Grossen, wie der Mensch ein Staat im Kleinen ist"[6]). Das ist in Wahrheit nicht das Grundthema der organischen Staatstheorie, sondern nur der Rohmer-Bluntschli'schen Lehre, und diese letztere fordert heute kaum noch eine ausführliche Widerlegung. Dagegen setzt sich v. Krieken in schroffsten Widerspruch zu dem eigentlichen Grundthema und der werthvollsten Errungenschaft der organischen Staatslehre, wenn er sagt: „Heute haben wir es nöthig, ... uns vergegenwärtigen zu lassen, dass der Staat eine Frucht menschlicher Thätigkeit, ein Werk des bewussten, vernünftigen menschlichen Willens ist"[7]). Damit negirt er allerdings den Kern organischer Staatsanschauung und zugleich überhaupt den bedeutendsten Fortschritt der mo-

[5]) v. Krieken a. a. O. S. 13.
[6]) a. a. O. S. 117.
[7]) v. Krieken a. a. O. S. 24, 25.

dernen Staatswissenschaft. Und dabei zeigt sich recht deutlich, dass die organische Theorie — was v. Krieken ja auch leugnet — eine specifisch moderne ist; denn mit seinem Abfall von dieser Theorie gleitet v. Krieken auf den Standpunkt zurück, welchen fast ein Jahrhundert früher A. L. Schlözer ganz im Geiste seiner Zeit dahin präcisirt hatte: „Der Staat ist eine Erfindung: Menschen machten sie zu ihrem Wohl, wie sie Brand-Kassen erfanden. Die instruktivste Art, Staatslehre abzuhandeln, ist, wenn man den Staat als eine künstliche, überaus zusammengesetzte Maschine, die zu einem bestimmten Zwecke gehen soll, behandelt“ [8]). Gegenüber dieser Anschauung eines der vorgeschrittensten Staatsgelehrten seiner Zeit hat die organische Theorie jetzt eine Anschauung zur herrschenden erhoben, welche den Staat nicht als eine Erfindung, sondern als eine Phase der naturnothwendigen Entwicklung der Menschheit, nicht als eine Maschine d. h. mechanisch, sondern als einen Organismus d. h. organisch betrachtet. Das Wesen des Organischen aber beruht darauf, „dass es in sich selbst, nicht ausser sich, den Grund und die Ursache seines Bestehens findet, alles Aeussere höchstens als Bedingung, nicht als Ursache seines Lebens in Betracht kommt“ [9]). So sehr entspricht dies der ganzen modernen Weltanschauung, dass selbst Stahl, welcher der politischen Entwicklung seiner Zeit ganz anders gegenübersteht, als Schlözer der der seinigen, der aber doch stets in sehr geschickter Weise seine Ideen mit dem Zeitgeist in Einklang zu bringen sucht, sich zu der Lehre bekennt, dass der Staat weder durch den Willen der Einzelnen noch durch den des Volkes als Ganzen, dass er überhaupt nicht durch eine beabsichtigte That entsteht, so wenig als das ursprüngliche Recht. „Sondern es ist noch ein höherer Faktor als menschlicher Wille, die geschichtliche Fügung, welche die unzähligen Thaten der unzähligen Menschen zu dem einen Erfolge bringt,

---

[8]) A. L. Schlözer: „Allgemeines Staatsrecht und Staatsverfassungs lehre“. Göttingen 1793. S. 3, 4.

[9]) Roux: „Der Kampf der Theile im Organismus“ (1881) S. 216. — vgl. Rosin: „Souveränität, Staat“ etc. S. 34.

dass der Staat und dass er in der bestimmten Weise entsteht"[10]). Freilich tritt Stahl, indem er auf jener „geschichtlichen Fügung" seine Lehre von einer transcendenten, zweckbewussten göttlichen Einsetzung des Staates aufbaut, wieder aus dem Rahmen der organischen Theorie heraus.

Gegen die Lehre Locke's und Rousseau's vom Staatsvertrage, welche das Zeitalter der Revolution beherrscht hatte, trat mit der politischen auch eine wissenschaftliche Restauration ein, welche ihren schärfsten Ausdruck in Ludwig v. Haller's Restauration der Staatswissenschaft findet[11]). Diese Patrimonialtheorie sieht in den Staaten geschlossene Menschenverknüpfungen, welche durch Dienst- und Herrschaftsverhältnisse gebildet werden, — und der Schwerpunkt dieser Verbände liegt für sie nicht im Volke, sondern im Fürsten, dem „unabhängigen Herrn, der über andere gebietet und selbst Niemandem dient". Wohl ist diese Lehre Hallers im Grunde „die letzte abstrakte Aussprache der mittelalterlichen Staatsansicht, welche er der radikalen Theorie vom Gesellschaftsvertrage gegenüber stellt. Er löst den Staat nicht in Individuen, aber er löst ihn in Fürsten und Stände, Körperschaften, Familien und Einzelpersonen auf. Seine ganze Staatslehre hat einen engpersönlichen Charakter. Sein Staatsrecht ist wie das mittelalterliche nur ein gesteigertes Privatrecht"[12]). Trotzdem aber enthält diese Theorie gegenüber der Vertragstheorie einen wissenschaftlichen Fortschritt, insofern sie die jener eigene Atomisirung des Staates, die Künstlichkeit seiner Entstehung und die Zweckidee beseitigte. Diese Fortschritte konservirt die organische Theorie, während sie zugleich den Widerstreit der Patrimonialtheorie gegen den politischen Charakter unserer Zeit aufhebt. Und wie sie die Vertrags- und die Patrimonialtheorie verdrängt hat, so geht alle Opposition gegen die organische Theorie

---

[10]) Stahl: „Philosophie des Rechts". Bd. II. Abth. 2. S. 171.

[11]) K. L. v. Haller: „Die Restauration der Staatswissenschaft oder Theorie des natürlich geselligen Zustandes der Chimäre des künstlich bürgerlichen entgegengesetzt". 6 Bde. Winterthur 1816—1825.

[12]) Bluntschli: Geschichte der Staatswissenschaft. S. 551.

immer noch von einer jener früheren Anschauungsweisen aus. Auf der einen Seite erscheint die Lehre Seydels, wonach der Staat lediglich Objekt sei, Subjekt dagegen der Inhaber der Herrschaft über den Staat[13]), als eine Wiederaufnahme der Haller'schen Patrimonialidee. Gleich dieser ist sie völlig unfähig, das Leben des modernen Staates gedanklich zu erfassen; denn dasselbe fordert als den Mittelpunkt aller juristischen Konstruktion die Anerkennung des Staates als Rechtssubjekt[14]). Auf der andern Seite nähert sich van Krieken bei seiner Bekämpfung der organischen Theorie wieder der Vertragstheorie, indem er den Vertrag zwar nicht als die einzige, aber als eine Entstehungsart des Staates bezeichnet[15]). Nun ist es ja unzweifelhaft richtig, dass die Geschichte einzelne Fälle von Staatengründung durch Vertrag überliefert, z. B. jenes Schulparadigma des Staatsgrundvertrages, welchen die Pilgerväter an Bord der Mayflower schlossen. Jedoch beweisen solche Einzelfälle gar nichts für oder gegen eine allgemeine Staatstheorie. Denn „die Entstehung eines einzelnen Staates und die Entstehung des Staates überhaupt sind", wie Waitz treffend bemerkt, „zwei ganz verschiedene Dinge: das eine erklärt in keiner Weise das andere" [16]). Nachdem es einmal Staaten in der Welt gab, konnten und können neue Staaten sehr wohl durch Vertrag gegründet werden; aber die principielle Frage wäre, wie ist die Idee des Staates überhaupt in die Welt gekommen? Je nach der Beantwortung dieser Frage wird man auch bei den nachweislich auf Vertrag beruhenden Staaten eventuell die eigentlich staatsbildende Kraft in etwas anderem als dem Vertrage sehen, als welcher nur eine Aeusserung dieser Kraft ist.

---

[13]) Seydel in Hirth's Annalen des deutschen Reichs. Jhrg. 1876. S. 653.

[14]) Vgl. Gierke: „Laband's Staatsrecht und die deutsche Rechtswissenschaft". Schmoller's Jahrb. 1883. H. 4. S. 29; ferner derselbe: „Die Grundbegriffe des Staatsrechts" etc. in Zeitschr. f. d. ges. Staatswissenschaft. Bd. XXX (1874) S. 175.

[15]) van Krieken a. a. O. S. 147.

[16]) Waitz: „Grundzüge der Politik". S. 5. — Vgl. auch v. Holtzendorff: Handbuch des Völkerrechts. Bd. II. S. 19.

Die Bedeutung der organischen Staatsanschauung ist eine wesentlich negative. Sie verwirft den Gedanken, dass der Staat eine willkürliche Schöpfung des bewussten menschlichen Willens sei; aber auch gegenüber der Theorie von der göttlichen Einsetzung des Staates und verwandten Lehren verhält sie sich genau so, wie die moderne Naturwissenschaft gegenüber den Glaubenssätzen der Religion. Ohne sie zu bestreiten, hält sie die Berufung auf göttlichen Rathschluss jedenfalls nicht für eine positiv wissenschaftliche Erklärung, und zieht daher statt dieser Berufung das Geständniss vor, dass zur Zeit wenigstens die Staatswissenschaft die erste Entstehung der Staatsidee nicht zu erklären vermag[17]), sondern als gegeben annehmen muss; ebenso wie die Naturwissenschaft zur Zeit sich bescheidet, die Urquelle organischen Lebens als gegeben hinzunehmen. „An den organischen Urschleim, an Protoplasmaklümpchen und einzellige Lebewesen knüpft selbstverständlich der organische Staatsgedanke, der von der complicirten Natur der höheren Organismen und vor allem von der Steigerung des Organismus zum wollenden und denkenden geistigen Ich seinen Ausgang nahm, nicht an“ [18]). Andererseits jedoch ist die heutige Staatswissenschaft doch nur ein Zweig am Baume der modernen Wissenschaft; sie steht mit diesem Stamme in organischem Zusammenhange, und kann sich daher der Einwirkung der allgemeinen Denkgesetze nicht entziehen, welche die ganze moderne Wissenschaft durchdringen, und welche am schärfsten, geradezu bahnbrechend von der modernen Naturwissenschaft entwickelt sind. Dem anatomischen Lehrbuch von Hyrtl entnimmt van Krieken „eine der besten Umschreibungen“, welche neuere Naturforscher für den Begriff des Organischen aufgestellt haben. Dort heisst es unter anderem: „Aufrechthaltung einer individuellen Lebensexistenz durch Zusammenwirkung heterogener Theile ist die Idee, die sich in der Organisation ausspricht. Jeder Theil des Ganzen, der seine partielle Existenz

---

[17]) Vgl. Jellinek: „Gesetz und Verordnung“. S. 195 n. 7 und dazu unten Abschnitt VIII.

[18]) Gierke in seiner durchschlagenden Polemik gegen van Krieken, Zeitschr. f. d. ges. Staatswissenschaft. Bd. XXX. S. 284.

dem Endzweck unterordnet, welcher durch die vereinte Wirkung aller übrigen Theile erzeugt werden soll, heisst Organ, und die zweckmässige Vereinigung aller Organe zu einem lebensfähigen Ganzen Organismus" . . . . Die Organe „bilden eine Kette, deren Glieder nicht blos eins mit dem andern, sondern jedes mit allen übrigen zusammenhängt, und von denen keines aufgehoben werden darf, ohne den Begriff des Ganzen zu stören"[19]). Nicht anders fasst die Staatswissenschaft das Wesen des Organischen, und ganz in diesem Sinne betrachtet man den Staat als Organismus. Aber nicht nur den Staat, sondern ebenso alle ihm eingeordneten Verbände, alle Gemeinden und Körperschaften. Bei allen an die Vorstellung des Organismus anknüpfenden Staatskonstruktionen soll der Staat „durch die Bezeichnung als Organismus in die Reihe derjenigen Existenzen gestellt werden, bei welchen aus der Verbindung der Theile zu einem Ganzen eine von der Summe der Theile verschiedene Lebenseinheit entsteht"[20]). Auch hier beruht wieder van Kricken's Bekämpfung der organischen Theorie auf einem Irrthum über den wahren Inhalt derselben. Er meint: „Wenn für den Staat die organische Auffassung unentbehrlich ist, warum gerade nur für ihn und nicht für andere Korporationen? Warum kommt man bei der Konstruktion der letzteren noch immer sehr gut ohne Organismus aus"[21])? Mit diesen Fragen konstruirt sich van Krieken eine eigene organische Theorie, welche zu widerlegen ihm dann freilich nicht sehr schwer werden kann. Vom Standpunkte wahrer organischer Anschauung erwidert ihm Gierke: „Die Körperschaft so gut wie der Staat kann nur als Organismus begriffen, auch ihre Persönlichkeit kann nur auf dieser Grundlage erklärt und zum juristischen Centralprincip des inneren Korporationsrechtes gestaltet werden. Nicht sehr gut, sondern recht herzlich schlecht, wie ein Blick auf den Stand der Litteratur über juristische Personen zeigt, kommt

---

[19]) Hyrtl: „Lehrbuch der Anatomie des Menschen". S. 7. § 2. — van Krieken a. a. O. S. 128 n. 9.

[20]) Gierke a. a. O. S. 269.

[21]) van Krieken a. a. O. S. 143 n. 4.

die Jurisprudenz bei den Korporationen ohne Organismus aus[22])!"

Sonach ergiebt sich, dass man den eigentlichen Inhalt der organischen Staatslehre völlig verkennt, wenn man von ihr die Hervorhebung des specifischen Charakteristicums, welches etwa die als Staaten bezeichneten Gebilde von ähnlichen Erscheinungen unterscheiden soll, erwartet. Im Gegentheil zeigt vielmehr die organische Anschauung die Wesensgleichheit der staatlichen und der analogen Verbände; betrachtet sie den Staat als ein Glied in der ungeheuren Kette der Organismen. Die Naturwissenschaften beschäftigen sich mit jener Reihe organischer Erscheinungen und Entwicklungen, welche von dem Protoplasma hinaufführen bis zum menschlichen Individuum. Hier setzt die Thätigkeit der sog. moralischen Disciplinen ein; und die Rechts- und Staatswissenschaft im besonderen beschäftigt sich mit jener Reihe organischer Erscheinungen und Entwicklungen, welche von dem Individuum hinaufführen bis zur internationalen Gemeinschaft. Das Gemeinsame aller socialen Gebilde: der Familie, des Stammes und Volkes; der Körperschaft, der Gemeinde, des Staates und Reiches führt die organische Theorie vor Augen. Sie zeigt, wie der Staat als Organismus schon in den unteren und engeren Verbänden vorgebildet ist. Weil van Krieken dies verkennt, kann er als Argument gegen die Uebertragung des Begriffs Organismus, wie ihn Hyrtl u. a. m. entwickelt haben, auf die Staatswissenschaft die Existenz staatloser Nomaden, der alten Grönländer und Isländer anführen[23]). Es ist ganz richtig, dass nach der organischen Anschauung das Individuum nur als Glied eines höheren Organismus bestehen kann; dass ein solcher Organismus naturnothwendig gegeben sein muss, und nicht erst durch die Willkür oder bewusste Ueberlegung der Individuen zu schaffen ist. Aber die organische Theorie betrachtet eben nicht als den einzig möglichen Organismus das Gebilde, welches man heute Staat nennt; sondern sie erkennt in der ersten Ge-

---

[22]) Gierke a. a. O. S. 292.

[23]) van Krieken a. a. O. S. 132.

meinschaft, der Familie, welche auch nach van Krieken „von der Natur gegeben“ ist [24]), die organische Urzelle des Staates. Dasselbe Gesetz organischen Werdens, welches die Zellen zu immer complicirteren Lebewesen zusammenfügt, bildet aus dem Familienorganismus die höheren socialen Lebewesen. Wie im Protoplasma der Mensch, so ist in der Familie der Staat gegeben. Im Gebiete des Rechts aber bezeichnet man selbständige Lebewesen als Personen. Wenn daher van Krieken meint: „Nicht jeder Organismus ist Person, nicht jede Person ist Organismus“ [25]), so ist von dieser Behauptung nur die erste Hälfte richtig. Denn die Grenze zwischen der Natur- und Rechtswissenschaft bildet das Individuum; dieses ist der erste Organismus, welcher zugleich physisch und rechtlich ein Lebewesen, d. h. zugleich Organismus und Person ist. Alle niederen Organismen sind daher nur Organismen und nicht Personen. Alle höheren Personen aber, welche das Individuum als ihren organischen Theil umschliessen, sind nach der entwickelten Anschauung stets Organismen. Im geraden Gegensatz zu van Krieken sagen wir also: jede Person ist ein Organismus, nämlich entweder ein physischer (das Individuum) oder ein socialer. Und wenn van Krieken mit seiner Behauptung die Bedeutungslosigkeit der organischen Theorie für die juristische Konstruktion der Persönlichkeit darthun will, so erhellt im Gegentheil, dass jede durchgreifende Personenkonstruktion aus der organischen Anschauung erwachsen muss. Nicht also als eine blosse „bildliche Schilderung des natürlichen Thatbestandes, den die juristische Betrachtung voraussetzt“, wohl aber als die „natürliche Grundlage, auf welcher sich der Aufbau der rechtlich bedeutsamen staatlichen Willensverhältnisse erhebt“, kann man mit Gerber [26]) die organische Staatsanschauung betrachten. Und ferner kann man unter dieser Voraussetzung demselben Schriftsteller darin beistimmen, dass der specifische Ausgangspunkt für die juristische Konstruktion das eigene Willens-

---

24) a. a. O. S. 146.

25) a. a. O. S. 136.

26) v. Gerber: Grundzüge (3. Aufl.) S. 221.

vermögen ist, welches dem als Organismus begriffenen Staatswesen innewohnt; die eigene Persönlichkeit des Staates[27]).

Darüber, dass der Begriff der Persönlichkeit Ausgangspunkt und Centralbegriff der staatsrechtlichen Theorie sein muss, dürfte in der neueren Litteratur — soweit sie nicht mit Seydel den Staat als Rechtssubjekt und damit ein wahres Staatsrecht überhaupt leugnet[28]) — ziemliche Einstimmigkeit herrschen[29]). Aber nicht nur für das Staatsrecht, sondern für das Recht überhaupt ist jener Begriff der centrale und grundlegende. Wenn man Mangels einer eigentlichen befriedigenden Definition des Begriffs „Recht" sich an die kürzeste und wohl auch beste Umschreibung desselben hält, so ist Recht die Abgrenzung der Willensmacht der Persönlichkeiten[30]). Demgemäss setzt der Begriff „Recht" die Coexistenz von Persönlichkeiten voraus, und jede Art des Rechts muss es mit einer Mehrzahl von Personen zu thun haben. Ferner kann es wohl verschiedne Arten von Personen geben; der Begriff der Persönlichkeit aber muss im letzten Grunde ein einheitlicher sein. Daraus nun folgt, dass jedenfalls der romanistische Personenbegriff, wie wir ihn im vorigen Abschnitt als Correlat des Souveränitätsbegriffs entwickelt haben, als Centralbegriff des Rechts überhaupt nicht zu verwenden ist. Wenn z. B. Brie[31]) sagt: „Der

[27]) Gerber ebenda S. 222; vgl. auch van Krieken a. a. O. S. 135.

[28]) Vgl. Jellinek: „Gesetz und Verordnung" (1887) S. 195 n. 6.

[29]) Fricker: „Die Persönlichkeit des Staates" in der Tübinger Zeitschr. Bd. XXV (1869) bekämpft weniger diese Anschauung selbst, als die Theorie Gerber's von der herrschenden Person. Darauf kommen wir im nächsten Abschnitt zu sprechen. Die hier vertretene Anschauung dürfte die organische Theorie, welche Fricker der Personentheorie entgegensetzt, mit dieser vereinen.

[30]) Rosin in Hirth's Annalen 1883 Nr. 5/6 S. 268. — Inhaltlich übereinstimmend, aber weniger präcis und handlich ist die Umschreibung Gierke's (Zeitschr. f. d. ges. Staatswissenschaft Bd. XXX, 1874. S. 309): „Das Wesen des Rechts beruht darin, dass es die äussere Willensherrschaft innerhalb der menschlichen Gemeinschaft bejaht und begrenzt".

[31]) Brie: „Zur Lehre von den Staatenverbindungen" in Grünhuts Zeitschrift für das Privat- und öffentliche Recht Bd. XI (1884) S. 129 n. 103.

Begriff des öffentlichen Rechts beruht auf dem der juristischen Person; denn das öffentliche Recht ist die Rechtsordnung der Gesammtpersönlichkeiten" [32]); — so kann er damit nicht wohl die juristische Person in dem herrschenden, romanistischen Sinne, das fingirte Individuum meinen. Denn eine Gesammtpersönlichkeit, welche die Grundlage des öffentlichen Rechts abgeben könnte, wäre die völlige Negation dieser Personentheorie. Indem dieselbe „Person" und „Individuum" identificirt, betrachtet sie „Gesammtpersönlichkeiten" lediglich als künstliche Individuen, und kann ihnen daher Existenz auch nur auf dem Gebiete zugestehen, auf welchem es sich lediglich um die Abgrenzung der Willensmacht der Individuen handelt d. h. im Privatrecht. Nur auf diesem Gebiete ist der Staat für jene Anschauung „Person" d. h. fingirtes Individuum, wobei er freilich nicht in seiner specifischen Eigenschaft als Staat, sondern in seiner wirthschaftlichen als Fiskus in Betracht kommt. Die Enge und Unzulänglichkeit dieser Personentheorie offenbart sich ganz besonders gerade in dieser unnatürlichen Zerreissung des einheitlichen Staatswesens in Staatsgewalt und Fiskus, „als ob das zwei verschiedne Leute wären! als ob nicht Staatsgewalt und Fiskus sich genau so verhielten, wie der einzelne physische Mensch und sein Geldbeutel!" [33]) An der Grenze des Privatrechts endet für diese Anschauung die Sphäre der Persönlichkeit, und es beginnt der Bannkreis eines andern Centralbegriffs, der Souveränität. Der souveräne Staat ist als solcher keine Person, wie im vorigen Abschnitt darzulegen versucht ist. Hat sich dort gezeigt, dass mit der Verwerfung der romanistischen *persona ficta* konsequenterweise auch ihr Korrelat, die Souveränität, fallen muss; so gelangen wir hier *vice versa* zu dem Schluss, dass die Ersetzung der Souveränität durch die Persönlichkeit als Centralbegriff des Staatsrechts auch eine fundamentale Umwandlung der bisher herrschenden Personentheorie nach sich ziehen muss [34]).

---

[32]) Vgl. auch Fricker a. a. O. S. 31 zusammen mit S. 36 u. 38.

[33]) O. Bähr: „Der Rechtsstaat" (1864) S. 55.

[34]) Vgl. Gierke: „Laband's Staatsrecht" etc. in Schmoller's Jahrbuch 1883 H. 4 S 30 u. a. v. a. O.

Das Bestreben, den überlieferten Begriff der juristischen Person auch für das Staatsrecht festzuhalten, hat freilich einzelne Schriftsteller dazu verleitet, die Thatsache, dass jener Begriff im Privatrecht ausgebildet und erst später auf den Staat (ausser in seiner Eigenschaft als Fiskus) übertragen worden, geradezu auf den Kopf zu stellen. Von der mehr kurzen als guten Behauptung v. Lindgrens: „Der Staat ist eine juristische Person und jede juristische Person ist ein Staat“ [35]), darf man wohl absehen; denn in dem Begriffschaos seiner wunderlichen Schrift versinken neben andern Unterscheidungen, deren sich gewöhnliche Menschen bedienen, auch die Grenzen von Privat- und öffentlichem Recht[36]). Aber auch K. S. Zachariae behauptet im ersten seiner vierzig Bücher vom Staate: „Nur ein Volk ist schon von Rechtswegen oder kraft Gesetzes eine moralische Person. Beide Begriffe, der eines Volkes und der einer moralischen Person, sind an sich nur ein und derselbe Begriff. Denn beide setzen einen Verein voraus, in welchem die Menschen einer Gewalt unterworfen sind; ein solcher Verein aber ist seinem Wesen nach ein Staat“ [37]). Und die gleiche Anschauung, in die Sprache der Philosophen übersetzt, liegt wohl der Lehre Hegels zu Grunde, „dass der Staat zwischen Mensch und Menschheit als die einzig volle Person in der Mitte stehe, als sittliche Substanz“ [38]). Diese Anschauung nimmt also

---

[35]) v. Lindgren: „Die Grundbegriffe des Staatsrechts“. Leipzig 1869. S. 71.

[36]) So heisst es ebenda S. 11: „Wer verlangt, der Jurist solle in das öffentliche Recht nicht privatrechtliche Anschauungen übertragen, nicht mit Kategorien des Privatrechts operiren, der verlangt nichts anderes, als dass der Jurist das öffentliche Recht überhaupt nicht zum Gegenstand seiner Betrachtung machen solle, und dies heisst wiederum nichts anderes, als dass das öffentliche Recht und — da auch das Privatrecht öffentliches Recht ist gleichwie das Staatsrecht oder Strafrecht — überhaupt alles Recht nicht Recht sei!!“ — Möglicherweise steckt in dieser verblüffenden Argumentation ein gesunder Kern; aber aus solcher Umhüllung ist er nicht herauszuschälen.

[37]) K. S. Zachariae: „Vierzig Bücher vom Staate“. Umgearbeitete Ausgabe. Bd. I. Heidelberg 1839. S. 59.

[38]) Vgl. Fricker in der Zeitschrift f. d. ges. Staatswissenschaft Bd. XXVIII. (1872) S. 104.

die Existenz zweier völlig heterogenen Arten von Personen an, nämlich des Individuums und des Staates; zwischen beiden giebt es kein selbständiges Mittelglied, keine Verbindung. Physische und moralische Person stehen sich danach so absolut getrennt gegenüber, wie nach der absoluten Staatstheorie Person und Souveränität. In Wahrheit ändert auch diese Auffassung an der absoluten Theorie nichts weiter, als dass sie die Worte „souveräner Staat" durch die Worte „moralische Person" ersetzt. Und diese Aenderung ist durchaus keine Verbesserung; denn sie trägt den absoluten Gegensatz der einander ausschliessenden Begriffe „Persönlichkeit" und „Souveränität" in den einen Begriff der Person hinein, wodurch das Gegentheil gedanklicher Klärung erreicht wird. Mit der doch einmal unleugbaren Existenz der engeren politischen Verbände findet sich diese Anschauung gerade so ab, wie die absolute Staatstheorie: „. . . alle diese Gemeinheiten, z. B. die Land- und Stadtgemeinden bestehen nur im Staate und nur durch den Staat. Sie sind nur Staatsbehörden, nur Abtheilungen der Volksgemeinde. Sie haben nicht kraft eignen Rechts, sondern nur kraft einer ihnen vom Staate ertheilten Vollmacht eine Gewalt über die Gemeindeglieder" [39]). Wie eine solche Auffassung dem innersten Geiste modernen Staatslebens widerspricht, wie sie die realen Erscheinungen der Gestaltung moderner Selbstverwaltungskörper ignorirt, statt sie zu erklären, das ist im V. Abschnitt gegenüber der Souveränitätstheorie des weiteren ausgeführt. Und was im besondern das „eigene Recht" jener Verbände betrifft, so dürfte dieser Punkt nach der im III. Abschnitt erwähnten Untersuchung Rosin's [40]) wohl erledigt sein. Schliesslich sei noch darauf hingewiesen, dass die hier bekämpfte Anschauung für die grosse Zahl sonstiger „moralischer Personen" ausser Gemeinden und Staat offenbar keinen Platz hat und sie nur gewaltsam in ihren Rahmen hineinzwängen kann. Uebrigens offenbart K. S. Zachariae

---

[39]) K. S. Zachariae a. a. O. S. 60.

[40]) Vgl. oben S. 55 und bezüglich der Laband'schen Lehre vom „eigenen Herrschaftsrecht" unten Abschnitt VII.

selbst die absolute Unfruchtbarkeit seiner Theorie, wenn er sagt: „Es ist ebenso wenig möglich, zwischen einem Volke und einer Gemeinde zu unterscheiden, als dass zwei Rechte in der Erfahrung neben einander bestehen, dieselben Menschen mehr als einer Gewalt zugleich unterworfen sein könnten" [41]). Gerade auf diese Unterscheidung kommt es aber für eine Konstruktion, welche die gegebnen Thatsachen des staatlichen Lebens gedanklich erfassen will, an; und eine Theorie, welche mit der Unmöglichkeit dieser Unterscheidung anhebt, erklärt selbst ihre Unbrauchbarkeit.

War demnach die Auffassung des Staates als Person schon früher in der Litteratur hervorgetreten, so hat dieselbe eine schärfere Ausprägung und eine besondere Gestaltung durch v. Gerber erhalten. In der von ihm aufgestellten Formulirung ist die Persönlichkeitstheorie zur Herrschaft gelangt. Gleich im Anfang seiner „Grundzüge des deutschen Staatsrechts" [42]) bezeichnet er den Staat als „die höchste rechtliche Persönlichkeit, welche die Rechtsordnung kennt". Und zugleich hält er es für ein „Verkennen der Stellung des Staates im Zusammenhange der ethischen Ordnungen der Menschheit, wenn man die rechtliche Persönlichkeit des Volkes im Staate als einen abgeleiteten Begriff behandelt, und die Gattung desselben in den juristischen Personen des Privatrechts sucht, indem man den Staat in die Skala der letzteren einreiht". Wenn er aber dann des näheren auf die Konstruktion der Staatspersönlichkeit eingeht [43]), so ruft er dazu doch das „allgemeine Mittel juristischer Konstruktion" zur Hilfe, welches der Jurisprudenz zu Gebote stehe, um ein Wesen „mit der Eigenschaft der Persönlichkeit zu bekleiden"; jenes Mittel, „das, wie es für andere Zwecke dem Privatrecht, so dem Staatsrechte zur Gestaltung der rechtlichen Existenzform der staatlichen Verfügungsmacht offen steht". Weisen diese Aeusserungen offenbar auf die Fiktionstheorie, die künstliche Persönlichkeit hin, so verwahrt sich doch Gerber

---

[41]) Zachariae a. a. O. S. 59.

[42]) v. Gerber „Grundzüge des deutschen Staatsrechts" zuerst 1865. — 3. Aufl. 1880 S. 2 und n. 2.

[43]) Beilage II. „Die Persönlichkeit des Staates". a. a. O. S. 225 fg.

sofort gegen diese Annahme, indem er erklärt, jenes Mittel, ein Wesen mit Persönlichkeit zu bekleiden, erscheine hier nicht, „was es sonst bisweilen (? ?) ist, als eine fremde und willkürliche Zuthat“; sondern es sei „lediglich ein Aussprechen dessen, was bereits thatsächlich in der natürlichen Anlage des Staats vorhanden ist“. Danach muss also Gerber mindestens drei Arten von Persönlichkeit unterscheiden: die natürliche Person des Individuums, die künstliche juristische Person der privatrechtlichen Körperschaften und die natürliche juristische Person des Staates. Und diese drei sollen nach ihm auch nicht Arten derselben Gattung sein. Wenn aber die Persönlichkeit überhaupt ein wissenschaftlicher Begriff sein soll, so muss ihr Wesen im Grunde ein einheitliches sein. Wie der Begriff des Rechts selbst im Grunde ein und derselbe ist im Privat-, Staats- und Völkerrecht, so muss auch der centrale Rechtsbegriff der Person ein einheitlicher auf allen Rechtsgebieten sein [44]).

Wenn nach der mehrfach angezogenen Formulirung Recht die Abgrenzung der Willensmacht der Persönlichkeiten ist, so ist Persönlichkeit jeder Träger einer vom Recht normirten Willensmacht. Eine vom objektiven Rechte normirte Willensmacht nennt man ein subjektives Recht. Demnach ist Person jeder Träger subjektiver Rechte [45]). Gegen diese aus Rosin's

---

[44]) Nur dadurch kann auch die Zerreissung der Staatspersönlichkeit selbst vermieden werden. Vgl. v. Holtzendorff, Handbuch des Völkerrechts Bd. II. S. 5: „Die Völkerrechtspersönlichkeit des Staates ist nur eine Seite seiner Rechtspersönlichkeit, die sich ausserdem als privatrechtliche innerhalb der Vermögenssphäre und als öffentlich rechtliche innerhalb der politischen Beziehungen zu seinen Angehörigen darstellt“.

[45]) Völlig übereinstimmend Laband Staatsrecht 2. Aufl. Bd. I. S. 78: „Der Rechtsbegriff der Person besteht einzig und allein in der Rechtsfähigkeit; die Person im Rechtssinn hat keine andere Eigenschaft als die eine, die ihr ganzes Wesen ausmacht, nämlich Rechtssubjekt zu sein“. Jellinek: „Gesetz und Verordnung“ S. 192: „Das erste juristisch wesentliche Merkmal des Staates ist seine Eigenschaft als Persönlichkeit. Diese besitzt er, weil er einen einheitlichen Willen hat“. Gierke, „Genossenschaftstheorie“ S. 632 Anm.: „Person im Rechtssinne ist ein Wesen stets dann und insoweit, wenn und inwieweit ihm vom Recht die Geltung eines Trägers eigner Willensmacht beigelegt wird“. Aehnlichen Sinn hat auch wohl die Aeusserung Fricker's („Die

eigener Begriffsbestimmung des Rechts mit mathematischer Sicherheit folgende Definition der Person stellt Rosin selbst die Behauptung: Person im Rechtssinne sei ein Wesen, „welchem das Recht einen eignen Lebenszweck und zu dessen Realisirung einen eignen Willen zuerkennt“ [46]). Er zieht also in jenen völlig in sich geschlossnen Syllogismus von aussen her das Zweckmoment hinein. Mit Recht bemerkt hiergegen Gierke[47]), dass Zweck und Wille nicht in gleicher Weise als konstitutive Elemente des Persönlichkeitsbegriffs betrachtet werden können; dass vielmehr die einzig wesentliche Substanz jenes Begriffs die lebendige Willenskraft sei. Wie wenig vor allem mit der organischen Staatsanschauung, welche die Grundlage aller dieser Betrachtungen bildet, die Hineinziehung des Zweckmoments in die Begriffskonstruktion vereinbar ist, wurde bereits oben wiederholt hervorgehoben [48]).

Auch Jellinek[49]) verwirft zunächst auf's entschiedenste die Verwendung des Zweckmoments für die Begriffsbestimmung; aber nur, um sofort die Zweckidee als das konstitutive Element der juristischen Person zu proklamiren. Ihn ebenso wie Rosin drängt dazu die Verlegenheit, an Stelle der Fiktion eine andere Schöpfungskraft für die Bildung nichtphysischer Personen zu finden[50]). Die Ueberzeugung von der Unhaltbarkeit der *persona ficta* verbreitet sich unwiderstehlich[51]); aber die Nach-

---

Persönlichkeit des Staates“ in der Tübinger Zeitschrift Bd. XXV. (1869) S. 38: „Was nach innen eigenes Leben, zusammenhaltende Kraft ist, das ist nach aussen Persönlichkeit“. S. jedoch unten n. 50.

[46]) Rosin, „Recht der öffentlichen Genossenschaft“ S. 92; „Souveränität“ etc. S. 25; vgl. auch Brie, „Theorie der Staatenverbindungen“ S. 4 fg.

[47]) Genossenschaftstheorie S. 631 n. 2.

[48]) Vgl. oben S. 79, 80; dort auch die einschlägigen Aeusserungen Laband's.

[49]) „Gesetz und Verordnung“ S. 192 n. 4.

[50]) Die gleiche Tendenz bei Fricker a. a. O. S. 36.

[51]) Litteraturnachweise s. ausser an den mehrfach citirten Stellen der Werke Gierke's auch bei Jellinek a. a. O. S. 192 n. 5. Selbst Windscheid (Pandekten 5. Aufl. Bd. I. S. 162 n. 3) lässt sich unwillkürlich die Aeusserung entschlüpfen: „Die Ansicht, die Persönlichkeit der Stiftungen und Personenvereinigungen sei etwas nicht natürliches

wirkung ihrer Jahrhunderte langen Herrschaft zeigt sich in der Aengstlichkeit, mit der man den Fortfall der alten Krücke empfindet und nach irgend einem Ersatz dafür sucht. So ergänzt Jellinek seine Behauptung: „Die Persönlichkeit des Staates ist keine fingirte, wie man lange geglaubt hat, sondern in demselben Sinne vorhanden, wie jede Person“ alsbald durch die These: „Es gibt zwei Gattungen Einheiten: physische und Zweckeinheiten“[52]). Diese Ergänzung hebt jedoch ganz unbemerkt jene frühere Behauptung wieder auf, wie aus dem Satze erhellt: „Die juristische Person ist keine Schöpfung der juristischen Konstruktion, sondern eine Bildung des zweckbewussten menschlichen Handelns und Denkens“[53]). Ist denn juristisches Konstruiren nicht auch ein zweckbewusstes menschliches Denken? Man beseitigt die Fiktion nicht, wenn man sie in anderen Worten ausdrückt. Zudem verstösst jener Satz gegen das Hauptprincip organischer Anschauung; denn, wie Jellinek selbst ganz richtig bemerkt, ist der Begriff des Organismus „nur eine Abbreviatur der Thatsache, dass unser dermaliges, vielleicht auch unser dereinstiges Wissen eine Klasse von Objekten und Vorgängen nicht zu erkennen vermag“[54]). Und wenn er an derselben Stelle sagt, dass unsere unvollständige theoretische Erkenntniss die Theile der nicht durch mensch-

---

.... ist in keiner Weise haltbar“. — In der neuesten staatsrechtlichen Litteratur vollends steht Seydel mit der schroffen Behauptung: „Die juristische Person ist eine Fiktion“ („Die neuesten Gestaltungen des Bundesstaatsbegriffs“; in Hirth's Annalen 1876, S. 647 und 653 gegen Hänel und Laband) isolirt da. Er ist ja aber auch konsequenter Weise der Einzige, der die Persönlichkeit des Staates überhaupt leugnet.

[52]) Jellinek a. a. O. S. 192. 193.

[53]) a. a. O. S. 194.

[54]) a. a. O. S. 195 n. 7. Allerdings will Jellinek diesen Begriff des Organischen nur *per analogiam* auf den Staat angewendet wissen. Dies ist irrig; denn der Begriff des Organischen ist kein specifisch naturwissenschaftlicher (vgl. oben S. 143 fg.). Jellinek erkennt als positiven Kern der organischen Staatslehre an, „dass der Staat auf unreflektirter menschlicher That beruht“. Von „menschlicher That“ weiss nun freilich die organische Staatslehre in dieser Hinsicht nichts; aber schon das Wort „unreflektirt“ widerspricht jener oben im Text citirten Behauptung.

liche Willkür erschaffbaren Wesen (d. h. der Organismen) als durch einen Zweck verbunden ansieht, so gesteht er damit ja selbst zu, dass die Heranziehung der Zweckidee auch nichts anderes ist, als eine Fiktion. Der Rechtsbegriff der Person aber bedarf für seine Wesenheit dieser Fiktion nicht. Denn für das Recht giebt es nicht zwei Gattungen Einheiten, physische oder Zweckeinheiten; sondern für dasselbe ist nur eine Einheit erheblich: die des Willens. Ob diese Willenseinheit ihren Sitz in einem physischen Körper hat, ist für das Recht gleichgiltig. Das physische Individuum ist nur die niederste und einfachste Person. Da es zugleich physischer und Rechtsorganismus ist, bezeichnet es die Grenze zwischen Natur- und Rechtswissenschaft. Es ist aber in seiner Eigenschaft als Person nicht realer, als die höheren und complicirteren Rechtsorganismen. Denn der Begriff der Person ist eben ein rechtlicher, kein physischer[55]); er bedarf seinem Wesen nach keines körperlichen oder verkörperten Trägers[56]). Die gegentheilige Ansicht beruht auf der irrigen, aber durch die Autorität Savigny's geschützten Lehre, dass ursprünglich und natürlich der Begriff des Rechtssubjekts d. h. der Person mit dem Begriffe des Menschen zusammenfalle[57]). Wie jedoch der Sklave, in welchem das Recht eine selbständige Willenseinheit nicht erblickt, trotz seiner physischen Erscheinung keine Person ist, so sind andererseits jene Verbände, welche eine selbständige Willenseinheit durchdringt, auch ohne eine sinnlich wahrnehmbare körperliche Hülle wahre und wirkliche Personen. „Uns ist die für sich allein stehende und auf sich selbst bezogene Individualität eine natürliche und wirkliche Lebenseinheit. Aber eine ebenso natürliche

---

55) Jellinek a. a. O. S. 193: „Die Person ist kein Naturwesen, sondern eine Abstraktion. Sie ist nicht identisch mit physischer Individualität".

56) Wenn Gierke (Genossenschaftstheorie S. 631 n. 2) sagt: „Die Person ist eine verkörperte psychische Einheit" u. s. w., so bliebe im Sinne der hier vertretenen Grundansicht Gierke's das Wort „verkörpert" wohl besser fort; denn durch diesen Zusatz wird immer wieder die Idee der Fiktion nahe gelegt.

57) Vgl. Gierke, Genossenschaftsrecht. Bd. II. S. 25. 26.

und ebenso wirkliche Lebenseinheit ist uns jeder menschliche Gattungsverband, der eine Summe von Individuen durch die theilweise Aufhebung ihrer Individualität zu einem neuen und selbständigen Ganzen zusammenfügt ...... Und nicht figürlich, sondern im eigentlichen Wortverstande sprechen wir von Gemeinwesen über den Einzelwesen"[58]).

Die über den Individuen sich erhebenden Gemeinwesen sind reale Personen, weil sie Träger einer vom Rechte normirten eigenen Willenssphäre sind. Der sie durchwaltende Wille ist ihr Wille; die von ihm erzeugten Handlungen sind ihre Handlungen; d. h. alle Personen, gleichviel ob physische oder „moralische", sind gleichmässig willens- und handlungsfähig. „Die Willens- und Handlungsfähigkeit der Körperschaften gilt uns als eine in und mit ihrer Persönlichkeit gegebene Wirklichkeit. Uns scheint das Recht gerade nur desshalb den Gemeinwesen Persönlichkeit zuzuschreiben, weil es sie als Träger eines einheitlichen und beständigen Gemeinwillens ansieht. Hier wie beim Einzelmenschen erblicken wir in dem als verursachende Kraft der äusseren Bewegungen gesetzten Willen den Kern der Rechtssubjektivität. Nach unserer Auffassung empfängt daher zwar die Willens- und Handlungsfähigkeit der Verbände wie der Individuen erst durch das Recht den Charakter einer rechtlichen Fähigkeit; wird aber vom Recht nicht geschaffen, sondern vorgefunden und nur in Ansehung ihrer rechtlichen Geltung zugleich anerkannt und begrenzt"[59]). Wohl bedienen sich die Verbandspersonen bei Fassung und Aus-

---

[58]) Gierke in der Zeitschrift für die gesammte Staatswissenschaft. Bd. XXX (1874) S. 302. — Zu welchen Konsequenzen die hier bekämpfte Anschauung in ihrer philosophischen Generalisirung führt, zeigt die Aeusserung Schopenhauers (Parerga; sämmtl. Werke Bd. V. S. 219): „Nicht in der Weltgeschichte, wie die Professorenphilosophie es wähnt, ist Plan und Ganzheit; sondern im Leben des Einzelnen. Die Völker existiren ja bloss *in abstracto*; die Einzelnen sind das Reale" So vertritt der Verfasser der „Welt als Wille und Vorstellung" gegenüber der Persönlichkeit als Wille die romanistische Person als Vorstellung! — Für die hier vertretene Ansicht s. auch Bähr, der Rechtsstaat S. 28.

[59]) Gierke „Genossenschaftstheorie". S. 608. 609. — Vgl. auch Bähr loc. cit.

führung ihrer Entschlüsse bestimmter Organe. Wenn aber Jellinek meint: „Es steht damit nicht anders, wie wenn der eines natürlichen Organes Entbehrende einen künstlichen Ersatz für dasselbe erhält“[60]), so ist diese abermalige Heranziehung der Künstlichkeit d. h. der Fiktion ebenso charakteristisch als falsch. Die romanistische Doktrin hat die Verbandspersonen unter die Unmündigen und Wahnsinnigen versetzt; Jellinek rechnet sie unter die Krüppel. Aber so wenig die Gemeinwesen in Wahrheit der *jura minorum* bedürfen, so wenig auch der Krücken. Vielmehr steht es mit den Organen der Verbandspersonen nicht anders, als mit den natürlichen Organen der Individuen. Der einzige Unterschied liegt darin, dass die Individuen als physische Organismen mit ihren Organen physisch; die Gemeinwesen als rechtliche Organismen mit ihren Organen rechtlich zusammenhängen. „Die Gliedperson vertritt als Organ innerhalb ihrer verfassungsmässigen Funktion die Gesammtperson juristisch so, wie das Auge im Sehen oder die Hand im Schreiben den Menschen vertritt“[61]). So wenig man daher dem Menschen die Fähigkeit zu sehen oder zu schreiben absprechen kann zu Gunsten seines Auges oder seiner Hand, so wenig kann man den Gemeinwesen die Fähigkeit zu wollen und zu handeln absprechen zu Gunsten ihrer Organe. Wer dies, wie z. B. ausdrücklich Sarwey[62]), dennoch thut, der verlegt die Realität staatlichen Wollens und Handelns durch eine unter Umständen recht lange Kette von Vertretungen an einen Punkt, wo er sie selbst kaum suchen würde. Denn die Organe der Gemeinwesen und besonders des Staates sind vielfach auch

---

[60]) Jellinek „Gesetz und Verordnung“, S. 193. — Noch schroffer Sarwey „Das öffentliche Recht“ etc., S. 12: „Das Volk als Persönlichkeit hat die Fähigkeit zu handeln nur in den Einzelnen, welche seine Organe sind“. Daraus fliesst dann sofort die für das Wesen des Rechts überhaupt höchst bedenkliche Konsequenz: „Seine Organe, ein Einzelner oder eine Mehrheit von Einzelnen setzen und schützen das Recht; und hiermit wird das Recht zum Produkt des Willens der Einzelnen“! Vgl. auch unten im VIII. Abschnitt.

[61]) Gierke: „Laband's Staatsrecht“ etc. in Schmoller's Jahrbuch 1883. H. 4. S. 43.

[62]) Siehe n. 60.

wieder Mehrheiten von Individuen, für welche wiederum ihre Organe wollen und handeln müssten u. s. w., bis schliesslich vielleicht der ausfertigende Beamte oder eigentlich sein Gehirn und seine Hand als der reale Träger des Staatswillens und der Staatshandlungen erscheint. In Wahrheit verschliesst man sich jedes Verständniss des Gemeinheitslebens der Menschen und des staatlichen Lebens im besondern, wenn man die Thatsache abweist, dass es einen von dem Willen seiner Organe specifisch verschiedenen Willen des Staates giebt. Jeder Blick auf das uns umgebende politische Leben muss aber diese Thatsache erhärten. Und das Recht selbst tilgt jeden Zweifel daran, indem es die Deliktsfähigkeit der Verbandspersonen, als welche doch die entschiedenste eigene Willens- und Handlungsfähigkeit derselben zur selbstverständlichen Voraussetzung hat, zur Geltung bringt. In schroffstem Widerspruche gegen die romanistische Personentheorie, für welche konsequenter Weise die Deliktsunfähigkeit juristischer Personen ein unantastbares Axiom sein musste, hat die neuere Wissenschaft seit Beseler die Möglichkeit eigener Delikte der Körperschaften betont[63]). Wie diese Auffassung im Gebiete des bürgerlichen Rechts mehr und mehr nicht nur die Theorie durchdringt, sondern auch der herrschenden Lehre zum Trotz in die Praxis der höchsten Gerichte Eingang findet, weist Gierke in seinem Werke: „Die Genossenschaftstheorie und die deutsche Rechtsprechung“ überzeugend nach[64]). Vollends im Bereiche des öffentlichen Rechts kann die Deliktsfähigkeit der Gemeinwesen kaum noch einem Zweifel unterliegen; stände die entgegengesetzte Ansicht in unvereinbarem Widerspruch mit den positiven Satzungen. Aus dem staatlichen Aufsichtsrechte über die Gemeinden fliessen Strafen, welche sich gegen die Gemeinden selbst, nicht gegen ihre Organe richten, und daher doch offenbar auch Delikte der Gemeinden selbst, nicht ihrer Organe zur Voraussetzung haben. So vor allem die Auflösung der Stadtverordnetenversamm-

---

[63]) Litteraturnachweise s. bei Gierke „Genossenschaftstheorie“. S. 748 n. 2.

[64]) a. a. O. S. 743—808.

lungen[65]), welche ein Eingriff in das Recht der Stadt selbst, nicht ihrer Vertreter ist[66]). „Ihrem Begriffe und Zwecke nach wendet sich die staatliche Aufsicht über Kommunalverbände an den Selbstverwaltungskörper als Korporation und juristische Persönlichkeit; nicht an die einzelnen, dieselben vertretenden physischen Personen“[67]). — Wenn möglich noch schärfer tritt die Deliktsfähigkeit der Einzelstaaten und die gegen sie selbst, nicht gegen ihre Organe sich richtende Strafgewalt des Reiches hervor. „Dem Staat gegenüber macht das Reich sein obrigkeitliches Herrschaftsrecht geltend, und wenn es zur zwangsweisen Durchführung kommt, wird die Exekution gegen den widerspänstigen Staat vollstreckt. Von derselben betroffen werden alle Mitglieder desselben, schuldige und unschuldige, ohne Rücksicht darauf, ob sie gerade an der Verletzung der Reichsgesetze Theil genommen haben oder nicht. Sie werden von der Exekution des Reiches betroffen, weil sie Mitglieder des Staates sind, der seine Bundespflichten nicht erfüllt, und weil das Reich seine Herrschaftsrechte gegen diesen Staat zur Geltung bringt“[68]). Deutlicher kann es nicht vor Augen geführt werden, dass der zu Strafende, also auch der Delinquent, also auch der eigentliche Träger des Wollens und Handelns das Gemeinwesen selbst als psychische Einheit, als Person ist und nicht die physischen Personen, welche ihm als Organe dienen. — Endlich ist auch in den internationalen Beziehungen der Staaten deren Haftung aus unerlaubten Handlungen d. h. ihre Deliktsfähigkeit vom Völkerrecht allgemein anerkannt[69]). Gerade

[65]) Städteordnung für die östlichen Provinzen Preussens vom 30. Mai 1853. Tit. X. § 79; ebenso in den anderen preussischen Städteordnungen.

[66]) Vgl. v. Stengel: Lehrbuch des deutschen Verwaltungsrechts (1886) S. 154.

[67]) Ebenda; hierin sieht v. Stengel einen wesentlichen Unterschied des Aufsichtsrechts von der Disciplinargewalt.

[68]) Laband, Staatsrecht. 2. Aufl. Bd. I. S. 74; vgl. auch ebenda S. 105.

[69]) Vgl. Bulmerincq in Marquardsen's Handbuch I. Bd. 2. Hbd. S. 310; — Heffter-Geffcken: „Völkerrecht.“ 7. Ausgabe. S. 217 fg.; — v. Holtzendorff: „Handbuch des Völkerrechts“. Bd. II. S. 70 fg. —

auf diesem Gebiet kommen nicht die Organe oder Bürger der Staaten, sondern fast nur diese selbst als wollend und handelnd in Betracht.

Nach alledem ergiebt sich uns also als Begriff der Person: eine psychische Einheit, welche Trägerin einer vom Rechte normirten Willenssphäre ist. Diese Einheit als solche ist willens- und handlungsfähig; sie ist in ihrer Existenz ebenso real und lebendig, wie der einzelne physische Mensch; denn dieser ist nicht wegen seiner körperlichen Erscheinung, sondern wegen seiner Willensfähigkeit eine Person. Auch die nichtphysische Person bedarf zur Anerkennung ihrer Existenz weder einer Fiktion noch der Heranziehung des Zweckmoments. Und dieser einfache Begriff der Person ist ein und derselbe für alle Gebiete des Rechts. Aus diesem von ihm anerkannten Begriffe der Person folgert nun Laband die Unhaltbarkeit der Beseler-Gierke'schen Personentheorie; damit begründet er die Identität von Person und Individuum. Er sagt: „Jede Person ist eine Einheit, d. h. etwas logisch Untheilbares, ein Individuum. Es kann keine andere Auffassung der Person geben, als eine individualistische; denn die Leugnung der Individualität ist zugleich die Verneinung der Persönlichkeit ..... Das Recht, welches die Gesammtheit zur selbständigen Trägerin von Rechten und Pflichten, also zur Person, constituirt, setzt sie dadurch der Vielheit als eine begrifflich von ihr verschiedene Einheit gegenüber, es hebt „die Durchdringung der Einheit durch die Vielheit" logisch auf, es macht aus der Summe von Sonderexistenzen eine neue Grundeinheit, innerhalb deren es keine Vielheit giebt". Mit dem von Gierke selbst als Centralpunkt des Staatsrechts anerkannten Begriffe der Persönlichkeit sei es „unvereinbar, sie in Theile zu zerlegen, die ebenfalls wieder Personen sind; denn dadurch wird der Gesammtverband aus einer Einheit zu einer Summe von Einheiten degenerirt, d. h. seine Persönlichkeit aufgehoben"[70]).

Jellinek „Staatenverbindungen", S. 49 fg. sieht in dieser Deliktsfähigkeit ein Specificum des Staates gegenüber anderen „juristischen Personen".

[70]) Laband: Staatsrecht. 2. Aufl. Bd. I. S. 78. 79.

Diese Auffassung zeigt in der That, dass Gierke nur allzu Recht hat, wenn er seine Theorie als eine für das privatrechtliche Denken unfassliche bezeichnet [71]). Zwar meint Laband, es gebe keine Besonderheiten des privatrechtlichen Denkens [72]). Wenn man aber täglich in Litteratur und Leben beobachten kann, wie ungemein schwer es gewiegten Civilisten wird, sich in den Ideengang, die Begriffe und Ziele des öffentlichen Rechts einzuleben, so muss die schon an sich naheliegende Ueberzeugung bestärkt werden, dass die Beschäftigung mit fundamental verschiedenen Rechtsgebieten auch eine verschiedene Technik des Denkens auszubilden vermag. Und Laband beweist durch seine obige Ausführung, dass selbst er, der sich im Reiche des Staatsrechts so ehrenvoll Bürgerrecht erworben, zu Zeiten noch im heimischen Dialekt des Privatrechts spricht und denkt. Allerdings führt der Umstand, dass die meisten allgemeinen, sämmtlichen Rechtsgebieten gemeinsamen Rechtsbegriffe herkömmlich im System des Privatrechts entwickelt werden, leicht zu Irrungen. Da gilt es, sorgsam zu scheiden. So ist der Begriff der Person als solcher — wie schon oben betont wurde — ein allgemeiner Rechtsbegriff; ihre Identificirung mit dem Individuum jedoch eine privatrechtliche Eigenthümlichkeit; denn das Privatrecht ist überwiegend Individualrecht und kennt als solches den Begriff des Organischen meist nur als zierendes Bild [73]). Im Begriffe des Organismus aber liegt die Ueberwindung jener Identität von Person und Individuum. Das öffentliche Recht, als welches ausschliesslich Sozialrecht ist, basirt völlig auf dem Wesen des Organischen; und dies ist hier kein Bild noch Analogon, sondern das wahre und wirkliche Wesen der Dinge. Desshalb haben wir diesen Erörterungen über die Personentheorie die Darlegung der organischen Anschauung vorausgeschickt. Wären Person und Organismus Gegensätze,

---

[71]) Schmoller's Jahrbuch 7. Jhg. (1883) H. 4. S. 32.

[72]) a. a. O. S. 79 n. 1.

[73]) Charakteristisch für die individualistische Auffassung des Privatrechts ist die Definition des Preuss. Landrechts § 1, Tit. 1, Th. I: „Der Mensch wird, insofern er gewisse Rechte in der bürgerlichen Gesellschaft geniesst, eine Person genannt".

so hätte Fricker[74]) Recht, indem er für den Staat die erstere Bezeichnung zu Gunsten der letzteren verwirft. In Wahrheit sind sie jedoch keine Gegensätze, sondern verhalten sich vielmehr zu einander wie die Art zur Gattung; denn — jede Person ist ein Organismus [75]).

Im Anschluss an die naturwissenschaftliche Erklärung Hyrtl's haben wir oben als das auch in der Staatswissenschaft wirksame Wesen des Organischen die Vereinigung von an sich heterogenen Theilen zu einem lebensfähigen Ganzen, dem Organismus, erkannt. Wohl muss jeder organische Theil seine partielle Existenz den Existenzbedingungen der Gesammtheit unterordnen; aber zugleich hängt wieder jedes Glied mit allen übrigen so zusammen, dass „keines aufgehoben werden darf, ohne den Begriff des Ganzen zu stören". Demgemäss beruht das begriffliche Wesen des Organismus gerade darauf, dass er eine Einheit in der Vielheit ist; für die gedankliche Erfassung dieses Wesens ist es erforderlich, die beiden Seiten, Einheit und Vielheit, im Auge zu behalten; denn die blosse Vielheit ist ein unorganisches Nebeneinander, die blosse Einheit ist eine ungegliederte, unorganische Masse; erst die „Durchdringung der Einheit durch die Vielheit" schafft einen Organismus. Wenn nun — wie wir oben gesehen — die organische Anschauung unmöglich sich auf den Staat beschränken kann, vielmehr sich auf das Wesen der Person überhaupt erstrecken muss, so kann man logisch zur Erkenntniss dieses Wesens der Person nicht — wie Laband es will — gelangen, indem man sich die Vielheit gegenüber der Einheit „wegdenkt"; sondern man muss eben auch die Person, als welche ein Organismus ist, als Einheit in der Vielheit zu erfassen suchen; beide Seiten des organischen Wesens im Auge behaltend. Daher ist zwar jede Person eine Einheit, und nur weil sie dieses ist, ist sie eine Person; aber sofern sie auch ein Organismus ist, insofern ist die Vielheit ihrer Glieder für ihren Begriff wesentlich. Physisch

---

[74]) „Die Persönlichkeit des Staates" in der Tübinger Zeitschrift. Bd. XXV (1869).

[75]) Vgl. oben S. 146.

betrachtet ist eigentlich eine Person niemals ein Individuum. „Alles, was wir als Individuum bezeichnen, ist vom naturalistischen Standpunkte aus betrachtet ein Collektivum. Die natürliche Einheit, das Atom, hat gar keine anschauliche Existenz“[76]). In der Welt des Organischen ist eigentlich nur das Protoplasma, die Urzelle, ein Individuum; nur sie ist „etwas logisch Untheilbares“; denn nur sie setzt sich nicht aus Theilorganismen zusammen. Alle höheren Organismen sind organisch verbundene Zellenconglomerate; und es folgt aus dem Wesen des Organischen, dass die Eigenschaft, ein eigener Organismus und Theil eines höheren Organismus zu sein, keine Gegensätze sind. Der höchste physische Organismus ist der Mensch; hier endet das Gebiet der Naturwissenschaft. Aber diese darwinistische Theorie muss, wie Gierke[77]) treffend bemerkt, „nothwendig von der Anschauung ausgehen, dass dasselbe natürliche Entwicklungsgesetz, welches den Organismus der Einzelwesen bis zur Hervorbringung des Menschen gesteigert und vervollkommnet hat, jenseits dieser Grenze den Organismus des menschlichen Gemeinlebens zeugt und gestaltet. Sie wird, je mehr sie den Organismus des Individuums gesellschaftlich auffasst, um so leichter das gesellschaftliche Gemeinwesen organisch erklären“.

Das Gebiet der Rechtswissenschaft bilden ausschliesslich die Beziehungen der Menschen unter einander; hört die Naturwissenschaft beim Menschen auf, so fängt die Rechtswissenschaft bei ihm an; seine Zusammensetzung fällt als eine physische nicht in ihr Bereich. Daher ist der Mensch für die Jurisprudenz, wie die Urzelle für die organische Naturlehre, ein Individuum, etwas logisch Untheilbares. Wie aber die organische Naturlehre mit der Urzelle eben nur beginnt und ihre Gliederung zu höheren Organismen verfolgt, so erschöpft sich die Jurisprudenz nicht in der Betrachtung des Individuums, sondern verfolgt die Organisirung der Individuen zu Personen höherer Ordnung. Und wie trotzdem Wesen und Begriff des Organis-

[76]) Jellinek: „Gesetz u. Verordnung“. S. 193.

[77]) „Grundbegriffe des Staatsrechts“, Zeitschrift f. d. ges. Staatswissenschaft. Bd. XXX. S. 286.

mus im Grunde das eine und gleiche ist auf allen Stufen der langen Entwicklungsreihe, so ist auch Begriff und Wesen der Person das eine und gleiche, ob es sich nun um ein Einzelwesen oder um eines aus der aufsteigenden Reihe der Gemeinwesen handelt. Und wie es kein Widerspruch, sondern eine Folge der organischen Eigenschaft ist, dass ein und dieselbe Bildung zugleich ein eigener Organismus und Organ eines höheren Organismus sein kann, so ist es kein Widerspruch, sondern eine Folge der organischen Personentheorie, dass ein und dasselbe Wesen zugleich eine eigene Person und Glied einer höheren Verbandsperson ist [78]). Ja, im Rechts- und Staatsleben bildet dies Verhältniss — wenn wir von der Beziehung der „unabhängigen" Staaten zur Völkerrechtsgemeinschaft zunächst noch absehen — die ausnahmslose Regel. Wenn es also Laband für unvereinbar mit dem Begriff der Persönlichkeit erklärt, sie in Theile zu zerlegen, die ebenfalls wieder Personen sind, so bedingt vielmehr gerade im Gegentheil der organische Aufbau menschlicher Gemeinschaft dies Verhältniss, dass jede Person als solche zugleich ein organischer Theil einer höheren Verbandsperson ist. Das eben ist die viel angefeindete „Durchdringung der Einheit durch die Vielheit", das Grundprincip organischer Anschauung, ohne welche alles Recht im Individualrecht stecken bleibt.

„Indem der Mensch von Hause aus sein Dasein zugleich als Einzelleben und als Gemeinleben führt und empfindet, vermag er seinen Willen zu spalten und dem Bereich des Fürsichseins der Einzelwillen ein Gebiet ihrer Verbundenheit zum Gemeinwillen gegenüberzustellen. So producirt er gesellschaftliche Körper, die ein den Individualwillen der Glieder gegenüber selbständiger Wille des Ganzen durchherrscht und zu einheitlichem Leben befähigt" [79]). Diese Verbandspersonen sind

[78]) „Von vorn herein bezog sich die deutsche Persönlichkeit nicht bloss auf sich selbst, sondern zugleich auf höhere Gemeinheiten, für welche sie Glied und Trägerin war". Gierke, Genossenschaftsrecht. Bd. II. S. 37. Dort s. auch die näheren rechtshistorischen Belege.

[79]) Gierke, Genossenschaftstheorie, S. 24. 25. — Vgl. auch Bähr, „Rechtsstaat", S. 28 u. 31 fg.

also aus Vielheiten sich organisch zusammensetzende Einheiten. In einer gewissen Richtung kommen dieselben nur als Einheiten in Betracht; nämlich nach aussen, in den Verhältnissen, für welche die innere Gestaltung und Natur gleichgiltig ist. Wie bei den physischen Gebilden, sofern man sie nur äusserlich als unverbunden neben einander stehend betrachtet, kein Unterschied ist zwischen dem einzelligen Lebewesen und dem complicirtesten Organismus, so erscheinen nach aussen, für das unorganische Nebeneinander alle Rechtssubjekte als gleichartige Personen. Im Gebiete des Rechts entspricht diese Betrachtungsweise den wirthschaftlichen Beziehungen der Menschen, d. h. dem Privat- oder enger und richtiger dem Individualrecht [80]).

Wie aber die Naturlehre, wenn sie das innere Wesen der Organismen zu erkennen sucht, nicht nur ihre Einheit, sondern vor allem die Art ihrer Zusammensetzung und Gliederung aus der Vielheit der organischen Theile betrachtet, so muss die Jurisprudenz, wenn sie das innere Rechtsleben der Gemeinwesen erkennen will, dieselben nicht — nach Laband's Anschauung — als „eine Grundeinheit, innerhalb deren es keine Vielheit giebt", betrachten; sondern ihr Augenmerk gerade auf die Art und Gliederung der Theilpersonen zu einer Gesammtperson richten. Hier wie dort handelt es sich um eine organische Verbindung, nur mit dem einzigen Unterschiede, dass das verbindende Band dort ein physisches, hier ein rechtliches ist. Die Erforschung und Darstellung dieses Rechtsbandes ist die einzige Aufgabe, der gesammte Inhalt des Sozialrechts und damit auch des öffentlichen Rechts, als welches ausschliesslich Sozialrecht ist. Lediglich der Gedanke, dass es sich um die rechtlich-organische Verbindung von Theilpersonen zu einer Gesammtperson handelt, vermag die specifischen Rechte und correlaten Pflichten des öffentlichen Rechts zu erklären [81]). Laband meint [82]): „Rechtsverhältnisse unter mehreren

---

[80]) Privat- und Individualrecht decken sich nicht; ersteres umschliesst nach den herkömmlichen Systemen auch Provinzen des Sozialrechts: Familie, juristische Personen.

[81]) Ueber die Art, wie Gerber Rechte der beherrschten Objekte

Personen können überhaupt nicht gedacht werden, wenn man nicht die betheiligten Personen als von einander begrifflich verschieden und unabhängig sich vorstellt“. Aber alle Rechtsverhältnisse, welche sich aus dieser Vorstellung ableiten lassen, erschöpfen sich in den Kreisen des privatrechtlichen Sachen- und Obligationenrechts; diese Vorstellung versagt völlig, sobald es sich um die gedankliche Erklärung eines publicistischen Rechtsverhältnisses handelt. So würde z. B. das Recht des Staates auf die Steuer- und andern Leistungen der Bürger, das Recht dieser auf den Schutz des Staates, wenn man mit Laband die Person des Staates und die Personen seiner Bürger „als von einander begrifflich verschieden und unabhängig sich vorstellt“, sich nur als eine Art der Dienstmiethe konstruiren lassen. Wie unzutreffend eine solche Konstruktion wäre, braucht kaum gesagt zu werden. Und doch gehen alle Rechte und Pflichten zwischen begrifflich verschiednen und unabhängigen Personen schliesslich nothwendig auf die Formel *„do ut des“; „do ut facias“* zurück[83]). In Wahrheit entspringen die Leistungspflicht des Bürgers gegenüber dem Staat, die Schutzpflicht des Staates gegenüber dem Bürger aus dem organischen Zusammenhange, in welchem beide stehen. Die Personen der Bürger als Theile der Gesammtperson des Staates sind die Zellen, welche dem sie umschliessenden Organismus Nahrung zuführen; und die Gesammtperson des Staates schützt die Gliedpersonen der Bürger als integrirende Theile ihres eignen Selbst. Vollends jene höchste Hingabe bis zur Aufopferung des Lebens selbst, welche der Staat von seinen Bürgern fordert, der Bürger seinem Staate schuldet, ist unter dem Gesichtspunkte der rechtlichen Beziehung zwischen begrifflich verschiednen und unabhängigen Personen einfach ein Unding; denn die unbedingte Voraussetzung der Verpflichtung einer unabhängigen Person gegen-

---

gegen das sie beherrschende Subjekt zu konstruiren versucht vgl. unten Abschnitt VII.

[82]) a. a. O. S. 78.

[83]) Dies gilt selbstverständlich nicht vom Familienrecht, welches als Sozialrecht es eben nicht mit „begrifflich unabhängigen“ Personen zu thun hat.

über einer von ihr verschiednen Person ist die Erhaltung der eignen Existenz. Eine *obligatio moriendi* lässt sich vom individualistischen Standpunkte aus nicht konstruiren. Und doch handelt es sich hier um eine zweifellose Rechtspflicht; man darf die Frage nicht in das nebelhafte Reich der Moral verweisen. Aber es ist eine Pflicht des organischen Sozialrechts; die Pflicht jedes organischen Theils, seine partielle Existenz den Existenzbedingungen des Gesammtorganismus unterzuordnen. So kann vom niedersten zum höchsten die ganze Fülle öffentlich-rechtlicher Verhältnisse nur begriffen werden, wenn man Gliedperson und Gesammtperson nicht unorganisch neben einander, sondern organisch in einander stehend betrachtet [84]. Und entgegen der Meinung Laband's [85]: „— wenn man sich einander berechtigte und verpflichtete Subjekte vorstellt, so ist es eine damit unvereinbare Vorstellung, dass eines derselben ein Theil des anderen sei" — muss eine richtige organisch-sozialrechtliche Auffassung zu der Erkenntniss führen, dass man die Eigenart der Rechte und Pflichten zwischen Subjekten des öffentlichen Rechts nur erfassen kann, wenn man eines derselben als Theil des anderen (resp. beide als Theile eines höheren Ganzen) betrachtet.

Wie die individualistische Anschauung stets im Privatrecht stecken bleibt, so vermag sie auch nicht, die alte Krücke der

---

[84]) Nicht ganz klar in der Form, aber im Sinne ganz übereinstimmend Fricker (Tübinger Zeitschrift Bd. XXV, S. 41): „In staatlichen Verhältnissen die Person des Staates der Person des Staatsbürgers gegenüberstellen ist unlogisch, weil ja zum Staat auch der Staatsbürger gehört, somit der Staatsbürger als Glied des Ganzen sich selbst als Glied des Ganzen entgegengesetzt wird ..... Das Ganze ist freilich etwas andres als der Theil; aber es kann nicht auf der einen Seite das Ganze, auf der andern der Theil stehen; sonst wäre ja der Theil ausserhalb des Ganzen und das Ganze könnte sein ohne den Theil". — Vgl. auch O. Bähr: „Der Rechtsstaat". S. 19: „Dem Privatrecht, d. h. demjenigen Rechtsgebiet, in welchem das Individuum als solches in Betracht kommt, lässt sich ein allgemeineres Rechtsgebiet gegenüberstellen, in welchem der Mensch als organisches Glied je eines grösseren Ganzen in Betracht gezogen wird, so dass hieraus Rechte und Pflichten für ihn entstehen".

[85]) a. a. O. S. 79 n. 1.

Fiktion zu entbehren. Wer Person und Individuum identificirt, der muss in der Personifikation eines Verbandes, welcher nun doch einmal kein Individuum ist, schliesslich immer einen Kunstgriff der juristischen Technik, d. h. eine Fiktion erblicken. In Wirklichkeit erheben sich die Subjekte des öffentlichen Rechts in organischem Aufbau über einander, indem stets die nächst höhere Kategorie die niederen umschliesst. Nur eine Personentheorie, welche — wie die im obigen entwickelte — dieses thatsächliche Verhältniss zum Angelpunkt der begrifflichen Erfassung macht, ist eine wahrhaft realistische; bei ihr allein deckt sich Theorie und Wirklichkeit, und sie bedarf zu deren Vermittlung keiner Fiktion. Denn die für den Begriff der Person wesentliche Einheit des Willens ist bei den Gemeinwesen — wie oben ausgeführt worden — nicht fiktiv, sondern wirklich vorhanden. Aber während die organische Zusammensetzung dieser Einheit bei den Individuen eine physische, also für das Recht unsichtbare ist, ist sie bei den Verbandspersonen eine rechtliche, also für das Recht wesentlich zu beachtende. Wer diesen Unterschied leugnet und die Gemeinwesen den Individuen gleichsetzt, der setzt sie eben als etwas, das sie in Wahrheit nicht sind, d. h. er bedient sich einer Fiktion. An dieser Thatsache wird auch durch das abstrakte Glaubensbekenntniss: die sog. juristische Person sei keine Fiktion, nichts geändert. Laband bekennt sich zu diesem Axiom, und trotzdem führt seine individualistische Anschauung die Fiktion durch die Hinterthür wieder ein. Er sagt: „Wer sich z. B. die Stadt Berlin als juristische Person vorstellt, abstrahirt dadurch von der Vorstellung der einzelnen Einwohner Berlins; er kann diese Vorstellung überhaupt nicht anders gewinnen, als dass er sich die einzelnen Einwohner wegdenkt, nicht als wären sie überhaupt nicht vorhanden, aber so, dass sie etwas von der Vorstellung der Stadt Berlin Verschiedenes sind“. Der hier geforderte Gedankenprocess ist aber gar nichts anderes, als eine Fiktion. Wohl ist die Stadt Berlin als Gesammtperson etwas andres, als die unorganisch neben einander stehend gedachte Summe ihrer Bürger; sie ist die auf dem Gemeindegebiet zu einem einheitlichen Gemeinwesen organisirte Vielheit der Bürger. Aber „wegdenken“ kann man sich diese Vielheit der Bürger nicht, — auch nicht in Laband's Sinne so, dass sie etwas von der Stadt verschiednes seien, — ohne der Gesammtperson ihren realen, lebendigen Inhalt zu rauben und sie zu einem fingirten, leblosen Schemen zu machen. Denn denkt man sich die Bürger weg, so bleibt von der Stadt Berlin nichts übrig, als ein Stück der leblosen Natur; und ein solches kann doch nun und nimmer Träger einer eignen Willenssphäre, niemals Rechtssubjekt, Person sein. Zwischen jenem Stück Land und den davon verschiednen Personen der Bürger könnten niemals Rechts- und Pflichtverhältnisse bestehen. Das Rechtsband, welches — ein Theil des öffentlichen Rechts — die Stadt Berlin mit ihren Bürgern verbindet, findet seine begriffliche Erklärung nur darin, dass die Personen der letzteren integrirende Theile jener Gesammtperson sind; dass der die Gesammtperson erfüllende Gemeinwille sich organisch bildet aus Willenspartikeln der von ihr umschlossnen Gliedpersonen.

Und genau ebenso steht es mit den Beziehungen der Gliedstaaten zum Reiche. Laband meint: „Die Vorstellung des Reiches als eines Subjekts von selbständigen öffentlichen Rechten und Pflichten kann demnach nicht anders gewonnen werden, als dass man von den Gliedstaaten abstrahirt, sie „wegdenkt“, sie als vom Reich verschiedne Persönlichkeiten ihm gegenüberstellt und sonach das Reich nicht als eine zusammengefasste Vielheit, sondern als eine von sämmtlichen Gliedstaaten, auch von der Summe derselben, verschiedne Einheit erkennt“. Dass das Reich in solcher Trennung von den Gliedstaaten als besondres Wesen thatsächlich nicht existiren könne, giebt Laband selbst zu. Also ist diese Vorstellung doch wohl eine Fiktion. Freilich warnt Laband Jeden, den es angeht, vor einer polemischen Kritik dieser seiner Ansicht, indem er ihn *a priori* als einen „der geistigen Arbeit mit logischen Begriffen nicht mächtigen oder nicht gewöhnten“ Menschen hinstellt. In der Hoffnung, dass dieses Urtheil *in contumaciam* nicht ohne weiteres rechtskräftig wird, wagen wir es trotzdem, zu behaupten, dass Laband's „Abstraktion mit den thatsächlichen Verhältnissen in Widerspruch stehe“. Denn der thatsächliche Unterschied, welcher zwischen dem Reiche als einem aus Staaten zusammengesetzten Staate und einem einfachen Staate besteht, muss auch in einer wahrhaft realistischen und nicht fiktiven Theorie der staatsrechtlichen Persönlichkeit des Reiches zum Ausdruck kommen. Dies kann aber nur geschehen, wenn man das Reich als eine organisch „zusammengefasste Vielheit" betrachtet, als eine organische Einheit, welche eben die Einheit sämmtlicher Gliedstaaten und nicht etwas von dieser verschiednes ist. Etwas einerseits von den einzelnen Staaten, andrerseits von deren Organisation zur Gesammteinheit begrifflich Verschiednes giebt es einfach nicht; und jede Vorstellung eines solchen, thatsächlich nicht vorhandnen Etwas ist eben eine Fiktion. Diese Fiktion ist aber nicht nur als solche verwerflich, sondern vor allem desshalb, weil sie die gedankliche Erfassung und Konstruktion der zwischen dem Reich und seinen Gliedstaaten bestehenden publicistischen Rechtsverhältnisse — und darauf kommt es doch gerade an — nicht erleichtert, sondern vielmehr geradezu unmöglich macht. Laband sagt: „Wenn man sich die Gliedstaaten als Theile des Bundesstaats vorstellt, dann abstrahirt man von ihrer Eigenschaft als Subjekte; wenn man sie sich aber dem Bundesstaat gegenüber als berechtigte und verpflichtete Subjekte vorstellt, dann abstrahirt man von ihrer Eigenschaft als Theile desselben". Die beiden Theile dieses Satzes heben sich gegenseitig auf. Denn die Vorstellung der Gliedstaaten als Theile des Bundesstaats besteht — sofern sie eine juristische ist — doch eben darin, dass die Gliedstaaten als Theile Rechte und Pflichten gegenüber dem Reiche haben, d. h. aber, dass sie Subjekte sind. Eine juristische Betrachtung der Gliedstaaten kann niemals davon abstrahiren, dass sie Subjekte sind; denn ohne diese Eigenschaft wären sie eben keine Rechtsträger, könnten sie in keinem Rechts- und Pflichtverhältnisse zum Reiche stehen. Bei Erfassung dieser Rechts- und Pflichtverhältnisse wiederum kann man nicht von der Eigenschaft der Gliedstaaten als Theile des Reichs abstrahiren; denn der begriffliche Unterschied dieser Rechtsverhältnisse von denjenigen, welche sonst zwischen verschiednen, von einander unabhängigen Staaten bestehen, beruht einzig und allein darauf, dass die Gliedstaaten Theile des Reiches sind. Wenn z. B. Art. 2 R.-V. bestimmt, dass die Reichsgesetze den Landesgesetzen vorgehen, so ist diese für das ganze Verhältniss grundlegende Bestimmung vom individualistischen Standpunkt aus einfach unkonstruirbar. Denn in dieser Bestimmung kommt das Princip der Herrschaft, der Ueberordnung eines Willens über den andern, zum Ausdruck; und dieses Princip ist ein specifisch publicistisches oder besser organisch-sozialrechtliches, für welches innerhalb des Individualrechts absolut kein Raum ist. Laband selbst giebt dies zu, indem er sagt[86]: „Das Privatrecht kennt eine Herrschaft nur über Sachen[87]; . . . . freien Personen gegenüber kennt es nur Forderungen, welche kein Zwangsrecht gegen den Schuldner enthalten und die nicht die Rechtsmacht in sich schliessen, ihm etwas zu befehlen". Da er jedoch auch für die Persönlichkeit des Staates die individualistische Anschauung festhält, so vermag er diesen Wesensunterschied zwischen Individual- und Sozialrecht nicht zu erklären; sondern muss sich mit der blossen Konstatirung der Thatsache begnügen. Den Grund dafür, dass das Individualrecht den Begriff der Herrschaft, welcher das ganze Sozialrecht erfüllt, nicht kennt, vermag man nur in dem oben entwickelten Wesen des Organischen, als der Grundlage alles öffentlichen Rechts, zu finden. Bei der individualistischen Anschauung, welche die Willenseinheiten (Personen) als begrifflich verschieden und unabhängig rein äusserlich neben einander stellt, kann eben desshalb von einer Ueber- und Unterordnung dieser Willenseinheiten keine Rede sein. Eine solche entsteht erst, wenn man die Persönlichkeiten nicht als unorganisch neben einander, sondern als organisch in und über einander stehend betrachtet; wenn man die einen als Gliedpersonen, als

[86]) a. a. O. S. 64; vgl. auch die dort n. 2 citirten Arbeiten Sohm's und Rosin's.

[87]) Die dinglichen Rechte sind nicht eigentlich als Herrschaft über die Sache zu bezeichnen; denn von der Ueberordnung eines Willens über einen andern, was für den Begriff der Herrschaft wesentlich ist kann der Sache gegenüber nicht die Rede sein. — Andrer Meinung Rosin in Hirth's Annalen 1883. S. 298.

organische Theile einer höheren Gesammtperson auffasst. Dann erscheint die Unterordnung des Theilwillens unter den aus der Gesammtheit der Theilwillen organisch sich zusammensetzenden Gemeinwillen nur als eine Anwendung des allgemeinen Naturgesetzes, nach welchem der Gliedorganismus in allen seinen Lebensregungen dem Leben des ihn umschliessenden Gesammtorganismus untergeordnet ist. Die höchste Aeusserung staatlichen Willens ist die staatliche Gesetzgebung. Weil der Willen der Gliedstaatsperson als Theilwillen dem ihn umschliessenden Gemeinwillen der Gesammtperson des Reiches eingegliedert und untergeordnet ist, desshalb und nur desshalb geht die Reichsgesetzgebung der Landesgesetzgebung vor.

So erklärt sich überhaupt die Herrschaft des Reiches über die Einzelstaaten, welche doch Laband selbst als *punctum saliens* dieses ganzen publicistischen Rechtsgebiets betrachtet. In geradem Gegensatz zu seiner individualistischen Anschauung darf man daher die Vorstellung der Gliedstaaten als Personen und als Theile des Reichs nicht von einander trennen; vielmehr erscheinen sie als Theile des Reichs juristisch insofern, als sie gegenüber demselben Rechte und Pflichten haben, d. h. Personen sind; und die ihnen eigenthümliche Persönlichkeit erklärt sich nur daraus, dass sie Theilpersonen der Gesammtperson Reich sind[88]). Diese beiden einander bedingenden Seiten ihres Wesens, welche die individualistische Betrachtung aus einander reissen muss, vermag nur die organische Anschauung der Staatspersönlichkeit in einem Gesammtbegriff zusammenzufassen. Wie sie jegliches Gemeinwesen als die aus der Gesammtheit der Gliedpersonen bestehende Gesammtperson erkennt, ohne sich die Personen der organischen Theile als solche „wegdenken" zu müssen, so erkennt sie die Persönlichkeit des Reiches als die aus Partikeln einzelstaatlichen Willens organisch gebildete Willenseinheit, ohne dass sie bei dieser Vorstellung von der Persönlichkeit der Gliedstaaten „abstrahiren" müsste

---

[88]) Ebenso wie Laband steht der Gierke'schen Personentheorie gegenüber: Stoeber im Archiv für öffentliches Recht Bd. I. Heft 4, S. 635. — Ueber seine eigene Staatstheorie vgl. unten S. 190 fg.

oder dürfte. Und wie die Recht- und Pflichtverhältnisse zwischen Individuen und Gemeinde auf der Eigenschaft der ersteren als Theile der letzteren beruhen, so die zwischen Gliedstaaten und Reich auf derselben Eigenschaft.

Nach alledem vermögen auch diese neuesten Ausführungen Labands nicht die Lehre Gierke's zu entkräften, welche die Aufgabe alles öffentlichen Rechts darin sucht, den Gedanken zum Ausdruck zu bringen, „dass dem Gemeinwesen eine Persönlichkeit höherer Ordnung eignet, die sich in rechtlich normirter Weise aus Gliedpersönlichkeiten zusammensetzt. Statt den körperschaftlichen Verband in für sich stehende künstliche und natürliche Individual-Persönlichkeiten zu zerreissen, muss es ihn als soziales Lebewesen begreifen, in welchem einerseits wie im natürlichen Organismus dem wechselnden Inbegriff der Theile eine immanente Einheit des sie enthaltenden Ganzen gegenübersteht, andrerseits aber eine im natürlichen Organismus undenkbare juristische Relation zwischen gemeinheitlichem und gliedmässigem Sein stattfindet“ [89]).

[89]) In Schmoller's Jahrbuch 1883, Heft 4, S. 31; vgl. auch Genossenschaftstheorie S. 9 u. a. v. a. O.

VII.

Analyse des Herrschaftsbegriffs.

Die im vorigen Abschnitte unternommene Betrachtung des Staates als Organismus und als Person dürfte gezeigt haben, dass und in welchem Sinne jene Bezeichnungen für das Wesen des Staates beizubehalten sind. Die sozialrechtliche Auffassung des öffentlichen Rechts erblickt in der organischen und der Persönlichkeitstheorie keine Gegensätze; vielmehr gelangt sie zum Verständniss der Persönlichkeit des Staates eben nur dadurch, dass sie dieselbe als einen Organismus betrachtet. Und vergleicht man nun die im VI. Abschnitt gegebne Analyse der organischen Personentheorie mit der im V. Abschnitt versuchten Analyse des Souveränitätsbegriffs, so erhellt wohl sofort, mit welchem Rechte oben die Annahme eines „souveränen Organismus“ bezw. einer „souveränen Person“ als eine *contradictio in adjecto* bezeichnet wurde. Denn während die präcis und rein erfasste Souveränitätsidee den Staat als einziges Wesen seiner Gattung allen andern Erscheinungen des Rechtslebens in absoluter Isolirtheit gegenüberstellt, betrachtet ihn die organische und Personentheorie als ein Glied in der grossen Kette der Organismen und Personen. Fordert — wie im V. Abschnitt ausgeführt worden — der Souveränitätsbegriff als Correlat und Ergänzung den Begriff des fingirten Individuums, d. h. den rein privatrechtlichen Personenbegriff, so erheischt — wie im VI. Abschnitt dargelegt worden — die Erfassung der Staatspersönlichkeit einen allgemeinen, für alle Rechtsgebiete giltigen Personenbegriff, d. h. die Beseitigung der *persona ficta,* welche aber wiederum den Fall ihres Correlats, der Souveränität, nach sich ziehen muss. Und während die beiden einander ergänzenden Begriffe der Souveränität und der *persona ficta* in ihrer Konsequenz lediglich dem Privatrecht einen wahren Rechtscharakter belassen, dagegen der Konstruktion eines öffentlichen Rechts jede Grundlage entziehen, ist es die nothwendige Konsequenz des als Basis alles öffentlichen Rechts erkannten organisch-sozialrechtlichen Gedankens, jene beiden absoluten Begriffe zu negiren und auszuscheiden. So erklärt es sich, dass wir, völlig auf dem Boden der organisch-sozialrechtlichen Anschauung Gierke's stehend, im V. Abschnitt Gierke selbst bekämpfen mussten, insofern er den mit seiner Lehre völlig incommensurablen Souveränitätsbegriff in den Rahmen derselben einzufügen versucht. — Die Erörterungen der beiden vorhergehenden Abschnitte ergänzen sich also gegenseitig, indem einerseits die Eliminirung des Souveränitätsbegriffs erst eine organische Umgestaltung des Personenbegriffs ermöglicht; andrerseits die organische Personentheorie auf die Eliminirung der Souveränität hindrängt.

Ferner ergiebt sich aus den vorangehenden Erörterungen, dass die wichtigste Frage, in welcher die Hauptschwierigkeit des hier behandelten Problems steckt, die Frage nach dem Charakteristikum des Staates gegenüber den Gemeinden etc. durch die organische Personentheorie zunächst noch nicht gelöst wird. Die Bezeichnung des Staates als Organismus und als Person unterscheidet denselben nicht von allen übrigen Gemeinwesen; sie betont vielmehr im Gegentheil das ihm mit jenen Gemeinsame. Selbst das einzige, rein relative Kriterium, welches sich auf Grundlage der organischen Personentheorie vom Staate vielleicht aussagen liesse, dass er nämlich die höchste Gesammtperson des Sozialrechts sei, erweist sich als nicht stichhaltig. Denn einmal wird diese Behauptung durch die Existenz der schon früher erwähnten organisirten internationalen Verwaltungsvereine sehr ernstlich in Frage gestellt; sodann aber und vor allem wäre damit gerade für die Konstruktion des deutschen Staatswesens — auf welche es hier allein ankommt — gar nichts gewonnen; denn bei dieser Konstruktion handelt es sich doch eben um die Gewinnung eines principiellen Gesichtspunktes, unter welchem die Gliedstaaten, trotzdem sie unzweifelhaft nicht die höchsten Gemeinwesen dieses Rechtskreises sind, dennoch sich als Staaten charakterisiren. Wenn daher Gierke sagt: „Aus der Kette der Personen tritt . . selbst die intensiv und extensiv höchste Persönlichkeit, selbst der Staat nicht heraus“ [1]), — so ist in diesem Satze nur das Negative unbedingt richtig; gegen die positive Bezeichnung als höchste Persönlichkeit sprechen die angeführten Bedenken. Und wenn er dann vollends fortfährt: „Alles, was ihn von anderen Personen unterscheidet, beruht darauf, dass keine Person mehr über ihm steht, dass er die einzige Person, die nur Allgemeinheit, mithin die Allgemeinheit schlechthin, ist“, — so lenkt er damit in jenen Abweg ein, auf welchem er in die für sein System wesentliche Kette relativer Begriffe das Absolute, den Souveränitätsbegriff, einfügen will. Vom deutschen Einzelstaat kann man eben nicht mit Recht sagen, dass keine Person mehr über ihm stehe; denn die Person des Reiches steht über ihm [2]). Aber selbst wenn der Staat das höchste Gemeinwesen wäre, so wäre er desshalb noch nicht „die Allgemeinheit schlechthin“. Es ist das genau dieselbe Argumentation, mittels deren Gierke an anderer Stelle „höchste Macht“ und „Macht schlechthin“ gleichsetzt, um auf diese Weise die Souveränität in sein System hineinzubringen. Der hierin liegende Irrthum ist bereits im V. Abschnitt nachgewiesen worden [3]).

Derjenige Schriftsteller, welchen man als den eigentlichen Begründer der Staatspersönlichkeitstheorie betrachtet, v. Gerber, hat zugleich mit der Aufstellung seiner Lehre den Versuch gemacht, ein Merkmal aufzustellen, welches die Person des Staates specifisch von allen anderen Personen unterscheiden soll. Er lehrt: „Der Staat als Persönlichkeit hat eine eigen-

---

[1]) Gierke: Genossenschaftsrecht. Bd. II. S. 41.

[2]) Wie Gierke diesen Widerspruch durch seine Bundesstaatstheorie vergeblich zu beseitigen sucht, ist in der Dogmengeschichte dargelegt. Vgl. oben S. 62 fg.

[3]) Vgl. oben S. 130 fg. Denselben Gedankengang s. auch im I. Band des Genossenschaftsrechts, S. 833.

thümliche Willensmacht, die Staatsgewalt. Sie ist das Recht zu herrschen, d. h. das Recht, zur Ausführung der im Staatszwecke liegenden Aufgaben einen das ganze Volk verbindenden Willen zu äussern. Dieser Willensinhalt unterscheidet die juristische Persönlichkeit des Staates specifisch von den juristischen Personen des Privatrechts" [4]). Eine nähere Definition des Herrschaftsbegriffs giebt Gerber nicht; eine solche ist erst von Rosin, Jellinek und Laband versucht worden, mit deren bezüglichen Lehren wir uns sofort auseinandersetzen werden. Aber schon in den wenigen Worten, mit denen Gerber das „Recht zu herrschen" erläutert, ist die Richtung vorgezeichnet, welche diese Theorie in der Behandlung Rosins genommen hat. Denn das Recht, zur Ausführung der in ihrem Zwecke liegenden Aufgaben einen Willen zu äussern, ist das Urrecht jeder Persönlichkeit; und jede Gesammtperson im besonderen hat das Recht, einen ihre ganze Mitgliedschaft verbindenden Willen zu äussern. Demnach reducirt sich der specifische Unterschied des Staates von anderen Personen auf die Verschiedenheit der „im Staatszwecke liegenden Aufgaben" von den im Zwecke anderer Personen liegenden Aufgaben. Damit ist man denn wieder bei der Hineinziehung des Zweckmoments in die Begriffskonstruktion angelangt; und die Unzulässigkeit dieses Nothbehelfs haben wir im Anschluss an Laband und Gierke schon wiederholt betont.

Uebrigens glaubt Gerber selbst ja nur den Unterschied der juristischen Person des Staates von denen des Privatrechts festgestellt zu haben; nicht den weit wichtigeren gegenüber den Gesammtpersonen des öffentlichen Rechts, besonders den Gemeinden. Diesen Unterschied findet er darin, dass er die Gemeinden ebenso wie die Bürger und das Staatsgebiet als Objekte der Staatsherrschaft bezeichnet [5]). Ob und inwiefern das Gebiet als Objekt der Staatsherrschaft anzusehen ist, werden

[4]) Gerber: Grundzüge. 3. Aufl. S. 226.

[5]) „Staatsbürger, Gemeinden und das Staatsgebiet sind die natürlichen Gegenstände der Staatsgewalt, in deren Beherrschung sie ihr eigenthümliches Wesen offenbar macht . . . . Die Herrschaft des Staates ist wesentlich die Ausübung seines Gewaltrechts an Staatsbürgern und

wir später in anderem Zusammenhange zu untersuchen haben. Die Auffassung der Bürger und Gemeinden d. h. der dem Staate eingegliederten Einzel- und Gesammtpersonen als Objekte der staatlichen Herrschaft ist aber das Charakteristicum und der Fehler der Gerber'schen Lehre[6]). Wir haben im vorigen Abschnitt gesehen, dass eine Person auch in ihrer Eigenschaft als Glied einer höheren Gesammtperson ihre Persönlichkeit bewahrt und — da diese Eingliederung ein Rechtsverhältniss ist — bewahren muss. Person ist aber synonym mit Subjekt und also der gerade Gegensatz von Objekt. Der Träger einer Willenssphäre kann als solcher niemals Objekt sein; Objekte sind willenlose Dinge, also lediglich Sachen oder Sklaven[7]). Das Verhältniss des Staates zu seinen Gemeinden und Bürgern ist ein Verhältniss von Willenseinheiten zu einander d. h. zwischen Subjekten. Die Einwirkung des Staates richtet sich auf den Willen seiner Gemeinden und Bürger, also können dieselben im Verhältniss zu ihm nicht als willenlos d. h. nicht als Objekte gedacht werden. Gerber sagt: „Wenn es im Systeme des Staatsrechts eine erste und unabweisliche Forderung ist, die Verbindung des einzelnen Staatsbürgers mit seinem Staate in ihrer elementaren Bedeutung zu bestimmen, so kann dies nur durch eine Formel geschehen, welche die rechtliche Unterwerfung unter die Staatsgewalt zum Ausdruck bringt“[8]). Das ist ganz unzweifelhaft richtig. Wenn er aber meint: „Diese Formel kann rechtswissenschaftlich keine andere sein, als die, dass der Staatsbürger durch das Zugehören zu einem bestimmten Staate Objekt der Staatsherrschaft des Letzteren geworden ist“, — so ist das irrig. Wenn man den Herrschaftsbegriff so formulirt, dann ist die Entgegnung Fricker's, dass dies ein durch und durch unor-

---

Gemeinden innerhalb seines örtlichen Machtgebiets“ Gerber a. a. O. S. 44, 45; vgl. auch ebenda S. 60, 61.

[6]) Vgl. auch die Kritik H. Schulze's in Aegidi's Zeitschrift für Staatsrecht. Bd. I. S. 424 fg.

[7]) Anderer Meinung Rosin: „Recht der öffentlichen Genossenschaft“. S. 46, wo er Personen als Objekte der staatlichen Herrschaft bezeichnet.

[8]) Grundzüge. S. 228.

ganischer, für den Organismus schlechterdings unverwendbarer Begriff sei, völlig zutreffend [9]). Und ferner muss man dann der Meinung Fricker's beipflichten, dass von diesem Standpunkte aus ein Recht des Volkes, der Bürger und Gemeinden, d. h. also der „Objekte" sich nicht konstruiren lasse. Wie können denn auch begrifflich „Objekte" subjektive Rechte haben?

Und doch muss Gerber, da er ja die Existenz eines öffentlichen Rechts bejaht, versuchen, diesen Widerspruch zu konstruiren. Er lehrt, das „Eigenthümliche" des staatlichen Herrschaftsrechts bestehe darin, dass es mit der und durch die Subjektion „zugleich eine Reihe der wichtigsten Befugnisse verleiht, die staatsbürgerlichen, insbesondere die politischen Rechte, welche gewissermassen den Charakter einer Gegengabe haben. So entsteht zwischen dem Staate und seinen Unterthanen ein Rechtsverhältniss, ein Verhältniss korrespondirender Rechte und Pflichten. Die dem Staate Unterworfenen treten eben diesem Staate zugleich als berechtigte Subjekte gegenüber" [10]). Die letzten Sätze schildern sehr richtig das wahre Wesen des öffentlichen Rechts; nur lässt sich dieses Wesen absolut nicht aus dem Verhältniss eines herrschenden Subjekts zu seinem willenlosen Objekte ableiten. Es ist geradezu unbegreiflich, dass — wie es Gerber an andrer Stelle ausdrückt [11]) — aus dem Gewaltrecht des Staates für die, welche „die Gegenstände desselben sind", „gleichzeitig Gegenrechte an dem Subjekte der herrschenden Gewalt" erwachsen sollen. Ein „Gegenstand" kann keine Rechte haben; denn sobald er solche hat, ist er ein Rechtssubjekt und kein Gegenstand mehr. Allerdings betrachtet Gerber diese Rechte der Objekte gewissermassen als Rechte zweiter Klasse; denn sie erscheinen nur als „Reflexwirkungen des Gewaltrechts"; das staatliche Unterworfensein sei „das principale, gestaltgebende Element"; die staatsbürgerlichen Rechte haben sich „als das Abgeleitete

[9]) Fricker in der Zeitschrift f. d. ges. Staatswissenschaft Bd. XXV. S. 39.

[10]) Grundzüge S. 229.

[11]) a. a. O. S. 47.

hieran anzuschliessen" [12]). Hierin liegt doch *implicite* das Zugeständniss, dass das beherrschte Objekt dem herrschenden Subjekt gegenüber keine wahren und wirklichen Rechte haben kann. Und so hat Rosin vollkommen Recht, wenn er in dieser Theorie Gerber's die Vorfrucht der Lehre Seydel's erblickt, welche die Persönlichkeit des Staates leugnet und ihn als Objekt dem Subjekt des Herrschers über den Staat gegenüberstellt [13]). Wie wenig diese Lehre den realen Erscheinungen des modernen Staatslebens gerecht zu werden vermag, wurde schon mehrfach dargelegt. Dass auch Gerber selbst von seinem Standpunkte aus dem Grundprincip der Selbstverwaltung, der eigenen Persönlichkeit der Gemeinden etc., nicht gerecht werden kann, zeigt sich klar, wenn er lehrt, dass der Staat um gewisser Interessen willen die Gemeinden „in den Kreis der Personen und Sachen erhebt, an welche sich unmittelbar sein staatliches Herrschaftsrecht anknüpft" [14]). Da haben wir die Gemeinde als *persona ficta* und als unselbständiges Staatsorgan; also als das, was sie gerade nicht ist.

Treffender formulirt Rosin den Begriff des Herrschens. Ihm ist Herrschaft die „rechtliche Ueber- und Unterordnung der Persönlichkeiten"; und er unterscheidet die Herrschaftsrechte von anderen, besonders den Forderungsrechten dadurch, dass jene „Rechte einer Persönlichkeit aus deren eigener Macht, Rechte, welche in sich selbst, d. h. in dem rechtlich anerkannten und geordneten Willen der herrschenden Persönlichkeit, nicht aber in dem Willen des Verpflichteten den fortdauernden Grund ihres Bestehens finden" [15]) sind. Indem wir dieser Formulirung völlig zustimmen, müssen wir doch auf einige Punkte hinweisen, in denen Rosin selbst von seiner richtigen Grundansicht abweicht. Wenn es sich bei der Herrschaft um die Ueber- und Unterordnung von Personen, d. h. von Willenseinheiten handelt, so kann man einerseits die

---

[12]) a. a. O. S. 47 und S. 230.

[13]) Rosin: „Souveränität, Staat" etc. S. 32.

[14]) Grundzüge S. 61.

[15]) „Souveränität, Staat" etc. Separatabdruck aus Hirth's Annalen 1883. S. 5 und S. 35.

untergeordneten Personen nicht als willenlos, d. h. nicht als Objekte bezeichnen [16]); und andrerseits nicht dem Eigenthum den Charakter eines Herrschaftsrechts beilegen, überhaupt nicht von „sachenrechtlichen Herrschaftsverhältnissen" sprechen [17]). Beides thut Rosin irriger Weise. Das Verhältniss der Ueberordnung eines Willens aus eigner Macht über einen andern ist ein Specificum des öffentlichen oder — wie wir mit Bezugnahme auf die Erörterungen des vorigen Abschnitts besser sagen — des Sozialrechts. Das Individualrecht stellt die Personen und ihre Willenssphären in absoluter Gleichheit neben einander; in seinem Bereich ist daher die Bindung eines individuellen Willens einem andern Individuum gegenüber stets eine obligatorische, das daraus erwachsende Rechtsverhältniss ist kein Herrschafts-, sondern eine Forderungsrecht, d. h. es beruht auf dem Willen des Verpflichteten. Eine Herrschaft, d. h. die aus eigner Macht fliessende Ueberordnung eines Willens über andere ist erst denkbar, sobald die Personen aus dem Nebeneinander gleicher Individuen heraus- und in das Verhältniss organischer Eingliederung eintreten; sobald es sich nicht mehr um Beziehungen eines Individuums zu andern, sondern um Beziehungen von Gesammtpersonen zu ihren Gliedpersonen handelt. Ein Wille ist einem andern einzig dann, aber auch dann immer übergeordnet, wenn er zu ihm im Verhältniss des Ganzen zu seinem Theile steht. Mit andern Worten: die „Herrschaft" ist das charakteristische Verhältniss, in welchem die Gesammtpersonen des Sozialrechts zu ihren Gliedpersonen stehen. Desshalb beginnt dies eigenthümliche Rechtsverhältniss, welches dem Individualrecht fremd ist, bei dem ursprünglichsten Gebilde des Sozialrechts, der Familie [18]), und durchdringt alle Erscheinungsformen dieses Rechtsgebiets. Obwohl Rosin seine Theorie nicht eigentlich auf diese breitere Grundlage stellt, so

---

[16]) Vgl. oben n. 7.

[17]) Rosin a. a. O. S. 35.

[18]) Daher sollte Rosin a. a. O. S. 34 n. 3 nicht von einer „Parallelisirung der familienrechtlichen Gewaltverhältnisse mit den staatsrechtlichen" sprechen, vielmehr von ihrem gemeinsamen sozialrechtlichen Charakter.

deutet er sie doch an, indem er die Herrschaftsrechte als organische den mechanisch begründeten gegenüberstellt[19]. Die letzte Konsequenz der organischen Anschauung hat Rosin jedoch nicht gezogen; und konnte sie nicht ziehen, weil er die Souveränität festhält. Dies ist der dritte Punkt, bei dem wir seiner Auffassung im Gegensatz zu ihm selbst treu bleiben.

Der Wille der Gesammtperson ist dem Willen ihrer Gliedpersonen rechtlich übergeordnet gemäss der natürlichen Ueberordnung des Ganzen über die Theile. Aber diese Ueberordnung macht die untergeordneten Personen nicht zu willenlosen Objekten; sie bleiben Rechtsträger auch der „herrschenden" Person gegenüber. Wie die Herrschaft dieser Letzteren aus dem Verhältniss eines organischen Ganzen zu seinen Theilen entspringt, so entspringen aus eben diesem Verhältniss Rechte der Theile gegen den Gesammtorganismus, der untergeordneten Personen gegen die herrschende. Mit Recht bezeichnet es Fricker[20] als Wesen des Organismus, dass alle seine Glieder in gegenseitiger Einwirkung auf einander stehen. Und diese allem Organischen eigene Reciprocität gilt nicht nur für das Verhältniss der Glieder zu einander, sondern auch für das der Glieder zum Ganzen. Das Rechts- und Pflichtverhältniss ist stets ein gegenseitiges. Gegen dieses Grundgesetz organischen Wesens verstösst Rosin, wenn er lehrt: es stehe der Staat allen ihm eingeordneten Körperschaften gegenüber, „indem in ihrem Verhältniss zu einander er allein das berechtigte, diese die verpflichteten Subjekte bilden" [21]. Das ist irrig; eine solche Einseitigkeit ist dem Wesen des öffentlichen Rechtes fremd; auch der Staat hat gegenüber den ihm eingegliederten Einzel- und Gesammtpersonen Pflichten; auch diese haben dem Staate gegenüber Rechte.

Im übrigen erkennt Rosin treffend, dass die Herrschaft „als Bestimmbarkeit andrer Persönlichkeiten durch den Willen der herrschenden aus deren eigener Macht, nichts dem Staate

---

19) a. a. O. S. 34.

20) Tübinger Zeitschrift f. d. ges. Staatswissenschaft Bd. XXV. S. 42.

21) „Recht der öffentlichen Genossenschaft". S. 41.

charakteristisches ist"; sowie: „dass jede Gesammtpersönlichkeit, auch die des Privatrechts, das Moment der Herrschaft gegenüber ihren Gliedpersönlichkeiten in sich trägt. Denn da die Gesammtpersönlichkeit eine über den Gliedpersönlichkeiten stehende höhere Einheit darstellt, so ist . . . . . . die Beherrschung der Einzelnen durch die Gesammteinheit vermöge des Begriffs ihrer Ueberordnung direkt gegeben" [22]). Also: der Begriff der Herrschaft ist das Spezificum des Sozialrechts; er eignet nur und allen Gebilden dieses Rechtsgebiets. Um bei dieser Anschauung doch zu einem charakteristischen Kriterium des Staates als solchen zu gelangen, greift dann Rosin zu der Zwecktheorie, der gegenüber wir — im Anschluss an Gierke und Laband — schon negativ Stellung genommen haben.

Durch die Erörterungen Rosin's, besonders über den Begriff des „eigenen Rechts" veranlasst, hat Laband seine in der ersten Auflage seines Staatsrechts gegebene Ansicht bezüglich des für das Wesen des Staates charakteristischen Kriteriums in der zweiten Auflage einer eingehenden Revision und Erweiterung unterzogen. Dabei gelangt er zu einer modificirten Wiederaufnahme der Gerber'schen Herrschaftstheorie. Und auf den gleichen Standpunkt hat sich auch Jellinek in seiner kurz vorher erschienenen Monographie „Gesetz und Verordnung" gestellt. Es ist zu untersuchen, ob die alte Theorie durch die neue Formulirung haltbarer und geeignet geworden, das für die ganze Lehre entscheidende Problem zu lösen.

Für die specifische Unterscheidung des Staates vom Communalverband, lehrt Laband jetzt, sei nicht das „eigene Recht", sondern das „eigene Herrschaftsrecht" entscheidend[23]); jeder Staat, auch der kleinste, habe Herrschaftsrechte; dagegen auch der grösste Communalverband nicht[24]). Das Herrschaftsrecht aber definirt er als „das Recht, freien Personen Hand-

---

[22]) „Souveränität, Staat" etc. S. 36.

[23]) Staatsrecht. 2. Aufl. Bd. I. S. 62.

[24]) a. a. O. S. 64; Jellinek loc. cit. S. 190: „Das wesentliche Merkmal aller als Staaten zu bezeichnenden Gemeinwesen liegt in der einheitlichen Herrschaft" . . . . vgl. auch ebenda S. 196 fg.

lungen, Unterlassungen und Leistungen zu befehlen und sie zur Befolgung derselben zu zwingen"[25]). Treffend erkennt Laband hierin den „Kernpunkt für den Gegensatz der öffentlichen Rechte und der Privatrechte" — (wir sagen: überhaupt)[26]) —; er erkennt, dass sich „in der Familie, dem Prototyp des Staates und dem Urquell aller öffentlichen Rechte" noch „die specifische Natur" dieses Rechtsverhältnisses erhalten hat. Aber statt diesem Gedankengange zu folgen und demgemäss das „Herrschen" als das gemeinsame Kriterium des Sozialrechts anzuerkennen, beschränkt er es sofort wieder auf den Staat; „der Staat allein herrscht über Menschen. Es ist dies sein specifisches Vorrecht, das er mit Niemandem theilt"[27]). Jellinek giebt dieser Ansicht (unter völliger Zustimmung Laband's) die philosophische Fassung: „Die Macht der dem Staate Unterworfenen, der Einzelnen und der Verbände, ist ein Wollendürfen, die Herrschermacht ein Wollenkönnen"[28]). Aber ist nicht jede **Rechts**macht, — und nur von einer solchen kann doch juristisch die Rede sein — lediglich ein Wollendürfen? Jellinek selbst erklärt ja, dass allem öffentlichen Recht der Boden entzogen wird, wenn man nicht den Staat selbst als durch Rechtsschranken gebunden ansieht[29]). Dann ist aber der rechtmässige Willen des Staates eben auch nichts anderes, als ein Wollendürfen. Nun meint Jellinek das specifisch juristische Moment des Herrschens darin gefunden zu haben, dass der Staat im Unterschiede von allen anderen Persönlichkeiten sich selbst sein Recht setze[30]). Fügt man dieser Fassung nicht das Wort „ausschliesslich" ein, so ist sie unbedingt falsch; thut man dies aber, so ist sie wenigstens

---

[25]) a. a. O. S. 64; Jellinek loc. cit.: „Herrschen heisst unbedingte Befehle ertheilen, die ihren Grund und ihre Schranke nur in der freien Entschliessung des Befehlenden finden". Wäre eine solche absolute Macht noch eine Rechtsmacht? Vgl. oben S. 134 fg.

[26]) Vgl. die oben S. 171 citirte Stelle.

[27]) a. a. O. S. 65. Jellinek l. c. S. 191.

[28]) Jellinek a. a. O. S. 191. Laband a. a. O. S. 65 n. 1.

[29]) Jellinek a. a. O. S. 199 n. 11; vgl. dazu oben S. 134 fg.

[30]) a. a. O. S. 196.

für unsere deutschen Verhältnisse falsch. Jede Gemeinde setzt sich durch Ortsstatut, sogar jede Aktiengesellschaft u. dgl. durch Gesellschaftsstatut selbst ihr Recht; jedoch kann allerdings der übergeordnete Verband, im besonderen der Staat, unter gewissen Umständen in ihre eigene Rechtsetzung eingreifen. Also Gemeinden etc. setzen sich nicht ausschliesslich selbst ihr Recht. Dies thut aber auch der deutsche Gliedstaat nicht; denn die Rechtsetzung des Reiches kann in die seinige eventuell eingreifen. Und wenn Jellinek zur Charakterisirung der specifisch staatlichen Herrschaft fortfährt: „Jede von ihm innerhalb der selbstgesetzten Schranken vorgenommene That ist rechtskräftig“, so trifft dies für den deutschen Gliedstaat nicht zu; denn ihn begrenzen rechtlich nicht nur die selbstgesetzten, sondern auch die vom Reiche gesetzten Schranken[31]).

In einer früheren Schrift, vor seiner Bekehrung zur Herrschaftstheorie, hatte Jellinek die Aufstellung bindender Normen für den Inhalt des staatlichen *imperium* erklärt[32]). Hiergegen wendet sich Laband[33]), indem er sehr richtig bemerkt, dass auch jeder Corporationsbeschluss, jedes Gemeindestatut, jeder Akt der Autonomie bindende Normen enthalte. Das Charakteristicum der Staatsherrschaft bestehe darin, dass nur der Staat die Befolgung dieser Normen mit eigener rechtlicher Macht erzwingen könne. Damit schränkt Laband seine Definition des Herrschaftsrechts schon erheblich ein. Der erste Theil dieser oben citirten Definition, nämlich das Recht, „freien Personen Handlungen, Unterlassungen und Leistungen zu befehlen“, wird damit als Kriterium des Staates preisgegeben; denn dies Recht ist doch nichts anderes, als das, bindende Normen zu erlassen. Und dies Recht haben nach Laband's eigenem Zugeständniss auch andere Körperschaften. So bleibt denn als Kriterium des Staates nur noch der zweite Theil jener Heerschaftsdefinition,

---

[31]) Wenn Laband a. a. O. S. 521 die Autonomie der Communen etc. im Gegensatz zu der der Gliedstaaten als eine vom Staat übertragene gegenüber einer kraft eigenen Rechts geübten bezeichnet, so beruht dies auf seiner hier bekämpften Theorie, und fällt mit dieser.

[32]) „Die Lehre von den Staatenverbindungen“. S. 40 et pass.

[33]) a. a. O. S. 66 n. 1.

das Recht, zur Befolgung jener Normen zu zwingen. Diese Auffassung sieht also das Charakteristicum des Staates in seiner Eigenschaft als Büttel, kraft welcher er die Satzungen der ihm eingeordneten Verbände zu vollstrecken hat. Gesetzgeber, ja selbst Richter kann nach Laband's Ansicht die Gemeinde in ihrem Wirkungskreise kraft „eigenen Rechts“ sein; nur nicht Exekutor, das ist staatliches Reservatrecht[34]).

Die viel umstrittene Frage, in wie weit die Erzwingbarkeit überhaupt dem Begriff des Rechts wesentlich ist, ist hierbei nicht zu erörtern[35]). Wie man sich auch zu dieser Frage stelle, auf jeden Fall ist der Zwang nur ein subsidiär eintretendes Moment; in der Regel vollzieht sich die Verwirklichung rechtlich bindender Normen ohne Eintritt des Zwanges[36]). Ferner giebt es neben dem direkten, physischen auch einen indirekten, psychologischen Zwang; und wenigstens dieser letztere wird, wie Rosin treffend bemerkt[37]), sogar von Privatkorporationen „in weitem Umfange durch die statutenmässige Androhung von Rechtsnachtheilen gegen ihre Mitglieder bei Pflichtversäumniss derselben geübt“. Endlich aber steht im besonderen den Gemeinden auch ein direktes Zwangsrecht zur Durchführung ihrer rechtmässigen Befehle genau ebenso, wie dem Staate, zu. Gemäss § 53 der Preussischen Städteordnung für die östlichen Provinzen setzen z. B. die Kommunalbehörden (eventuell unter Genehmigung der Regierung) Gemeindesteuern fest und erlassen

---

[34]) „Gemeinden können auf einem grossen Gebiet des politischen Lebens ein eigenes Recht zur Verwaltung, zur autonomischen Festsetzung von Statuten, ja selbst zur Rechtsprechung haben; sobald es aber darauf ankommt, ihren Befehlen Gehorsam zu verschaffen, muss entweder die zuständige Behörde des Staats darum angegangen werden, oder dem Communalverbande muss vom Staate die Handhabung seiner Herrschermacht für gewisse Anwendungsfälle übertragen sein“. Laband l. c.

[35]) Vgl. darüber unten Abschnitt VIII.

[36]) So sagt auch Jellinek a. a. O. S. 190, 191: „Theils die sittliche Ueberzeugung von der Nothwendigkeit des Gebotes, theils der in vielen Fällen subsidiär zur Verwirklichung des Gebotes bereite, aus der Herrschermacht fliessende Zwang garantiren die Umsetzung der Herrschergebote in menschliche That“.

[37]) Rosin a. a. O. S. 36 n. 2.

über deren Erhebung Regulative, in denen „Ordnungsstrafen gegen die Kontravenienten bis auf Höhe von 10 Thalern angeordnet werden können“ [38]). Nach Erkenntnissen des Obertribunals und des Kompetenzgerichtshofes [39]) ist gegen die Einziehung städtischer Abgaben der Rechtsweg unzulässig; über die Veranlagung zur Gemeindeeinkommensteuer nur in den Fällen zulässig, in welchen er es auch bezüglich der Staatssteuern ist [40]); der Mangel der Regierungsgenehmigung begründet an sich den Rechtsweg über die Verbindlichkeit zur Entrichtung der Kommunalsteuer nicht [41]) etc. Demgegenüber kann man doch unmöglich mit Laband sagen: „Die Gemeinde hat keine Unterthanen, sie ist bei Ausübung ihrer Rechte ebenso machtlos wie der Gläubiger seinem Schuldner gegenüber“. Durch diese Worte verwischt Laband selbst wieder den kurz vorher von ihm betonten Unterschied zwischen privaten und öffentlichen Rechten; sonst könnte er nicht das publicistische Recht der Gemeinde gegenüber ihren Bürgern auf gleiche Stufe mit dem obligatorischen Forderungsrecht des Gläubigers gegen seinen Schuldner setzen [42]). Und wenn die Gemeinde wirklich keine Unterthanen hätte, diese vielmehr lediglich Staatsunterthanen wären, dann wäre auch die Gemeinde lediglich ein Staatsverwaltungsbezirk, keine selbständige Person des öffentlichen Rechts. Nun behauptet freilich Laband: „Wenn die Gemeinde befugt ist, mit Rechtskraft (Erzwingbarkeit) zu befehlen und ihre Befehle nöthigenfalls mit Gewalt durchzuführen, so handelt sie im Namen und Auftrag des Staates,

[38]) Vgl. auch Zuständigkeits-Gesetz § 16 Abs. 3.

[39]) Erkenntniss des Obertribunals vom 28. Juni 1866 (Striethorst Archiv, Bd. 64, S. 102); des Kompetenzgerichtshofs v. 13. Februar 1858 (Justiz-Ministerial-Blatt S. 275) und vom 12. Februar 1864 (J.-M.-Bl. S. 230).

[40]) Erkenntniss des Kompetenzgerichts v. 8. Oktober 1870 (J.-M.-Bl. S. 340).

[41]) Erk. d. Kompetenzgerichtshofs vom 23. Mai 1871 (J.-M.-Bl. S. 272) und v. 14. November 1873 (J.-M.-Bl. S. 40).

[42]) Zur Klarheit über diesen Unterschied kann freilich Laband in Folge seines individualistischen Standpunktes nicht gelangen; vgl. oben S. 171.

in Stellvertretung oder kraft Delegation desselben; es ist nicht ihre Macht, sondern die des Staates, welche sie in Bewegung setzt; es ist nicht ihr eigenes Recht, sondern ein fremdes, welches sie geltend macht" [43]). Aber den Beweis für diese Behauptung tritt Laband nicht einmal an; sie ist eine völlig aprioristische. Er argumentirt: weil die Zwangsgewalt Monopol des Staates sei, so könne die den Gemeinden positiv zustehende Zwangsgewalt nur eine delegirte staatliche sein. Das ist doch eine vollkommene *petitio principii*. Jene Zwangsgewalt, von welcher soeben Beispiele angeführt wurden, wird den Gemeinden durch ebendieselben organischen Gesetze zugesprochen, welche alle ihre Rechte überhaupt, ihren ganzen Wirkungskreis regeln. Will man in dem Umstande, dass dies Staatsgesetze sind, den Beweis der Delegation erblicken, so sind eben alle Rechte der Gemeinden delegirte. Irgend einen Anhalt dafür, die den Gemeinden durch Gesetz zugesprochenen Zwangsrechte als „fremde" den anderen ihnen in demselben Gesetz zugesprochenen „eigenen" Rechten gegenüberzustellen, giebt es nicht. Die Gemeinde ist Subjekt der einen wie der anderen; sie sind daher gleichmässig „eigene".

Wenn Laband sagt: „Im heutigen Recht giebt es keine Privatunterthänigkeit und keine Privatgewalt" [44]), so ist das richtig; aber die Folgerung: „der Staat allein herrscht über Menschen", ist dennoch falsch. Unter Bezugnahme auf das oben über Privat- und Individualrecht Gesagte sehen wir in jener richtigen Prämisse die Anerkennung der Thatsache, dass das moderne Recht keine anderen Rechtsbeziehungen zwischen Individuen als solchen kennt, als obligatorische d. h. auf der Coordination der Individuen beruhende. Eine Subordination der Personen d. h. ein Herrschaftsverhältniss giebt es nur im Sozialrecht d. h. in den Beziehungen der Gesammtpersonen zu ihren Gliedpersonen. Auch der Monarch hat keine Herrschaftsrechte als Individuum über Individuen — wie es die absolute Staatslehre und noch heute die Theorie Seydel's an-

---

[43]) Laband a. a. O. S. 66.

[44]) a. a. O. S. 65.

nimmt —, sondern er hat dieselben als Organ der Gesammtperson des Staates über dessen Gliedpersonen. Aber dies Herrschaftsverhältniss d. h. die Ueberordnung des Gesammtwillens über die von ihm umschlossenen Theilwillen ist nichts dem Staate als solchem begrifflich Eigenthümliches; vielmehr — wie wir in Uebereinstimmung mit Gierke, Rosin und Brie erkennen — der gemeinsame charakteristische Grundzug für das sozialrechtliche Verhältniss aller Gesammtpersonen zu ihren Gliedpersonen [45].

---

[45]) Neuestens hat Dr. O. Gluth in seiner Schrift: „Die Lehre von der Selbstverwaltung im Lichte formaler Begriffsbestimmung“ (Prag, Wien, Leipzig 1887) in einer Anmerkung (S. 95 fg. n. 2) unser Problem gestreift. Beachtung verdient, dass er Staat und Gemeinde als Arten der Gattung „Gebietskörperschaft“ bezeichnet. Was er im übrigen für die Unterscheidung dieser beiden Arten beibringt, ist eine ganz merkwürdig unklare Kombination der Zweck- mit der Herrschaftstheorie, welch' letzterer er das Requisit eines „machtbildenden Apparats“ anhängt. Auch Elemente der Bundesstaatskonstruktion Gierke's sind aufgenommen. Schliesslich soll ein Gemeinwesen „Staat und Gemeinde zugleich sein“ können, während die s. g. höheren Kommunalverbände eigentlich keines von beiden seien. Damit ist denn freilich nichts anzufangen.

Anhang zur Analyse.

Zur Vervollständigung der analytischen Untersuchung ist schliesslich noch die neuerdings aufgestellte Theorie Stoeber's zu erörtern. Dieselbe ist insofern von besonderem Interesse, als Stoeber gleichsam instinktiv der nach unserer Ansicht richtigen Lösung des vielumstrittenen Problems zustrebt; diese Lösung aber dennoch durchaus verfehlt, weil er nicht tief genug gräbt, sondern seine Konstruktion ohne Revision der überkommenen Grundbegriffe auf dem üblichen Unterbau aufführt. So gewährt die Betrachtung der Lehre Stoeber's am Schlusse dieser Analyse einerseits einen Ausblick auf das Ziel, welchem — zum Theil unwillkürlich — der ganze Zug der modernen Staatsrechtswissenschaft entgegenführt; und andererseits rechtfertigt sie durch den Beweis der Nothwendigkeit die breite und ausgedehnte Fundamentirung, auf welcher wir unsere eigene Konstruktion zu errichten suchen.

Nachdem er kurz die Unhaltbarkeit der bisherigen Theorien über das Wesen des Staates im Gegensatz zum Kommunalverband dargethan, glaubt Stoeber, den generischen Unterschied zwischen Staat und Kommune nur in einer Verschiedenheit ihrer Rechtsfähigkeit finden zu können[46]). Er erkennt, dass Persönlichkeit nichts anderes als Rechtsfähigkeit bedeutet. Auf den mehr oder minder grossen Umfang der Rechte, welche

---

[46]) Dr. P. Stoeber: „Die parlamentarische Immunität des Landesausschusses für Elsass-Lothringen. Ein Beitrag zur Frage nach dem Begriffe des Reichslandes und des nichtsouveränen Staates", im Archiv für öffentliches Recht. Bd. I. Heft 4 (1886) S. 637.

den verschiedenen Personen zustehen, kommt es für ihre Unterscheidung von einander nicht an. „Es kann also der Kreis der den einzelnen Arten der Kommunalverbände zustehenden Rechte beliebig erweitert und beschränkt werden, ohne dass sie aufhören, Personen des öffentlichen Rechts zu sein oder etwas mehr werden als dieses“[47]). Aus dieser an sich richtigen Thatsache folgert nun Stoeber, dass das gesuchte Unterscheidungsmerkmal im Gebiete des Staatsrechts überhaupt nicht zu finden sei; dass man dasselbe vielmehr lediglich dem Völkerrechte entnehmen könne. Das Völkerrecht statuire einen Kreis von Rechten und Pflichten, deren Subjekte ausschliesslich Staaten sein könnten; und umgekehrt sei also auch jedes Gemeinwesen, welches als Subjekt internationaler Rechte und Pflichten d. h. als völkerrechtliche Persönlichkeit anerkannt sei, ein Staat. „Wie demnach der Rechtsbegriff der Privatperson im juristischen Sinne eine Schöpfung des Privatrechts ist, so ist derjenige des politischen Gemeinwesens eine Schöpfung des inneren Staatsrechts, so aber auch derjenige des Staates eine Schöpfung des Völkerrechts“[48]). Stoeber steht natürlich auf dem Boden der herrschenden Bundesstaatstheorie, welche die „Souveränität“ für den Gesammtstaat beibehält, für die Gliedstaaten negirt. Da nun, wie Stoeber meint, die herrschende Ansicht der Völkerrechtslehrer diesen „nichtsouveränen“ (oder nach dem Dialekt des Völkerrechts „halbsouveränen“) Gemeinwesen doch den Charakter als Subjekte des internationalen Rechts, als Völkerrechtspersonen beilegt, so sei damit der feste Punkt gefunden, von dem aus man Gliedstaat und Kommunalkörper begrifflich scheiden könne. „Der Staat ist daher nichts anderes, als das völkerrechtsfähige politische Gemeinwesen“[49]).

Wenn Laband gegen diese Konstruktion einwendet[50]): „Man kann sich den Staat doch auch isolirt und von allen völkerrechtlichen Beziehungen losgelöst vorstellen, und es muss daher

---

[47]) a. a. O. S. 638.
[48]) a. a. O. S. 643.
[49]) a. a. O. S. 644.
[50]) Staatsrecht. 2. Aufl. Bd. I. S. 69.

Kriterien geben, die den Staatsbegriff ohne Zuhilfenahme des Völkerrechts bestimmen" — so ist das wohl nicht ganz zutreffend. Der isolirte Staat wäre eben wieder eine Fiktion, und eine Bestimmung dieses fingirten Dinges würde den realen Begriff nicht erschöpfen. Zum Wesen des wirklichen Staates gehört es, dass er einer unter vielen ist; und dass er zu den andern in rechtlichen Beziehungen steht. Von seinem Verhältniss nach aussen d. h. von allen völkerrechtlichen Beziehungen losgelöst kann daher der Staat nicht betrachtet werden, wenn man sein wirkliches Wesen juristisch konstruiren will. Dagegen hat Laband darin völlig Recht, dass die Konstruktion Stoeber's „das logische Verhältniss umkehrt. Die Staatsqualität ist nicht ein Reflex, eine Wirkung der völkerrechtlichen Anerkennung, sondern sie bildet den Grund der letzteren; das Völkerrecht setzt die Existenz derselben voraus". In der That hat aber Stoeber mit dieser logischen Umkehrung nur die letzte Konsequenz jener logisch verkehrten Methode gezogen, welche durch die Festhaltung der „Souveränität" bedingt wird. Wir haben früher[51]) darauf hingewiesen, wie die Beibehaltung der „Souveränität" zur Konstruktion von oben nach unten führt. In dieser Richtung ist daher Stoeber nur konsequent, wenn er bei der Bedeutung des modernen Völkerrechts seine Konstruktion mit diesem höchsten und weitesten Rechtskreise, also ganz von oben beginnt. Wenn man, um zum Begriff der Gemeinde zu gelangen, vom Staate ausgeht, so ist es ganz folgerichtig, dass man zum Staate vom Völkerrecht aus gelangt. In beiden Fällen geht man in das Haus durch den Schornstein ein.

Allerdings tritt die Unzulänglichkeit dieser Methode in der von Stoeber gezogenen Konsequenz ganz besonders deutlich hervor. Zunächst ist die Annahme Stoeber's, dass nur v. Martens den Gliedstaaten die völkerrechtliche Persönlichkeit abspreche, irrig; vielmehr betrachtet man in der völkerrechtlichen Litteratur so häufig das neue deutsche Reich gerade desshalb als eine Art Staatenbund, weil seinen Gliedern in angeblichem Widerspruch gegen das Wesen des Bundesstaats internationale

[51]) Vgl. oben S. 95; 96.

Rechte zustehen[52]). Die Frage ist also jedenfalls streitig. Soll nun die Möglichkeit einer begrifflichen Unterscheidung des Staates von den Kommunen abhängig sein von der Ansicht der jedesmaligen Majorität der Völkerrechtslehrer? Das Auftreten jedes neuen Schriftstellers würde dann jenes Kriterium in Frage stellen. Vielleicht möchte man eine sichere Entscheidung in der völkerrechtlichen Anerkennung eines Staates als solchen erblicken: und an diese mag wohl auch Stoeber gedacht haben, wenn er den Staat als Schöpfung des Völkerrechts bezeichnet. Aber — abgesehen davon, dass eine solche Anerkennung durchaus nicht immer förmlich erfolgt — hat sie stets nur einen deklarativen, keinen konstitutiven Charakter. Holtzendorff[53]) nennt sie treffend einen „rechtshistorischen Beurkundungsakt“ und betont, dass sie niemals als Entstehungsgrund der Staaten angesehen werden kann. Also ein Gemeinwesen wird nicht durch seine Anerkennung als Völkerrechtsperson zum Staat; vielmehr setzt „das positive Völkerrecht einen den Verkehr pflegenden Nationen gemeinsam gewordenen Staatsbegriff voraus“ [54]). Uebrigens verlegt Stoeber selbst die Quelle der völkerrechtlichen Persönlichkeit wenigstens für die Gliedstaaten — und auf diese kommt es doch hier vornehmlich an — nicht in's Völkerrecht, sondern in das innere Bundesstaatsrecht. Aus der ominösen „Souveränität“ des Gesammtstaats muss er konsequenter Weise folgern, dass die völkerrechtliche Persönlichkeit des Gliedstaats und „seine von derselben unzertrennliche Staatseigenschaft“ ihm „durch ausdrücklichen hierauf gerichteten Rechtssatz“ des Gesammtstaats entzogen werden kann; und auch ihre frühere Innehabung macht er davon abhängig, dass sie der Gesammtstaat „einmal anerkannt“ habe[55]). Also Erwerb uud Verlust der Staats-

[52]) Vgl. oben S. 4 n. 5 und v. Holtzendorff: Handbuch des Völkerrechts. Bd. II. S. 137: „Die Staatstheile einer Gesammtgewalt mit singulärer Repräsentationsform (i. e. eines Bundesstaats) sind für das Völkerrecht überhaupt nicht vorhanden“; vgl. auch ebenda S. 142 fg. und v. Mohl: „Encyclopädie der Staatswissenschaften“. 2. Aufl. S. 414.

[53]) a. a. O. S. 24.

[54]) v. Holtzendorff a. a. O. S. 6.

[55]) Stoeber a. a. O. S. 641, 642.

qualität seitens des Gliedstaats ist nach Stoeber's eigner Ausführung kein völkerrechtlicher, sondern ein staatsrechtlicher Akt [56]).

Aber die Theorie Stoeber's erweist sich nicht nur als undurchführbar; sondern sie ist von Anfang an desshalb verfehlt, weil er sich eine falsche Aufgabe stellt. Ganz richtig geht er davon aus, dass Persönlichkeit und Rechtsfähigkeit identisch sind, und dass es für den Begriff der Person an sich nicht auf den Umfang der ihr zustehenden Rechte ankommt. Wenn er dann aber die Unbrauchbarkeit des inneren Staatsrechts zur Eruirung des specifischen Unterschiedes von Staat und Gemeinde daraus ableitet, dass durch Veränderung des den Gemeinden zustehenden Rechtskreises dieselben nicht aufhören, Personen des öffentlichen Rechts zu sein, noch auch „etwas mehr werden als dieses", — so ist die Prämisse richtig; aber der Schluss falsch. Der Schluss wäre richtig, wenn es darauf ankäme, den Staat als etwas anderes, als „etwas mehr" hinzustellen, denn als eine Person des öffentlichen Rechts. Auch dies Bestreben entspringt wieder aus der *radix malorum*, der „Souveränitäts"-Idee. Wie die Ausführungen im V. Abschnitt gezeigt haben dürften, liegt es im Wesen dieser Idee, den „souveränen" Staat in schroffen Gegensatz zur Person zu setzen; und dieser Gedankengang hat sich im Laufe der Jahrhunderte so sehr in die staatsrechtliche Begriffswelt eingenistet, dass auch diejenigen Schriftsteller, welche die „Souveränität" wenigstens nicht mehr als *essentiale* des Staatsbegriffs ansehen, von ihm nicht loskommen können; dass sie auch den sog. „nichtsouveränen" Staat — mehr oder weniger klar bewusst — der Person gegenüberstellen. Und dies ist von ihrem Standpunkte aus eine logische Nothwendigkeit, da sie ja den „nichtsouveränen" und den „souveränen" Staat unter einen Gesammtbegriff bringen wollen; der „souveräne" Staat aber — wie wiederholt nachgewiesen worden — sich gegen die Subsumtion unter den

[56]) Auch was Stoeber a. a. O. S. 642 über die Entziehung der völkerrechtlichen Handlungsfähigkeit des Gliedstaates sagt, scheint uns irrig; doch kann darüber, als für das Princip unerheblich, hinweggegangen werden.

Personenbegriff sträubt. Also auch hier zeigt sich wieder, dass die Eliminirung des Souveränitätsbegriffs die *condicio sine qua non* für die principielle Erfassung der Staatspersönlichkeit ist. Von der im VI. Abschnitt entwickelten Anschauung der organischen Persönlichkeit aus kann man es nimmermehr als die Aufgabe der Konstruktion betrachten, den Staat als etwas andres, als „etwas mehr", denn als Person zu begreifen. Als solche gehört vielmehr der Staat in eine Kategorie mit allen andern Personen; das generelle Merkmal, Träger von Rechten zu sein, hat er mit ihnen allen gemein. Den Unterschied kann man daher nur durch eine Erforschung der ihm im Gegensatz zu andern zustehenden Rechte eruiren. Im Gegensatz zu Stoeber sagen wir also: wie man das Wesen der Gemeinde nur aus dem Gemeinderecht erkennen kann, so das des Staates aus dem Staats-, das des Reiches aus dem Reichsrecht. Und erst auf Grund dieser Erkenntniss lässt sich ferner erkennen, in wie weit etwa die beiden Letzten sich durch begriffliche Wesensgemeinschaft von der Ersten unterscheiden. Keineswegs freilich darf man dabei von ihren Rechtsbeziehungen nach aussen, zu gleichen und zu übergeordneten Gemeinwesen „absehen"; aber diese Beziehungen fliessen aus ihrem innern Wesen und nicht umgekehrt. Die richtige Methode konstruirt, wie von unten nach oben, so auch von innen nach aussen, und nicht *vice versa*. Bei alledem soll nicht verkannt werden, dass Stoeber von einer gewissen Ahnung der Wahrheit geleitet worden ist, die sich vielleicht auch in der gelegentlichen Aeusserung offenbart: „Es lässt sich u. E. der Satz begründen, dass nur der Staat Gebiets- und Unterthanenhoheit besitzen kann" [57]). In wie weit sich unseres Erachtens dieser Satz begründen lässt, muss die Synthese zeigen.

Wir stehen damit am Ende der Analyse.

Aufgabe der Dogmengeschichte war es, durch eine im wesentlichen chronologische Betrachtung der wichtigsten litterarischen Erscheinungen darzuthun, wie es der ganzen Fülle

[57]) Stoeber a. a. O. S. 642. Bezüglich seiner unmittelbar folgenden Meinung vgl. unten Abschnitt XII.

der einander ablösenden Theorien nicht gelungen ist, einen festen Punkt zu gewinnen, von dem aus eine Lösung dieses tief einschneidenden Problems ausgehen könnte. Die Analyse verhält sich einerseits gegenüber diesem vorhergehenden Theile ergänzend, andrerseits gegenüber der folgenden Synthese vorbereitend und grundlegend. Um der Synthese den Weg zu bahnen, unterzieht die Analyse die in der Dogmengeschichte hervortretenden Begriffe: Souveränität, Organismus, Person, Herrschaft einer kritischen Revision. Sie untersucht, ob und in welchem Sinne diese Begriffe die Grundlage der weiteren Konstruktion abgeben können. Das Resultat ist nur bezüglich der Souveränität ein völlig negatives; die Eliminirung dieses Begriffs ist die Voraussetzung jeder Konstruktion, die nicht mit aprioristischen Annahmen operiren und in sich selbst den Grund ihrer Unfruchtbarkeit tragen soll. Die drei andern Begriffe dagegen sind beizubehalten, nur nicht in dem Sinne, als ob schon durch sie allein die Unterscheidung des Staates von der Gemeinde etc. gefunden sei. Vielmehr ist die Eigenschaft als Person dem Staate mit allen Rechtssubjekten, die Eigenschaft des Organismus und der Herrschaft ihm mit allen Verbandspersonen gemeinsam. Die Untersuchung hierüber hat aber zugleich durch die Entwicklung des organischen Personenbegriffs die Grundlage gegeben, auf welcher die synthetische Konstruktion sich erheben kann.

Dritter Theil.

Synthese.

VIII.

Recht und Staat. — Rechtsstaat. — Selbstverwaltung.

Die Wissenschaft des Staatsrechts vereinigt in sich die beiden Begriffskreise: Staat und Recht; und jede staatsrechtliche Konstruktion enthält ein — zwar nicht immer ausdrücklich ausgesprochenes — Urtheil über das Verhältniss dieser beiden Elemente zu einander. Ist der Staat eine Schöpfung des Rechts? oder umgekehrt das Recht eine Schöpfung des Staates? In dem durch diese Alternative geschaffenen *circulus vitiosus* hat sich zum grossen Theil bis auf unsere Zeit die staatsrechtliche Theorie herumgedreht. Dass der Fehler nicht in dieser oder jener Beantwortung der Frage, vielmehr in der Fragestellung selbst liegt, vermag nur die richtig verstandene und konsequent durchgeführte organische Staats- und Rechtsanschauung klar zu machen.

O. v. Sarwey, dessen schroffe Stellung gegenüber der organischen Lehre schon oben erwähnt wurde [1]), sagt: „Der Grundfehler der dem Kant'schen Staatsbegriff folgenden Schule des vormärzlichen Liberalismus (Rotteck, Welcker) lag in dem Versuche, den Staat aus dem Rechtsbegriffe zu konstruiren. Umgekehrt kann der Rechtsbegriff nur aus dem Staate konstruirt werden“ [2]). Wie so häufig im Laufe dieser Untersuchung können wir dem negativen Theile dieser Behauptung zustimmen; dem positiven dagegen nicht.

---

[1]) Vgl. oben S. 157 n. 60.

[2]) O. v. Sarwey: „Das öffentliche Recht und die Verwaltungsrechtspflege“. (Tübingen 1880) S. 12.

Beide einander gegenüberstehende Richtungen müssen nothwendig in entgegengesetzte, aber gleich schwere Fehler verfallen. Während die Lehre, welche vom Rechte aus zum Staatsbegriff gelangt, zu einer Verkümmerung dieses Begriffes führt, verdorrt unter dem Einflusse der entgegengesetzten Theorie das lebendige Wesen des Rechts. Und trotzdem kommt bei beiden auch das an die Spitze gestellte Element nicht zu voller Entwicklung. Die Zerreissung des organischen Bandes schädigt eben die beiden aus einander gerissenen Theile.

Jene Lehre, die von Hugo Grotius begründet, in Deutschland von Kant philosophisch vollendet, in der Rotteck—Welcker-schen Schule ihren staatswissenschaftlichen Ausläufer hat, wurzelt in der Vertragstheorie und dem Naturrecht. Da der Vertrag, als welcher ein Rechtsgeschäft ist, der Entstehungsgrund des Staates sein soll, so muss natürlich das Recht vor dem Staate existiren; der Staat eine Schöpfung des Rechts sein. In weiterer Folge erschöpft sich dann nach dieser Theorie das Wesen des Staates als einer Rechtsanstalt in der Verwirklichung des Rechts. Das ist der „Rechtsstaat" der älteren Schule[3]), von dem — wie wir sehen werden — die heutige Wissenschaft den Namen, nicht das Wesen beibehält. Dass diese Anschauung gegenüber der vielgestaltigen Wirksamkeit des modernen Staates unhaltbar ist, bedarf heute keines Beweises mehr; es ist ein wissenschaftlicher Gemeinplatz. Wenn auch der in der Leidenschaft politischen Kampfes ihr gemachte Vorwurf, sie degradire den Staat zum „Nachtwächter", unpassend ist gegenüber einer Lehre, aus deren Schosse die ganze Wissenschaft des modernen Staatsrechts erwachsen ist, so ist doch jedenfalls ihr Werth heute lediglich ein historischer. Und dies nicht nur wegen der Enge ihres Staatsbegriffs; sondern ebenso wegen der Verschwommenheit ihrer Rechtsanschauung. Jenes vorstaatliche Recht, mit welchem diese Schule operirt, ist ein Liebling der Philosophen; der Jurist weiss nicht viel mit ihm anzufangen. So kommt es, dass die

---

[3]) Vgl. R. v. Mohl: Geschichte und Litteratur der Staatswissenschaft. Bd. I. S. 227 fg.

Schriften der Welcker'schen Schule — und selbst R. v. Mohl und Bluntschli stehen vielfach unter ihrem Einflusse — uns heute mehr wie philosophische oder politische Spekulationen, denn als juristische Konstruktionen erscheinen.

Die entgegengesetzte Lehre, als deren ersten Vertreter man K. L. v. Haller ansehen kann[4]), und die heute am schärfsten bei Seydel, in mannigfacher Verästelung auch bei Zorn, Sarwey u. v. a. erscheint, kehrt den Irrthum jener andern Theorie einfach um, ohne sich dadurch der Wahrheit zu nähern. Sie lehrt: „Zu dem Rechtsbegriff gelangt man nur durch den Staatsbegriff“ [5]); fasst letzteren demnach als etwas rein thatsächliches, und ersteren als auf dem Befehl des Staates beruhend. Vermochte die frühere Theorie zunächst nicht dem Wesen des Staates, dann auch nicht dem des Rechtes zu genügen, so verstösst diese zunächst gegen das Wesen des Rechts, dann auch gegen das des Staates. In ersterer Hinsicht charakterisirt sie Gierke mit schneidender Schärfe als „öde, trostlose, leere Theorie, welche, ob sie gleich die ganze Rechtswissenschaft zu einem würdelosen Handwerk herabsetzen muss, gleich einer Epidemie in unsern Tagen um sich zu greifen droht, — jene Theorie, die allen positiven Inhalt der Rechtsidee kritisch zersetzt, und in ihrer eignen verzweifelten Impotenz nichts anderes an die Stelle zu setzen weiss, als die nichtige Formel: Recht seien die vom Herrscher für die Beherrschten aufgestellten Verhaltungsmassregeln“ [6]). Und wenn diese Anschauung das Wesen des Rechts im allgemeinen verkümmert, so entzieht sie dem öffentlichen Recht völlig jeden Boden. Ist das Recht nur eine Schöpfung des Staates, so geht dem Völkerrecht, dem Kirchenrecht, vor allem auch dem Staatsrecht der Rechtscharakter mit logischer Nothwendigkeit verloren [7]). So gelangt denn auch der konsequenteste Vertreter

---

[4]) Vgl. oben S. 141.

[5]) Sarwey a. a. O. S. 11.

[6]) Gierke: Grundbegriffe des Staatsrechts etc. in der Tübinger Zeitschrift Bd. XXX. S. 181.

[7]) Vgl. jetzt auch E. Mayer: „Marquardsen's Handbuch des öffent-

dieser Lehre, Seydel, zur Negirung der Staatspersönlichkeit und damit des öffentlichen Rechts, dessen Existenz mit der Auffassung des Staates als Objekt unvereinbar ist. Man hat demgegenüber versucht, den Rechtscharakter des Staatsrechts durch die Annahme einer Selbstbindung, Selbstbeschränkung des Staates zu retten [8]). Die Unhaltbarkeit dieser Ansicht haben wir bereits oben in der ihr von Jellinek gegebenen Anwendung auf die „Souveränität" darzulegen versucht [9]). Ist das Recht in der That lediglich ein Ausfluss des Staatswillens, so bleibt es stets unbegreiflich, wie eben dieser Willen durch das Recht gebunden werden kann; eine Schranke, welche einzig und allein im Belieben des zu beschränkenden Willens liegt, ist in Wahrheit keine Schranke. Will man der Staatsmacht die Rechtsmacht gegenüberstellen, so muss man diese als von jener unabhängig und ihr ebenbürtig anerkennen. Diesem logischen Zwange beugen sich auch die Vertreter jener Ansicht, wenn sie behaupten, dass der Staat sich durch das Recht selbst binden müsse. Woher nimmt man dieses „Muss", wenn das Recht erst in Befolgung dieses „Müssens" vom Staate geschaffen wird? Das heisst doch mit andern Worten: der Staat befolge eine Rechtspflicht, indem er das Recht schaffe.

Und ebenso wenig wie dem Recht wird diese Theorie dem Wesen des Staates gerecht. Von der Lehre Seydels im besondern ist dies schon wiederholt dargethan worden. Aber die ganze Vorstellung des Staates als blosser Thatsache verkennt die innerste Natur dieses Gesammtorganismus. Bildet die Betrachtung des Staates als Persönlichkeit d. h. als Rechtsubjekt die Grundlage jeder theoretischen Erfassung des Staates, so liegt darin schon die Unmöglichkeit, ihn gedanklich vom Rechte loszulösen, ihn als eine vorrechtliche Bildung zu betrachten. Mit Recht sagt daher Gierke: „Ist es denn nicht die gröbste Fiktion, dass in irgend einem Augenblick ein Staat ohne Recht

lichen Rechts und die moderne Staatslehre", in Hirth's Annalen 1887, Heft 7. S. 550 fg.

[8]) Zorn, Jellinek, Gareis u. a. m.

[9]) Vgl. oben S. 134 fg.

bestanden habe, dass zuerst eine Herrschaft errichtet und dann erst die Rechtsidee aufgetaucht sei?“ [10])

Diese Erkenntniss, dass die Natur des Staates ohne das Element des Rechts nicht denkbar ist, bildet den gedanklichen Ausgangspunkt der alten Rechtsstaatstheorie. Desshalb erfasst sie ihn als Rechtsanstalt. Demgegenüber liegt der andern Lehre die Idee zu Grunde, dass das Wesen des Rechts das Attribut der Erzwingbarkeit fordere, welche ihm erst vom Staate verliehen werde. Desshalb betrachtet sie den Staat als Zwangsanstalt [11]).

Ueber die Frage, ob die Erzwingbarkeit dem Begriffe des Rechts wesentlich ist, hat sich keine als herrschend zu bezeichnende Meinung gebildet; und die Ansichten durchkreuzen sich in der seltsamsten Weise [12]). Auch diese Frage ist eben nicht einfach mit Ja oder Nein zu beantworten; und der allgemeine Fehler liegt auch hier darin, dass man die letzte Entwicklungsform mit dem Wesen des Begriffs selbst identificirt und dabei übersieht, dass er sich in einer Reihe von Evolutionen offenbart. Das Richtige scheint uns wiederum Gierke anzudeuten, wenn er sagt: „Dass der Zwang unvollkommen organisirt, dass er vielleicht überhaupt in Ermangelung einer zwangsbefugten Macht nicht möglich . . . . ist, hebt den Begriff des Rechts nicht auf. Allein die Vorstellung, dass eine Zwangsdurchführung an sich gerecht und wünschenswerth wäre, fehlt bei keiner Rechtsnorm. Dadurch unterscheidet das Recht sich von der Sittlichkeit, die sich an die innere Willensbestim-

---

[10]) Gierke a. a. O. S. 178; ebenso Liebe: „Staatsrechtliche Streitfragen“ in der Tübinger Zeitschrift Bd. 38. (1882) S. 635: „Staat und Staatsgewalt sind so wenig etwas bloss Thatsächliches, dass sie gar nicht gedacht und definirt werden können, ohne als juristische Einrichtungen thatsächlichen Zuständen entgegengesetzt zu werden“.

[11]) Das Irrige beider Lehren vereinigt Lasson (System der Rechtsphilosophie S. 281 fg.), indem er den Staat als Zwangsanstalt zu dem alleinigen Zwecke der Rechtserhaltung auffasst.

[12]) So sieht z. B. Bähr (Rechtsstaat S. 4) in der äusseren Erzwingbarkeit das Kriterium des Rechts, während Gerber (Grundzüge S. 40 n. 4) diese Ansicht abweist. Vgl. auch E. Mayer in Hirth's Annalen 1887. S. 550 fg.

mung wendet und desshalb an sich jeden äussern Zwang ablehnt .... Die wirkliche Erzwingbarkeit durch organisirte Macht ist also zwar kein Merkmal, wohl aber eine Tendenz des Rechtes" [13]).

Es verhält sich mit der Erzwingbarkeit des Rechts genau so wie mit seiner Positivirung d. h. seiner förmlichen und geordneten Setzung. Dem Wesen des Rechts immanent ist der Entwicklungsdrang nach einer positiven Feststellung seiner Normen durch eine organisirte Macht und einer gleichen Erzwingbarkeit dieser Normen. Die Positivität und Erzwingbarkeit bezeichnet also die höchste Entfaltung, das Ideal der Rechtsidee; aber sie ist nicht mit ihr identisch. Vielmehr besteht der ganze Entwicklungsgang des Rechts — wie überhaupt jede Entwicklung — darin, dass er sich seinem immanenten Ideal stetig annähert, es aber niemals völlig erreicht. Wie also die Positivirung aus der Rechtsidee fliesst und nicht das Recht erzeugt [14]), so ist die Erzwingbarkeit ein Produkt der fortschreitenden Rechtsidee, aber sie macht nicht erst das Recht zum Recht. Die vollendetste Erscheinungsform des Rechts ist die *lex perfecta*, das positive und mit Erzwingbarkeit ausgestattete Gesetz; aber jedes Gesetz ist eine Schöpfung der Rechtsidee; nicht das Recht eine Schöpfung des Gesetzes.

Beruht demnach die Annahme eines vorrechtlichen Staates auf der Verwechselung einer Entwicklungsform des Rechts mit der Rechtsidee an sich, so beruht umgekehrt die Annahme eines vorstaatlichen Rechts auf der Verwechselung einer Entwicklungsform des Staates mit der Staatsidee an sich. Wenn man dagegen, entwicklungsgeschichtlicher Anschauung folgend, das Wesen der Rechts- und Staatsidee nicht identificirt mit den Erscheinungsformen dieser Ideen, welche eine unermesslich lange Reihe von Jahrtausenden in allmäligen Evolutionen erzeugt hat, so erkennt man sofort, dass die Frage: war das Recht

[13]) Gierke in Schmoller's Jahrbuch 1883, Heft 4, S. 79 n. 1.

[14]) „Was Recht werden soll, ist in den Dingen enthalten, und soll nur erkannt und gewollt werden. Die Positivirung des Rechts ist also kein Schaffen, sondern ein Finden". Fricker in der Zeitschrift f. d. ges. Staatswissenschaft Bd. 28. (1872) S. 92.

vor dem Staat oder umgekehrt? weder zu lösen noch überhaupt zu stellen ist. Denn unter diesem Gesichtspunkte reducirt sich diese Frage auf die andere: war der Mensch vor der Familie oder die Familie vor dem Menschen?

Sobald zwei Menschen neben einander existiren, ist die Nothwendigkeit einer irgendwie gearteten Abgrenzung ihrer Willenssphären gegen einander und damit die Idee des Rechtes gegeben. Und sobald sich über den Einzelwesen das erste sie umfassende Gemeinwesen d. h. die Familie erhebt, ist die Idee des Staates gegeben. Also nur wenn die Existenz von Individuen vor der Existenz der Familie (etwa durch *generatio aequivoca*) anzunehmen wäre, könnte von einem Rechte vor dem Staate die Rede sein; und ebenso von einem Staate vor dem Rechte nur, wenn eine Familie vor der Existenz der Individuen denkbar wäre. Zur etwaigen Ergründung dieses *ὕστερον-πρότερον* der Natur in die Geheimnisse der Urwelt einzudringen, diese Aufgabe darf das Staatsrecht getrost der Naturwissenschaft überlassen. Für uns sind Individuen und Familie, und damit Recht und Staat in ihrer Urform gleichzeitig gegeben; wir sagen mit Gierke: „In Wirklichkeit sind Staat und Recht mit und durch einander entstanden und gewachsen. Der Mensch konnte nicht Mensch sein, ohne dass ein staatlicher Verband existirte und als Allgemeinheit über den Individuen empfunden ward . . . . . Staat und Recht sind uns eins nicht ohne das andere denkbar, aber keines von beiden besteht vor dem andern und durch das andere. Und an diesem natürlichen Verhältniss muss die Wissenschaft, wenn sie wirklich realistisch sein will, unbedingt festhalten“ [15]).

Das allgemeine Gesetz organischer Entwicklung, das der Wechselwirkung, zeigt sich thätig auch in der vieltausendjährigen Entwicklungsgeschichte der Rechts- und Staatsidee. Gleichzeitig, als Zwillinge geboren in der Entstehungszeit des Menschengeschlechts haben diese beiden Ideen den Weg durch

---

[15]) Gierke in der Zeitschrift f. d. ges. Staatswissenschaft Bd. 30 (1874) S. 179; vgl. auch ebenda S. 310: „Gleich der Staatsidee ist die Rechtsidee überhaupt mit dem Menschen geboren“.

die Jahrtausende nicht fremd neben einander zurückgelegt; sondern sie haben sich im Laufe dieser Entwicklung mannigfach durchdrungen, eine die andere fördernd und erweiternd. Jener der Rechtsidee immanente Drang nach Positivirung verknüpfte dieselbe in ihrer Realisirung mehr und mehr mit den sich über die Individuen erhebenden Gesammtorganismen, denen in immer wachsendem Umfange die Aufgabe der Rechtssetzung zufiel. Und auf der andern Seite entwickelte das jene Gesammtorganismen in ihrer aufsteigenden Gliederung zusammenhaltende Band immer klarer seinen Charakter als Rechtsband. Jede Evolution der Staatsidee erweiterte so den Kreis des Rechtes; jede Fortentwicklung der Rechtsidee gab dem Staate einen reicheren Inhalt. Heute ist diese Entwicklung dahin gelangt, dass unser Recht überwiegend staatliches Recht, und unser Staat im Princip Rechtsstaat geworden ist. So wenig durch das Wort Rechtsstaat in diesem Sinne der Staat als eine Schöpfung des Rechts bezeichnet werden soll, ebenso wenig liegt in der Anerkennung des staatlichen Rechts die Auffassung des Staates als Schöpfers des Rechts. In unendlich langsamer, allmäliger Entwicklung hat sich aus seinem Prototyp, seiner ersten Erscheinungsform, der Familie heraus — unter stetiger Einwirkung der fortschreitenden Rechtsidee — der moderne Staat gebildet; und in gleicher Weise aus den unklaren, von Moral und Religion nicht gesonderten Vorstellungen der Urzeit — unter stetiger Einwirkung der fortschreitenden Staatsidee — das moderne Recht. Und wenn nun heute der Staat das Recht setzt, so verwirklicht er damit den in der Rechtsidee liegenden Drang nach Positivirung; er deklarirt latentes Recht, und schafft es nicht aus dem Nichts. Und wenn heute Staatsgesetze den Rechtskreis der Familie, der Gemeinde etc. normiren, so erscheinen dadurch diese Gemeinwesen, die begrifflich älter sind als der Staat, nicht umgekehrt nun als Produkte desselben; er überträgt ihnen nicht sein Recht. Vielmehr ist das Staatsgesetz nur die moderne Form, um das immanente Recht jener Personen zum positiven Ausdruck zu bringen. Nicht weil der Staat ihnen Rechte verleiht, existiren sie als Personen; sondern weil sie ihrem Wesen nach Personen d. h.

Rechtsträger sind, deklarirt das Staatsgesetz positiv ihre Rechte. So bietet also die moderne Form der staatlichen Rechtssetzung kein Hinderniss für die begriffliche Möglichkeit einer Konstruktion der Gemeinwesen von unten nach oben. Später werden wir sehen, dass nicht nur begrifflich, sondern auch historisch von den politischen Gemeinwesen in ihrer heutigen Gestaltung die Gemeinde das primäre, der Staat das sekundäre, das Reich das tertiäre ist [16]).

Mit ihrer wechselseitigen Durchdringung in der Erscheinungsform des Rechtsstaates und staatlichen Rechts ist übrigens der Entwicklungsprocess der Rechts- und der Staatsidee keineswegs erschöpft. Noch ist jene Form bei weitem nicht völlig ausgebildet; aber lange schon hat diese Idee in ihrer Entfaltung auch jene Form überflügelt. Hinaus über die Grenze der Staaten und Reiche spinnt das Völkerrecht seine Fäden; und über den gewaltigen Organismen der Staaten und Reiche beginnen sich die Anfänge internationaler Organisationen zu erheben. Freilich, jene Auffassung, welche den Staat vollendet aus dem Schosse des Rechts oder das Recht fertig aus dem Haupte des Staates entspringen lässt, muss wohl in der gegenwärtigen Gestaltung von Staat und Recht der Weisheit letzten Schluss erblicken. Weil es zur Zeit kein umfassendes Gesammtorgan giebt, welches die internationalen Rechtsbeziehungen schon jetzt positivirt, soll es ein internationales Recht überhaupt nicht geben. Wer das Seiende nicht entwicklungsgeschichtlich als geworden versteht, dem muss auch das Verständniss für das Werdende fehlen. In Wahrheit offenbart sich in den hoffnungsfrohen Anfängen internationalen Rechts und internationaler Organisationen dieselbe ewig sprossende Triebkraft, welche aus den unklaren Vorstellungen der Urzeit das heutige positive Recht und aus der patriarchalischen Familie den modernen Staat hat erwachsen lassen. Wenn dieser Entwicklungsgang sich rückwärts im Dunkel vergangener Jahrtausende verliert, so vollzieht sich jene Weiterbildung desselben vor unsern Augen. Auch hier wirken das fortschreitende

---

[16]) Vgl. unten Abschnitt XI und XII.

Recht und die sich steigernde Organisation unendlich vielfach auf einander ein; aber jenes schafft weder diese, noch wird es von ihr geschaffen. Vielleicht wird man dermaleinst, wenn der umfassende Organismus der Völkergemeinschaft sich vollendet hat und dann unser gegenwärtiges Entwicklungsstadium auch im Dunkel der Vergangenheit ruht, die Frage diskutiren, ob die Völkergemeinschaft eine Schöpfung des Rechts oder das Recht eine Schöpfung jener sei? Wir aber finden in den Erscheinungen der Gegenwart die Bestätigung für unsere Auffassung der Vergangenheit sowie für unsere Erwartungen von der Zukunft. Alle denkbaren Gestaltungen des Rechts sind Evolutionen der mit der Menschheit gleich alten Rechtsidee; und die dereinstige Völkergemeinschaft wie der heutige Staat sind Evolutionen der mit der Menschheit gleich alten Idee eines Gemeinwesens über den Einzelwesen.

Auch diese genetische Betrachtungsweise zeigt demnach den Staat — in diametralem Gegensatz zur Souveränitätsidee als ein wesensgleiches Glied in der Kette der menschlichen Gemeinwesen; sie zeigt, dass der Staat nach unten hin keineswegs unvermittelt dem Individuum gegenübersteht, vielmehr in seinem Ursprung auf dieselbe Quelle zurückführt, welche auch das Individuum erzeugt; und dass er nach oben hin keineswegs das begriffliche *non plus ultra* menschlicher Gemeinwesen darstellt, vielmehr die ihm immanente Idee noch einer unendlich weiteren Entfaltung und Entwicklung fähig und gewärtig ist.

Ferner bestätigt diese Betrachtung auch wieder den schon mehrfach nachgewiesenen begrifflichen Zusammenhang der Souveränität und der *persona ficta*; auch hier fällt die eine mit der andern. Denn die entwicklungsgeschichtliche Betrachtung von Staat und Recht zerstört nicht nur die Vorstellung des Staates als einzigen Wesens seiner Gattung — und damit die Grundlage der Souveränität — sondern auch die Vorstellung des Individuums als ursprünglich einzigen Rechtsträgers, welchem dann die „juristische Technik“ die „juristische Person“ nachgebildet habe. Jene Betrachtung zeigt vielmehr, dass die erste nichtphysische, die erste Gesammtperson genau so ursprünglich gegeben ist wie die physische Einzelperson. Mit der Existenz der Individuen ist auch die Existenz der Familie gegeben, und damit treten neben die Rechtsbeziehungen von Individuum zu Individuum gleichzeitig Rechtsbeziehungen der Individuen zu ihrer organischen Einheit. So stehen von Uranfang die beiden Rechtskreise des Individual- und des Sozialrechts ebenbürtig neben einander.

Wenn noch Bluntschli die Eintheilung des Rechts in Privat- und öffentliches Recht für ausreichend erklärt hatte[17]), so hat demgegenüber schon R. v. Mohl auf die Rechtsverhältnisse der Genossenschaften als auf ein von jenen Gebieten systematisch zu scheidendes Rechtsgebiet hingewiesen[18]). Seitdem hat die besonders von Bähr zur theoretischen Erfassung des Staates herangezogene Gegenüberstellung von Privat- und Genossenschaftsrecht[19]) ungemein fruchtbar gewirkt; und die Fortführung der Beseler'schen Genossenschaftslehren durch die Forschungen Gierke's hat die Auffassung des Staatsrechts als eines Theils des Genossenschaftsrechts mächtig gefördert[20]).

Dass die Eintheilung des gesammten Rechtsstoffs in Privat- und öffentliches Recht nach ihrem üblichen Umfange für viele Zwecke der Praxis und der Theorie unentbehrlich ist, unterliegt keinem Zweifel. Für eine Begriffskonstruktion jedoch, welche, der entwicklungsgeschichtlichen Methode folgend, unter Ablehnung aprioristischer Dogmen von unten nach oben konstruirt, ist jene herkömmliche Eintheilung völlig unbrauchbar. Denn die Sphäre des „öffentlichen Rechts" umgiebt gleichsam als rechtliche Ausstrahlung und Atmosphäre den Kernpunkt „Staat"; es ist unmöglich, von unten her den Begriff des öffent-

---

17) Kritische Ueberschau der deutschen Gesetzgebung Bd. III. Heft 2, S. 229 fg.

18) Encyclopädie der Staatswissenschaften. 2. Aufl. 2. Ausg. S. 36.

19) Rechtsstaat S. 19 und S. 31 fg.

20) Selbst v. Sarwey („Das öffentliche Recht" etc. S. 20 und „Allgemeines Verwaltungsrecht" in Marquardsen's Handbuch. Bd. I. Hlbd. 2. S. 57) erkennt den Staat als Genossenschaft. Allerdings stellt er diese Seite seines Wesens dem „Staate als Personeneinheit" gegenüber. Es beruht dies auf der Verkennung jener „Durchdringung der Einheit durch die Vielheit" und *vice versa*, welche oben im VI. Abschnitt ausführlich erörtert worden.

lichen Rechts zu finden; derselbe erfordert vielmehr den Staat als gegebenen Ausgangspunkt. Wir werden dies im nächsten Abschnitt bei der speciellen Anwendung auf den Begriff der „öffentlich-rechtlichen Körperschaft“ bestätigt sehen. Charakteristisch ist in dieser Hinsicht die Definition, welche Seydel von den beiden Rechtsgebieten giebt. Er sagt[21]): „Die bürgerliche Rechtsordnung regelt diejenigen rechtlichen Beziehungen, in welche der Einzelne als solcher durch *commercium* und *connubium* tritt“; dagegen gleich darauf: „Die öffentliche Rechtsordnung befasst sich mit der Regelung derjenigen Angelegenheiten, welche der Staat als solche des öffentlichen Interesses behandelt“. Während also der Begriff des Privatrechts aus sich selbst heraus, aus seinem immanenten Wesen festgestellt werden kann, muss man, um zum öffentlichen Recht zu gelangen, von etwas ausser ihm liegenden, vom Staate und dessen Interesse ausgehen. Wir werden an anderer Stelle[22]) sehen, dass die wissenschaftlichen Antipoden Seydel's, Gierke und Rosin, in diesem Punkte zu keinem anderen Resultate kommen. Für unsere Untersuchung ist aber der Staat das unbekannte x, dessen Inhalt und Wesen eben erst zu suchen ist; daher können wir nicht von ihm ausgehen; und demgemäss ist für uns zunächst die Eintheilung in Privat- und öffentliches Recht nicht brauchbar. Nur soviel ergiebt sich schon aus der bisherigen Darlegung, dass das öffentliche Recht und im besonderen das Staatsrecht ein Theil des allgemeinen Rechts der Gesammtpersonen d. h. des Sozialrechts sein muss. Die Grenzen dieses Theilgebiets lassen sich erst *ex post*, gewissermassen auf dem Rückwege der Konstruktion, oder deduktiv, nicht induktiv feststellen. Aus der entgegengesetzten Ansicht, welche *a priori* dem Privatrecht ein öffentliches Recht gegenüberstellt, entwickelt sich naturgemäss die Gegnerschaft wider die zur Herrschaft emporstrebende Lehre Bähr's und seiner Nachfolger. So findet z. B. Gerber, „dass diese Lehre sich wissenschaftlich nicht über alle älteren Versuche, das Staatsrecht in Privatrechtsverhältnisse

---

[21]) M. Seydel „Bayrisches Staatsrecht“. Bd. II. S. 415.

[22]) Im IX. Abschnitt.

einzugrenzen, erhebt"[23]). Aber es ist doch eine völlige *petitio principii*, das ganze Genossenschaftsrecht als solches ohne weiteres in das Privatrecht zu verweisen, blos weil die üblichen Systeme des öffentlichen Rechts es nicht enthalten. Und dass die sozialrechtliche Anschauung in denkbar grösstem Gegensatz gegen jede privatrechtliche — oder besser gegen jede individualrechtliche Behandlung des Staatsrechts steht, das dürften die Ausführungen des VI. Abschnitts gezeigt haben. Wenn ferner Gerber an gleicher Stelle meint, dass die Aehnlichkeiten zwischen Staat und Genossenschaft „nur in peripherischen Momenten bestehen, und nicht in einem einheitlichen Centralprincip beruhen", so erhellt wohl aus unserer bisherigen Erörterung das gerade Gegentheil dieser Behauptung von selbst. Denn von äusserlichen „peripherischen" Aehnlichkeiten ist überhaupt nicht die Rede gewesen; vielmehr beruht jene begriffliche Verbindung lediglich auf der Gleichheit des innersten Centralprincips, der rechtlichen Existenz von Gesammtpersonen über den Einzelpersonen. Gerade von dem Centralbegriff des Rechts, der Persönlichkeit, aus sind wir zu der Erkenntniss gelangt, dass auch der Staat nur eine Art der Gattung Gesammtperson, und daher sein Recht nur eine Art der Gattung Sozialrecht sein kann.

Also nicht der Dualismus von öffentlichem und Privatrecht, wohl aber der von Sozial- und Individualrecht ist ein originärer, vom Ursprung an vorhandener. Da die Willenseinheit des Individuums und der Familie, der Einzel- und der Gesammtperson gleichzeitig gegeben war, so musste sich auch die Idee des Rechts als der Abgrenzung der Willensmacht der Personen in jener zweifachen Richtung gleichzeitig entfalten. Der der Rechtsidee innewohnende Drang nach Positivirung verknüpfte dann im Laufe der Entwicklung das Recht immer inniger mit

[23]) Gerber: „Grundzüge". S. 46 n. 2. Uebrigens verkennt Gerber auch das Wesen der genossenschaftlichen Theorie, wenn er sie das Verhältniss des Individuums zum Staate als Analogon des Verhältnisses der Mitglieder einer Genossenschaft zur Direktion derselben betrachten lässt. Nicht die Direktion ist das Analogon, sondern die Gesammtperson der Körperschaft, deren Theil die Einzelperson ist, wie das Individuum ein Theil des Staatsorganismus.

den sich aufwärts steigernden Gesammtorganismen, in welchen es die geeigneten Organe für seine Positivirung fand. Und andererseits besteht das Wesen jener Gesammtorganismen in der Gliederung, der Ueber- und Unterordnung von Personen, also in einer Abgrenzung ihrer Willensmacht d. h. es ist rechtlicher Natur. Dieser ihnen immanente Rechtscharakter hat die Gesammtorganismen in ihrer Steigerung bis zum modernen Staate begleitet. Mindestens latent ist und war ihnen der rechtliche Charakter stets eigen; denn stets wohnte ihnen das Wesen von Gesammtpersonen inne; dieses Wesen besteht aber, wie die früheren Ausführungen gezeigt haben, in der rechtlichen Organisirung einer Vielheit von Personen zur Einheit. Freilich; nicht in jedem Stadium der Entwicklung kam dieser immanente Rechtscharakter zum Bewusstsein und zu positivem Ausdruck; vielmehr konnte die von ihm geforderte gegenseitige Durchdringung von Vielheit und Einheit in den historischen Evolutionen der politischen Gestaltungen wie in den geistigen Evolutionen der juristischen Theorien erst das Resultat eines langen Lehrganges sein. Hatte das Mittelalter einseitig das Princip der Vielheit zur Erscheinung gebracht, so betonte das Zeitalter des absoluten Staates ebenso einseitig das der Einheit. Die Aufgabe dieses Zeitalters war es, aus der überwuchernden Vielgestaltigkeit der mittelalterlichen Gebilde die Einheit des modernen Staates zusammenzuschweissen, und der theoretische Ausdruck dieses mit allen Kräften auf die Einheit hinstrebenden Entwicklungsstadiums ist die Souveränitätsidee. Demgemäss negirt diese Idee — wie wir im V. und VI. Abschnitt gesehen haben — das Moment der Vielheit in der Einheit; folglich auch das wahre Wesen der Gesammtperson; in weiterer Folge überhaupt das mit dieser unlösbar zusammenhängende Sozialrecht und damit *implicite* dessen Theil, das öffentliche Recht in allen seinen Erscheinungen. Wie der Begriff der Person den des Rechts voraussetzt, so involvirt andererseits das Recht eine gegenseitige Bindung des Willens der in mannigfacher Gliederung einander neben- und übergeordneten Personen. Eine solche gegenseitige rechtliche Gebundenheit widerstrebt aber auf's äusserste der Ideenwelt des absoluten Staates. Desshalb steht der einig-einzige, jede ihm immanente Vielheit leugnende, der „souveräne“ Staat ausserhalb, ja im Gegensatz zu dem Kreise der Personen, als welche mangels eines Sozialrechts lediglich Individuen sein können; und damit konsequenter Weise auch ausser (nach der Anschauung jener Zeit über) dem Recht.

Als jedoch die Aufgabe jenes Zeitalters erfüllt, der moderne Staat wenigstens im Rohbau vollendet war, da trat die bisher latente Rechtsnatur dieses Gebildes mit innerlicher Macht in die Erscheinung; sie drängte sich siegreich in die Gestaltung der Praxis, wie in die Anschauung der Theorie[24]). Die Idee der Einheit des modernen Staates war nunmehr fest genug gewurzelt, um — ohne Rückfall in mittelalterliche Auflösung — auch seine organische Zusammensetzung und Gebundenheit durch die Vielheit und damit seinen Rechtscharakter in Betracht ziehen zu dürfen. Wenn diese Richtung zunächst über das Ziel hinaus schoss, indem sie den Staat zu einem Geschöpf des Rechts, das Recht zum alleinigen Inhalt des Staates machte[25]), so theilte sie nur die Tendenz zur Uebertreibung, welche allen neuen Lehren eignet. Der wahre Kern der Rechtsstaatstheorie hat bald jene ältere Hülle gesprengt und sich eine seinem Gehalt entsprechende Formulirung geschaffen. Der erste Schritt hierzu ist die Anerkennung der Persönlichkeit des Staates. Damit tritt derselbe in den Kreis des Rechtes ein; in das Netz gegenseitiger Gebundenheit, welches das Recht um alle Personen zieht. Ein weiterer Schritt ist sodann die Befreiung von jener privatrechtlichen Anschauung, welche Person und Individuum identificirt; die Erfassung des Staates als Gesammtperson und des Wesens dieser als eines organischen Gebildes des Sozialrechts. Aus dieser Betrachtung ergiebt sich von selbst die wahre innere Natur des Rechtsstaats. Dieselbe besteht nicht darin, dass der Staat eine Schöpfung des

---

[24]) „Die Mehrzahl aller neueren politischen Schriften, und zwar sämmtlicher Kulturvölker, ist rechtsstaatlichen Inhalts, auch wo sich die Verfasser dieser Richtung nicht bewusst sind“. v. Mohl: Encyclopädie der Staatswissenschaften. 2. Aufl. 2. Ausg. S. 330 n. 1.

[25]) Vgl. oben S. 200.

Rechts oder dass seine Aufgabe lediglich die Verwirklichung des Rechts wäre; sondern darin, dass das Band, welches seine sämmtlichen Theile, die ihm eingegliederten Einzel- und Gesammtpersonen zu einer höheren organischen Einheit verbindet, ein Rechtsband ist. Der Staat erscheint als ein Zellengewebe, bestehend aus einfachen und zusammengesetzten Zellen in mannigfaltiger organischer Gliederung. Nicht das Recht hat diesen Organismus geschaffen; und der Inhalt desselben ist nicht specifisch rechtlicher Art; enthält vielmehr die unerschöpfliche Fülle alles dessen, was dem Gemeinleben der Menschen überhaupt eignet. Aber die Struktur des Bindegewebes, welches diesen Inhalt umschliesst und in tausendfacher Verästelung die Theilorganismen unter sich und mit dem Ganzen verbindet, ist rechtlicher Natur. Die Staatslehre, welche dies erkennt, ist die Rechtsstaatstheorie; ein Staat, welcher dies immanente Verhältniss zum positiven Ausdruck bringt, ist ein Rechtsstaat[26]).

Gegen diese Auffassung, welche die Grundlage des Rechtsstaats in dem allen Gesammtpersonen gemeinsamen Sozialrecht erblickt, wendet Sarwey ein: „Der erste Grundfehler dieser Theorie liegt in ihrem Ausgangspunkt, in der Vorstellung, dass im Rechtsstaate die Rechte der Staatsgewalt wie die Befugnisse der leitenden Organe der privatrechtlichen Genossenschaften

---

[26]) Mit dem Worte Rechtsstaat ist nicht, „wie das Wort auszudrücken scheint, eine Einzelinstitution gemeint, sondern ein Grundcharakter unserer .... Rechtsbildung" ... Gneist „Der Rechtstaat" etc. 2. Aufl. S. 7. — „Rechtsstaat ist ein Staat, der sich selbst nicht über, sondern in das Recht stellt; ein Staat, der in seiner gesammten positiven Lebensthätigkeit gleich dem Einzelnen frei, aber gleich dem Einzelnen nur gesetzlich frei und also durch die Schranken des Rechts gebunden ist; ein Staat, in dem alles öffentliche Recht ganz wie das Privatrecht durch und durch als Recht im vollen Sinne anerkannt wird, und daher vor allem auch des ihm heute bei uns noch versagten gerichtlichen Schutzes geniesst. Die Forderung eines derartigen Rechtsstaats aber setzt unabweislich die Ueberzeugung von der Ebenbürtigkeit des Rechts mit dem Staat voraus". Gierke in der Tübinger Zeitschrift. Bd 30. S. 184. — Vgl. auch L. Stein: „Die Verwaltungslehre". Bd. I. 2. Aufl. S. 297.

nur die durch das Genossenschaftsstatut, die Staatsverfassung, verliehenen Rechte seien, als ob jemals die Rechtsordnung die Aufgabe der Staatsgewalt als Organisation des Volkes erschöpfen könnte"[27]). Es zeigt sich hier das den Gegnern der genossenschaftlichen Anschauung gemeinsame Verfahren, welchem wir auch bei Gerber begegnen[28]). Während für jene Anschauung die Wesensgleichheit von Genossenschaft und Staat das *punctum saliens* ist, rücken die Gegner geflissentlich die secundäre Analogie von Direktion und Staatsgewalt in den Vordergrund. Sarwey bezeichnet geradezu die Staatsgewalt als Organisation des Volkes; das ist irrig; denn sie ist ein Organ, aber nicht die Organisation des Volkes, als welche eben der Staat ist. Dass ferner die Rechtsordnung nach der neueren Rechtsstaatstheorie im Gegensatz zur älteren die Aufgabe des Staates keineswegs erschöpfen soll, geht wohl aus den vorstehenden Erörterungen klar hervor. Uebrigens erschöpft auch in der Regel ein Genossenschaftsstatut durchaus nicht die Aufgaben der leitenden Organe; denn diese Aufgaben bestehen regelmässig nicht in der Aufrechthaltung des Statuts, sondern in der freien Thätigkeit innerhalb der vom Statut gezogenen rechtlichen Schranken. Endlich identificirt Sarwey hier, was er auch an anderer Stelle ausdrücklich thut[29]), Rechts- und Verfassungsstaat. Auch das ist irrig. Wohl hängen beide innig mit einander zusammen, ebenso wie Recht und Gesetz; aber so wenig als diese sind sie mit einander identisch. Der der Rechtsidee immanente Drang nach Positivirung kommt mit innerer Nothwendigkeit zur Geltung, sobald der rechtliche Charakter der Staatsstruktur in das Bewusstsein der Zeit eingetreten ist. Die Positivirung dieses Rechtscharakters ist die Verfassung. Wie das Recht überhaupt zu seiner Setzung im Gesetz hindrängt, so der Rechtsstaat zu seiner Positivirung im Verfassungsgesetz. Daher ist Rosin beizustimmen, wenn er

---

[27]) Sarwey: „Das öffentliche Recht" etc. S. 131.

[28]) Vgl. oben n. 23.

[29]) Sarwey: „Allgemeines Verwaltungsrecht" in Marquardsen's Handbuch. Bd. I. Hlbd. 2. S. 17.

sagt[30]): „Erst im Verfassungsstaat kann der Rechtsstaat zur vollkommenen Realität gelangen". Jedoch mit Unrecht sieht Sarwey in dieser Aeusserung eine Bestätigung seiner Identificirung von Rechts- und Verfassungsstaat. Zur vollkommenen Realität kann auch das Recht überhaupt nur im Gesetz gelangen, ohne dass beide desshalb identisch wären. Wie das Gesetz eine Evolutionsform des Rechts, so ist der Verfassungsstaat eine Evolutionsform des Rechtsstaats.

Nächst der Positivirung ist der Rechtsidee der Drang nach eventueller Verwirklichung durch organisirten Zwang immanent. Um diesen zu ermöglichen, genügt jedoch die allgemeine Positivirung durch die Gesetzgebung allein nicht völlig; sie bedarf bei entstehenden Zweifeln der Ergänzung durch die specielle Positivirung der Rechtsprechung. Der Zwang ist nur dann ein Ausfluss des Rechts, wenn das Recht auch für den Einzelfall positiv feststeht. Auch eine kasuistische Gesetzgebung vermag dies nicht zu erreichen; daher erfordert die vollkommene Positivirung des Rechts neben der Gesetzgebung die Rechtsprechung. So erzeugt die Idee des Rechtsstaats neben der Gesetzgebung des öffentlichen Rechts d. h. den Verfassungsgesetzen die Nothwendigkeit einer Rechtsprechung des öffentlichen Rechts. Diese Forderung ist daher auch mit jeder Entwicklung der neueren Rechtsstaatstheorie, so besonders von Bähr und Gneist, verbunden worden[31]).

Ziemlich allgemein betrachtet man ferner als einen Ausfluss der Rechtsstaatsidee die konstitutionelle Staatsform, den Staat mit Volksvertretung. Eine gewisse Berechtigung dieser Anschauung ergiebt sich auch aus dem hier entwickelten Gedankengange. Wir haben gesehen, wie man zum Rechtsstaat durch die Erkenntniss gelangt, dass die Einheit des Staates keine mechanische Einheit ist, sondern eine aus der Vielheit

[30]) Rosin: „Polizeiverordnungsrecht". S. 3.

[31]) Die „Verwaltungsrechtsprechung" füllt nach Namen und Wesen diesen Platz nicht völlig aus. Für die noch mannigfach schwankende Konstruktion derselben würden sich von der hier vertretenen Anschauung aus wohl einige Anhaltspunkte ergeben; doch würde uns dies hier zu weit vom Wege abführen.

organisch zusammengesetzte Gesammtpersönlichkeit darstellt; mit andern Worten, dass der Rechtsstaat auf der Erkenntniss der genossenschaftlichen Natur des Staates beruht[32]). Daraus lässt sich folgern, dass auch in der Staatsverfassung diese genossenschaftliche Natur durch eine Vertretung der zur Einheit organisirten Vielheit zum Ausdruck kommen müsse, d. h. dass die Verfassung des Rechtsstaats eine repräsentative sein müsse. Indessen ist dies doch mehr ein dynamisches oder politisches Postulat, als ein juristisches. Wohl erscheint auch für die juristische Auffassung jene Vertretung als ein *naturale* des Rechtsstaats; aber nicht als *essentiale* desselben. Wesentlich ist demselben nur die Auffassung des Staates als organische Gesammtperson und Träger der staatlichen Rechte. Diese Auffassung weist dann auch dem Staatsoberhaupt die Stellung eines Staatsorgans an und schliesst die Betrachtung seiner Rechte als individualrechtlicher Befugnisse aus[33]). Seinem Wesen nach unvereinbar ist der Rechtsstaat allerdings mit der Idee des absoluten Staates, welche die „Souveränität" der Person entgegenstellt, sowie mit jener Anschauung, welche den Staat als Objekt, als Subjekt nur den Herrscher über den Staat betrachtet. Politisch mag dieser Gegensatz seinen natürlichsten Ausdruck in einer repräsentativen Verfassung gegenüber der absoluten Monarchie finden. Keinesfalls aber darf man juristisch die Volksvertretung als einen Ausfluss des Individualismus betrachten, wie es Sarwey[34]) und viele Andere thun. Für die historisch-politische Betrachtung ist ein solcher Zusammenhang unzweifelhaft vorhanden; juristisch aber ist auch die Volksvertretung wie jedes andere Staatsorgan nicht eine Vertretung der Vielheit der Individuen an sich, sondern ein Organ der zur Einheit organisirten Vielheit. Diese juristische Auffassung findet ihre positiv rechtliche Bestätigung in der

---

[32]) Näheres über den Begriff der Genossenschaft s. im nächsten Abschnitt.

[33]) Vgl. oben S. 130 und Gierke in der Tübinger Zeitschrift. Bd. 30. S. 176.

[34]) „Allgemeines Verwaltungsrecht" a. a. O. S. 16, 17.

Bestimmung des Art. 29 der Reichsverfassung, wie in Art. 83 der preussischen Verfassung.

Derselbe Gedankengang, welcher uns zu dem Begriff des Rechtsstaats geführt hat, enthält in sich die gedankliche Grundlage jenes Princips, welches man — mit einer seinem Wesen nicht entsprechenden Beschränkung — als das der Selbstverwaltung bezeichnet [35]).

In zeitlichem und gedanklichem Zusammenhange mit der neueren Auffassung des Rechtsstaats und dem theoretischen

---

[35]) Eine Dogmengeschichte des Selbstverwaltungsbegriffs würde in mancher Hinsicht ein Analogon zu der den ersten Theil dieser Arbeit füllenden Dogmengeschichte des Bundesstaatsbegriffs bilden. Und der in der Einleitung betonte Umstand, dass diese beiden Begriffe den überkommenen Staatsbegriff, von oben und von unten gegen ihn vorschreitend, gemeinsam erschüttert haben, legt den Wunsch nahe, eine solche Dogmengeschichte dieser Arbeit einzufügen. Es musste jedoch schliesslich davon Abstand genommen werden, einmal weil die Ausführung allzu weit vom Wege der eigentlichen Untersuchung abgelenkt hätte; sodann und vor allem aus inneren Gründen. Nächst den Werken Gneist's kommen hier diejenigen Stein's und Schäffle's in erster Linie, darauf überhaupt die neuere und neueste verwaltungsrechtliche Litteratur in Betracht. Nun ist es nicht nur der überwiegend historisch-politische bezw. philosophische Gehalt der erst genannten Schriften, welcher eine Einfügung in den Rahmen dieser juristischen Konstruktion erschwert, sondern überhaupt die specifische Natur des Verwaltungsrechts. Verwalten ist — von allen sonstigen Kriterien abgesehen — zweckmässiges Thun; darin stimmen wohl alle Definitionen überein; und desshalb entspricht es dem Wesen dieser Disciplin, dass ihre Litteratur durchweg von dem Zweckmoment beherrscht wird. Hier kennzeichnet dasselbe nicht eine einzelne Theorie, wie in der rein staatsrechtlichen Litteratur, sondern durchdringt den gesammten Gedankengang. Dies ist aber mit der Grundlage unserer ganzen Konstruktion unvereinbar. Auf dieser Verschiedenheit des principiellen Standpunktes, welchen eine allgemeine Begriffskonstruktion und welchen eine Erfassung der Verwaltung im speciellen erheischt, beruht denn wohl auch die sich stetig mehr vollziehende Ausscheidung des Verwaltungsrechts aus dem Staatsrecht im engeren Sinne. — Es wird also im Text auf die Auseinandersetzung mit den Theorien der Selbstverwaltung im einzelnen verzichtet. — Eine Dogmengeschichte dieses Begriffs versucht neuestens Dr. O. Gluth: „Die Lehre von der Selbstverwaltung im Lichte formaler Begriffsbestimmung". 1887.

Ausbau der Selbstverwaltungsidee ist der Name und Begriff der Gesellschaft in die Wissenschaft eingedrungen[36]). Von den führenden juristischen Autoren ist es vor allem Gneist, der diesen neuen Begriff zur Grundlage für die theoretische Erfassung sowohl des Rechtsstaats als des *Selfgovernment* gemacht hat. Wie ihm der Rechtsstaat hervorgeht „aus einer stetigen Wechselbeziehung zwischen Staat und Gesellschaft“ [37]), so sieht er im *Selfgovernment* „den Zwischenbau zwischen Staat und Gesellschaft“. Der Begriff, welchen Gneist und seine Schule mit dem Worte Gesellschaft verbinden, erhellt klarer, als aus jeder Definition, aus dem eingehenden *status causae et controversiae,* den Gneist gegenüber dem Werke J. Stuart Mill's *„On the representative government“* aufnimmt[38]). Die Gesellschaft ist danach nichts anderes, als der Inbegriff des Individualismus, seiner Interessen und Gruppen, der Inbegriff der unorganischen Vielheit. Diese Vielheit steht allerdings im Gegensatz zum Staate, als welcher eine zur Einheit organisirte Vielheit ist; aber nicht nur zu ihm, sondern zu jeder Gesammtperson oder wie wir antecipirend sagen können, zu jeder Genossenschaft, welche sich durch Ausbildung des Einheitsmoments zur Körperschaft verdichtet hat[39]). Indem jede dieser Gesammtpersonen eine Vielheit in der Einheit darstellt, kann man allerdings in ihnen Kinder des Vielheits- und des Einheitsgedankens erblicken; und indem der Rechtsstaat, wie wir gesehen haben, auf der Erfassung des Staates als Gesammtperson beruht, mag man sagen, dass er aus einer Wechselbeziehung zwischen der Gesellschaft d. h. der Vielheit und dem im alten Staate allein lebendigen Einheitsgedanken hervorgeht. Indem ferner das *Selfgovernment* auf der Anerkennung der zwischen der Vielheit der Individuen und dem Staate mitten inne stehenden Gemeinwesen als Personen beruht, mag auch die Bezeichnung desselben als eines Zwischenbaues zwischen

---

[36]) Vgl. v. Mohl: Geschichte und Litteratur. Bd. I. S. 65 fg.

[37]) Gneist: „Rechtsstaat“. S. 7.

[38]) Gneist: „Verwaltung, Justiz, Rechtsweg“ etc. S. 52 fg.

[39]) Näheres über den Begriff der Körperschaft s. im nächsten Abschnitt.

Staat und Gesellschaft berechtigt sein[40]). Der Fehler aber dieser Terminologie liegt darin, dass sie als einzigen Vertreter organischer Einheit gegenüber der unorganischen Vielheit der Gesellschaft den Staat betrachtet. Sie übersieht, dass er die Eigenschaft, Einheit in der Vielheit zu sein, mit allen Gesammtpersonen gemein hat; und sie übersieht ferner, dass es im Wesen der Personen liegt, zugleich eigene Organismen und Glieder höherer Gesammtorganismen sein zu können[41]). Die Folge davon ist, dass man bei der Charakterisirung der Gemeinden in eins von zwei gleich falschen Extremen verfällt. Entweder beachtet man einseitig nur die Selbständigkeit der Gemeinden gegenüber dem Staate und rechnet sie, da man keinen andern Gegensatz kennt, zu den Erscheinungsformen der Gesellschaft, wie dies R. v. Mohl thut[42]); eine Anschauung, bei welcher die in den Gemeinden vollzogene Organisirung der Vielheit zur Einheit unbeachtet bleibt. Oder man beachtet einseitig diese Einheit und sieht in ihr, da man als einzigen Träger des Einheitsprincips den Staat betrachtet, den Beleg dafür, dass die Gemeinden lediglich Organe des Staates seien; dass folglich auch ihre Thätigkeit im *Selfgovernment* begrifflich staatliche Thätigkeit sei. Aus diesem Gedankengange ergeben sich die Lehrsätze Gneist's[43]): „Das *Selfgovernment* ist ein System der Staatsverwaltung"; „Alles *Selfgovernment* erscheint als ein Staatsauftrag an die Kommunen"; „Alles *Selfgovernment* beruht dem entsprechend auf dem staatlichen Grundsatz des Ernennungsrechts" etc.

Der ganzen Lehre Gneist's, welche politisch, besonders legislatorisch und organisatorisch, so überaus fruchtbar gewirkt

---

[40]) Ebenso in diesem Sinne auch die als Zwischenbau zwischen Staat und Unterthan, wie es Laband Staatsrecht, 2. Aufl., Bd. I. S. 98 will; vgl. auch Rosin „Souveränität, Staat" etc. S. 50.

[41]) Vgl. oben S. 164.

[42]) Mohl: Geschichte und Litteratur. Bd. I. S. 95; dagegen nimmt er in seiner Encyclopädie der Staatswissenschaften (2. Aufl.) diese Klassifikation stillschweigend zurück.

[43]) Siehe z. B. „Verwaltung. Justiz, Rechtsweg" etc. S. 95 fg.; „Rechtsstaat" S. 41 fg. S. 198 u. a. v. a. O.

hat und auf diesem Felde die reichsten Früchte noch in der Zukunft zeitigen wird, thut man Unrecht, wenn man sie, wie dies von den Nachfolgern vielfach geschehen, zur juristischen Begriffskonstruktion verwendet, für welche sie ihrer ganzen Anlage nach ungeeignet ist. Jene Terminologie führt so, kombinirt mit der Interessentheorie, zu der Behauptung von Gareis, Selbstverwaltung sei immer Verwaltung fremder Angelegenheiten[44]) — *canis a non canendo!* In Wahrheit hat auch für Gneist's Anschauung das Wesen der Gesellschaft eine viel weitere Wirksamkeit, als sich in dem Gegensatz der unorganisirten Vielheit zur organisirten Einheit erschöpfen lässt. Aber die Gesammtheit der politischen und wirthschaftlichen Strebungen, welche das Wort Gesellschaft umschliesst, ist, wie Laband mit Recht bemerkt, „weder Rechtssubjekt, noch Objekt von Rechten, noch ein rechtlich bestimmtes Verhältniss; sie ist überhaupt kein Rechtsbegriff, mithin auch kein Begriff des Staatsrechts. So bedeutsam der Begriff für Volkwirthschaftslehre und Politik sein mag, so unbrauchbar und verwirrend ist er für die Rechtswissenschaft“[45]).

Laband und Rosin haben gegenüber den seit Gneist hervorgetretenen Theorien der Selbstverwaltung den specifisch staatsrechtlichen Standpunkt mit Entschiedenheit in den Vordergrund gestellt[46]). Der Kritik, welche sie an den nicht auf specifisch verwaltungsrechtlichem Boden erwachsenen Konstruktionen üben, ist im wesentlichen beizutreten. Dagegen beruhen ihre eigenen Theorien auf Voraussetzungen, welche wir in der vorangehenden analytischen Untersuchung schon zu widerlegen versucht haben. Beiden gemeinsam ist das Festhalten an der „Souveränität“, und folglich an dem begrifflichen Gegensatze zwischen „souveränem“ Staat und „nichtsouveränem“ Selbstverwaltungskörper. Bei Laband kommt dazu noch die

---

[44]) Gareis: Allgemeines Staatsrecht in Marquard'sens Handbuch I, 1 S. 87; vgl. oben S. 72.

[45]) Laband, Staatsrecht. 2. Aufl. Bd. I. S. 98 n. 1.

[46]) Laband a. a. O. S. 94 fg.; Rosin, „Souveränität, Staat“ etc. (Sep.-Abdr.) S. 28 fg. und S. 41 fg.; bei beiden zahlreiche Nachweise der neuesten Litteratur; für die ältere vgl. Gluth a. a. O. § 2.

Lehre von den ausschliesslich staatlichen „eigenen Herrschaftsrechten“, so dass also die Selbstverwaltungskörper (mit Ausnahme der Gliedstaaten) solche nur durch Uebertragung zur Ausübung inne haben können. Mit dieser Anschauung haben wir uns bereits auseinandergesetzt[47]). Rosin, der diese Ansicht gleichfalls verwirft, wird dagegen von der nicht weniger zu reprobirenden Zwecktheorie geleitet; und zerreisst ausserdem den an sich einheitlichen Begriff des *Selfgovernment* in die beiden angeblich nicht nothwendig zusammengehörigen Begriffe der „körperschaftlichen“ und „bürgerlichen“ (besser genossenschaftlichen) Selbstverwaltung [48]).

Für uns ergiebt sich dieser Begriff oder vielmehr das allgemeine Princip, von dem die Selbstverwaltung nur eine Seite, eine einzelne Anwendung darstellt, aus den vorangehenden Erörterungen über die Begriffe von Person und Herrschaft, aus der entwicklungsgeschichtlichen Betrachtung von Recht und Staat, staatlichem Recht und Rechtsstaat.

„Selbstverwaltung“, sagt Laband treffend, „bedeutet seinem Wortsinn nach den Gegensatz von Verwaltetwerden“ [49]). Das heisst aber nichts andres, als die Eigenschaft eines Subjekts im Gegensatz zum Objekt; und da es sich um Rechtsverhältnisse handelt, die Eigenschaft eines Rechtssubjekts d. h. einer Person [50]). Da hier aber ferner nicht Individual- sondern Sozialrechtsverhältnisse in Betracht kommen, so sind auch nur die Subjekte des Sozialrechts in's Auge zu fassen, d. h. die Gesammtpersonen. Als gemeinsames Kennzeichen aller Gesammtpersonen haben wir früher[51]) die Gliederung von Willenseinheiten zu Ueber- und Unterordnung d. h. die Herrschaft erkannt. Diese Herrschaft kann sich ganz allgemein in allen den Bethätigungen äussern, welche die Theorie speciell in Bezug auf den Staat in die bekannten drei Gruppen (Drei-

---

[47]) Vgl. oben S. 183 fg.

[48]) Rosin a. a. O. S. 56; Sarwey, „Allgemeines Verwaltungsrecht“ S. 100 fg. statuirt sogar vier verschiedene Begriffe von Selbstverwaltung!

[49]) Laband a. a. O. S. 100.

[50]) Vgl. Rosin a. a. O. S. 44. 45.

[51]) Vgl. oben Abschnitt VII.

theilung der Gewalten) klassificirt hat. Allgemeine und specielle Rechtssetzung d. h. Gesetzgebung und Rechtsprechung, sowie freie, zweckmässige Thätigkeit innerhalb der Rechtsschranken d. h. Verwaltung sind Ausflüsse der Herrschaft d. h. der Ueberordnung eines organisirten Gesammtwillens über die ihm organisch eingegliederten Theilwillen. Die Bezeichnungen als Selbstgesetzgebungs-, Selbstrechtsprechungs- und Selbstverwaltungskörper sind demgemäss sämmtlich bereits in der einen Bezeichnung als Gesammtperson enthalten [52]). In der That finden sich denn auch sehr zahlreiche Korporationen, welche neben der Selbstverwaltung auch Selbstgesetzgebung (Autonomie) durch Statut und Selbstrechtsprechung durch Schiedsgericht (eventuell sogar unter Ausschluss des staatlichen Rechtsweges) ausüben. Dass den Kommunalverbänden die Selbstgesetzgebung durch die staatliche beschränkt, die Selbstrechtsprechung thatsächlich bis auf geringe Reste entzogen ist, thut dem begrifflichen Verhältniss selbstverständlich keinen Eintrag, wie übrigens selbst Laband zugiebt [53]). Praktisch ist allerdings die Selbstverwaltung der wichtigste der drei Bethätigungskreise des in Rede stehenden Princips; theoretisch gilt jedoch ganz das Gleiche, was von ihr zu sagen ist, auch von den beiden andern. Nur der Kürze halber ist daher im folgenden im Anschluss an die herrschende Terminologie nur von Selbstverwaltung die Rede; gemeint ist stets auch Selbstgesetzgebung und Selbstrechtsprechung.

Beruht nun, wie wir gesehen haben, die moderne Auffassung des Rechtsstaats auf der Erkenntniss, dass der Staat ein Glied ist in der langen Kette rechtlich organisirter Gesammtpersonen, deren erste Erscheinungsform, die Familie, zugleich mit der Menschheit überhaupt gegeben ist; dass die dem Staate eingegliederten Gesammtpersonen nicht Geschöpfe seiner Willkür, sondern Evolutionen der gleichen Idee sind, wie er selbst; und dass endlich auch das Recht jener Gesammtpersonen keine willkürliche Schöpfung des Staates, son-

[52]) Vgl. Rosin a. a. O. S. 48; Laband a. a. O. S. 104.

[53]) Laband a. a. O. S. 66.

dern die Entwicklungsform einer dem Staate ebenbürtigen Idee ist, so ergiebt sich, dass im Rechtsstaat die Eigenschaft als Selbstverwaltungskörper dem Staate gemeinsam ist mit allen ihm eingegliederten Gesammtpersonen. Demgegenüber meint Laband [54]): „Wird von einem politischen Körper ausgesagt, dass er sich selbst verwaltet, so setzt das begrifflich immer eine höhere Macht voraus, von der er auch verwaltet werden könnte. Das Wort ist daher unanwendbar von der höchsten, obersten, wirklich souveränen Macht, da bei ihr ein Verwaltetwerden unmöglich und undenkbar ist". Aber ist nicht nach jener mehr erwähnten Anschauung, welche den Staat als Objekt und nur den Herrscher als das über den Staat herrschende Subjekt betrachtet, auch der Staat selbst nur ein Gegenstand, der verwaltet wird? Und findet nicht die rechtsstaatliche Ansicht, die eben den Staat selbst als das Subjekt der staatlichen Herrschaft betrachtet, ihren angemessensten Ausdruck in der Bezeichnung auch des Staates als Selbstverwaltungskörper? Die entgegengesetzte herrschende Terminologie, für welche der Ausdruck Selbstverwaltungskörper einen Gegensatz zum Staate (wenigstens zum „souveränen") involvirt, beruht auf einem analogen Gedankengange, wie die Bezeichnung der „juristischen Person" der Romanistik. Indem letztere von dem Individuum ausgeht, in ihm die eigentliche, ursprüngliche, die „natürliche" Person sieht, betrachtet sie alle andern Persönlichkeiten als uneigentliche, von der Jurisprudenz geschaffene. Und obgleich auch die Individuen Rechtssubjekte, d. h. juristische Personen sind, lässt die romanistische Theorie bei diesen jenes Attribut als selbstverständlich fort. In analoger Weise geht die herrschende pubicistische Theorie vom Staate als dem eigentlichen, ursprünglichen, dem natürlichen Herrschaftssubjekte aus; ihm gegenüber erscheinen ihr alle andern publicistischen Subjekte als uneigentliche und abgeleitete, welche gleich den Planeten kein eigenes Licht haben, sondern nur mit dem Lichte der Sonne Staat leuchten. Dass der Staat Selbstverwaltungskörper ist, erscheint demnach als selbstverständlich,

---

[54]) Laband a. a. O. S. 100; vgl. auch Rosin a. a. O. S. 46.

aus der Natur desselben fliessend, so dass es einer besonderen Bezeichnung nicht bedarf; dagegen ist jene Eigenschaft den übrigen Korporationen nicht von Natur eigen, sondern nur kraft staatlichen Reflexes, so dass dies Accidenz, wenn vorhanden, durch die Bezeichnung Selbstverwaltungskörper hervorgehoben werden muss. Verfolgt man jedoch die Entwicklung — nicht von einem *a priori* angenommenen obersten Punkte, dem Staate, aus; sondern — gemäss der natürlichen Stufenfolge von unten nach oben, so gelangt man zu der Erkenntniss, dass die besondre Bezeichnung als Selbstverwaltungskörper für die Begriffskonstruktion durchweg entbehrlich ist, weil jene Eigenschaft nicht nur dem Staate, sondern überhaupt jeder Gesammtperson — sofern nur ihr Wesen als Person zur vollen Entfaltung kommt — von Natur, ursprünglich und selbstständig innewohnt.

Dass die positive Gesetzgebung sehr vielfach sich die hier bekämpfte Terminologie sowohl wie Anschauung zu eigen macht; dass nach ihr die Kommunalkörper etc. mehr oder weniger als Trabanten des Staates erscheinen, beweist selbstverständlich nichts gegen unsere Konstruktion. Eine herrschende Theorie beeinflusst natürlich auch Ausdrucksweise und Vorstellungsart der Gesetzgebung, ohne dass dies für die Fortbildung der Theorie bindend wäre; denn „auf die Annahme seiner Konstruktion hat der Gesetzgeber keinen Anspruch, sondern nur auf die Befolgung seiner Rechtssätze“ [55]).

Dass ferner die hier vertretene Anschauung auch nicht dadurch alterirt wird, dass es der Staat ist, welcher den Rechtskreis der ihm eingeordneten Körperschaften setzt, wurde schon oben bei der entwicklungsgeschichtlichen Betrachtung von Staat und Recht hervorgehoben [56]). Die staatliche Gesetzgebung bringt nur zu positivem Ausdruck, was als Recht schon in den Dingen vorhanden ist; und sie bekleidet nicht die Dinge resp. Personen mit einem von ihr aus dem Nichts geschaffenen

---

[55]) Rosin: „Korporation und Gesellschaft“ in Rassow und Küntzel Beiträge IV. Folge. I. Jg. H. 6, S. 764; ganz ähnlich: Fischer, „Lehrbuch des preussischen Rechts“ (1886) S. 27.

[56]) Vgl. oben S. 206.

Rechte. Laband vergleicht die Ansicht, nach der alle Rechte der deutschen Gliedstaaten vom Reiche abgeleitet seien, weil die Gesetzgebung des Reiches sie ihnen gemäss Art. 78 R.-V. entziehen könne, mit der Meinung, welche „alle dinglichen und Forderungsrechte der Individuen als vom Staate abgeleitete, von ihm übertragene Rechte" bezeichnen möchte [57]). Beide Ansichten seien gleich falsch und unhaltbar. Dem pflichten wir vollkommen bei; aber nicht anders steht es auch mit den Rechten der sog. Selbstverwaltungskörper gegenüber dem Staate. Wie die Reichsgesetzgebung den Rechtskreis der Einzelstaaten setzt; — dass die Reichsverfassung dies indirekt durch Feststellung der Reichskompetenz thut, ändert daran nichts; — so setzt die Staatsgesetzgebung den Rechtskreis der Kommunalkörper. Und weder diese noch jene erhalten schon allein hierdurch den Charakter abgeleiteter Rechte; ebenso wenig wie die doch auch von der Staatsgesetzgebung gesetzten Individualrechte durch ihre Positivirung als vom Staat abgeleitet erscheinen.

„Das Wesen der Gemeinde besteht . . . . darin, dass die Gemeinde in sich die doppelte Funktion vereinigt, Glied eines höheren Organismus und Organismus für sich zu sein" [58]). Diese doppelte Funktion hat die Gemeinde in allen ihren einfachen und zusammengesetzten Erscheinungsformen (Sammtgemeinden, Kreise, Provinzen) mit den einem Gesammtstaat angehörigen Gliedstaaten gemein; und die begriffliche Möglichkeit dieser Doppelfunktion fliesst, wie wiederholt bemerkt worden, aus dem organischen Wesen der Person, dem zu Folge die Eigenschaft als organisches Glied keinen Widerspruch zur eignen Persönlichkeit bildet. Es äussert sich hier, wie wir antecipirend sagen können, die Vereinigung körperschaftlicher und anstaltlicher Elemente, für welche die Genossenschaftstheorie Raum bietet [59]). Daher wird durch die Unter-

---

[57]) Laband a. a. O. S. 103.

[58]) Gierke: Art. „Gemeinde" in v. Holtzendorff's Rechtslexikon Bd. II. S. 43.

[59]) Näheres über den Begriff der Anstalt und ihr Verhältniss zur Körperschaft s. im nächsten Abschnitt.

ordnung jener Gemeinwesen unter eine höhere Gesammtheit ihre Persönlichkeit und folglich auch ihre Eigenschaft als Selbstverwaltungskörper keineswegs aufgehoben; aber ihre specifische Bethätigung als solche liegt in den Lebensfunktionen, welche sie als eigene Organismen; nicht in denen, welche sie als Organe zu vollziehen haben. Wohl zu beachten bleibt jedoch, dass jene beiden Funktionskreise nicht unverbunden neben einander liegen, sondern sich nach Art aller organischen Bildung gegenseitig durchdringen, so dass eine völlig glatte Auseinanderlegung stets unmöglich ist. Denn auch auf denjenigen Lebenskreis, welchen jene Gemeinwesen als selbstständige Organismen erfüllen, kann ihre Eingliederung in einen höheren Gesammtorganismus naturgemäss nicht ohne Einfluss bleiben. Dies äussert sich z. B. in dem möglichen Aufsichtsrecht der höheren Gesammtperson auch über Aeusserungen innerhalb jenes Lebenskreises, ohne dass derselbe desshalb aufhört ein „eigener" zu sein. Und andrerseits wird für die Erfüllung der jenen Gemeinwesen als Organen des höheren Organismus zufallenden Thätigkeit ihre Eigenschaft als Organismen nicht ohne Belang sein. Jedenfalls aber sind die hier in Betracht kommenden Gemeinwesen nicht desshalb als Selbstverwaltungskörper zu bezeichnen, weil, sondern trotzdem sie einem höheren Organismus eingegliedert sind. Da das Reich ein Rechtsstaat ist, so ist es selbst sowohl, als auch sind die ihm eingegliederten Gemeinwesen Selbstverwaltungskörper. Diese Eigenschaft ist gerade das gemeinsame Kriterium aller rechtsstaatlichen Gesammtpersonen von der niedersten bis zur höchsten. Dass sie aber nicht nur Personen, sondern auch Organe einer höheren Gesammtperson sind, das haben alle Kommunalkörper etc. mit den Gliedstaaten gemeinsam. Daraus folgt, dass weder die Bezeichnung als Selbstverwaltungskörper schlechthin, noch die als einer höheren Gesammtheit eingegliederte Selbstverwaltungskörper zur begrifflichen Unterscheidung der Kommunalkörper vom Staate irgend dienlich sein kann.

Jene Doppelfunktion, welche allen einem weiteren Körper eingegliederten Selbstverwaltungskörpern eigen ist, hat die herrschende Lehre speciell bezüglich der im engeren Sinne so genannten Selbstverwaltungskörper d. h. der Gemeinden zur Scheidung ihres Wirkungskreises in einen sog. „eigenen“ und einen „übertragenen“ veranlasst[60]. So unterscheidet Gneist[61] einen „aufgetragenen Wirkungskreis, in welchem die Städte nur dienende Glieder des Staates . . . . . sind“, und einen „autonomen Wirkungskreis, welcher die wirthschaftliche Verwaltung der Städte“ und untergeordnete Ortspolizeisachen umfasst. Nur auf jenem, dem aufgetragenen Wirkungskreise beruht nach Gneist's Lehre aller Werth des *Selfgovernment*[62]; ja er definirt letzteres geradezu als „die vom Staate den Gemeindeverbänden aufgetragene obrigkeitliche Lokalverwaltung“[63]. Zu dieser Terminologie Gneist's haben wir schon früher Stellung genommen[64]. Die Identificirung des eigenen Wirkungskreises der Gemeinde mit der wirthschaftlichen Verwaltung erscheint übrigens als Analogon dazu, dass auch dem Staate zuerst nach seiner wirthschaftlichen Seite d. h. als Fiskus Persönlichkeit beigelegt worden ist. Wie man von da aus zu der Erkenntniss fortgeschritten ist, auch in den obrigkeitlichen Funktionen des Staates Ausflüsse seiner Eigenschaft als Gesammtperson zu erblicken, so wird man sich nicht dauernd vor der Erkenntniss verschliessen können, dass ebenso wie die wirthschaftliche auch die obrigkeitliche Thätigkeit der Gemeinde auf ihrer eigenen Persönlichkeit beruht. Verhält sich doch jene zu dieser wie der Fiskus zur Staatsgewalt, und demgemäss — nach dem Ausdruck Bähr's[65] — wie der einzelne physische Mensch und sein Geldbeutel.

---

60) In der Theorie wird diese Scheidung wohl zuerst von Gneist betont; in der positiven Gesetzgebung tritt sie — freilich in wesentlich anderm Sinne — zuerst in den Oesterreichischen Gemeindegesetzen von 1862 hervor. Vgl. Rosin a. a. O. S. 28 fg. u. S. 54 fg. Ferner Gierke in Holtzendorff's Rechtslexikon a. a. O. und besonders: Genossenschaftsrecht Bd. I. S. 733 fg.

61) „Rechtsstaat“ S. 139.

62) Gneist a. a. O. S. 198.

63) a. a. O. S. 41.

64) Vgl. oben S. 220.

65) Bähr: Rechtsstaat S. 55.

Der Gegensatz der wirthschaftlichen und obrigkeitlichen Funktion der Gemeinde deckt sich also keineswegs mit demjenigen ihrer Funktion als eigener Organismus und als Organ des Staates. Dagegen kann hier die Grenzlinie von der positiven Gesetzgebung gezogen werden, indem dieselbe den Kommunalkörpern Funktionen überträgt, welche sie ausdrücklich als staatliche bezeichnet. In der Ausübung dieser ist dann die Gemeinde Staatsorgan; in allen ihr sonst zustehenden nicht [66]. Abgesehen von solchen positiven Bestimmungen aber ist jene Scheidung nur nach Feststellung des begrifflichen Unterschiedes von Gemeinde und Staat zu gewinnen. Wer für jene Feststellung die Zweckidee heranzieht, dem ergiebt sich natürlich auch der Unterschied des eigenen und übertragenen Wirkungskreises der Gemeinde durch die Verschiedenheit des Gemeinde- und Staatszwecks [67]. Da wir jedoch das Zweckmoment für die Begriffskonstruktion überhaupt verwerfen, kann es auch hier keine Anwendung finden. Ist aber — auf anderm Wege — das Wesen der Gemeinde festgestellt, so ergiebt sich daraus von selbst der begriffliche Umfang ihres eigenen Wirkungskreises. Bei allem, was in das Bereich ihres Wesens fällt, handelt sie als eigener Organismus; bei allem, was ihr darüber hinaus etwa übertragen wird, als Organ eines höheren Organismus. Wohl kann die staatliche Gesetzgebung jenen ersten Kreis enger ziehen, als es dem Begriff und Wesen entspricht. Aber wenn sie dem Geiste des Rechtsstaats treu bleiben soll, so muss sie sich gegenwärtig halten, dass — wie Gierke mit Recht betont [68] — die Frage nicht ist: wie weit ist es zweckmässig, der Gemeinde Selbständigkeit zu gönnen?, sondern: wie weit ist es im Interesse der höheren Allgemeinheiten nothwendig, der Gemeinde die Selbständigkeit zu nehmen?

---

[66]) Vgl. Rosin a. a. O. S. 29 und S. 57. — Davon zu unterscheiden ist der Fall, dass sich der Staat nicht der Gemeinde, sondern ihrer Organe als Organ bedient; vgl. Rosin S. 30; Gierke im Rechtslexikon Bd. II. S. 51.

[67]) So Rosin a. a. O. S. 28.

[68]) Gierke: Genossenschaftsrecht Bd. I. S. 759.

Es liegt in der Natur jedes Organismus, dass er die für seine Funktion nothwendigen Organe aus sich heraus bildet und erzeugt. Da die Gemeinden etc. Gesammtpersonen d. h. Organismen sind, so ergiebt sich die Forderung, dass sie ihre Organe aus sich heraus erzeugen; dass diese Organe wirklich Glieder jener Organismen, nicht ihnen äusserlich und mechanisch angesetzte Werkzeuge sind. Da aber andrerseits die Gemeinden zugleich Organe des Staates sind, so ergiebt sich die Forderung einer Einwirkung des Staates auf die Bestellung der Organe seiner Organe, welche insoweit mittelbar seine eigenen Organe sind. Die hieraus entstehenden Einrichtungen und Grundsätze bilden dasjenige Gebiet, welches man als genossenschaftliche (bürgerliche) Selbstverwaltung (Rosin) oder als Theilnahme der Interessenvertretung an der Verwaltung (Sarwey u. a. m.) auszuscheiden versucht hat. Aber wie alle übrigen Aeusserungen des Selbstverwaltungsprincips bei den einem weiteren Körper eingegliederten Gemeinwesen beruht auch diese Erzeugung ihrer Organe auf ihrer doppelten Eigenschaft als Personen und Glieder höherer Personen. Und demgemäss ist das zu Grunde liegende Princip — ungeachtet der verschiedenen Erscheinungsform — das gleiche für die Gemeinden höherer und niederer Ordnung wie für die Gliedstaaten des Reiches.

Dass der Gegensatz zwischen der eigenen Bestellung der Organe aus dem Innern der Organismen heraus und der Einwirkung des Staates auf dieselbe sich weder mit dem Gegensatz des Ehren- zum Berufsamt noch des unbesoldeten zum besoldeten deckt; dass diese letzteren Unterscheidungen überhaupt nur politische, aber keine juristische Bedeutung haben, ist wiederholt überzeugend dargethan worden [69]). Aber auch die Wahl im Gegensatz zur Ernennung erschöpft jene Doppelgestaltung nicht [70]). Allerdings für die dynamisch-politische Betrachtung erscheint die Wahl als das einfachste

---

[69]) Vgl. Laband (2. Aufl.) Bd. I. S. 95 fg.; Rosin a. a. O. S. 43 fg.; Gierke Art. „Gemeindebeamte“ in Holtzendorff's Rechtslexikon Bd. II. S. 49 fg.

[70]) Vgl. Rosin a. a. O. S. 52.

und geeignetste Mittel, um aus dem genossenschaftlichen Organismus heraus dessen Organe zu schaffen, während andrerseits die Ernennung die einfachste Form für die Einwirkung der höheren Gesammtheit darbietet. Wer daher — wie Gneist — vor allem die Eigenschaft der Kommunen als Organe des Staates in's Auge fasst, der muss auch für die Bestellung ihrer Organe principiell staatliche Ernennung fordern. Jedoch der Thatsache, dass jenen Gemeinwesen als eigenen Organismen eine Organe bildende Kraft innewohnt, verschliesst auch er sich nicht; nur dass sie nach seiner Terminologie als „eine Concession an das soziale Princip der Wahlen" oder „des Vorschlagsrechts" erscheint [71]). Aber Wahl und Ernennung, sowie deren nicht minder zulässige und zweckmässige Surrogate: Vorschlags- und Bestätigungsrecht sind wohl für die politische Wirkung, aber nicht für die juristische Begriffskonstruktion von essentieller Bedeutung. Für letztere ist es allein wesentlich, dass sich die Organe der Selbstverwaltungskörper zu diesen als Gliedpersonen zu der sie umfassenden Gesammtperson verhalten. Die Art ihrer Berufung ist demgegenüber von sekundärer Bedeutung. Der Staat mag sie ohne Mitwirkung der Genossenschaft ernennen, wenn er nur bei dieser Ernennung an die Gliedpersonen der Gesammtperson, welcher der Ernannte als Organ dienen soll, gebunden ist. Erfolgt dagegen die Bestellung durch Wahl, so kann durch diese die etwa fehlende Zugehörigkeit zu der wählenden Körperschaft ersetzt werden. Nur dieses verbindende Band muss irgendwie vorhanden sein; denn ohne ein solches fehlt das Verhältniss von Organ und Organismus. Im übrigen kann die Bestellung auch weder durch Wahl noch durch Ernennung erfolgen, sondern z. B. durch Erbgang. Die Monarchen der deutschen Gliedstaaten sind, da diese Staaten Rechtsstaaten d. h. Personen d. h. Selbstverwaltungskörper sind, nicht minder Selbstverwaltungsorgane derselben, als die gewählten Landtage. Und ebenso gut könnten als Organ der Gemeinden neben gewählten Stadtverordneten, gewählten oder ernannten

---

71) Vgl. z. B. „Verwaltung, Justiz" etc. S. 97 fg.

oder bestätigten Magistraten — erbliche Bürgermeister oder statt jener erbliche Patriciate fungiren.

Für die juristische Begriffskonstruktion gehen also alle Erscheinungen von Rechtsstaat und Selbstverwaltung im letzten Grunde zurück auf die organische Gliederung der Persönlichkeiten.

IX.

Genossenschaft. — Körperschaft. — Anstalt.

Schon aus den bisherigen Darlegungen ergiebt sich der gedankliche Kern jener Anschauungsweise, deren Anhänger sich unter dem Banner der Genossenschaftstheorie zusammenfinden. Ihre Hauptwirksamkeit hat diese Lehre bisher im Gebiet des Privatrechts entfaltet, hier ihre Begriffe gefasst und ausgestaltet. Aber ihr Grundgedanke strebt seinem ureigensten Wesen gemäss über die Grenzen des Privatrechts hinaus; sie ist ihrer ganzen Anlage nach eine allgemeine Rechts-, keine blosse Privatrechts-Theorie, wie ja der Begriff, dessen Erfassung ihren ganzen Inhalt bildet, der Begriff der Person, ein Centralbegriff nicht des Privatrechts, sondern des Rechts überhaupt ist. Wie im besondern das Staatsrecht Klärung und Bereicherung aus dem Ideenschatze der Genossenschaftstheorie gewinnen kann und soll, darauf hat vor allem Gierke, dessen verheissungsvolle Verkündung dieser seinen Wegen — wenn auch mit mannigfachen Abweichungen — folgenden Arbeit als Motto voraufgeht, unermüdlich hingewiesen. Ist es doch eines der wichtigsten Resultate dieser Lehre, dass das öffentliche vom Privatrecht nicht durch eine unüberbrückbare Kluft getrennt wird; dass vielmehr der weitere Kreis des Sozialrechts mit dem Staatsrecht auch grosse Theile des Privatrechts umschliesst. Dadurch verfällt sie nicht, wie ihr Gerber vorwirft, in den Fehler älterer Theorien, die das Staatsrecht in die Enge des Privatrechts einzwängten; vielmehr schafft sie dem Staatsrecht eine reale, tragfähige

Grundlage, auf welcher es sich in natürlicher Weise von unten nach oben aufbauen kann; und befreit dasselbe aus seiner bisherigen Zwangslage, wo es, aufgehängt an dem Nothnagel des aprioristischen und — gegenüber der heutigen Staatsgestaltung — fiktiven Souveränitätsbegriffs, in der Luft schwebte. Diese Emancipation von der Souveränität bildet, wie die bisherigen Erörterungen zeigten, die hauptsächlichste Divergenz unsrer Auffassung von der Gierke's und Rosin's, welche — im übrigen auf dem Boden der Genossenschaftstheorie stehend — doch jene in dieser Theorie vorgebildete Konsequenz noch nicht ziehen.

Die Beseitigung aprioristischer Annahmen und Fiktionen sowie die Ersetzung der absoluten, einander in starrer Abgeschlossenheit gegenüberstehenden Begriffe durch eine entwicklungsgeschichtlich zu begreifende Reihe von Evolutionen einer Uridee, welche in einander greifen wie die Glieder einer Kette, — das ist das leitende Princip, das sich in allen Aufstellungen der Genossenschaftstheorie äussert. Und indem man dieses Princip herausschält, kann man sich unmöglich der Wahrnehmung verschliessen, dass die Jurisprudenz, da sie die Genossenschaftstheorie gebar, nur dem natürlichen Entwicklungsgange der modernen Wissenschaft überhaupt folgte, der allgemein von jenem Princip beherrscht wird. Die Beseitigung der aprioristischen Annahme und der absoluten Konstanz der Arten durch eine entwicklungsgeschichtlich zu begreifende Reihe von Evolutionen eines Urorganismus, — das ist das leitende Princip der neueren Naturwissenschaft. So ist die Genossenschaftstheorie nichts andres, als der Darwinismus der Jurisprudenz. Und nicht als eitle Spielerei belächeln sollte man diese Analogie, sondern sich ihrer freuen als eines Belegs dafür, dass das Gesetz von der Einheit der Kraft auch für die Kraft des forschenden Geistes gilt. Wie es ein und dieselbe Kraft ist, die sich in Licht und Ton, in Wärme und Bewegung äussert, so sind all' die zahlreichen Disciplinen der Wissenschaft Aeusserungen einer Kraft; und so bestätigt modernste Erkenntniss, dass seit alten Zeiten der deutsche Geist von einer Ahnung der Wahrheit geleitet wurde bei der Verwirklichung der Idee von der *universitas litterarum*. Und auch diese *universitas* ist keine fingirte im Sinne der Romanistik, welche losgelöst von ihren Theilen zu denken wäre; sie ist eine genossenschaftliche Einheit, die reale Gesammtheit ihrer Glieder, eine Einheit in der Vielheit.

Von der Anwendung jenes zweifachen Princips gegenüber den romanistischen Begriffen der *societas* und *universitas* nimmt die Genossenschaftstheorie ihren Ausgang. Sie negirt einmal die absolute Schroffheit des Gegensatzes beider Erscheinungen, und, indem sie auf die Existenz verbindender Zwischenglieder hinweist, „vermeidet sie zwar nicht den nothwendigen Trennungsschnitt, entkleidet jedoch denselben seiner Leben zerstörenden Wirkung“ [1]). Sodann zerstört sie „das Phantom der *persona ficta*“, indem sie demselben die lebendige Realität der Gesammtperson entgegenstellt [2]). So gelangt sie zu einem Personenbegriff, welcher nicht — wie der des fingirten Individuums — in die Grenzen des Privatrechts gebannt ist, sondern die Anlage in sich trägt, zum Centralbegriff des Rechts überhaupt zu werden. Wohl ist die Erfassung des Staats als Person nicht zuerst und nicht allein von der Genossenschaftstheorie verkündet worden; aber Abschluss und Vollendung konnte die Lehre von der Staatsperson erst durch die Lehre der Genossenschaftstheorie von der Gesammtperson erhalten. Denn so lange man die Person mit dem Individuum (natürlichem oder „künstlichem“) identificirt, ergiebt sich für die Rechtsbeziehungen einer Gesammtperson zu ihren Gliedpersonen keine andere Auffassung, als die, welche für die Rechtsbeziehungen zwischen einander völlig fremden Individuen massgebend ist [3]). Eine solche Auffassung aber, sehr bedenklich schon für die meisten Verbandspersonen des Privatrechts, erweist sich als völlig unzulänglich für die Gemeinwesen des öffentlichen Rechts und in letzter Linie für den Staat. Die Rechtsbeziehungen, welche diese mit ihren Gliedern verbinden,

---

[1]) Gierke: „Genossenschaftstheorie“ S. 308.
[2]) Vgl. Gierke ebenda S. 5 u. a. v. a. O.
[3]) Vgl. Gierke ebenda S. 175 u. a. v. a. O.

sind als Beziehungen von Individuum zu Individuum nun und nimmer zu begreifen [4]). Daher sprengt das reale Wesen des Staates und der ihm eingegliederten Gemeinwesen die enge Form der Individual- oder Quasi-Individualperson; zu ihrer Erhaltung greift man wieder zu dem altbewährten Hilfsmittel der Fiktion [5]), und schliesslich passt denn doch der Staat unter den Personenbegriff — wie ehemals — nur in seiner Eigenschaft als Fiskus, während der Hauptinhalt seines Wesens ihn in schroffsten Gegensatz zu allen andern Personen bringt. Demgegenüber eröffnet die Genossenschaftstheorie durch ihre — auf der organischen Gestaltung der Vielheit zur Einheit beruhende — Personenlehre ein neues und eigenartiges Rechtsgebiet, welches andere rechtliche Beziehungen von Person zu Person kennt, als individualrechtliche, nämlich die der Gesammtperson zu ihren Gliedpersonen *et vice versa* [6]); und gewährt so die Möglichkeit, den Staat und alle politischen Gemeinwesen voll und ganz unter den Personenbegriff zu subsumiren. Damit bringt sie auch auf grösserem Felde ihr Grundprincip zur Geltung: wie die Kluft zwischen *societas* und *universitas*, so überbrückt sie die zwischen Individuum und Staat; und wie das aprioristische Dogma des fingirten Individuums, so beseitigt sie das nicht minder aprioristische Axiom des einig-einzigen, des „souveränen“ Staates. Für sie giebt es nicht zwei konstante, absolut geschiedne Arten: hie Person d. h. Individuum — hie Souveränität d. h. Staat; sondern eine ununterbrochene Kette von Erscheinungsformen der mit der Menschheit geborenen Genossenschaftsidee geht von der Grenze des Individualrechts aus und hat auch in der Form des heutigen Staates nicht ihr begriffliches Ende gefunden. „Aus der höchsten der das Einzelleben nicht überdauernden Verbindungen, der Ehe, wachsen Familien, Geschlechter, Stämme und Völkerschaften, Gemeinden, Staaten und Staatenverbände in reichhaltiger Abstufung hervor und für diese Entwicklung lässt sich keine

---

[4]) Siehe näheres oben S. 166.

[5]) Vgl. oben S. 168.

[6]) Vgl. oben S. 169 fg.

andere Grenze denken, als wenn sich in ferner Zukunft einmal die ganze Menschheit zu einem einzigen organisirten Gemeinwesen zusammenschliessen und der Thatsache, dass sie nur die Glieder eines grossen Ganzen umfasst, einen sichtbaren Ausdruck verleihen sollte" [7]).

Der Unterschied dieser neuen Personentheorie gegenüber der älteren, welcher in seiner Fortführung zu jenen allgemeinen Gesichtspunkten geradezu als ein Unterschied der Welt- und Staatsanschauung erscheint, lässt sich in engerem Rahmen dahin formuliren, dass die neuere Theorie die Verschiedenheit der Persönlichkeiten, welche die ältere rein äusserlich fasst, in die innere Struktur derselben verlegt. Wo die ältere Lehre Verschiedenheit sieht, sieht die neuere Gleichheit und umgekehrt. Jene lehrt: es giebt natürliche und fingirte, künstliche Personen; diese dagegen: alle Personen sind als solche gleich natürlich und wirklich. Jene lehrt: nach ihrer inneren Struktur sind alle Personen als solche gleich untheilbare Einheiten, Individuen; diese dagegen: es giebt bezüglich der inneren Struktur Individual- und Sozial- oder Gesammtpersonen. Aus dieser Divergenz der Grundansicht folgt naturgemäss eine entsprechende Gegensätzlichkeit der Anforderungen an die positive Gestaltung des Rechts der Personen. Während die ältere Theorie für ihre *personae fictae,* als welche handlungsfähige Geschöpfe sind, einerseits die *jura minorum* in Anspruch nehmen, andrerseits als Correlat eine Art Obervormundschaft des Staates zulassen muss, lehnt die neuere Theorie folgerichtig beides ab, da ihre Gesammtpersonen als reale Wesen handlungsfähig sind, und auch nicht den in der physischen Natur des Menschen begründeten Wirkungen der Altersverschiedenheit unterliegen. Statt jener besonderen äusseren Rechte beansprucht sie jedoch ein besondres inneres Recht für ihre Gesammtpersonen, welches auf der Besonderheit ihrer innern Struktur beruht, während die ältere Theorie diese Besonderheit und damit auch jenes Recht negirt. Ferner folgt aus jener Grundanschauung, dass die ältere, die Fiktionstheorie der An-

---

[7]) Gierke: Genossenschaftsrecht Bd. I. S. 1.

nahme eines fingirenden Subjekts d. h. der Schöpfung der „juristischen“ Person durch Staatsakt zuneigen muss, während die andere Lehre in der Positivirung des Rechts aller Personen, also auch der Gesammtpersonen mehr einen deklaratorischen als einen konstitutiven Akt erblickt. Dass übrigens alle die scheinbar vermittelnden Konstruktionen, wie die der relativen juristischen Person, des Zweckvermögens etc. nicht aus sich selbst heraus können und daher principiell auf dem Boden der älteren Theorie verbleiben, wurde schon früher erwähnt [8]).

---

[8]) Vgl. oben S. 126. — Die Gesetzgebung folgt auch noch in ihrer neuesten grossen Kodifikation, dem Entwurfe des bürgerlichen Gesetzbuchs für das deutsche Reich, der älteren Theorie, besonders des Zweckvermögens, wie vor allem die Motive ergeben. (Bd. I. 1888. Abschnitt 3, S. 78 fg.). Da heisst es: „Die Personificirung der .... Vermögensbereiche .... dient der Technik des Rechts“; „die an sich nur den „natürlichen“ Personen zustehende Vermögensfähigkeit wird kraft positiver Satzung einem Personenverein beigelegt“; „die Körperschaft als künstlich geschaffene, willenlose Trägerin von Rechten“ (a. a. O. S. 94) etc. Und trotz alledem bricht sich doch auch hier die neue Lehre Bahn, besonders in der Anerkennung der Deliktsfähigkeit der Körperschaften (vgl. oben S. 158). Freilich führen die Motive zu § 46 (a. a. O. S. 102. 103) diese Vorschrift auf „Zweckmässigkeitsrücksichten“ zurück. Da heisst es: „So zweifellos die Körperschaft an sich als willenloses Wesen nicht fähig sein kann, eine unerlaubte Handlung zu begehen, so zeigt doch die neuere Rechtsentwicklung die entschiedene Neigung, eine privatrechtliche Haftung der Körperschaft für die unerlaubten Handlungen ihrer Vertreter eintreten zu lassen. Die Neigung gründet sich in einem schwer von der Hand zu weisenden Verkehrsbedürfnisse“. Dies Bedürfniss ist doch nur eine Aeusserung der von der Jurisprudenz ebenso wenig von der Hand zu weisenden Realität des modernen Lebens. Und jene Haftung der Gesammtperson ist keine Besonderheit, sondern die natürliche Folge davon, dass sie durch ihre Organe selbst handelt; sie ist eben willens- und handlungsfähig. Mag man immerhin die Konsequenzen der neuen Theorie zunächst nur als Ausnahmen von der alten gelten lassen; schliesslich werden die Ausnahmen die Regel nicht mehr bestätigen, sondern umwerfen. Dann wird man sich der Einsicht nicht mehr verschliessen, dass alle die Erscheinungen, welche man jetzt mühsam einzeln als Besonderheiten begründen muss, nur Ausflüsse des neuen einheitlichen Princips sind, auf welchem sich das System der Gesammtpersonen aufbaut.

Der neue Begriff der Gesammtperson nun umfasst drei Elemente, die theils einzeln, theils kombinirt sein Wesen erfüllen und nuanciren. Wir haben in den vorangehenden Erörterungen das Wirken dieser drei Elemente bereits des öfteren hervorgehoben, indem wir auf die im Wesen der Gesammtperson sich vereinigenden Eigenschaften hinwiesen. Vor allem kam die Doppelnatur in Betracht, der zu Folge die Gesammtperson, ohne ihre Persönlichkeit aufzugeben, Glied und Organ einer höheren, sie umfassenden Person zu sein vermag. Ihre eigene Persönlichkeit wiederum enthält die beiden Elemente der Vielheit, welcher der Drang zu organischer Zusammenschliessung immanent ist, und der Einheit, zu welcher sich die ihr immanente Vielheit verdichtet. Für die dogmatische Durchbildung der Theorie sowie zur Erleichterung der auf ihrer Grundlage zu errichtenden Konstruktionen ist es von Wichtigkeit, jene drei Elemente, deren Wirksamkeit sich bei jeder Untersuchung auf diesem Gebiete ständig geltend macht, in feste Formeln zu fassen; *termini technici* zu finden für die drei gestaltenden Grundbegriffe der neuen Personentheorie. Diese *termini* sind von der Entwicklung der Lehre vorgebildet in den drei Bezeichnungen der Genossenschaft, der Körperschaft und der Anstalt. Bezüglich des Inhalts, welcher mit diesen Bezeichnungen zu verbinden ist, macht sich indessen, besonders hinsichtlich der beiden ersten, der Umstand störend bemerkbar, dass dieselben bisher ihre hauptsächlichste Ausgestaltung im Privatrecht erhalten haben, und dass, sofern man sie auch in das öffentliche Recht verfolgte, wohl ein allgemeiner Ausblick auf Gemeinde und Staat eröffnet, für die specielle Konstruktion aber das eigentliche Gebiet des Staatsrechts absichtlich ausgeschlossen zu werden pflegt[9]). Daher ist es nicht zu umgehen, jenen Be-

[9]) Dies bezieht sich lediglich auf die Dogmatik. Rechtshistorisch hat Gierke in allen 3 Theilen seines „Genossenschaftsrechts" die politischen Verbände eingehend und vortrefflich berücksichtigt. Hier sei zunächst auf die Entwicklung der modernen Staatskörperschaftsidee aus der alten Genossenschaft durch das Medium der Städte (Bd. I. S. 300 fg.) und der Obrigkeits- aus der Herrschaftsidee (Bd. I. S. 642 fg.) verwiesen, sowie auf die entsprechenden Darlegungen Bd. II. S. 325 fg.,

griffen, besonders der Genossenschaft und Körperschaft, eine etwas modificirte Fassung zu geben, welche sie befähigt, ihre Aufgabe als Elemente des Personenbegriffs für das ganze Rechtsgebiet, also auch für das Staatsrecht zu erfüllen. In diesem Sinne müssen wir zu den Begriffen der Genossenschaft und Körperschaft und ihrem begrifflichen Verhältniss zu einander, wie dies zuletzt von Gierke und Rosin bestimmt worden ist, Stellung nehmen.

Uebereinstimmend definiren Gierke und Rosin die Genossenschaften als die (deutschrechtlichen) Körperschaften, welche nicht politische Gemeinden sind. Letztere seien „Körperschaften, aber nicht Genossenschaften des öffentlichen Rechts". „Der Genossenschaftsbegriff ist der Gattungsbegriff für diejenigen deutschrechtlichen Körperschaften, welche nicht Staat oder Gemeinde sind. Er ist mithin im Verhältniss zum Körperschaftsbegriff ein Artbegriff" [10]).

Gegen diese Nomenklatur, nach welcher die Genossenschaft nur eine Unterart der Körperschaft wäre, ergiebt sich zunächst ein anscheinend rein äusserlicher Einwand, der jedoch aus dem innersten Wesen der Dinge fliesst. Nach jener Terminologie muss es auffallend erscheinen, dass sich für die Gesammtheit dieser Lehre der Name Genossenschafts-, und nicht Körperschafts-Theorie eingebürgert hat. Man müsste danach definiren: die Genossenschaftstheorie ist die Lehre von den Körperschaften; denn darüber, dass die oben entwickelten Grundprincipien dieser Theorie für alle Körperschaften, und nicht etwa bloss für deren „Unterart", die Genossenschaften, gelten,

---

575 fg.; und fast den ganzen III. Band. — Für die dogmatische Litteratur wird Bezug genommen auf die Nachweise in Gierke's „Genossenschaftstheorie", seine Artikel: Genossenschaften, Korporation, juristische Person in Holtzendorff's Rechtslexikon; und auf Rosin's „Recht der öffentlichen Genossenschaft".

[10]) Gierke: Genossenschaftsrecht. Bd. II. S. 866; Art. „Genossenschaften" im Rechtslexikon. Bd. II. S. 83; Rosin: „Recht der öffentlichen Genossenschaft". S. 40, 41. — Dagegen scheint Gierke in der „Genossenschaftstheorie" S. 308 die Unterscheidung der Genossenschaften von „den sonstigen Körperschaften" nicht für durchaus erforderlich zu halten.

herrscht weder bei Gierke noch Rosin Zweifel. Nun kann man aber auch nicht sagen, die Bezeichnung als Genossenschaftstheorie sei eine ungenaue Ausdrucksweise, welche besser durch das Wort Körperschaftstheorie ersetzt werde. Vielmehr hat sich die erste Bezeichnung durchaus natur- und sachgemäss aus dem Wesen der neuen Lehre heraus entwickelt. Auch Gierke spricht mit Recht stets von dem genossenschaftlichen Princip. Dieses genossenschaftliche Princip ist es, welches die neue Theorie gegenüber der älteren charakterisirt; welches auch für ihre Auffassung von der Körperschaft gegenüber der früheren Korporationslehre massgebend ist. Ohne die Grundlage des Genossenschaftsbegriffs schwebt der neue Körperschaftsbegriff in der Luft. Schon daraus folgt, dass sich jener zu diesem nicht wie die Art zur Gattung verhalten kann; denn logischer Weise kann der Artbegriff niemals die begriffliche Grundlage des Gattungsbegriffs sein.

Sodann haftet dieser Eintheilung entschieden etwas sehr willkürliches an[11]); sie ist eine aprioristische; und gerade eine solche sollte die neue Theorie ihrem eigensten Wesen gemäss vermeiden. Für das Axiom: die Körperschaften zerfallen in Genossenschaften, Gemeinden und Staaten wird man kaum ein innerliches *principium divisionis* finden können. Wenn Rosin[12]) lehrt: „Nur Staat und Gemeinde erscheinen der Genossenschaft gegenüber als Gebietskörperschaften“, — so mag diese Betonung des Gebiets-Substrates als specifischen Kriteriums der „politischen Gemeinwesen“ vollkommen richtig sein. Wie sehr wir dieser Anschauung beipflichten, werden die späteren Ausführungen zeigen. Aber damit ist keineswegs gesagt, dass jene politischen Gemeinwesen nicht Genossenschaften sein könnten; dass nicht das Gebiet sie lediglich als eine Art gegenüber

[11]) Die in voriger Note citirte Aeusserung Gierke's (Genossenschaftstheorie S. 308) giebt dies *implicite* zu; desgleichen Rosin (Recht d. öfftl. Gen. S. 40 n. 2), „dass Inhalt und Umfang des (*scil.* dieses) Genossenschaftsbegriffs nicht . . . mit Nothwendigkeit durch sich selbst gegeben ist, sondern mehr auf subjektiven . . . Gründen der Systematik beruht“.

[12]) Rosin a. a. O. S. 43.

anderen Arten der Genossenschaft kennzeichne; kurz: warum man sie den Genossenschaften als Gebietskörperschaften, und nicht den sonstigen Genossenschaften als Gebietsgenossenschaften gegenüberstellt?

Aus dieser Willkürlichkeit der in Rede stehenden Eintheilung erklärt es sich, dass Gierke auch einmal den Begriff der Genossenschaft und Körperschaft gleich setzt: „Unter Genossenschaft im engsten und technischen Sinne wird . . . . jede auf freier Vereinigung beruhende deutschrechtliche Körperschaft d. h. ein Verein mit selbständiger Rechtspersönlichkeit verstanden“[13]). In theilweiser Uebereinstimmung mit unserem obigen Einwande fährt er dann fort: „In einem weiteren Sinne gehören die Gemeinden und der Staat selber unter diesen Begriff der Genossenschaft; allein sie sind zugleich mehr und fallen daher mit einem Theil ihres Wesens ausser das Thema. Gerade in Deutschland aber sind Staat und Gemeinde zum Theil aus einer Potenzirung der Genossenschaftsidee, zum anderen Theil freilich aus einer Potenzirung ihres Gegensatzes hervorgegangen“. Die letzte Bemerkung bezieht sich auf die Obrigkeits-(Staatsanstalts-)Idee, auf welche wir gleich nachher zurückkommen[14]). Wenn man jedoch schon hier zugiebt, dass sich im Wesen der Gemeinde und — unter Umständen — auch des Staates genossenschaftliche und anstaltliche Elemente kombiniren, so wird damit noch in keiner Weise die fragliche Terminologie gerechtfertigt. Denn dieselbe Kombination findet sich auch noch in einer grossen Anzahl anderer Körperschaften[15]), so dass einerseits die Aussonderung gerade des Staates und der Gemeinde unrichtig ist; andererseits in Rücksicht darauf,

---

[13]) Gierke: Genossenschaftsrecht.' Bd. I. S. 5.

[14]) Den gleichen Gedanken spricht Gierke auch in demselben Bande S. 833 aus, wo er die begriffliche Möglichkeit anerkennt, „dass man einen Verein, für den ein Gebiet neben einer Personenmehrheit ein *essentiale* ist“, unter die Kategorie der Genossenschaft subsumiren kann; jedoch sei die historisch entwickelte Organisation des Staates nur zur Hälfte genossenschaftlicher, zur anderen Hälfte obrigkeitlicher (anstaltlicher) Natur. — Vgl. darüber unten S. 249 fg.

[15]) Vgl. unten S. 252.

dass doch auch diese Körperschaften das genossenschaftliche Element in sich enthalten, die Auffassung des Verhältnisses beider Begriffe als eines Verhältnisses von Gattung zu Art nicht annehmbar erscheint.

Indessen, der eigentliche Grund für die Aussonderung der politischen Gemeinwesen aus der Kategorie der Genossenschaft liegt doch wohl in dem Festhalten an dem Souveränitätsbegriff, welcher — als ein der gesammten genossenschaftlichen Anschauung diametral entgegengesetzter — ihr System verwirrt und sprengt. Auf diesen Begriff deutet Gierke in der eben citirten Stelle hin, wenn er meint, Gemeinde und Staat seien doch noch „mehr", als Genossenschaften. Denn auf das in ihnen enthaltene anstaltliche Element kann sich das Wort „mehr" nicht wohl beziehen; sondern darauf, dass der Staat „durch das ihn von allen anderen Personen unterscheidende Merkmal der Souveränität eine besondere Stellung einnimmt"[16]). Hier tritt jener wiederholt bekämpfte Trugschluss ein, welcher, die Kette der relativen Verhältnisse abbrechend, in's Absolute hinüberführt; jener Trugschluss, welcher das höchste Gemeinwesen mit der Allgemeinheit schlechthin, höchste Macht mit Macht schlechthin identificirt; und welcher schroffer, als von Gierke, von Rosin dahin formulirt wird, dass der Staat allen anderen Gemeinwesen gegenüber „allein das berechtigte, diese die verpflichteten Subjekte bilden"[17]). Die innere Unrichtigkeit dieser Anschauung ist oben darzulegen versucht worden"[18]). Auch abgesehen von jener Vertauschung relativer und absoluter Begriffe, widerspricht schon die Auffassung des Staates als des begrifflich höchsten Gemeinwesens der Grundanschauung dieser Theorie, wie sie im Eingang des gegenwärtigen Abschnitts entwickelt worden ist[19]). Nur als die zur Zeit höchste vollkommen organisirte Entwicklungsform der Gemeinheitsidee — nicht als deren gedanklichen Abschluss — darf man vom

---

[16]) Gierke, Art. „Juristische Person" in Holtzendorff's Rechtslexikon. Bd. II. S. 422; Genossenschaftsrecht. Bd. II. S. 831 u. a. O.

[17]) Rosin a. a. O. S. 41.

[18]) Vgl. oben S. 182.

[19]) Vgl. oben S. 236.

Standpunkte der Genossenschaftstheorie aus den Staat betrachten. Ja, auch nicht einmal den Staat als solchen, sondern nur — um speciell die deutschen Verhältnisse im Auge zu behalten — das Reich. Den Gliedstaaten kommt sogar nicht einmal in jenem relativen Sinne das Prädikat der höchsten Gemeinschaft zu. Dies erkennt Gierke auch vollständig, indem er der Behauptung: „Nur der Staat selbst kann als souveräne Gesammtperson einer ausser und über ihm organisirten Willensmacht nicht unterstellt .... sein", sofort die Einschränkung folgen lässt: „Sobald freilich der Staat nicht in einer für sich stehenden Staatspersönlichkeit, sondern in einer Genossenschaft von Staaten mit einheitlicher Gesammtpersönlichkeit und vielheitlicher Sonderpersönlichkeit zur Erscheinung kommt, tritt innerhalb der staatlichen Lebenssphäre ein analoges Verhältniss zwischen den Gliedpersonen und der Gesammtperson ein, wie es in zusammengesetzten Körperschaften begegnet"[20]. So bringt die Souveränitätsidee — noch ausser ihrer inneren Unhaltbarkeit — Zwiespalt in den auf ihrem eigenen Boden erwachsenen Staatsbegriff. Dass die Versuche Gierke's und Rosin's, trotzdem das von jedem von ihnen aufgestellte Kriterium des Staates für Reich und Gliedstaaten verwendbar zu machen, nicht gelungen sind, wurde in der Dogmengeschichte zu zeigen versucht[21]. Von jenem an der Souveränität festhaltenden Standpunkte aus erklärt sich aber leicht die Eintheilung, welche die politischen Gemeinwesen den Genossenschaften entgegensetzt. An der Sonderstellung des Staates nehmen nach jener Anschauung bis zu einem gewissen Grade die Gemeinden Theil; denn, wie Rosin es ausdrückt, „mehr als alle anderen öffentlichen Gemeinwesen stehen sie dem Staate rechtlich nahe, sind sie Theile und Glieder seines Organismus"[22]. Wie früher der Begriff der Person am Bannkreise der Souveränität Halt machte, so macht nach dieser Meinung der Genossenschaftsbegriff vor den letzten Ausläufern staatlichen Wesens Halt. An dieser

[20] Gierke: Genossenschaftstheorie. S. 642; vgl. auch Rosin a. a O. S. 41 n. 5.

[21] Vgl. oben S. 58 bezw. 64 fg.

[22] Rosin a. a. O. S. 41.

Grenze endet sowohl die Kette relativer Grössen, um der absoluten zu weichen, als auch die Konstruktion von unten nach oben, um durch die umgekehrte ersetzt zu werden. Der tiefe Einschnitt liegt zwischen den sog. „öffentlichen Genossenschaften“, wie sie Rosin verstanden wissen will, und den Gemeinden. Wie jedoch jene ganze Anschauung von der Besonderheit des „souveränen“ Staates, so ist auch diese aus ihr fliessende Theilung eine aprioristische, welche als solche der Methode und Grundidee der Genossenschaftstheorie widerspricht.

Die wesentliche Bedeutung des „genossenschaftlichen Princips“ liegt in der Anerkennung der Thatsache, dass der Mensch, „indem er von Hause aus sein Dasein zugleich als Einzelleben und als Gemeinleben führt und empfindet, seinen Willen zu spalten und dem Bereich des Fürsichseins der Einzelwillen ein Gebiet ihrer Verbundenheit zum Gemeinwillen gegenüberzustellen vermag“ [23]). Mit anderen Worten: das genossenschaftliche Princip äussert sich in der Anerkennung sozialrechtlicher neben den individualrechtlichen Beziehungen. Wo immer zwischen einer Mehrheit von Personen ein rechtliches Band besteht, welches sich nicht als ein rein individualrechtliches Obligationsverhältniss charakterisirt, da ist eine Genossenschaft vorhanden. Das Kriterium der Genossenschaft ist der einem Personenverbande immanente Drang, aus Partikeln der Theilwillen einen Gesammtwillen zu organisiren. Dadurch unterscheidet sich die Genossenschaft von der Gesellschaft, als welche ihrer Anlage gemäss stets in obligatorischen Verhältnissen von Individuum zu Individuum stehen bleibt. Die Gesellschaft ist ein individualrechtliches Verhältniss; die Genossenschaft ein sozialrechtlicher Verband.

Wie der Rechtsidee der Drang nach Positivirung und Erzwingbarkeit immanent ist; wie jedoch auch ohne Erreichung jener Ziele das Recht selbst existent ist [24]), — so ist der Genossenschaftsidee der Drang nach Organisirung der Einzelpersonen zur Gesammtperson immanent; eine Genossenschaft

---

[23]) Gierke: Genossenschaftstheorie. S. 24.

[24]) Vgl. oben S. 204.

jedoch auch ohne vollkommene Ausbildung jenes Organismus existent. Wäre es anders, so hätte die romanistische Lehre mit der schroffen Gegenüberstellung von *societas* und *universitas* Recht; gerade hiergegen hat sich aber die Genossenschaftstheorie aus ihrem innersten Principe heraus von Anfang an aufgelehnt. Es giebt Personenverbände, welche die rein individualrechtliche Struktur der Gesellschaft abgestreift haben, ohne jedoch vollkommene Verbandspersonen geworden zu sein. Dies sind Evolutionsformen der Genossenschaftsidee; sie sind es, welche die Kluft zwischen der unorganisirten Vielheit und der zur geschlossenen Einheit organisirten ausfüllen. Der Existenz solcher Verbände konnte sich auch die neuere Gesetzgebung nicht verschliessen; da sie aber principiell auf dem Boden der alten Theorie steht, welche nur die Alternative *societas* oder *universitas* anerkennt, so bediente sie sich für diese Bildungen, welche weder das eine noch das andere sind, der bekannten Umschreibungen, dass dieselben unter ihrem Namen Rechte erwerben und Verbindlichkeiten eingehen könnten etc.[25]). Ganz sachgemäss hat sich für sie in Theorie und Praxis der Name „Genossenschaften" festgesetzt; in Sonderheit für ihre bedeutendste Art, die Erwerbs- und Wirthschaftsgenossenschaften[26]). Da aber das genossenschaftliche Princip sich in diesen Bildungen keineswegs erschöpft, sondern darüber hinaus noch weitere Entwicklungsformen erzeugt, so dürfte sich für diese Erscheinungen die Bezeichnung als Genossenschaften im engeren Sinne empfehlen. Danach ist: **Genossenschaft** — jeder Personenverband, welchem das sozialrechtliche Princip der Zusammenschliessung der Glieder zu einer

[25]) Die Motive zum Entwurf des bürgerlichen Gesetzbuchs, Bd. I. S. 79 in der Note drücken dies so aus: jene Formel habe Anwendung gefunden für „Gesellschaften, bei welchen zweifelhaft ist und dahingestellt bleiben sollte, ob die Rechte und Verbindlichkeiten mit einem von den einzelnen Mitgliedern verschiedenen Subjekte oder ob sie mit den Einzelnen verknüpft sind". Uebrigens wird allerdings dieselbe Formel unter Umständen auch für unzweifelhafte „juristische Personen" gebraucht.

[26]) Nur von diesen handelt Gierke im Rechtslexikon. Bd. II. S. 83 fg.

höheren Einheit immanent ist; — **Genossenschaft im engeren Sinne** — diejenige Genossenschaft, bei welcher jenes Princip nicht bis zur völligen Heraushebung einer wirklichen Verbandsperson über die Einzelpersonen durchgeführt ist. Wo dies dagegen geschehen ist, da hat sich die Genossenschaft zur **Körperschaft** verdichtet.

Der Ausdruck „Körperschaft" ist von dem hier vertretenen Standpunkte aus nicht ganz unbedenklich, weil er geeignet sein könnte, Fiktions-Hintergedanken zu erregen, während jede Art von Fiktion diesem Gedankengange fern liegt. Sogar selbst Gierke sieht in dem vom Gemeinwillen „beseelten Menschenverein" den „zwar nicht in seiner Totalität, wohl aber in seinen Bestandtheilen sichtbaren Körper" der Verbandsperson; und er polemisirt gegen Zitelmann, weil derselbe die Körperschaften als „unleibliche Willen" betrachtet[27]). Und doch entspricht allein diese letztere Auffassung dem Wesen unserer Theorie. Nur desshalb stehen sich Einzel- und Gesammtperson nicht als natürliche und künstliche gegenüber, weil das Moment, worauf es für den Begriff der Person allein ankommt, die rechtlich normirte Willenseinheit, stets etwas unkörperliches ist; nur desshalb ist der Begriff der Person — abgesehen von ihrer inneren Struktur — ein einheitlicher, weil er ein unkörperlicher ist. Auch das Individuum ist nicht um seines Leibes willen Person. Wenn Gierke meint: „Eine derartige Losreissung der socialen Willenseinheiten von den Menschen, in denen sie ausschliesslich leben und wirken, führt nothwendig, wenn sie sich nicht in's Mystische verliert (wie bei Bluntschli), zur Fiktion zurück"; — so gelten diese Folgen vielmehr für die von Gierke angenommene Auffassung. Hat denn nicht die Mystik Bluntschli's ihren Hauptgrund gerade darin, dass er für die Gesammtperson, im besonderen für den Staat — gerade wie Gierke es will — „einen zwar nicht in seiner Totalität, wohl aber in seinen Bestandtheilen sichtbaren Körper" annimmt? Daraus resultirt

---

[27]) Gierke: Genossenschaftstheorie. S. 12, 13 n. 3; vgl. auch oben S. 155 n. 56.

dann die Gleichstellung der Körperschaftsorgane mit den Organen des Körpers u. a. m.[28]). Und wenn man diesem Mystagogen nicht folgen will, wie kann man sonst zur Annahme eines Körpers für die Verbandsperson gelangen, als durch die Fiktion, dass der Menschenverein, welcher doch in Wahrheit nicht ein Körper ist, als Körper des ihn „beseelenden“ Gemeinwillens anzusehen sei? [29]).

Die Meinung also, zu welcher der Ausdruck „Körperschaft“ an sich verleiten kann, dass damit die Fiktion einer „Verkörperung“ des Gemeinwillens angedeutet werden solle, ist mit demselben nicht zu verbinden. Dennoch muss man diesen Ausdruck beibehalten; einmal, weil er sich fest eingebürgert hat, und es sich wenig empfiehlt, aus eigener Machtvollkommenheit neue *termini technici* zu schaffen; und ferner, weil er — sofern man jeden Fiktionsgedanken gebührend fernhält — die Thatsache scharf hervorhebt, dass hier eine Gesammteinheit über den Gliedeinheiten, ein wirklicher Organismus, der seine Gliedpersonen umschliesst, vorhanden ist. Was Gierke in seiner rechtshistorischen Betrachtung für die Vergangenheit formulirt: „Gemeinsam war allen Körperschaften des deutschen Rechts das Merkmal der Gesammtpersönlichkeit. Eine Körperschaft lag also vor, wenn die einer Gesammtheit immanente Einheit als Person erkannt und anerkannt war“ [30]); das gilt uns auch als dogmatische Fassung. In der Körperschaft ist die der Genossenschaft immanente Idee zu voller Entfaltung gediehen.

Dennoch können wir — wie es nach der bisherigen Ausführung scheinen möchte — nicht einfach die frühere Klassifikation umdrehen und die Körperschaft als eine Art der Gattung Genossenschaft bezeichnen. Vielmehr vermag die Körperschaft auch in

[28]) Vgl. oben S. 139.

[29]) Uebrigens billigt Gierke an anderer Stelle (Genossenschaftstheorie S. 617) selbst die Betrachtung der Körperschaft als unsichtbarer Persönlichkeit; und „unsichtbar“ und „unkörperlich“ darf man wohl als synonym betrachten.

[30]) Gierke: Genossenschaftsrecht, Bd. II, S. 829; Art. „Korporation“ im Rechtslexikon, Bd. II, S. 560: „Korporation ist ein Personenverein mit eigener Rechtspersönlichkeit“.

sich Elemente aufzunehmen, welche Ausflüsse eines dem genossenschaftlichen entgegengesetzten Princips sind. „Die Genossenschaftstheorie bedarf in dieser Richtung der Ergänzung durch eine Anstaltstheorie"[31]).

Das Wesen der Körperschaft besteht darin, dass sie die organische Einheit einer Personenvielheit darstellt; dass sie die Willenseinheit dieser Vielheit ist. Bildet sich diese Einheit von innen heraus; ist der sie beherrschende Wille ausschliesslich ein ihr immanenter, so erscheint die Körperschaft als die Vollendung der reinen Genossenschaftsidee. Möglich ist es aber auch, dass die Körperschaft sowohl in ihrer Gestaltung aus der Vielheit als in der Bethätigung ihrer Herrschaft über die Vielheit beeinflusst wird von einem ausser ihr stehenden, ihr transcendenten Willen; — in diesem Falle ist sie keine rein genossenschaftliche Bildung; sondern sie nimmt in ihr Wesen neben den genossenschaftlichen anstaltliche Elemente auf.

„Die Anstalt ist eine von aussen für irgend einen rechtlichen Verband konstituirte Einheit; . . . . ihr belebendes Princip ist ein von einem ausser ihr stehenden Willen abgezweigter und individualisirter Theilwille; ihre Persönlichkeit ist den durch sie verbundenen Personen nicht immanent, sondern transcendent"[32]). Für unsere Untersuchung scheiden diejenigen Anstalten, welche als Ausflüsse des Willens einer Privatperson ihre Wirksamkeit ausschliesslich auf dem Gebiete des Privatrechts entfalten, d. h. die Stiftungen aus[33]).

---

[31]) Gierke: Genossenschaftstheorie. S. 11.

[32]) Gierke: Art. „Juristische Person" im Rechtslexikon, Bd. II, S. 422; — vgl. auch Rosin: „Recht der öffentlichen Genossenschaft", S. 48 fg.; wo jedoch gemäss seiner Gesammtanschauung das Zweckmoment stärker hervortritt; s. in dieser Beziehung die Bemerkung gegen Gierke, ebenda n. 31.

[33]) „Die Anstalten des Privatrechts sind die Stiftungen". Rosin a. a. O. S. 48. — Der Entwurf des bürgerlichen Gesetzbuchs (§§ 42 fg. u. 58 fg.) unterscheidet nur „Körperschaften" und „Stiftungen". Die Motive (Bd. I, S. 80) sehen den Unterschied der Anstalt von der Stiftung darin, dass erstere zur Erreichung ihres Zweckes besondere Einrichtungen voraussetzt; letztere nicht.

Im übrigen erscheint das Wesen der Anstalt am klarsten ausgeprägt in der Verfassung der katholischen Kirche, welche recht eigentlich die Schöpferin dieses Begriffs ist, während die reformirten Kirchen jene Verfassung zwar nicht beseitigt, aber doch modificirt haben[34]). Die Einheit der Kirche nimmt ihren Ausgang nicht von der Zusammenschliessung der Gläubigen, sondern von der Einsetzung durch ihren göttlichen Stifter. Sie hat sich — nach kanonischer Anschauung — nicht entwickelt; sondern ist gestiftet; der sie durchherrschende einheitliche Wille ist nicht der Gemeinwille ihrer Glieder, sondern ein Ausfluss des göttlichen Willens; ihr Oberhaupt ist nicht das Organ ihrer Gesammtheit, sondern der Stellvertreter des Stifters. Und in weiterer Folge sind auch alle ihre Provinzen, Diöcesen und Gemeinden von oben her gestiftet, und deren Häupter nicht deren Organe, sondern Vertreter und Diener der Oberen. Wie sehr diese Anschauungsweise dem Ideenkreis der Souveränität entspricht, leuchtet ein. Schon oben wurde hervorgehoben, dass die Ausbildung des „souveränen" Staates mächtig gefördert wurde durch die Reception der fremden Rechte. Mit dem römischen drang das kanonische Recht ein, mit dem romanistischen Personen- bildete sich der kanonische Anstaltsbegriff aus. Und wenn das romanistische Element in der Gestaltung des Privatrechts und der juristischen Technik überwog, so beeinflusste das kanonische die Ordnung der publicistischen Verhältnisse. Es beruht nicht auf bloss äusserlicher Aehnlichkeit, wenn der Amtsmechanismus des absoluten Staates als Beamtenhierarchie bezeichnet wird. Wie sich der „souveräne" Obrigkeitsstaat als Staatsanstalt darstellt, der gegenüber das auf göttlicher Einsetzung beruhende Fürstenthum eine ähnliche Stellung einnimmt, wie das Papstthum gegenüber der Kirche; wie sich diese anstaltliche Auffassung von oben nach unten über Gemeinden und Korporationen erstreckte im Kampfe wider das noch in ihnen lebende Genossenschaftselement; wie endlich

[34]) Vgl. Hinschius: „Staat und Kirche" in Marquardsen's Handbuch I, 1. S. 249, 250. — Gierke: Genossenschaftsrecht. Bd. III. S. 799.

von diesem die die Neuzeit charakterisirende Reaktion gegen den Anstaltsstaat und die Veranstaltlichung aller Gemeinwesen ausging, das schildert Gierke wiederholt in seiner historischen Erforschung des Genossenschaftsrechts[35]).

Hieraus in Verbindung mit dem, was oben über das Wesen der Genossenschaft gesagt worden, ergiebt sich nun, dass nicht sowohl „Körperschaft und Anstalt“ — wie Rosin lehrt[36]) — als vielmehr Genossenschaft und Anstalt „begriffliche Gegensätze sind, zwischen denen keine Vereinigung möglich ist“. Das Wesen der Körperschaft ist es, Einheit in der Vielheit, Gesammtperson über den Einzelpersonen zu sein. Bildet sich diese Einheit lediglich von innen heraus; ist der herrschende Wille ausschliesslich ein immanenter, und sind demgemäss die Organe der Körperschaft ausschliesslich eigene Organe derselben, so ist sie rein genossenschaftlicher Natur. Wird dagegen jene Einheit lediglich von aussen gesetzt; ist der herrschende Wille ausschliesslich ein transcendenter, und sind demgemäss die Organe der Korporation ausschliesslich Organe und Diener jenes höheren Willens, so ist der Verein rein anstaltlicher Natur. Das genossenschaftliche und das anstaltliche Princip sind diametral entgegengesetzte Principien, die sich als solche auch nicht in „ihrer äusseren Erscheinung einander nähern“ [37]) können; denn das eine nimmt seinen Weg von unten nach oben, das andere von oben nach unten. Wohl aber können sich beide innerhalb einer Erscheinungsform kreuzen; und diese Erscheinungsform ist die Körperschaft. Ihre Fähigkeit, genossenschaftliche und anstaltliche Elemente in sich zu vereinen, ist nichts andres, als die oben entwickelte Fähigkeit der Gesammtperson, zugleich eigener Organismus und Glied eines höheren Organismus sein

[35]) Vgl. bezüglich des anstaltlichen Elements unter anderem: Bd. III. S. 763 fg.; Bd. II. S. 456 fg., S. 831 fg.; Bd. I. S. 641 fg. etc.

[36]) Rosin a. a. O. S. 49; ebenso auch Gierke im Rechtslexikon Bd. II. S. 422. Uebrigens stellt Rosin a. a. O. S. 50 in Bezug auf den Charakter der Reichsbank doch Genossenschaft und Anstalt einander gegenüber.

[37]) Rosin a. a. O. S. 49.

zu können. In ersterem findet das genossenschaftliche, in letzterem das anstaltliche Element seinen Ausdruck. Die Bildung einer solchen Körperschaft erscheint dann als ein organischer Process von innen heraus, jedoch unter Einwirkung der höheren Gesammtheit; der sie beherrschende Wille ist ein ihr immanenter Gemeinwille, jedoch unter Einfluss des höheren Gesammtwillens; ihre Organe sind eigene, jedoch zugleich mittelbar auch Organe des höheren Organismus; zur Bestellung derselben wirken daher beide zusammen. Kurz; es ist jenes Verhältniss gegeben, welches wir im vorigen Abschnitt bei der Erörterung der Selbstverwaltung kennen gelernt haben [38]).

Die Mischungsart der genossenschaftlichen und anstaltlichen Elemente innerhalb der Körperschaft ist mannigfach abgestuft. Man mag Innungen, Deichverbände, Gemeinden als solche ansehen, bei denen das genossenschaftliche; dagegen Universitäten, Kirchen, Feuersocietäten als solche, bei denen das anstaltliche überwiegt [39]). Man mag Gierke zustimmen, wenn er sagt: „... im Grunde wird in die genossenschaftliche Konstituirung durch jede für den Bestand des Verbandes erforderliche höhere Genehmigung ein anstaltliches Moment und in die anstaltliche Konstituirung durch jede nothwendige Mitwirkung der Betheiligten ein genossenschaftliches Moment eingeführt“ [40]). Wenn er aber fortfährt: „Indess ist es regelmässig nicht zweifelhaft, wohin der Schwerpunkt fällt“ — so mag dies bezüglich der Entstehung vielleicht zutreffen, jedoch nicht bezüglich der Wirksamkeit während des Bestehens. Hier liegt wiederum eine ununterbrochene Kette von Erscheinungen vor, welche durch keinen scharfen Schnitt getrennt sind. Die beiden Extreme, der Anfangs- und der Endpunkt, sind wesentlich verschiedene, geradezu entgegengesetzte Dinge. Hier die reine Genossenschaft, dort die reine Anstalt; dazwischen liegt die Mannigfaltigkeit körperschaftlicher Gebilde, welche in sich bald mehr von diesem, bald mehr von jenem Element

[38]) Vgl. oben S. 226 fg.

[39]) Gierke im Rechtslexikon Bd. II. 422; Rosin a. a. O. S. 51 n. 42a.

[40]) Gierke: Genossenschaftstheorie S. 140 n. 1. — Vgl. auch Rosin a. a. O. S. 49. 50.

enthalten, ohne dass immer und in jedem Falle das Mischungsverhältniss mathematisch genau festgestellt werden könnte [41]). Eine solche Feststellung ist erforderlich für jene Terminologie, welche einerseits die Begriffe der Genossenschaft und der Körperschaft nicht hinreichend scheidet; dafür andrerseits Genossenschaften (resp. Körperschaften) mit anstaltlichen und Anstalten mit genossenschaftlichen (resp. körperschaftlichen) Momenten scheiden muss. Dagegen ist solche Feststellung entbehrlich für die hier vertretene Terminologie, welche Genossenschaft und Anstalt als die begrifflichen Gegensätze einander gegenüberstellt; in der Körperschaft aber eine Bildung sieht, welche Elemente beider Begriffe in mannigfacher Mischung in sich vereinen kann.

Ein Punkt bedarf jedoch noch einer besonderen Erwähnung. Die Körperschaft vermag anstaltliche Elemente in sich aufzunehmen; sie vermag als Gesammtperson zugleich Glied und Organ einer höheren Gesammtperson zu sein; aber auch nur einer solchen; nicht dagegen einer ausser ihr stehenden Individualperson oder überhaupt einer fremden Persönlichkeit, zu welcher sie in keinem organischen, gliedmässigen Verhältniss steht. Wo letzteres der Fall ist, da liegt eine reine Anstalt oder Stiftung vor; keine Körperschaft. Denn die Durchdringung des der Verbandsperson immanenten Willens mit dem sie beeinflussenden, übergeordneten, ihr transcendenten Willen muss nothwendig eine organische sein, wenn die für den Begriff der Gesammtperson wesentliche Willenseinheit erhalten bleiben soll. Aus dem Wesen des Organismus folgt, dass diese organische, die Einheit nicht aufhebende Durchdringung zwischen

[41]) Auch die Motive zum Entwurf des bürgerlichen Gesetzbuchs (Bd. I. S. 80) weisen auf die Schwierigkeit der Scheidung jener Mischformen hin, welche — nach der Terminologie des Gesetzbuchs — Elemente der Körperschaft und der Stiftung in sich enthalten. — Charakteristisch für die Unzulänglichkeit der den Entwurf beherrschenden älteren Personentheorie ist es, dass die Motive zu § 63 (a. a. O. S. 124) die Frage offen lassen müssen, ob der Fiskus Körperschaft oder Stiftung sei? Er ist keines von beiden, weil er überhaupt keine besondre, vom Staate gelöste Person ist; so wenig, als etwa die Kasse einer Aktiengesellschaft eine von dieser getrennte Person ist.

dem Theilwillen der Gliedpersonen und dem Gemeinwillen der Gesammtperson besteht; — sie ist unmöglich zwischen den Willen einander fremder, organisch nicht zusammenhängender Personen. Die Verwirklichung jener Anforderung für alle publicistischen Verhältnisse ist das Princip des Rechtsstaats, im Gegensatz zum Patrimonialstaat. „Im heutigen Recht giebt es ..... keine Privatunterthänigkeit und keine Privatgewalt"; und wenn Laband fortfährt: „der Staat allein herrscht über Menschen", so haben wir bereits oben dieser Folgerung die andere substituirt: nur Gesammtpersonen herrschen über ihre Gliedpersonen [42]). In Anwendung auf die hier in Frage stehende Terminologie heisst das: Körperschaften können in ihr Wesen anstaltliche Elemente aufnehmen nur gegenüber weiteren, sie selbst mitumfassenden Körperschaften. Die sogenannte Korporationshoheit des Staates bietet unter diesem Gesichtspunkt im Rechtsstaate keine Schwierigkeit, da die Gesammtpersönlichkeit des letzteren die in ihm bestehenden Körperschaften als organische Glieder umfasst. Auch der Staat selbst kann anstaltliche Elemente in sich enthalten; aber nur gegenüber einer höheren, ihn umfassenden Gesammtheit; nicht gegenüber einem Individuum oder sonst einem ihm unorganisch gegenüber stehenden Willen. Im speciellen: die deutschen Einzelstaaten sind nicht ausschliesslich genossenschaftliche Körperschaften, sondern enthalten auch anstaltliche Elemente, weil sie Glieder des Reiches sind; aber nicht weil und insofern Monarchen an ihrer Spitze stehen. Mag immerhin das deutsche Fürstenrecht in seinem Ursprunge auf den Herrschaftsverband im Gegensatz zum Genossenschaftsverband zurückgehen [43]); mag das Zeitalter des Obrigkeitsstaates den Staat als Anstalt gegenüber dem fürstlichen Willen betrachtet haben [44]); und mögen im Einzelnen Rudimente dieser Auffassung noch in das heutige Staatsleben hinüberreichen, — jedenfalls erscheinen sie als

[42]) Laband Staatsrecht (2. Aufl.) Bd. I. S. 65; vgl. oben S. 188.

[43]) Vgl. Gierke Genossenschaftsrecht Bd. I. S. 89 fg. S. 642 fg.; Bd. II. S. 456 etc.

[44]) Vgl. Gierke a. a. O. Bd. II S. 831; Bd. III. S. 763 fg. u. a. O.

Ausnahmen gegenüber dem gestaltenden Rechtsprincip des heutigen Staates. „Das Staatsrecht, welches für uns Bedeutung haben will“, sagt Gierke[45]), „muss mit unsern Vorstellungen vom Wesen des Staates rechnen, ohne sich hierbei durch die Erwägung beirren zu lassen, was irgend einmal ein Volk als rechtmässigen Wirkungskreis seines Despoten betrachtet hat oder was irgendwo ein locker verbundener Stamm seiner Staatsgewalt versagt“. Nach der Anschauung des modernen Rechtsstaats nun erscheint der Fürst als Organ der staatlichen Gesammtperson[46]); sein Wille als ein Theilwillen des staatlichen Gemeinwillens; aber nicht als ein dem Staate transcendenter, ihn von aussen beeinflussender Wille. Das Recht des Fürsten am Staate „qualificirt sich als eine sehr hoch gesteigerte Gliedpersönlichket innerhalb der Gesammtpersönlichkeit“[47]). Also nicht das Recht des Fürsten, sondern nur das einer höheren, den Staat mitumfassenden Gesammtperson fügt der Staatskörperschaft anstaltliche Elemente ein.

In letzter Linie ist endlich auch das Reich keine reine Genossenschaft, sondern eine von anstaltlichen Elementen nicht völlig freie Körperschaft. Und diese anstaltlichen Elemente beruhen hier weder auf der Stellung des Kaisers noch auf der im Bundesrathe zur Erscheinung kommenden Gesammtheit der verbündeten Regierungen; denn sowohl der Kaiser als der Bundesrath sind — besonders qualificirte — Organe der Reichspersönlichkeit; ihr Wille ist dem Willen des Reiches immanent, nicht transcendent. Aber auch das Reich ist ein Glied einer höheren Gesammtheit, der internationalen Völkerrechtsgemeinschaft. Wohl ist diese Gemeinschaft zur Zeit noch nicht völlig zur Gesammtperson organisirt; Anfänge dieser Organisation sind aber in den internationalen Verwaltungsvereinen sowie in dem Völker umfassenden Bande des internationalen Rechts vorhanden[48]). Man kann diese Bildungen als das Embryo der

---

[45]) In Schmoller's Jahrbuch 1883, Heft 4, S. 56.

[46]) Vgl. oben S. 231.

[47]) Gierke in der Zeitschrift f. d. gesammte Staatswissenschaft Bd 30. S. 325.

[48]) Vgl. oben S 119 fg.

einstigen Gesammtperson der Völkergemeinschaft betrachten. Zur Zeit zeigt dieselbe eine ganz analoge Struktur, wie diejenigen Verbände, welche wir oben als Genossenschaften im engeren Sinne bezeichnet haben. Sie ist der Verband einer Vielheit von Staatspersonen, welchen der Drang zu organischer Zusammenschliessung immanent ist, ohne dass sie sich jedoch schon zu einer Einheit über der Vielheit ausgestaltet haben. Der unverkennbar vorgezeichnete Gang der Entwicklung richtet sich auf die endliche Organisirung der Staatenvielheit zur organischen Einheit der internationalen Gesammtperson. Sie ist das Ideal, die Vollendung der Genossenschaftsidee; sie ist die vollkommene, ihrem Wesen nach rein genossenschaftliche Körperschaft; denn ein ihr transcendenter Wille, eine höhere, sie umfassende Gesammtheit ist begrifflich undenkbar; sie schliesst daher die Möglichkeit, anstaltliche Elemente in sich aufzunehmen, begrifflich aus. Dagegen lassen die jetzigen Staatsorganismen, speciell das Reich, diese Möglichkeit begrifflich zu; denn andern Falls stände der ganze Entwicklungsgang der Rechts- und Staatsidee, wie ihn die Genossenschaftstheorie ihrem innersten Princip gemäss auffasst [49]), in unlösbarem Widerspruch mit dem Staats- resp. Reichsbegriff. Und wenn nun auch zur Zeit in Anbetracht der noch unvollkommenen Organisirung der Völkerrechtsgemeinschaft die anstaltlichen Elemente, welche die Reichskörperschaft neben den überwiegenden genossenschaftlichen in sich schliesst, nach Umfang und Bedeutung wesentlich geringer sind, als die den Einzelstaaten, Gemeinden etc. innewohnenden, — völlig mangeln sie nicht; denn sonst könnte das Reich seinem Wesen nach nicht Mitglied internationaler Verwaltungsvereine sein; könnte es nicht das Völkerrecht als ein auch seinen Willen bindendes Rechtsband anerkennen. Die Zukunft wird zweifellos mit der fortschreitenden Entwicklung der internationalen Rechtsgemeinschaft eine Verstärkung und Vermehrung jener anstaltlichen Elemente allmälig herbeiführen, ohne dass dadurch in der Rechtsnatur des Reiches als Körperschaft eine wesentliche Aenderung bedingt würde.

---

[49]) Vgl. oben S. 237.

So erscheinen denn Gemeinde, Staat und Reich als Körperschaften, deren rechtliche Natur eine Mischung genossenschaftlicher und anstaltlicher Elemente aufweist. Diese Mischung ist eine graduell verschiedene und abgestufte, indem die anstaltlichen Momente in der Gemeinde stärker, als im Staate; im Staate stärker als im Reiche hervortreten. Aber irgend eine generische Klassifikation unter jenen drei Erscheinungsformen der Gemeinschaftsidee lässt sich hierauf nicht begründen. Weder fällt die Gemeinde nach unten aus der gemeinsamen Begriffssphäre — etwa als Anstalt — heraus, noch überschreitet das Reich nach oben — etwa als „souveränes" Gemeinwesen — die Grenze des Körperschaftsbegriffs. **Gemeinde, Staat und Reich sind also Körperschaften und nichts weiter als Körperschaften.**

Mit diesem Satze, welcher den Staat ebenso wie seine niedere Erscheinungsform, die Gemeinden, einerseits und seine höhere Entwicklungsform, das Reich, andrerseits ganz und voll in die Kategorie der Körperschaften einreiht, ist der feste Punkt gegeben, von dem aus eine deutsche Staatskonstruktion auf Grundlage der Genossenschaftstheorie möglich ist. Denn damit sind die beiden Störenfriede, welche jede Konstruktion des modernen Rechtsstaats nach einem einheitlichen Gedankengange unmöglich machten, die Anstalts- und die Souveränitäts-Idee endgiltig eliminirt. Damit erst ist auch die Voraussetzung erfüllt, um die Lehre von der Staatspersönlichkeit zur Wahrheit zu machen. Es ist nunmehr noch die begriffliche Stellung von Gemeinde, Staat und Reich innerhalb des Körperschaftsbegriffs; ihr specifischer Unterschied von den übrigen Körperschaften und ihr begriffliches Verhältniss zu einander auf der gegebenen Grundlage zu untersuchen.

Ihrer rechtlichen Natur nach theilt man die Körperschaften in Privatcorporationen und öffentliche Körperschaften. Dass *in concreto* eine wesentliche Verschiedenheit zwischen den Rechten der einen und der andern Art obwaltet, ist unzweifelhaft; dagegen bietet *in abstracto* die begriffliche Definition beider erhebliche Schwierigkeiten [50]). Da die öffentliche Kör-

---

[50]) Auch die Motive zum Entwurf des bürgerlichen Gesetzbuchs

perschaft nichts andres ist, als die Körperschaft des öffentlichen Rechts, so deckt sich der hier in Frage stehende Unterschied mit dem von Privat- und öffentlichem Recht überhaupt. Hier ist der Punkt, wo sich innerhalb des Sozialrechts das privatrechtliche vom öffentlich-rechtlichen Gebiet scheidet. Schon oben wurde hervorgehoben, dass man zum Begriff des öffentlichen Rechts nur vom Staate aus gelangen kann; dass daher eine von unten nach oben fortschreitende Konstruktion, welche aprioristische Annahmen ablehnt, ehe sie den Begriff des Staates eruirt hat, wohl den Unterschied von Individual- und Sozialrecht, nicht aber den von Privat- und öffentlichem Recht feststellen kann [51]. Dies bestätigt sich hier bei der Unterscheidung der beiden Körperschaftsarten.

Rosin unterzieht die verschiednen Definitionen, welche bisher über das Wesen der öffentlichen Körperschaft (oder nach seiner Nomenklatur: der öffentlichen Genossenschaft) aufgestellt worden, einer Kritik, die bezüglich aller bisherigen Definitionen zu einem negativen Resultat gelangt [52], und der wir uns im wesentlichen anschliessen können. Er selbst definirt die öffentliche Körperschaft (Genossenschaft) als diejenige, „welche kraft öffentlichen Rechts dem Staate zur Erfüllung ihres Zwecks verpflichtet ist“ [53]. Von unserem Standpunkte aus ist diese Definition aus zweifachem Grunde unannehmbar. Einmal beruht sie auf der schon wiederholt abgelehnten Zwecktheorie. Sodann geht sie in aprioristischer Weise vom Staate aus; und ist überhaupt nur denkbar, wenn man den Staat selbst nicht als Körperschaft (Genossenschaft) auffasst. Denn es kann doch nicht wohl das Charakteristikum des Staates als öffentlicher Körperschaft sein, dass er sich selber zur Erfüllung seines Zweckes verpflichtet sei.

Bd. I. S. 82 (zu den §§ 42—57) sprechen von der Schwierigkeit der begrifflichen Abgrenzung zwischen öffentlichen und privaten Körperschaften.

[51]) Vgl. oben S. 209 fg.

[52]) Rosin: Recht der öffentlichen Genossenschaft Kap. I. § 1. S. 1—16.

[53]) a. a. O. S. 18.

Auch Gierke verwirft die sämmtlichen bisherigen Versuche einer principiellen Grenzziehung zwischen öffentlicher und Privatkorporation[54]; und obgleich er an sich die Herbeiziehung des Zweckmoments nicht grundsätzlich ablehnt, kann er doch „trotz der scharfsinnigen Ausführungen Rosin's in diesem Verhältniss ein untrügliches Kriterium des Begriffs der ‚öffentlichen' Körperschaft" nicht finden[55]. Dass die Bestimmung des öffentlich-rechtlichen Theils des Sozialrechts nur vom Staate her zu gewinnen ist, und dass daher der Begriff der öffentlichen Körperschaft mehr auf positiver und konkreter Satzung, als auf logischer Konstruktion beruht, — das ist das Resultat, zu dem Gierke gelangen muss; und wie die Gesammtauffassung, so ist uns auch dieses Resultat mit ihm gemeinsam. „Der Staat", sagt Gierke[56], „legt bei dem nichtstaatlichen Sozialrecht den Massstab der grösseren oder geringeren Bedeutung für das Leben der Allgemeinheit an und bestimmt nach dem Ausfalle dieser Werthung, inwieweit dasselbe als Bestandtheil der über die Privatrechtsordnung erhöhten öffentlichen Rechtsordnung anerkannt werden soll oder nicht. Er zieht also die Grenze zwischen Privatrecht und öffentlichem Recht mitten durch das Genossenschaftsrecht. — Aus dieser Art der Grenzziehung erklärt es sich, dass ein einfaches und sicheres Kriterium der privatrechtlichen oder öffentlich-rechtlichen Natur körperschaftlicher Rechtsverhältnisse nicht existirt. Vielmehr hängt hier alles von positiv-rechtlichen Einzelbestimmungen ab."

Die Nothwendigkeit dieses Verzichts auf eine allgemeine Begriffsdefinition der öffentlichen Körperschaft ist übrigens für die Zwecke unserer Untersuchung von geringer Bedeutung. Denn jener Begriff könnte weder dazu dienen, Gemeinde, Staat und Reich von allen übrigen Körperschaften, noch dazu, dieselben von einander zu unterscheiden. Dass es noch unterhalb der Gemeinde Körperschaften des öffentlichen Rechts giebt, ist un-

[54]) Gierke: Genossenschaftstheorie S. 156 fg.; vgl. auch in den Nachträgen S. 912. 913.

[55]) a. a. O. S. 657 n. 1.

[56]) a. a. O. S. 158.

bestritten und unbestreitbar [57]). Und dass Staat und Reich, wenn man sie überhaupt — wie wir dies thun — völlig in die Kategorie der Körperschaften stellt, ebenso wie die Gemeinde öffentliche Körperschaften sind, bedarf keines Beweises. Also Gemeinde, Staat und Reich sind öffentlich-rechtliche Körperschaften; aber sie sind nicht die einzigen dieser Art; und die von unten nach oben fortschreitende Methode der Begriffskonstruktion vermag aus dieser ihrer Eigenschaft nichts für ihr spezifisches Wesen abzuleiten.

Dagegen leiten zwei andere Eintheilungen in ihrer Kombination zu dem spezifischen Kriterium von Gemeinde, Staat und Reich hin. Man theilt die Körperschaften in „gewordene“ und „gewillkürte“ [58]). Nach der organischen Anschauung sind alle politischen Gemeinwesen ihrer inneren Entstehung nach nicht gewillkürte, sondern gewordene Bildungen, wie auch äusserlich ihr Entstehungsprozess sich darstellen mag [59]).

---

[57]) Vgl. Rosin: „Recht der öffentlichen Genossenschaft“ S. 1.

[58]) Vgl. Gierke: Genossenschaftsrecht. Bd. II. S. 830; und Art. „Korporation“ in v. Holtzendorff's Rechtslexikon. Bd. II. S. 562. An letzterem Orte bezeichnet er als dritte Klasse die auf staatlichem Willensakt beruhenden Kreis- und Provinzialverbände; — wie uns scheint: mit Unrecht; denn diese Verbände sind ihrem Wesen nach Gemeinden höherer Ordnung, und daher, wie alle Gemeinden organisch gewordene Körperschaften. Dass bei ihrer Entstehung die staatliche Gesetzgebung thätig wird, ändert an diesem Wesen nichts. Vgl. oben S. 206 fg.

[59]) Vgl. oben S. 142. — Aus diesem Gegensatz der „gewordenen“ zu den „gewillkürten“ Körperschaften erklärt sich auch die Ausschliessung des Zweckmoments aus der Begriffskonstruktion von Gemeinde, Staat und Reich (vgl. oben S. 153 fg.). Jeder gewillkürten Körperschaft wird ihr Zweck begriffswesentlich sein, denn zweckbewusster menschlicher Wille kürte sie zum Dienste bestimmter Zwecke. Dagegen sind die gewordenen Körperschaften eben nicht durch zweckbewussten Willen gekürt; sie sind geworden ohne Hinblick auf irgend einen Zweck; und man kann daher nicht *ex post* einen Zweck in ihren Begriff hineintragen. Dem Gebäude, welches zweckbewusster Menschenwille errichtet, ist ein Zweck begriffswesentlich, denn zu seinem Zwecke wurde es gebaut. Das Gebirge und das Meer, der Urwald und sein Gethier sind da, weil sie da sind, ohne Hinblick auf einen Zweck; und wenn sie Zwecke zu erfüllen scheinen, so ist das in Wahrheit die Folge, nicht der Zweck ihrer Existenz. Die entgegengesetzte Anschauung

Es gehören aber zu ihnen ausser Gemeinde, Staat und Reich auch Familie, Stamm und Volk. Auch letztere als solche können zu körperschaftlicher Einheit organisirt sein. Was sie aber von den eigentlichen politischen Gemeinwesen unterscheidet, das ist der Mangel eines zweiten, eines sachlichen Substrats neben dem persönlichen.

Hier greift ein ferneres Eintheilungsprincip ein; nämlich das in rein persönliche und sachlich bedingte Körperschaften[60]). Zu letzteren, welchen ausser der Personenmehrheit noch ein objektives Substrat wesentlich ist, gehören Gemeinde, Staat und Reich. Wie sie sich hierdurch von Familie, Stamm und Volk unterscheiden, so unterscheiden sie sich von den übrigen sachlich bedingten Körperschaften einmal dadurch, dass diese sämmtlich gewillkürte, sie aber gewordene Körperschaften sind; sodann aber auch durch die Eigenartigkeit ihres objektiven Substrats. Dies eigenartige objektive Substrat der politischen Gemeinwesen ist das **Gebiet**. Von allen anderen Körperschaften unterscheiden sich Gemeinde, Staat und Reich durch ihre Eigenschaft als **Gebietskörperschaften**. Wohl haben auch andere Körperschaften dingliche Substrate, welche nicht blosse Vermögenseinheiten sind; wohl zeigen sich auch sonst territoriale Beziehungen; aber ein Gebiet als zweites wesentliches Substrat neben dem Personenverband haben nur Gemeinde, Staat und Reich. „Nicht die Gebundenheit eines Verbandes an einen bestimmten Ort oder seine Benennung von demselben, nicht die Verknüpfung der Mitgliedschaft mit dem privaten Besitz eines gewissen Immobile und damit die Bestimmung des Kreises der Mitglieder durch die Gesammtzahl und den Gesammtumfang der zum Verbande gehörigen Grundstücke . . . . . . ; nicht diese Momente, in denen man eine Durchdringung der Körperschaft mit sachlichen Rechtsbeziehungen finden mag, können den Begriff der

setzt die Annahme eines zweckbewussten göttlichen Schöpfers voraus; dies aber ist die Anschauung des Glaubens, nicht der Wissenschaft. Vgl. auch unten S. 280 fg.

[60]) Vgl. Gierke: Genossenschaftsrecht. Bd. II. S. 829 und 851; Genossenschaftstheorie. S. 841.

Gebietskörperschaft erfüllen; sondern einzig und allein die Thatsache einer rechtlichen Herrschaft in einem bestimmten Gebiet und über dasselbe"[61]).

Nachdem das Wesen der Körperschaft untersucht; Gemeinde, Staat und Reich als Körperschaften, und ihr besonderes Kriterium in ihrem Verhältniss zum Gebiet erkannt worden ist, bleibt folglich nun das Wesen des Gebiets, und die rechtliche Natur des Verhältnisses der politischen Gemeinwesen zum Gebiet zu untersuchen. Hier allein kann sich nun auch ein Weg öffnen, um zur begrifflichen Unterscheidung der Gemeinde und des Staates zu gelangen.

---

[61]) Rosin: „Recht der öffentlichen Genossenschaft". S. 44. — Anderer Meinung Gierke: „Genossenschaftsrecht". Bd. II. S. 870, 871 und an den von Rosin a. a. O. sonst citirten Stellen.

X.

Gebiet und Gebietshoheit im Allgemeinen.

Dass das Wort „Gebiet“ eine Hindeutung enthält auf das „Gebieten, Herrschen, welches einer Persönlichkeit, speciell einem Gemeinwesen, innerhalb eines bestimmten Theiles der Erdoberfläche zukommt“ [1]), — mag richtig sein, wiewohl die specielle Beziehung auf ein gebietendes Gemeinwesen doch nicht mit dem Worte selbst gegeben oder auch nur angedeutet ist. Es ist auch ferner wohl bemerkenswerth, dass das Rechts- und Staatsvolk des Alterthums, dass die Römer einen dem Worte „Gebiet“ völlig entsprechenden Ausdruck nicht hatten, und dass sie das Gebiet ihres Staates mit dessen Grenzen *(fines)* identificirten [2]). Auch das deutsche Wort „Mark“ *(marcha)* bedeutet ursprünglich Grenze; und so mag hierin ein Fingerzeig gefunden werden, dass man das Embryo des „Gebietes“ in der „gemeinen Mark“ zu suchen hat [3]).

Indessen alle derartigen philologischen Erwägungen fördern das juristische Erkennen wenig, ob sie nun von dem Worte „Gebiet“ oder — wie es früher das Lateinische als Sprache der Wissenschaft erheischte — von dem Worte *„territorium“* ausgehen. Wenn der Verfasser der ältesten Monographie über das Wesen der deutschen Gebietshoheit, Andreas Knichen, — in offenbarem Anschluss an l. 239 § 8. D. de Verb. Sign. —

---

1) Rosin: „Recht der öffentlichen Genossenschaft“, S. 44.

2) Vgl. K. S. Zachariae: „Vierzig Bücher vom Staate“. Bd. V. S. 6.

3) Vgl. Brunner: „Deutsche Rechtsgeschichte“. Bd. I. S. 196 n. 9.

das Wort „*territorium*“ so erklärt: „*in legali disciplina sumitur primo pro universitate agrorum, unde territorium dicitur quasi tauriterium — tritum bobus et aratro, quandoquidem olim possessionum territoria limitibus designabantur. Deinde denotat jus terrendi, quod Magistratus inter suos fines exercet*“[4]) — so liest er diese Deutung nicht aus dem Worte heraus, sondern in dasselbe hinein. Und wenn auch unzweifelhaft die neueren, an das Wort „Gebiet“ anknüpfenden Folgerungen ernsthafter zu nehmen sind, als jene gelehrten Spielereien mit *tauriterium* und *jus terrendi*, so kann doch Sinn und Bedeutung eines juristischen *terminus technicus* im wesentlichen nur aus juristischen, nicht aus philologischen Erwägungen gewonnen werden. Denn bei jedem solchem Ausdruck tritt der Wortsinn zurück hinter demjenigen, welchen ihm seine Wissenschaft aufprägt. Technische Bezeichnungen sind wissenschaftliche Scheidemünze.

In der staatsrechtlichen Litteratur ist das Wesen des Gebiets fast ausschliesslich in Beziehung auf den Staat erörtert worden d. h. also die rechtliche Natur des Verhältnisses von Staat und Staatsgebiet, die Gebietshoheit. Und mit Recht bemerkt Rosin, dass das Wesen der Gebietshoheit trotz der darüber gepflogenen Erörterungen noch nicht zu abschliessender Beantwortung gekommen zu sein scheint[5]).

Ueber zwei Punkte herrscht, wenigstens in der neueren Litteratur, Einstimmigkeit; einmal, dass die Gebietshoheit ein *essentiale* des Staatsbegriffs ist, dass ohne Gebiet ein Staat undenkbar[6]); sodann dass die Gebietshoheit kein Eigen-

---

[4]) Andreae Knichen: „*De sublimi et regio territorii jure synoptica tractatio*“ *etc. Francofurti M. D. C.* S. 30, 31.

[5]) Rosin a. a. O. S. 45.

[6]) Vgl. z. B. Schulze: „Einleitung in das deutsche Staatsrecht“ S. 159; Pözl: Art. „Staatsgebiet, Staatsgrenzen“ in Bluntschli u. Brater „Staatswörterbuch“, Bd. 9; Zöpfl: „Grundsätze des allgem. und deutschen Staatsrechts“, Theil II (4. Aufl.) S. 613; Stahl: „Philosophie des Rechts“, Bd. II, Abth. 2, S. 166; Jnama-Sternegg: „Beiträge zur Lehre vom Staatsgebiet“ in der Zeitschr. f. d. ges. Staatswissenschaft, 1869, S. 446; Gerber: „Ueber die Theilbarkeit deutscher Staatsgebiete“ in Aegidi's Zeitschr. f. deutsches Staatsrecht. Bd. I, S. 16; Fr. Schmitthenner: „Zwölf Bücher vom Staate“, Bd. III, „Grundlinien des allgemeinen oder idealen Staats-

thum — wenigstens kein privatrechtliches —, dass sie *imperium*, nicht *dominium* ist[7]). Den nomadisirenden Völkern gegenüber wird die Wesentlichkeit des Gebiets für den Staatsbegriff gerettet, indem man jenen Gemeinwesen entweder den staatlichen Charakter abspricht[8]), oder ihnen ein Gebiet zuschreibt, sei es die ganze von ihnen durchzogene Steppe, sei es das zur Zeit von ihnen bewohnte, wechselnde Stück derselben[9]).

Aus der Gebietshoheit als einem besonderen Hoheitsrechte des Staates hat Zöpfl sieben Befugnisse der Staatsgewalt abgeleitet; nämlich: 1. die Einwirkungen jeder fremden Staatsgewalt auszuschliessen; 2. das Aufenthaltsrecht zu regeln; 3. Fremde auszuweisen; 4. Fremde zu schützen und ihre Auslieferung zu verweigern; 5. Erwerb und Ausübung aller Rechte zu normiren; und schliesslich als „Ausflüsse": 6. die *statuta realia*; 7. den Landsassiat[10]).

Dass alle diese Rechte der Staatsgewalt zustehen, ist

---

rechts", S. 406; Gareis: „Allgemeines Staatsrecht" in Marquardsen's Handbuch, Bd. I, 1, S. 138; Sarwey: „Das öffentliche Recht" etc., S. 19; Mohl: „Encyclopädie der Staatswissenschaften", S. 76; Gerber: „Grundzüge", S. 65; Fricker: „Vom Staatsgebiet", S. 24; Brockhaus: Art. „Staatsgebiet" in v. Holtzendorff's Rechtslexikon, Bd. III, S. 749; Klüber: „Europäisches Völkerrecht", Bd. I, S. 202; Heffter-Geffcken: „Das Europäische Völkerrecht" (7. Ausg.), S. 65; von Martens: „Völkerrecht" (deutsch von Bergbohm), Bd. I, S. 277, 343; und sämmtliche Lehrbücher des deutschen Reichs- und Landesstaatsrechts.

[7]) Laband: Staatsrecht (2. Aufl.) Bd. I, S. 176 n. 1; Schmitthenner a. a. O. S. 269; Waitz: „Grundzüge der Politik", S. 13; Stahl a. a. O. S. 168; Zöpfl. a. a. O. S. 614; Pözl a. a. O. S. 723; Klüber: „Oeffentliches Recht des teutschen Bundes", S. 472, 501; u. v. A. m. Ueber die Stellung der älteren Reichspublicistik und über die des Völkerrechts in dieser Hinsicht vgl. unten S. 276 fg. u. Abschnitt XI.

[8]) Vgl. z. B. Stahl a. a. O. S. 167; Mohl: Encyclopädie, S. 130; Schulze: Einleitung, S. 159.

[9]) Schmitthenner a. a. O. S. 406; Sarwey a. a. O. S. 19; Fricker: „Vom Staatsgebiet", S. 24 fg.; Gierke: Genossenschaftsrecht, Bd. II, S. 136.

[10]) Zöpfl: „Grundsätze des allgemeinen und deutschen Staatsrechts", II. Th. (4. Aufl.) § 443, S. 614, 615. Vgl. auch Schmitthenner a. a O. S. 336; Martens „Völkerrecht", Bd. I, S. 344. Stahl a. a. O. S. 168. Rönne: Preuss. Staatsrecht, Bd. I, S. 147, 148.

unbestritten; dagegen ist die Zusammenfassung gerade dieser sieben aus der Fülle staatlicher Befugnisse zu dem besonderen Recht der Gebietshoheit mit Erfolg bekämpft worden. Schon Klüber bemerkt[11]), dass das „Staatseigenthumsrecht“ (die Gebietshoheit) keine Quelle von Hoheitsrechten sei; und definitiv hat Gerber mit jener Anschauung gebrochen, indem er für den alleinigen und erschöpfenden Inhalt der Gebietshoheit „nur das allgemeine und formelle Moment der Oertlichkeit in der rechtlichen Bestimmung des Staates“ erklärt; „es würde unrichtig sein, den Begriff dieses Rechts mit einem eigenthümlichen materiellen Inhalte ausstatten, und etwa durch einzelne Massregeln der Staatsgewalt bestimmen zu wollen, welche den Grund und Boden zum praktischen Objekt haben .... Denn alles dies sind nicht specifische Ausflüsse der Gebietshoheit, sondern Akte der Staatsgewalt überhaupt, für deren Charakteristik die zufällige Berührung mit Verhältnissen der Oertlichkeit nicht entscheidend ist“[12]). Diese Ansicht, welche in der Gebietshoheit keinen Inbegriff bestimmter einzelner Regierungsrechte, sondern die Staatsgewalt selbst in ihrer räumlichen Erscheinungsform erblickt, ist die heute herrschende[13]).

Mit dem Siege dieser Anschauung wurde jedoch einer weitergehenden die Bahn geöffnet. Während Gerber selbst und alle übrigen früheren und folgenden Autoren in der Gebietshoheit ein staatsrechtliches Sachenrecht sehen, das Gebiet für ein Objekt[14]) der Staatsgewalt erklären, gehen Fricker und im Anschluss an ihn G. Meyer einen Schritt weiter, indem sie lehren: „Objekte der staatlichen Herrschaft sind lediglich Personen .... Das Gebiet ist selbst kein Objekt der Staatsherrschaft“ .... es „be-

---

[11]) „Oeffentliches Recht des teutschen Bundes“. 3. Aufl. S. 473.

[12]) Gerber: „Grundzüge“, S. 66, 67; ebenso H. Schulze: „Lehrb. d. deutschen Staatsrechts“ II, S. 20 u. A. m.

[13]) Vgl. Laband a. a. O. S. 174; Rosin a. a. O. S. 45; G. Meyer: Lehrb. d. deutschen Staatsrechts (2. Aufl.), S. 178; dort wird übrigens in n. 2 Zorn irrthümlich zu den Anhängern der alten Auffassung (Zöpfl, Rönne [s. n. 10] etc.) gezählt.

[14]) Vgl. sämmtliche in n. 6 und 7 citirten Stellen.

stimmt nur den räumlichen Umfang der Staatsherrschaft“ [15]).

Dem gegenüber halten noch neuestens besonders Seydel [16]) und Laband [17]) an dem zwiefachen Objekte der Staatsgewalt — Personen und Gebiet, Land und Leute — fest. Wenn Ersterer lehrt: „Der begriffliche Inhalt der Territorialhoheit ist ein negativer, Ausschluss jeder anderen Staatsgewalt vom Gebiete; das positive ungestörte Schalten der Staatsgewalt ergiebt sich daraus als Folge“, — so heisst das doch nichts anderes, als: Gebietshoheit ist Ausübung der Staatsgewalt in einem Gebiete. Und Laband sagt: „— wenn unter Gebietshoheit die Ausübung der Staatsgewalt in einem Gebiete zu verstehen ist, so kann sie nicht als ein Recht an einem Gebiete definirt werden“. Genau dies sagt Fricker auch [18]). Dennoch betont im Gegensatz zu ihm Laband die Nothwendigkeit, von den Hoheitsrechten des Staates über seine Bürger, von der Personalgewalt, ein Recht des Staates an seinem Gebiet, „ein staatsrechtliches Sachenrecht“ zu unterscheiden [19]). Wenn Laband zum Beweise hierfür einerseits die Möglichkeit, dass an unbewohnten Stücken der Erdoberfläche eine Gebietshoheit bestehen könne, und andererseits den Umstand anführt, dass eine blosse Personalgewalt wie z. B. die der religiösen Orden mangels der Gebietshoheit keine Staatsgewalt sei, so sind zwar beide Behauptungen durchaus richtig; aber sie beweisen nichts für diese Frage. Denn eine Gebietshoheit an unbewohntem Lande ist doch nur denkbar, wenn dasselbe Theil oder Pertinenz eines Staates d. h. eines bewohnten Landes ist; und so mit der Ansicht Fricker's durchaus vereinbar; und dass das Gebiet ein *essentiale* des Staates, ein blosser Personenverband ohne Gebiet kein Staat ist,

15) G. Meyer a. a. O. S. 178.

16) M. Seydel: Bayrisches Staatsrecht. Bd. I. (1884) S. 516 fg. und 630.

17) Laband (2. Aufl.), Bd. I, S. 174 fg. — Ebenso auch Brie: „Theorie der Staatenverbindungen“. S. 13 Anm.

18) Fricker: „Vom Staatsgebiet“ (Tübingen 1867). S. 23.

19) a. a. O. S. 174 fg.; ebenso Seydel a. a. O. S. 517 n. 3.

wird von Fricker nicht bestritten, sondern ausdrücklich betont[20]).

Nicht stichhaltiger sind die Argumente Seydels. Er meint erstens: „Die Abtretung eines Stückes Staatsgebiet ist Abtretung eines Stückes Grund und Boden (nicht bloss und nicht nothwendig auch der darauf befindlichen Personen) zu staatlicher Beherrschung, also doch wohl Abtretung eines Gegenstandes". Ob diese Behauptung an sich richtig ist, kann vorläufig dahingestellt bleiben; sofern sie aber ohne weiteren Beweis als Argument gegen die Theorie Fricker's dienen soll, ist sie eine *petitio principii*; denn nach dieser Theorie stellt sich Erwerb oder Verlust an Staatsgebiet als eine Veränderung des Staates selbst, nicht als blosse Abtretung eines ihm gehörigen Gegenstandes dar[21]). Und wenn Seydel ferner anführt, dass nach der Lehre Fricker's und Meyer's „das Oberhaupt eines Staates vor dem Oberhaupte eines Nomadenstammes an Herrschaftsgegenständen nichts voraus" habe, so steht dies mit jener Lehre völlig im Einklang, da dieselbe eben auch dem Nomadenstamme Staatscharakter zuspricht[22]).

Die Auffassung der Gebietshoheit als eines „staatsrechtlichen Sachenrechts" drängt nothwendig den Vergleich mit dem privatrechtlichen Sachenrecht, im speciellen mit dem Eigenthum auf. Diese Analogie, welche die ganze ältere Publicistik beherrschte, welche im Völkerrecht noch immer herrscht, und die in Bezeichnungen wie *dominium eminens*, Obereigenthum, Staatseigenthum sich äussert, wird denn auch noch von Seydel und Laband aufrecht erhalten. Allerdings lehnen sie jene älteren Bezeichnungen als unzutreffend ab, weil dieselben das staatsrechtliche Sachenrecht als ein dem privatrechtlichen zwar überlegenes, aber in derselben Rechtssphäre liegendes Recht hinstellen, während es sich in Wahrheit um die Ueberlegenheit einer höheren Rechtssphäre über die niedere handele[23]). Laband

---

20) Fricker a. a. O. S. 24.

21) Vgl. Fricker a. a. O. S. 27 u. in dieser Arbeit Abschnitt XII.

22) Vgl. oben S. 265 n. 9. Unsere in diesem Punkte abweichende Ansicht s. unten S. 286 n. 58.

23) Seydel a. a. O. S. 630.

lehrt: „Sowohl das Recht des Staates über die Unterthanen wie das Recht desselben am Gebiete sind Herrschaftsrechte; aber während das Herrschaftsrecht über die Unterthanen eine Analogie findet an den familienrechtlichen Gewaltverhältnissen, theilt das Recht des Staates am Territorium mit dem privatrechtlichen Eigenthum das begriffliche Merkmal der ausschliesslichen und totalen Herrschaft über eine körperliche Sache"[24]). Wir haben früher nachzuweisen versucht[25]), dass die Herrschaft des Staates und überhaupt aller politischen Gemeinwesen nicht nur ein Analogon, sondern identisch ist mit der Herrschaft der Familie und überhaupt aller Gesammtpersonen über die ihnen eingefügten Gliedpersonen. Für uns kann sich also die Gebietshoheit zum Eigenthum nicht wie die Herrschaft des Staates zu der der Familie etc. verhalten; denn da für uns die letzteren gleich sind, wären dann auch die ersten gleich; und folglich zwischen den politischen und allen anderen Körperschaften gar kein Unterschied. Dieser Unterschied muss aber gerade in der Eigenschaft der ersteren als Gebietskörperschaften d. h. in der Besonderheit ihres Verhältnisses zu einem sachlichen Substrat, dem Gebiet, gefunden werden. Die beiden Seiten des Eigenthumsrechts, die negative und positive, finden sich nach Laband auch bei der Gebietshoheit[26]). Die negative, bestehend „in der Ausschliessung jeder anderen coordinirten Staatsgewalt von demselben Territorium" wird herkömmlich als die völkerrechtliche Seite der Gebietshoheit bezeichnet. „Nach dem Völkerrecht", sagt Laband, „wird in der That das Territorium eines Staates im Verhältniss zu anderen Staaten in völlig gleichartiger Weise wie das Eigenthum in privatrechtlicher Beziehung behandelt". Der generische Unterschied zwischen beiden müsste demnach bei der sog. positiven Seite der Gebietshoheit hervortreten. Diese besteht nach Laband: „in der unbeschränkten Befugniss des Staates, das Gebiet für

---

[24]) Laband a. a. O. S. 175; ähnlich Seydel l. c.

[25]) Vgl. oben Abschnitt XII.

[26]) Laband a. a. O. S. 175; etwas abweichend Seydel a. a. O. S. 518, welche Abweichung dann von Rosin weiter durchgeführt wird; vgl. unten S. 271.

die staatlichen Zwecke zu verwenden, darüber zu schalten und zu walten" [27]). Höchst auffällig ist es zunächst schon, dass Laband hier — in völligem Widerspruch mit seiner sonst vertretenen Anschauung [28]) — das Zweckmoment in die Begriffskonstruktion hineinzieht. Denn lediglich auf diesem beruht nach seiner Definition der Unterschied dieser positiven oder staatsrechtlichen Seite der Gebietshoheit von dem privaten Eigenthum. Aber selbst durch diese Inconsequenz kann er nicht zu einer begrifflichen Scheidung der Gebietshoheit von dem sog. fiskalischen Eigenthum des Staates gelangen. Denn auch das Recht des Staates an den in seinem Privateigenthum stehenden Sachen besteht in der unbeschränkten Befugniss des Staates, dieselben für die staatlichen Zwecke zu verwenden, darüber zu schalten und zu walten. Demnach gäbe es keinen begrifflichen Unterschied zwischen dem Recht des Staates an seinem Gebiet und an seinen Domänen. Durch die blosse Benennung des einen als ein publicistisches, des andern als ein privates Rechtsverhältniss ist dieser Unterschied nicht definirt; denn ohne Darlegung ihres Inhalts bleiben jene Benennungen blosse Worte; der Inhalt aber, den Laband hier darlegt, giebt eben keinen Anhalt für eine begriffliche Scheidung. Und der Hinweis Seydel's auf den Gegensatz zweier gesonderten Rechtssphären kann innerhalb der herrschenden individualistischen Personentheorie, der ja auch Laband anhängt [29]), nicht zum Ziele führen. So lange man die Staatsperson nur als Individualperson auffasst, kann man schwerlich das Verhältniss des Staates zu seinem Gebiet begrifflich konstruiren, ohne in die alte Auffassung vom Staatseigenthum — wenn nicht dem Worte, doch dem Sinne nach — zurückzugleiten. Einen Ausweg eröffnet auch hier nur die Genossenschaftstheorie.

Den Begriff eines „staatsrechtlichen Sachenrechts" erklärt Rosin für nicht haltbar. In wesentlicher Uebereinstimmung

---

27) Laband a. a. O. S. 176.

28) Vgl. oben S. 79 fg.

29) Vgl. oben S. 160 fg.

stimmung mit den bezüglichen Ausführungen Fricker's[30]) geht er davon aus, dass Rechtsbeziehungen nur zwischen Personen, nicht zwischen Person und Sache möglich seien; und dass demgemäss „eine sachenrechtliche Gebietsherrschaft nur als Institut des Völkerrechts, nie aber als Institut des inneren Staatsrechts logisch möglich ist“[31]). Die Herrschaft des Staates über die Personen der Staatsangehörigen erkennt Rosin als wesensgleich mit der Herrschaft jedes Gemeinwesens über seine Angehörigen; aber darüber hinaus eigene dem Staate noch ein besondres Herrschaftsrecht im Staatsgebiete d. h. „die rechtliche Potenz, auch über Personen einen Herrschaftswillen auszuüben, welche dem Staate nicht verbunden, sondern nur mit einer gewissen Seite ihrer Persönlichkeit in die räumliche Sphäre des Staates eingetreten sind“. Dies erklärt Rosin für das Wesen und den Inhalt der Gebietshoheit. Sie ist ihm also „diejenige rechtliche Eigenschaft eines Staates, vermöge deren der Staat über Personen, welche ihm nicht als Glieder angehören, herrscht, weil und insoweit sie mit ihrer Person in sein Gebiet eingetreten sind“[32]). In einer Note hierzu bezeichnet Rosin selbst (gegen Georg Meyer) diese Herrschaftsrechte über Fremde als „Ausflüsse der Gebietshoheit“. Nach seiner obigen Definition aber besteht ihr Wesen selbst lediglich in diesen „Ausflüssen“. Hieraus allein schon erhellt die Unzulänglichkeit jener Definition; denn das Wesen der Gebietshoheit, als *essentiale* des Staatsbegriffs, kann sich doch nicht wohl in jener einzelnen Anwendungsform erschöpfen. Würde z. B. ein Staat Fremden principiell den Eintritt in sein Gebiet verwehren, so wäre nach Rosin's Definition eine Gebietshoheit (nach ihrer sog. positiven oder staatsrechtlichen Seite) gar nicht oder höchstens als inhaltsloses, *nudum jus* vorhanden. Und dennoch hat ein solcher Staat doch unzweifelhaft ein Gebiet, mit dem er irgendwie rechtlich verbunden sein muss. Der durch die Natur der Sache vorgeschriebene Weg der

---

[30]) Fricker: „Vom Staatsgebiet“ S. 7. 8.

[31]) Rosin: „Recht der öffentlichen Genossenschaft“ S. 46.

[32]) Rosin a. a. O. S. 47; vgl. auch Seydel a. a. O. S. 518; und Brie: „Theorie der Staatenverbindungen“ S. 19.

Konstruktion ist daher, zuerst das rechtliche Wesen des Begriffs „Gebiet“ zu untersuchen, und dann den der Gebietshoheit zu entwickeln, während Rosin mit fast sämmtlichen übrigen Schriftstellern lediglich den letzteren Begriff festzustellen sucht, in der stillschweigenden Voraussetzung, dass sich aus ihm der Begriff des Gebiets als des von der Gebietshoheit ergriffenen Erdstückes von selbst ergäbe. Und doch ist die logische Reihenfolge der Begriffe offenbar die umgekehrte, da der Begriff wie das Wort „Gebietshoheit“ Klarheit über den Begriff und das Wort „Gebiet“ voraussetzt.

Eine Folge jener umgekehrten Methode der Begriffsentwicklung ist es, dass die für das vorliegende Problem — wie wir sehen werden — entscheidende Frage, ob das Vorhandensein eines Gebiets auch das der Gebietshoheit einschliesst, mit andern Worten: die Frage, ob jede Gebietskörperschaft auch Gebietshoheit haben müsse und habe, gar nicht aufgeworfen worden ist. Denn da man stets von der Gebietshoheit, welche selbstverständlich ohne Gebiet nicht denkbar ist, ausging, konnte man nicht darauf kommen, beide Begriffe von einander zu trennen.

Sodann ist auch die Gebietshoheit meist nur als eine wesentliche Eigenschaft des Staates in's Auge gefasst worden; die staatliche Gebietshoheit ist das Alpha und Omega der einschlägigen Untersuchungen. Allerdings geschieht hin und wieder auch der Gemeinden in dieser Hinsicht Erwähnung. So bemerkt z. B. H. Schulze, dass „auch die Gemeinden und andre Körper der Selbstverwaltung gewisse Bezirke obrigkeitlich beherrschen, ohne dass dadurch die Gebietshoheit des Staates in Frage gestellt wird“ [33]). Und Rosin [34]) schreibt die Gebietshoheit in dem von ihm entwickelten Sinne den Gemeinden in gleicher Weise wie dem Staate zu; er sieht in dieser Gebietshoheit das gemeinsame Kriterium von Gemeinde und Staat gegenüber seinen „öffentlichen Genossen-

---

[33]) „Lehrbuch des deutschen Staatsrechts“ Bd. II. S. 21; vgl. auch desselben „Preussisches Staatsrecht“ Bd. II. S. 11.

[34]) Rosin a. a. O. S. 47; ebenso Brie a. a. O. S. 13.

schaften". Indessen zu diesem Resultat gelangt Rosin nur, indem er — wie wir oben gesehen — *a priori* eine Einzelerscheinung, welche sich sowohl beim Staate wie bei der Gemeinde findet, mit der Gebietshoheit identificirt, ohne dass er vorher die rechtliche Natur des Gebiets festgestellt hätte, um sodann zu untersuchen, ob das Rechtsverhältniss des Staates zu seinem Gebiet das gleiche ist wie das der Gemeinde zu dem ihrigen. Indem Rosin von vornherein diese Gleichheit bejaht, verschliesst er sich selbst den Weg, welchen eine Sichtung der Gebietskörperschaften hinsichtlich ihres rechtlichen Verhältnisses zum Gebiet eröffnen könnte, um so zur begrifflichen Scheidung von Staat und Gemeinde zu gelangen. Für ihn ist diese Scheidung unter Hineinziehung des Zweckmoments durch den vermeintlichen Gegensatz der „lokalen" und der „nationalen" Zwecke gegeben. Wir haben dazu wiederholt Stellung genommen [35]).

Ebenso wenig wie nach unten hin, für das Verhältniss von Staat und Gemeinde, erweist sich die bisherige Theorie der Gebietshoheit nach oben hin, für das Verhältniss von Staat und Reich, fruchtbar. Von Rosin kann man in dieser Beziehung absehen, da ja für ihn das Verhältniss aller Gebietskörperschaften zu ihrem Gebiet das eine und gleiche ist. Dagegen geräth Laband in Folge der Nothwendigkeit sowohl für das Reich wie für die Einzelstaaten eine Gebietshoheit zu konstruiren in Widerspruch mit seiner eigenen Definition dieses Begriffs. Er lehrt: „Die Competenzgrenze zwischen Reich und Einzelstaat ist zugleich die Grenze, welche die Gebietshoheit des Reiches am Reichsgebiet von der Gebietshoheit der Staaten am Staatsgebiet scheidet" [36]). Dies steht aber im Widerspruch mit seiner kurz vorher gegebenen Definition der Gebietshoheit (nach ihrer positiven, staatsrechtlichen Seite) als „der **unbeschränkten** Befugniss des Staates, das Gebiet für die staatlichen Zwecke zu verwenden, darüber zu schalten und zu

[35]) Vgl. oben S. 56 fg. u. a. v. a. O.

[36]) Laband a. a. O. S. 176; ebenso Gerber: „Grundzüge" S. 70 u. v. a. m. — Die Einzelheiten dieses Verhältnisses werden unten (Abschnitt XII) zu behandeln sein.

walten". Diese unbeschränkte Befugniss verträgt sich nicht mit der Beschränkung durch eine Kompetenzgrenze; und wenn also die Unbeschränktheit zum Begriffe der Gebietshoheit gehört, — wie dies die Analogie jenes „staatsrechtlichen Sachenrechts" mit dem Eigenthum nahe legt —, so würde eine solche weder dem Reiche noch den Einzelstaaten zustehen. Und Laband selbst fügt eine Art Berichtigung hinzu, indem er „die Souveränität auch in dieser Beziehung" dem Reiche zuschreibt. Damit ist diese Frage auch wieder auf die der „Souveränität" zurückgeführt, welche nach den früheren Ausführungen einer Erörterung nicht mehr bedarf.

Der Monographie Fricker's: „Vom Staatsgebiet" gebührt das Verdienst, dieser Lehre eine neue und fruchtbare Wendung gegeben zu haben; und wenn Fricker auch nicht zu einer endgiltigen und ohne weiteres anzunehmenden Lösung gelangt, so giebt er doch manchen werthvollen Fingerzeig für den einzuschlagenden Weg. Dass die neuesten Einwendungen gegen seine Lehre nicht durchschlagen, und jedenfalls nichts besseres an ihre Stelle setzen, haben wir im Vorhergehenden gesehen. Zunächst ist es ein grosser Vorzug der Untersuchung Fricker's gegenüber allen übrigen, dass er das Wesen des Gebiets nicht in zwei verschiedene Theile, die staatsrechtliche (positive) und die völkerrechtliche (negative) Seite auseinanderreisst [37]. Eine solche Theilung, welche ein und dasselbe Rechtsverhältniss anders im völkerrechtlichen und anders im staatsrechtlichen Sinne definirt, ist stets ein Nothsignal der Begriffskonstruktion, ein sicheres Zeichen, dass sich die Konstruktion festgefahren hat. Wie hier bei der Gebietshoheit, so begegnet man derselben Erscheinung bei der Lehre von der Souveränität, von den Staatsverträgen etc. Die Scheidung der völkerrechtlichen von der staatsrechtlichen Souveränität, der völkerrechtlichen von der staatsrechtlichen Giltigkeit der Staatsverträge hat sich — nach längerer oder kürzerer Herrschaft — vor der fortschreitenden wissenschaftlichen Kritik als ein Nothbehelf er-

[37]) Allerdings vermeidet er dies, indem er die Begriffsentwicklung gänzlich in das Völkerrecht verweist (a. a. O. S. 5); vgl. darüber im Text weiter unten S. 276 fg.

wiesen, um die logischen Widersprüche einer unzulänglichen Begriffskonstruktion zu verdecken. Nicht anders verhält es sich bezüglich der Gebietshoheit. Dies folgt von selbst aus der Natur der Dinge. Denn es ist eine — von Seydel mit Recht betonte — logische Thatsache, „dass ein Ding, ob von der oder jener Seite gesehen, immer dasselbe bleibt, und dass, wenn es Jemand von einer andern Seite als etwas andres erscheint, der Grund nicht im Gegenstand liegt, sondern im Beschauer“ [38]).

Alle Begriffe, welche für die rechtliche Natur des Staates wesentlich sind, kommen in erster Linie als staatsrechtliche Begriffe in Betracht; in ihrer Entwicklung besteht eine Hauptaufgabe dieser Wissenschaft. Wohl können dann dieselben Begriffe für die Rechtsbeziehungen der Staaten untereinander, für das Völkerrecht von Bedeutung sein; aber das Wesen der Begriffe muss das gleiche bleiben. Erweist sich die Beibehaltung solcher Gleichheit als undurchführbar, so liegt darin der Beweis, dass jene Begriffe auch staatsrechtlich falsch oder unzulänglich entwickelt sind. Denn das Wesen des Staates muss dasselbe bleiben, ob man ihn an sich oder in seinen Rechtsbeziehungen zu andern betrachtet; und was von dem ganzen Wesen des Staates gilt, gilt auch von seinen begrifflichen Elementen. Also: diejenigen Begriffe, welche sowohl im Staats- als im Völkerrecht Bedeutung haben, müssen in der ersteren Disciplin so konstruirt sein, dass die andere sie ohne weiteres anwenden kann; sie dürfen nicht ein Doppelleben führen.

Die Lehre vom Gebiet und von der Gebietshoheit zeigt nun ein gerade umgekehrtes Bild. Während die staatsrechtliche Theorie fast ausnahmslos ihre Gebietsdefinition durch den Hinweis auf die völkerrechtliche Seite seines Wesens zu ergänzen sucht, verfährt die völkerrechtliche Litteratur bedeutend selbständiger [39]); und Fricker nimmt diese Begriffsbestimmung

[38]) Seydel: „Der Bundesstaatsbegriff“ in der Zeitschrift f. d. ges. Staatswissenschaft Bd. 28. S. 205.

[39]) Vgl. statt Anderer: v. Holtzendorff: „Handbuch des Völkerrechts“ Bd. II. S. 226 fg.; S. 239 fg.

überhaupt als eine Aufgabe des Völkerrechts in Anspruch. Und doch ist eine staatsrechtliche Konstruktion des Staates ohne den Begriff des Gebiets oder der Gebietshoheit — nach allgemeiner Ansicht — völlig unmöglich. Wenn dessen ungeachtet das Staatsrecht die Neigung zeigt, die Formulirung dieses Begriffs in der Hauptsache dem Völkerrecht zu überlassen, statt sie ihm vorzuarbeiten, so erklärt sich dies leicht aus dem gegenwärtigen Charakter der Völkerrechtstheorie in Verbindung mit der herrschenden Auffassung der Gebietshoheit.

Schon K. S. Zachariae [40]) weist darauf hin, dass man das Völkerrecht auch definiren könne als „das Recht, welches die gegenseitigen Verhältnisse unter Völkern, diese als Grundeigenthümer betrachtet, zum Gegenstand hat"; und Fricker charakterisirt die ganze Richtung dieser Wissenschaft treffend: „Erscheint ja doch das ganze Völkerrecht nur als ein höheres Privatrecht, als das Recht für die Staaten in ihrem selbständigen Nebeneinandersein" [41]). Dies ist auch heute noch der herrschende Charakterzug des Völkerrechts. Mit dieser privatrechtlichen und individualistischen Anschauung vereinigt sich nun die Auffassung der Gebietshoheit als eines Sachenrechts ohne jede Schwierigkeit. Für das Rechtsverhältniss der ausschliesslichen und vollkommenen Berechtigung eines Individuums an einer Sache giebt es keine andere juristische Grundform, als die des Eigenthums. Betrachtet man also den Staat als Individuum, das Gebiet als Objekt seines Willens, so kommt man logischer Weise bei der juristischen Konstruktion der Gebietshoheit aus dem Staatseigenthum nicht heraus. Dies ist nun aber für die moderne staatsrechtliche Betrachtung höchst unbequem. Denn einmal ist diese Betrachtung genöthigt, nach einem begrifflichen Unterschied jenes Staatseigenthums vom Privateigenthum zu suchen, welcher Unterschied jedoch — wie wir oben gesehen haben — innerhalb des Rahmens der herrschenden Anschauung nicht zu finden ist; sodann fehlt es innerhalb des Staatsrechts natürlich

---

40) K. S. Zachariae: „Vierzig Bücher" Bd. V. S. 42.

41) Fricker: Vom Staatsgebiet. S. 6.

an der Mehrheit von Staatsindividuen, welche für die Konstruktion eines Staatseigenthums erforderlich ist. Von beiden Schwierigkeiten ist das Völkerrecht frei. Es braucht nicht nach der Scheidung vom Privateigenthum zu suchen; denn dieses kommt als solches für das Völkerrecht gar nicht in Betracht. Und die Mehrheit der Staatsindividuen ist hier gegeben. So stehen sich denn in der That für dieses „höhere Privatrecht" die Staatsindividuen mit ihren Gebieten „als Grundeigenthümer" gegenüber; und alle hier in Betracht kommenden Rechtsverhältnisse fügen sich leicht in den Rahmen eines „höheren" (?) Immobiliarsachenrechts [42]).

Der Grund hierfür liegt nun nicht etwa darin, dass der Begriff des Gebiets ein specifisch völkerrechtlicher wäre, der also auch nur von dieser Wissenschaft richtig erfasst werden könnte. Denn wir haben gesehen, dass dieser Begriff für die staatsrechtliche Konstruktion ganz unentbehrlich ist; und die Auffassung dieses Begriffs, wie sie im Völkerrecht als einem „höheren Privatrecht" herrscht, ist auch weit davon entfernt, die richtige zu sein. Vielmehr beruht sie, wie überhaupt die ganze privat- oder besser individualrechtliche Anschauungsweise dieser Disciplin, auf einer falschen Voraussetzung, welche das Völkerrecht seinerseits lediglich aus dem Staatsrecht herübernimmt. Diese falsche Voraussetzung ist die individualistische Auffassung des Staates, die Identificirung der Gesammtperson überhaupt und des Staates im besondern mit dem Individuum. An dieser noch heute im Staatsrecht herrschenden individualistischen Anschauungsweise hält natürlich das Völkerrecht fest; denn die Gründe ihrer Unzulänglichkeit liegen zunächst auf staatsrechtlichem Gebiete. Dort haben wir sie im vorangehenden Theile unsrer Untersuchung nachzuweisen versucht [43]). Mit der Beseitigung der individualistischen Staats-

---

[42]) Allerdings fängt die neueste völkerrechtliche Litteratur auch bereits an, diese Anschauung zu bezweifeln; doch kommt sie über sehr allgemein gehaltene Reservationen nicht hinaus (vgl. z. B. v. Holtzendorff a. a. O. Bd. II. S. 228). Es ist eben Aufgabe des Staatsrechts, ihr hier vorzuarbeiten.

[43]) Vgl. oben Abschnitt V u. VI.

anschauung im Staatsrecht ändert sich füglich auch Grundlage und Charakter der völkerrechtlichen Betrachtung. Dann erscheint das Völkerrecht nicht mehr als ein Recht für Individuen „in ihrem selbständigen Nebeneinandersein", nicht mehr als ein „höheres" (?) Individualrecht; sondern als die in der Bildung begriffene rechtliche Struktur einer sich entwickelnden Genossenschaft [44]); und die Subjekte des Völkerrechts erscheinen nicht mehr als Individuen, welche sich wie Grundeigenthümer gegenüberstehen, sondern als Gebietskörperschaften. Nur die genossenschaftliche Lehre von der Gesammtperson vermag dem Privat- oder vielmehr dem Individualrecht die von den Anhängern der herrschenden Theorie vergeblich gesuchte „höhere" Rechtssphäre, die des Sozialrechts gegenüberzustellen. Damit ist aber auch dem Staatsrecht die ihm unentbehrliche Aufgabe, das juristische Wesen des Gebiets und der Gebietshoheit zu konstruiren, in vollem Umfange zurückgegeben. Denn nach dieser Auffassung stehen sich Staat und Gebiet nicht rein äusserlich wie Individuum und Sache gegenüber; sondern ihr Verhältniss ist ein höchst wesentliches Moment der inneren Rechtsstruktur der Gebietskörperschaften. Das Staatsrecht selbst ist aber nach dieser Anschauung gar nichts andres, als das innere Recht der Gebietskörperschaften. Und wie unsere ganze Konstruktion nicht von einem aprioristischen Staatsbegriff ausgeht, wie sie überhaupt den Staat nicht als die einzige, für sie in Betracht kommende originäre Erscheinung betrachtet, so kann sie auch hier nicht *a priori* von einer spezifisch staatlichen Gebietshoheit ausgehen; sondern hat das Wesen des Gebiets — gemäss der natürlichen, von unten nach oben fortschreitenden Methode — bei allen Erscheinungsformen der Gebietskörperschaft, Gemeinde, Staat und Reich, zu untersuchen.

Hieraus erhellt der Mangel, welcher auch noch den Ausführungen Fricker's anhaftet. Die Beseitigung jener herrschenden Anschauung, welche dem Staate das Gebiet rein äusserlich, als ein ausser ihm stehendes Objekt gegenüberstellt, erfordert,

---

[44]) Vgl. oben S. 255 fg.

um völlig schlüssig zu sein, auch die Beseitigung der herrschenden Personenlehre und ihre Ersetzung durch die Genossenschaftstheorie. Nur diese giebt die Möglichkeit, das Gebiet als einen organischen Bestandtheil der inneren Struktur der politischen Gemeinwesen einzufügen. So tief geht indessen Fricker nicht; und so erklärt es sich, dass seine Anregungen verhältnissmässig geringe Wirkung erzielt haben. Jedoch jedenfalls ist es sein Verdienst, zuerst, wenngleich im übrigen auf dem Standpunkt der herrschenden völkerrechtlichen Auffassung stehend, die Verinnerlichung der Lehre vom Gebiet angestrebt zu haben. Er ist völlig auf dem richtigen Wege, wenn er die Eigenthümlichkeit der Gebietsfunktion in Zusammenhang bringen zu müssen glaubt „mit dem specifischen (Zweck und) Wesen des Staates“ [45]); wobei wir nur unserem Princip gemäss das Zweckmoment streichen. Und er trifft in den Kern der Sache, wenn er jene Auffassung des Verhältnisses von Staat und Gebiet verwirft, wonach dies Verhältniss erscheint als ein solches „zwischen selbständigen, äusserlich einander fremd gegenüberstehenden und erst in zweiter Linie auf einander bezogenen Dingen, wie Mensch und Sache. Selbst wenn man die der Person unterworfene Sache als eine Erweiterung der Person ansehen wollte, so wäre dies etwas ganz anderes, als die Zusammenfassung von Staat und Gebiet. Das Gebiet drückt nicht eine Erweiterung des Staates aus, sondern ein Moment in seinem Wesen“ [46]).

Wenn jedoch Fricker weiter folgert, dass desshalb das Verhältniss des Staates zum Gebiet überhaupt kein Rechtsverhältniss sei, so zeigt er damit die Grenze, welche seine individualistische Anschauung beschränkt. Er sagt: „— wenn das Gebiet nicht Objekt des Staates als Subjekts, sondern ein Moment im Begriff des Staates ist, so kann es kein Recht des Staates an seinem Gebiet geben“ [47]). Das wäre richtig, wenn es keine andern Rechtsverhältnisse, als solche des Individual-

---

[45]) „Vom Staatsgebiet“ S. 16.

[46]) a. a. O. S. 18.

[47]) a. a. O. S. 23.

rechts gäbe. Denn bei diesen stehen sich nicht nur Person und Person (als Individuen), sondern auch Person und Sache rein äusserlich und selbständig gegenüber. Und darin hat Fricker Recht, dass das Recht des Staates an seinem Gebiet „nicht als Ausschliesslichkeit eines dem Staat entgegengesetzten selbständigen Dinges, sondern als Ausschliesslichkeit des Staates selbst in seiner räumlichen Begrenzung“ [48]) erscheint. Aber auch dieses innerliche, dem Wesen des Staates immanente Verhältniss ist seiner Natur nach ein Rechtsverhältniss. Denn darin besteht ja gerade die Besonderheit des Sozialrechts, dass die innere Struktur seiner Subjekte eine rechtliche ist; dass das Band, welches die Elemente, aus denen sich das Wesen jener Subjekte zusammensetzt, organisch verbindet, ein Rechtsband ist [49]). Insofern also eine Sache zu den organischen Bestandtheilen einer Gesammtperson gehört, hat der — im Individualrecht unbedingt giltige — Satz: „Die Sache steht nicht selbst im Rechtsverhältniss zum berechtigten oder verpflichteten Subjekt“ [50]) für das Sozialrecht keine Geltung. Nun besteht aber die Eigenthümlichkeit der politischen Gemeinwesen als Gebietskörperschaften darin, dass neben dem persönlichen ein sachliches Element zu ihren organischen Bestandtheilen gehört; das Band dieser Zusammengehörigkeit aber muss — gemäss der inneren Natur der Gesammtpersonen — ein rechtliches sein. Daher folgt daraus, dass das Gebiet nicht Objekt des Staates, die Gebietshoheit kein (auch kein publicistisches) Sachenrecht ist, keineswegs, dass das Verhältniss von Staat und Gebiet überhaupt kein Rechtsverhältniss sei. Es ist ein solches; aber allerdings kein individual-, sondern ein sozialrechtliches.

Wir haben oben bei der Scheidung der gewordenen und der gewillkürten Körperschaften [51]) darauf hingewiesen, dass im Wesen der ersteren die Ausschliessung des Zweckmoments aus ihrer Begriffskonstruktion begründet ist. Der gewillkürten

[48]) a. a. O. S. 24.

[49]) Vgl. oben S. 214.

[50]) Fricker a. a. O. S. 7.

[51]) Vgl. oben S. 260 n. 59.

Körperschaft schreibt der sie kürende Wille ihren Zweck vor; und damit gehört der Zweck zu den begrifflichen Merkmalen, welche die betreffende Körperschaft von andern unterscheiden. Der gewordenen Körperschaft ist ein bestimmter Zweck begrifflich fremd; denn sie ist das naturnothwendige Produkt organischer Entwickelung, als welches sie — wie jedes organische Naturerzeugniss — wohl Früchte tragen, eine Wirkung äussern, aber keinen Zweck haben kann. Jede teleologische Betrachtung setzt einen zweckbewussten Schöpfer voraus; die entwicklungsgeschichtliche sieht von ihm, aber damit auch von dem Zwecke ab. Vielleicht aus begreiflicher Scheu vor dem scheinbaren Paradoxon der begrifflichen Zwecklosigkeit aller politischen Gebilde (Gemeinde, Staat und Reich) hat man vielfach in der neueren Litteratur für diese wichtigsten der gewordenen Körperschaften die Universalität des Zweckes proklamirt [52]). Wenngleich diese Universalität des Zweckes den diametralen Gegensatz zur begrifflichen Zwecklosigkeit darzustellen scheint, und wenn wir auch nach der eben dargelegten Anschauung mit dem Zweck selbst zugleich die Universalität desselben leugnen müssen, so kommen doch bei der Verwerthung für die Begriffskonstruktion die beiden Anschauungen zum gleichen Resultat. Denn ob man nun für die politischen Gemeinwesen die begriffliche Zwecklosigkeit oder die Universalität des Zweckes annimmt, in jedem Falle verzichtet man darauf, die verschiedenen Kategorien der politischen Gemeinwesen mit Hilfe des Zweckmoments begrifflich von einander zu scheiden. Man muss demnach hierfür ein anderes Kriterium zu gewinnen suchen.

Aber auch für die Bestimmung des Wesens der politischen Gemeinwesen überhaupt befinden sich beide Anschauungen in

---

[52]) Vgl. z. B. Stahl: „Rechtsphilosophie" Bd. II. S. 150; H. A. Zachariae: „Deutsches Staats- u. Bundesrecht" Bd. I. § 13; H. Schulze: „Einleitung" S. 135; G. Meyer: „Grundzüge" S. 1 und „Lehrbuch" (2. Aufl.) S. 10. Brie: „Theorie" S. 6 u. a. m., siehe übrigens Gerber: „Grundzüge" S. 31. Eine ausführliche Erörterung der Lehre vom Staatszweck giebt v. Holtzendorff: „Principien der Politik" (2. Aufl.) S. 193 fg.

gleicher Lage. Leitet man aus dem Wesen organischen Werdens im Gegensatz zu den Schöpfungen bewussten Willens die begriffliche Zwecklosigkeit der gewordenen Körperschaften her, so ist dies freilich ein rein negatives Resultat. Jedoch auch wenn man auf jener Grundlage zur Universalität des Zweckes gelangt, so ist auch dies für den hier in Betracht kommenden Gesichtspunkt ein nicht minder negatives Resultat. Denn auch diese Anschauung läuft — ebenso wie jene andere — darauf hinaus, dass ein bestimmter Zweck für die Charakterisirung des Wesens der politischen Gemeinwesen nicht heranzuziehen ist. Nun wird man diese Negation eines bestimmten Einzelzwecks im Begriffe der politischen Gemeinwesen so wenig für eine befriedigende Charakterisirung ihres Wesens nehmen können, wie jene Negation eines Zweckes überhaupt. Beides sind schliesslich nur Umschreibungen der mit dem Begriffe des organischen Werdens gegebnen Idee; und sie verhalten sich zu einander nicht anders, als — Unendlich zu + Unendlich, d. h. sie sind diametral entgegengesetzte Ausdrücke für genau dieselbe Sache. Und wenn es nothwendig ist, den Begriff der politischen Gemeinwesen mit einem mehr charakteristischen Inhalte zu füllen, als in ihrer Bezeichnung als gewordene Körperschaften liegt, so wird dieser Aufgabe der Satz von der Universalität des Zweckes ebenso wenig genügen können, wie der von der begrifflichen Zwecklosigkeit; vielmehr erscheinen beide nur als Formulirungen derselben Erkenntniss, dass mit Hilfe des Zweckmoments das innere Wesen der gewordenen Körperschaften nicht zu bestimmen ist. Auch hierfür muss also ein anderes Moment gewonnen werden.

Den Weg, welchen man zur Lösung der hiermit gegebnen doppelten Aufgabe einzuschlagen hat, dürfte eine Vorfrage weisen; die Frage nämlich nach dem *principium individuationis* der einzelnen gewordenen Körperschaft d. h. die Frage nach den Gesichtspunkten, unter welchen man die einzelnen Exemplare (wenn dieser Ausdruck gestattet ist) derselben Art und Gattung der gewordenen Körperschaften in ihrer Sonderexistenz zu bestimmen hat. Gehen wir dabei von der ursprünglichsten, der Urform aller Körperschaftsbildung, der Familie, aus, so ergiebt sich für diese als *principium individuationis* die Abstammung. Nach der Abstammung sondert sich Familie von Familie. Dasselbe Princip sondert dann auch die erweiterten Familien, Geschlechter, Stämme, Völkerschaften. Alle diese Bildungen fügen sich unter den Artbegriff der **Abstammungskörperschaft.** Dies ist die eine Art der Gattung „gewordene Körperschaft“. Das Band, welches die einzelnen Erscheinungen dieser Art zusammenhält, ist ein rein personelles. Die Abstammungskörperschaft unterscheidet sich von allen sonstigen auf einem blossen Personenverbande beruhenden Körperschaften dadurch, dass sie lediglich durch die Abstammung begründet wird, dass sie von selbst aus dem Process organischen Werdens hervorgeht, d. h. dass sie eben eine gewordene Körperschaft ist. Sie unterscheidet sich von den übrigen „gewordenen“ Körperschaften durch die ausschliesslich personelle Natur ihres Verbandes.

Nach Ausscheidung der Abstammungskörperschaften verbleiben in der Kategorie der gewordenen Körperschaften noch die politischen Gemeinwesen: Gemeinde, Staat und Reich. Dass sich Gemeinde von Gemeinde, Staat von Staat, Reich von Reich nicht lediglich durch die Abstammung ihrer Angehörigen d. h. nicht nach rein personellen Gesichtspunkten sondern; dass vielmehr ein sachliches oder lokales Moment bestimmend einwirkt, ist klar und unbestritten [53]. Die politische Entwicklung und Organisation der Menschheit konnte bei der Bildungsform der Abstammungskörperschaft nicht stehen bleiben, sondern bedurfte der Fixirung im — und der Durchdringung mit dem Raume. So ist Fricker beizustimmen, wenn er sagt: „Soll nicht die ganze Menschheit einen einzigen Staat bilden, so müssen die mehreren Staaten räumlich bestimmt sein, denn an jedem Punkte muss der Staat sein und an keinem kann mehr sein als einer“ [54]. Was hier vom Staate ausgesagt wird, gilt

[53]) Eine abweichende Ansicht vertritt in der neueren Litteratur wohl einzig H. Beta, dessen Schrift: „Das neue deutsche Reich“ (1871) aber auch Laband (Staatsrecht 2. Aufl. Bd. I. S. 175 n. 1) „zu den sonderbarsten Curiositäten der Litteratur des Reichsstaatsrechts“ rechnet.

[54]) Fricker a. a. O. S. 26.

analog auch für die Gemeinden. Wenn nicht der ganze Staat eine einzige Gemeinde bilden soll, — was freilich begrifflich möglich ist, wie denn aber auch der Universalstaat wenigstens keine begriffliche Unmöglichkeit ist; — so müssen die mehreren Gemeinden räumlich bestimmt sein, denn an jedem Punkte muss eine Gemeinde — oder doch eine Quasi-Gemeinde, wie „selbständige Gutsbezirke“ u. dgl. — sein, und an keinem kann mehr sein als eine — wenigstens als eine sog. politische oder gewordene, woneben allerdings gewillkürte „Gemeinden“ d. h. Zweckverbände bestehen mögen.

Wie weit auf die Bestimmung dieser Art von Körperschaften auch das persönliche oder Abstammungsmoment einwirkt, ist nun weit mehr eine Frage der Politik, als der juristischen Konstruktion. In Bezug auf den Staat ist dieses Moment neuestens in dem sog. Nationalitätsprincip stärker hervorgetreten und hat auch die neuesten politischen Bildungen erheblich beeinflusst. Dagegen stand es gerade zu der Zeit, da sich der moderne, im besondern der für uns allein in Betracht kommende deutsche Staat bildete, völlig im Hintergrunde. Andrerseits tritt bei der Gestaltung der politischen Gemeinden gerade in neuerer Zeit das Abstammungsmoment wesentlich zurück gegenüber der räumlichen Verbindung. Wir kommen auf diese Punkte, soweit sie in den Rahmen der juristischen Konstruktion gehören, zurück [55]. So viel darf jedoch schon hier ausgesprochen werden, dass als *principium individuationis* von Gemeinde, Staat und Reich jedenfalls in erster Linie das räumliche Moment, ihre lokale Fixirung, ihr Gebiet in Betracht kommt. So stehen den **Abstammungskörperschaften** als zweite Art der Gattung „gewordene Körperschaft“ die **Gebietskörperschaften** gegenüber.

Diese zweifache Natur der Elemente, aus welchen sich das Wesen der politischen Gebilde zusammensetzt, ist nun freilich stets erkannt worden. Aber ein und derselbe Fehler zieht sich fast durch die gesammte bezügliche Litteratur, von der Zeit, da Andreas Knichen eine der ersten staatsrechtlichen Monographien überhaupt dem *„sublimi et regio territorii juri“*

---

[55]) Vgl. unten Abschnitt XI. u. XII.

widmete (1600)[56]), bis heute, da Laband u. A. m. die Auffassung des Gebiets als Objekt eines staatsrechtlichen Sachenrechts aufrecht erhalten. Dieser Fehler besteht darin, dass man jene beiden Elemente, das persönliche und das räumliche, Land und Leute, stets als unverbunden neben einander liegend betrachtet, die organische Durchdringung beider aber verkennt. Wohl werden beide als für den Begriff des Staates wesentlich bezeichnet; aber die Verbindung, in welche sie als Bestandtheile eines Begriffs gebracht werden, ist eine äusserliche, mechanische; keine innerliche, organische. Typisch in dieser Hinsicht ist eine Stelle bei Schmitthenner. Von der Personal- und Territorialgewalt handelnd, sagt er: „Beide sind zwar zunächst nur Momente der einen untheilbaren Staatsgewalt, so dass die eine aus der anderen folgt; allein sie lassen sich auch getrennt denken und können sogar in ungewöhnlichen Umständen so vorkommen. Wenn z. B. ein ganzes Volk auswanderte, so würde dem Inhaber der Staatsgewalt das Territorialrecht bleiben, und als einst Alpwin mit seinem ganzen Volke über fremde Territorien zog, hatte er die Personalgewalt über das Volk ohne irgend ein Territorialrecht“[57]). Diese Anschauung Schmitthenner's, welcher im übrigen stets das Wesen des modernen Staates im Gegensatz zu früheren Entwicklungsstufen betont, zeigt besonders deutlich die rein mechanische Zusammenfügung des personalen und des territorialen Elements; „sie lassen sich auch getrennt denken“. Und auch in so gedachter Trennung sollen sie fortwirken, als ob, wenn man das Volk fortdenkt, an dem blossen Stück Erde auch nur irgend eine Partikel staatlichen Rechts haften könnte; und als ob die wandernde Horde Alpwins oder irgend eines sonstigen Stammeshäuptlings etwas anderes sein könnte, als eine Abstammungs-

---

[56]) Andreae Knichen: *„De sublimi et regio territorii jure synoptica tractatio, in qua principum Germaniae regalia territorio subnixa, vulgo* Landes-Obrigkeit, *indigitata, nusquam antehac digesta luculenter explicantur“ Francofurti M. D. C.*

[57]) Fr. Schmitthenner: „Zwölf Bücher vom Staate oder systematische Encyclopädie der Staatswissenschaften“. Bd. III. „Grundlinien des allgemeinen oder idealen Staatsrechts“. Giessen 1845. S. 333.

körperschaft d. h. — innerhalb des Rahmens der gewordenen Körperschaft — der begriffliche Gegensatz, und nicht der begriffliche Theil einer Gebietskörperschaft[58]).

Im Anschluss an die citirte Stelle weist Schmitthenner auf die Verschiedenheit der Rechts- und Staatsanschauung hin, je nachdem man die fürstliche Gewalt als ein Landeigenthum „mit gewissen daraus fliessenden oder daran geknüpften Herrschaftsrechten über die Landsassen“ oder aber „als die Regierungsgewalt über ein Volk mit bestimmten daraus fliessenden öffentlichen Rechten über das von dem Volke bewohnte Areal“ auffasst. Und ganz richtig sieht er in beiden Auffassungen historische Entwicklungsformen der Staatsidee, von denen die erste dem deutschen Feudalstaate, die andere dem römischen, wie auch dem französischen Kaiserthum eignet. Und ebenso richtig urtheilt er: „Beide Anschauungen sind übrigens einseitig und unvollkommen“. Wenn er jedoch fortfährt: „In der vollkommen ausgebildeten Form des Staates ist nur der Fürst Subjekt der Regierungsgewalt und besitzt als solcher die Personalgewalt und das Territorialrecht gleich unmittelbar; aber nicht unter Formen des Privat-, sondern unter solchen des öffentlichen Rechts“[59]), — so ersetzt er die beiden von ihm verworfenen Irrthümer durch einen dritten, da er völlig auf dem Boden stehen bleibt, aus welchem jene früheren Anschauungen erwuchsen. Von diesem Standpunkte aus kann er nur zu jener mechanischen Zusammenfassung der beiden Gewalten kommen, welche oben charakterisirt wurde; und ebenso muss von diesem Standpunkte aus die Scheidung des öffentlichen vom Privatrecht bezw. die ihrer „Formen“, welche Schmitthenner selbst hier verlangt, mit logischer Nothwendigkeit misslingen[60]).

[58]) Dass wir bezüglich des staatlichen Charakters der Nomadenstämme denen beitreten, welche diesen Charakter bestreiten (vgl. oben S. 265 n. 8), erhellt aus der voraufgehenden Erörterung des Gegensatzes von Abstammungs- und Gebietskörperschaft, in Verbindung mit den folgenden Ausführungen. — Eine übereinstimmende Ansicht liegt in den Worten H. Schulze's (Einleitung in das d. Staatsr. S. 159): „Es kann wandernde Völker, aber keine wandernden Staaten geben“.

[59]) Schmitthenner a. a. O. S. 334, 335.

[60]) Vgl. oben S. 278.

So legen diese Ausführungen Schmitthenner's die Quelle blos, aus welcher die mechanische Auffassung des Verhältnisses der personellen und der räumlichen Elemente im Wesen des Staates fliesst. Es ist charakteristisch, dass in den angezogenen Stellen stets von Staatsgewalt, Regierungsgewalt, fürstlicher Gewalt; nicht jedoch vom Staate selbst ausgegangen wird. Die deutsche Staatsrechtswissenschaft hat — nicht so in ihren Tendenzen, als vielmehr in ihrer Betrachtungsweise — lange Zeit Spuren davon an sich getragen, dass ihre Entstehungszeit mit der des absoluten Fürstenstaates zusammenfällt. So ist der Ausgangspunkt all' jener Betrachtungen nicht die organische Verschmelzung und Durchdringung von Land und Leuten zum Staate, sondern die Vereinigung der Personal- und der Territorialgewalt im fürstlichen Herrscherrecht[61]). Die Einheit der Person des Fürsten als des Trägers beider Gewalten ersetzt die innere, begriffliche Vereinigung beider. Und so sahen wir, dass selbst noch Schmitthenner keinen anderen festen Punkt zu finden weiss, als die Person des Fürsten. Wandert das Volk aus, so bleibt doch der Fürst Herr des leeren Landes; geht das Land verloren, so bleibt doch der Fürst Herr des heimathlosen Volkes.

Nun betrachtet allerdings heute die herrschende Lehre die Stellung des Fürsten anders. Jene Anschauung, welche in dem Fürsten das Subjekt staatlicher Herrschaft d. h. der Herrschaft über den Staat erblickt, steht heute isolirt; und die allgemeine Ansicht erkennt den Staat selbst als das Subjekt der Staatsgewalt. Jedoch für die Lehre vom Gebiet ist damit noch wenig gewonnen. Denn immer wieder ist es das Wesen der Staatsgewalt, nicht das des Staates, wovon die einschlägigen Untersuchungen ausgehen; weit weniger wird das Verhältniss von Land und Leuten, als das von Personal- und Gebietshoheit erörtert[62]). Und wenngleich man — ebenso wie Schmitthenner — beide Elemente als wesentlich für den Begriff der einen und untheilbaren Staatgewalt anerkennt, so vollzieht

[61]) Näheres vgl. im nächsten Abschnitt.

[62]) Vgl. oben S. 272.

man doch andererseits — wieder wie Schmitthenner — eine gedankliche Trennung beider, indem man die Gebietshoheit als staatsrechtliches Sachenrecht, das Gebiet als Objekt der Staatsgewalt auffasst. Denn wenn man den Staat als Subjekt der Staatsgewalt dem Gebiet als Objekt derselben gegenüberstellt, so ist dies doch eine gedankliche Trennung des Gebiets vom Staate, während in Wahrheit dieses „Objekt der Staatsgewalt" unlöslich im Subjekte derselben, dem Staate, enthalten ist.

Geht man statt von der Gebietshoheit vom Gebiet, statt von der Staatsgewalt vom Staate aus, so drängt sich von selbst die Erkenntniss der logischen Unmöglichkeit auf, den Staat, als welcher die organische Einheit von Land und Leuten darstellt, und sein Gebiet, als welches ein organisches Element im Wesen des Staates ist, rein äusserlich, wie Individuum und Sache, als Subjekt und Objekt neben einander zu stellen. Es ist das nichts anderes, als wollte man etwa den Menschen, die organische Einheit von Geist und Körper, als das Subjekt seinem Leibe als Objekt gegenüberstellen. Dem „staatsrechtlichen Sachenrecht" des Staates an seinem Gebiet entspräche völlig ein dingliches Recht des Menschen an seinem Leibe. Das ist eine unvollziehbare Vorstellung. Derselben würde auch in Wahrheit vielmehr die Idee zu Grunde liegen, dass nicht die organische Einheit Mensch, sondern die vom Körper gelöste Seele das eigentliche Subjekt sei. Und ebenso wird jene Anschauung vom Gebiet von der — wenn auch nicht zum Bewusstsein gebrachten und ausgesprochenen — Idee beherrscht, dass das nach Abzug des Gebiets übrig bleibende Staatselement d. h. das Staatsvolk Subjekt der Gebietshoheit sei. Wie jedoch der Mensch nicht einfach die Summe der Addenden: Seele + Körper ist; vielmehr sein Wesen nur begriffen werden kann als das eines beseelten Körpers oder einer verkörperten Seele; und daher, wenn man sich das eine Element fortdenkt, nicht etwa das andere in seiner Reinheit, sondern ein Nichts oder Etwas völlig Anderes übrig bleibt, — so verhält es sich überhaupt mit jeder organischen Verbindung, also auch mit der von Land und Leuten zum Staate. Sie lassen sich nicht — nach Schmitthenner's Weise — „auch getrennt denken"; denn der

Staat ist nicht die Summe der Addenden: Volk + Gebiet; vielmehr kann sein Wesen nur begriffen werden als das eines bevölkerten Gebiets oder eines in dem Gebiet organisirten Volkes, d. h. einer Gebietskörperschaft. Und denkt man sich eines dieser organischen Elemente fort, so bleibt keineswegs das andere übrig. Denn ohne Volk bleibt nur ein todtes Stück Land, welches so wenig ein Gebiet ist, wie der Leichnam ein lebender Körper. Und ohne Gebiet bleibt auch keine Volkskörperschaft bestehen. Dies wäre wohl der Fall, wenn ein heutiges Staatsvolk nichts anderes wäre, als eine Abstammungskörperschaft mit festen Wohnsitzen. Dass es dies nicht ist, wurde schon oben erwähnt. Der moderne Staat ist eben auch nicht die äusserliche, mechanische Zusammensetzung: Abstammungskörperschaft + Land; sondern er ist eine völlig eigene, der Abstammungskörperschaft mit begrifflicher Selbständigkeit gegenüberstehende Art der gewordenen Körperschaft. Erst im Zusammenhang mit dem Lande, erst durch die begriffliche Umgestaltung des Landes zum Gebiet, welche wiederum durch die Verbindung mit dem personellen Element bedingt ist, werden die Bewohner zur Körperschaft. Bei der Gebietskörperschaft ist eben das räumliche, das Gebiets-Element das verbindende Band, welches bei der Abstammungskörperschaft das personelle, das Abstammungselement ist. So bleibt nach Abzug des Gebiets im Staatsbegriff kein Element übrig, welches dem Gebiet gegenüber die Eigenschaft eines Rechtssubjekts gegenüber einem Objekt haben könnte.

Wenn nun trotzdem das Verhältniss des Gebiets zum Staate als ein Rechtsverhältniss verstanden werden, der Begriff des Gebiets ein Rechtsbegriff sein soll, so bedarf es hierfür allerdings der Heranziehung eines Begriffs, welcher im engsten Zusammenhange mit der — als unumgänglich für unsere Auffassung schon bezeichneten — Genossenschaftstheorie steht, und gleich dieser im deutschen Rechte wurzelt, des Begriffs der objektiven Rechtseinheiten. In ihm findet die Genossenschaftstheorie diejenige Ergänzung, deren sie zur Aufnahme dinglicher Elemente in ihre Konstruktion der Gesammtperson bedarf. Und um eine solche Einfügung eines dinglichen Elements in den Körperschaftsbegriff, wodurch derselbe zur Gebietskörperschaft erweitert werden kann, handelt es sich hier offenbar.

Zugleich wird so die Möglichkeit geschaffen, indem nicht Gebietshoheit und Staatsgewalt, sondern Gebiet und Gebietskörperschaft den Ausgangspunkt der Untersuchung bilden, diese Frage aus ihrer Verquickung speciell mit dem Staate zu lösen, und im Anschluss an die deutsche Entwicklung von unten nach oben, von der engsten zur weitesten Gebietskörperschaft zu verfolgen. So allein gelangt man auch zur Aufstellung und Lösung der Frage nach dem begrifflichen Verhältniss von Gebiet und Gebietshoheit, d. h. der Frage, ob der Begriff des Gebiets ohne die Gebietshoheit möglich ist? Und in der Beantwortung dieser Frage liegt — wie wir sehen werden — diejenige des Grundproblems: des begrifflichen Unterschiedes von Gemeinde und Staat im Reiche.

XI.

Stadtgebiet und Landeshoheit im alten Reich.

In einem älteren Aufsatze: „Ueber die Theilbarkeit deutscher Staatsgebiete" giebt v. Gerber eine kurze und treffende Charakteristik der weiten Kluft, welche die begriffliche Erfassung des modernen deutschen Staatsrechts von der alten Reichspublicistik trennt. Er sagt: „Es ist eine schon oft gemachte, aber noch nicht nach allen Richtungen verwerthete Wahrnehmung, dass das deutsche Territorialstaatsrecht dieses Jahrhunderts in einem vollen Gegensatz zu demjenigen der Reichszeit stehe . . . . Aus einem privatrechtlich zerklüfteten, aus sehr verschiedenartigen Bestandtheilen zusammengesetzten, mit den heterogensten Rechtstiteln besessenen Herrschaftskomplexe ist der Begriff einer organischen Gemeinschaft hervorgegangen, in welcher sich jeder einzelne Theil als ein dem Ganzen verbundenes und dienstbares Glied fühlt, und jedes öffentliche Recht als eine zur Vertretung des Gesammtzwecks gegebene Vollmacht auftritt . . . . Man darf getrost behaupten, dass kaum ein wichtigeres staatsrechtliches Institut, dass kaum ein staatsrechtlicher Begriff von dem Einflusse dieser grossen Veränderung unberührt geblieben ist. Wir wollen nur beispielsweise noch an den Begriff der Gebietshoheit erinnern; wie schwer wurde es der früheren Staatslehre, den Inhalt desselben von der Einmischung eines privatrechtlichen Immobiliarrechts frei zu erhalten, während seine richtige Bestimmung sich nunmehr gewissermassen von selbst entgegendrängt" [1]).

Dass wir den letzten Worten Gerber's von der „richtigen Bestimmung" der Gebietshoheit jedenfalls nicht in seinem Sinne beitreten können, erhellt aus den vorangehenden Erörterungen [2]). Und wenn ebendiese Erörterungen gezeigt haben, dass die Einmischung eines Immobiliarsachenrechts [wenn auch eines angeblich nicht „privatrechtlichen"] in den Gebietsbegriff bis auf die neueste Litteratur sich fortgeerbt hat, so wird sich nicht wohl behaupten lassen, dass der davon gereinigte Begriff sich „von selbst entgegendrängt". Indessen nur um so tiefer ist die Kluft, welche die hier vertretene staatsrechtliche Anschauung von der alten Publicistik trennt; denn wenn selbst heute noch die auf der Genossenschaftstheorie beruhende Auffassung als die einer wissenschaftlichen Minorität mühsam ihren Boden sich erkämpfen muss, so fehlt ihr naturgemäss jede Verbindung mit der Publicistik einer Zeit, der jeder Anklang an genossenschaftsrechtliche Ideen in staatlichen Dingen fremd war und sein musste.

Dabei wollen wir keineswegs den inneren historischen Zusammenhang zwischen dem alten und dem neuen deutschen Reiche, wie er besonders von Gierke und H. Schulze nachdrücklich hervorgehoben wird, in Abrede stellen [3]). Wohl ist anzuerkennen, „dass so manche Tradition, die eben nicht bloss vorübergehender Natur war, uns vom alten Reiche zu unserem Heil überkommen ist"; wohl besteht eine „innere Verwandschaft beider Rechtsgebilde" und neben mannigfacher Uebereinstimmung von Namen und Formen auch mancher positive

---

[1]) Gerber in Aegidi's Zeitschrift für deutsches Staatsrecht und deutsche Verfassungsgeschichte. Bd. I (1867) S. 8 und 10.

[2]) Vgl. besonders oben S. 266 fg.

[3]) Gierke: „Das alte und das neue deutsche Reich" in v. Holtzendorff's „Zeit- und Streitfragen". Berlin 1874. Heft 35. — H. Schulze: „Lehrbuch des deutschen Staatsrechts". Bd. II. S. 6. — Dagegen O. v. Sarwey: „Das öffentliche Recht" etc. S. 28: „Der heutige deutsche Staat ist aus dem Territorialstaat erwachsen. Mit dem alten deutschen Reich hat er keinen Zusammenhang".

Einfluss der älteren Institutionen auf die neuen Einrichtungen[4]). Indessen darf man dabei doch nicht übersehen, dass gerade in dem Zeitraum, welcher das neue vom alten Reiche trennt, dass gerade in den zwei Menschenaltern von 1806—1867 der moderne deutsche Staat, der organische Rechtsstaat zur Entfaltung gekommen ist, und dass so das neue Reich von vornherein sich auf einen Boden stellte, welcher dem alten Reiche fehlte oder doch wenigstens verloren gegangen war. Im Zusammenhange dieser Untersuchung liegt der Hinweis nahe, dass der Anfang moderner organischer Staatsgestaltung in demjenigen Staatswesen, welches zum Führer und Träger des neuen Reiches berufen war, dass das Reformwerk Stein's in Preussen dem Zusammenbruche des alten Reiches folgte. Indem jenes Reformwerk die organische Neugestaltung des Staates von unten auf, mit der Neubelebung der selbständigen Gemeinde-Organismen begann, knüpfte es sich an alte Bildungen des deutschen politischen Lebens an.

„Deutschland war im Mittelalter das Land der Gemeindefreiheit. Jedes Dorf, jede Stadt, jede Landschaft gab sich selbst ihr Recht und regierte sich danach selbst. Kein Staatsgesetz beschränkte die Autonomie, keine Staatsoberaufsicht die Selbstverwaltung. Der Staat war null, die Gemeinde alles“[5]). Es war der zum absoluten Staate sich entwickelnde Territorialstaat, welcher diesen Zustand durchbrach und in sein Gegentheil verwandelte: der Staat ward alles, die Gemeinde null. Der Territorialstaat war es auch, der — wie nach unten der Gemeinde — so nach oben dem alten Reiche die Lebenskraft aussog: der Staat ward alles, das Reich null. Nach dem Sturze des Reiches war so der Territorialstaat das einzige politische Gebilde in Deutschland. Aber auch er war in der Form des absoluten Fürstenstaates, in welcher er aus dem vorigen Jahrhundert in das gegenwärtige übergetreten war,

---

4) Gierke a. a. O. S. 6.

5) H. Schulze: Preussisches Staatsrecht. Bd. I. (2. Aufl.) S. 442, 443. — Vgl. auch G. Meyer: Lehrb. des deutschen Staatsrechts. (2. Aufl.) S. 294: „Die Gemeinden sind in Deutschland von jeher die Grundlage des politischen Lebens gewesen“.

gegenüber den neuen Ideen einer neuen Zeit nicht lebensfähig; er bedurfte einer tiefstgehenden Neugestaltung, und mehr als auf einzelne Einrichtungen kam es dabei auf eine Umwandlung der grundlegenden Idee an. Bezug nehmend auf die früheren Ausführungen[6]), können wir diese Umwandlung der Grundidee bezeichnen als die Ersetzung des herrschaftlichen Anstaltsbegriffs durch den organischen Körperschaftsbegriff. Wenngleich diese Umwandlung gemäss der Zersplitterung des staatlichen Lebens in Deutschland sich in den verschiedenen Territorialstaaten auf verschiedene Art vollzog, war dennoch das innerste Wesen der Wandlung überall das gleiche. Auch dort, wo in Folge des französischen Protektorats jene Wandlung sich mehr in den Wegen französischen Staatsgeistes bewegte, auch in den Rheinbundstaaten, machten sich im Laufe der folgenden Jahrzehnte die Anforderungen des auf Decentralisation und Gemeindefreiheit gerichteten deutschen Staatsgeistes mit mehr oder weniger Erfolg geltend. So darf man den Werdegang, wie er sich in dem grössten deutschen Staate, dem Kern des neuen Reiches vollzog, als typisch betrachten. Freilich bringen auch hier die thatsächlichen, historischen Vorgänge den gedanklichen Inhalt, den Gang der Idee nicht völlig rein zum Ausdruck. Hier schiebt sich manches *ὕστερον πρότερον* dazwischen. Es wurde auf der Grundlage, welche die Gesetzgebung Stein's, vor allem die Städteordnung von 1808 geschaffen, nicht immer organisch weiter gebaut. Manche Formen der Rückbildung traten in die Erscheinung; die rechtliche Gestaltung, welche der Staat in Folge der grossen europäischen Bewegung durch das Verfassungsgesetz erhielt, war leider keine reine, organische Fortbildung jenes Reformwerkes, welches den zusammengebrochenen Staat verjüngt hatte. Ein dilettantischer, an fremden, unpassenden oder unzureichend erkannten Mustern hängender Doktrinarismus auf der einen, blinde Feindschaft gegen die moderne Gestaltung des Staatslebens auf der andern Seite, politische Tagesströmungen und -Stauungen haben verwirrend auf manche Theile des Verfassungswerks eingewirkt.

---

[6]) Vgl. oben Abschnitt IX u. V.

Die organische Verbindung zwischen den kleinsten Selbstverwaltungskörpern und dem Ganzen des konstitutionellen Staates fehlte noch, und die alte Irrlehre von der Theilung der Gewalten beeinflusste den Ausbau des letzteren noch mehr, als heilsam. Vieles hiervon ist dann in einer späteren Epoche, nachdem sich schon auf der Grundlage des neuen Staates das neue Reich erhoben, nachgeholt und verbessert worden; aber auch dann mit gar vielen Schwankungen und Irrungen. Und von positiv gesetzlicher Vollendung ist endlich der organische Staatsbau noch in allen seinen Gliederungen, in Gemeinde, Staat und Reich recht fern.

Indessen trotz aller dieser Trübungen und Entstellungen, welche durch äussere Umstände der äusseren Gestaltung aufgezwungen wurden, lässt sich deutlich genug der gedankliche Kern dieser Entwicklung erkennen. Wenn man die stetige Wechselwirkung zwischen der logisch entwickelten Theorie und der im äussern Leben sich durchringenden Verwirklichung im Auge behält [7]), so wird man an jener nicht desshalb irre werden, weil ihr diese weder in der Reihenfolge ihrer Gestaltungen noch in dem Grade und Masse ihrer Durchführung ganz und vollkommen entspricht. Vielmehr muss die Theorie, indem sie einerseits an die realen Grundlagen der wirklichen Verhältnisse anknüpft, zugleich andrerseits durch deren gedankliche Ausgestaltung der thatsächlichen vorarbeiten. In wie reichem Masse dies gerade auf dem hier in Betracht kommenden Gebiete geschehen ist und noch geschieht, lehrt jeder Vergleich der staatswissenschaftlichen und der politischen Strebungen unseres Zeitalters.

Unter diesen Gesichtspunkten und mit den aus dem Vorstehenden erhellenden Vorbehalten und Einschränkungen ergiebt sich als leitende Idee des Entwicklungsprocesses, welchen das deutsche Staatswesen seit dem Untergange des alten Reiches durchlaufen hat, die folgende. Aus dem absoluten Territorialstaate, welcher den politischen Inhalt des alten Reiches einerseits, der alten freien Gemeinden andrerseits in sich aufgesogen

---

7) Vgl. oben S. 113.

hatte, sondert sich zunächst als neues oder neubelebtes politisches Gebilde die Gemeinde als selbständige Persönlichkeit, als Selbstverwaltungskörper[8]). Auf ihrer Grundlage und mit ihr verbunden durch die erweiterten Communalkörper, durch Sammtgemeinden, Kreis- und Provinzialverbände erhebt sich der neugestaltete, aus den Fesseln der „Anstalt" befreite, aus einem willenlosen Objekt fürstlicher Herrschaft in das von einem organischen Gesammtwillen beseelte Subjekt der Staatsgewalt verwandelte Rechtsstaat[9]). Was zunächst nur die aus hundertjährigem Schlafe erweckten Gemeinden waren: organische Gesammtpersonen, Körperschaften — das ist nun auch der neubelebte Staat. Und endlich erhebt sich — genau wie auf der Grundlage der verjüngten Gemeinden der neue Staat — so auf der Grundlage der verjüngten deutschen Staaten das neue Reich. Auch das neue Reich ist Rechtsstaat, ist Körperschaft, organische Gesammtperson. Wenn in Deutschland von jeher die Gemeinden die Grundlage des politischen Lebens gewesen sind[10]), so hat sich jedenfalls der moderne deutsche Staats- und Reichsbau — zum mindesten dem principiellen Gedanken nach — stufenweise aus dem Grundstein der Gemeindefreiheit, d. h. ihrer aus der Alleinheit des „souveränen" Staates losgelösten eigenen Persönlichkeit organisch entwickelt.

In dieser Entwicklung liegt ein entschiedener Gegensatz zu den Verhältnissen des alten Reiches, all' wo die Dreiheit politischer Gebilde, Gemeinde, Staat und Reich, sich keineswegs in organischem Zusammenhange, sondern in feindlichem Zwiespalt befand, und zwar nicht nur politisch und thatsächlich — was ja unter Umständen auch heute geschehen kann, — vielmehr principiell und ihrer tragenden Idee nach. Denn während heute alle drei auf dem einen und gleichen Princip der politischen Körperschaft beruhen, stellte damals die

---

[8]) Dass und wesshalb dies sich zuvörderst nur in den Stadtgemeinden vollzog, während die Landgemeinden in dieser Entwicklung weit zurückblieben, s. unten S. 313.

[9]) Vgl. oben S. 213.

[10]) Vgl. G. Meyer a. a. O. S. 294.

Gemeinde eine principiell andere, entgegengesetzte Gemeinschaftsidee dar, als der Staat; der Territorialstaat eine andere, als das Reich. Und während demnach heute — abgesehen von allen politischen Strömungen — die Gemeinden der Idee nach die Grundlagen und Stützen des Staates, die Staaten die des Reiches sind, waren damals gerade gemäss ihrer tragenden Idee die Gemeinden die geborenen Todfeinde des Territorialstaates, die Territorialstaaten die des Reiches. So war es kein blinder Zufall, sondern logische Consequenz der tragenden Principien, dass im historischen Werdegange der Territorialstaat sich feindlich wider das Reich einerseits, wider seine Gemeinden andrerseits wendete; und ebenso kann vielleicht eine innere Erklärung — neben vielen äusseren, politisch-historischen — für die Thatsache, dass eine dauernde Verbindung zwischen Gemeinden und Reich wider ihren gemeinsamen Feind nicht zu Stande kam, darin gefunden werden, dass auch Gemeinden und Reich Erscheinungsformen heterogener Ideen waren.

In jenem Kampfe siegte der Territorialstaat. Sein Princip ward also im staatlichen Leben Deutschlands das herrschende seit dem historischen Akte, welchen man als das Siegeszeichen des Territorialstaates ansehen kann, dem Westphälischen Frieden; und es blieb es weit über den Zusammenbruch der alten Formen hinaus, bis dass unter seiner Hülle das neue Staatsprincip ausgereift war und jene Hülle sprengte. Dieses neue Princip knüpft demgegenüber, wie erwähnt wurde, an das verjüngte Gemeindeleben an. Die in der Gemeinde vorgebildete Gemeinschaftsidee und nicht die Idee des alten Territorialstaats noch die des alten Reichs ist zum tragenden Princip des modernen Staats- und Reichswesens geworden. Hier liegt die Kluft; und so erklärt es sich, dass der Gegensatz von Einst und Jetzt am schärfsten im Territorialstaatsrecht hervortritt, wie dies auch Gerber in der an die Spitze dieses Abschnitts gesetzten Stelle betont [11]).

Wohl vollziehen sich geschichtliche Gestaltungen nicht

---

[11]) Vgl. oben S. 291.

sprungweise, sie setzen nicht über Klüfte hinweg, und wo wir die vollendeten Bildungen durch eine Kluft getrennt sehen, da verbinden in der Entstehung zahlreiche Mittelglieder die beiden Seiten. So wird denn auch hier für die historische Betrachtung eine Fülle von Bindegliedern zwischen dem modernen Einzelstaat und dem Territorialstaat der Reichszeit, zwischen dem alten und dem neuen Reiche offenbar; und dieser ganze Uebergang kann völlig nur im grossen Zusammenhange der europäischen Geschichte, unter Beachtung zahlloser politischer, wirthschaftlicher, moralischer Momente nationaler und internationaler Natur gewürdigt und begriffen werden. Indessen gerade bei Betrachtungen dieser Art, welche gar leicht in's Grenzenlose abführen können, ist es gut, sich der Lehre zu erinnern, welche schon Nic. Thad. Gönner über das Verhältniss von Geschichte und Staatsrecht also formulirt hat: „Nur an der Hand der Geschichte dringt man in das Innere des Staatsrechts; aber man hüte sich ebenso sehr vor historischen Hypothesen, als davor, dass man den historischen mit dem rechtlichen Grunde verwechsele, oder eine historische Erläuterung für eine staatsrechtliche Erörterung annehme“ [12]). Da es sich nun für unsere Untersuchung nicht um den historischen Grund noch um die historische Erläuterung, sondern lediglich um die juristische Begriffskonstruktion der bestehenden Kategorien politischer Gebilde handelt, so dürfen und müssen wir darauf verzichten, den geschichtlichen Werdegang, welcher den absoluten Fürstenstaat in den modernen Rechtsstaat gewandelt hat, auf seinen so vielfach verschlungenen Wegen zu verfolgen. Seiner tragenden Idee nach knüpft aber der moderne Staat, wie es der eben gegebene allgemeine Ueberblick der Entwicklung andeutete, an das neubelebte Gemeindewesen an. Keinen erschöpfenden Beweis zwar, aber doch immerhin einen Beleg mehr für dieses Verhältniss bietet die Sprache, indem sie aus der allgemeinen Bezeichnung „Stand“ zuerst die spezielle Bezeichnung „Stadt“ und erst

---

[12]) Nic. Thad. Gönner: „Teutsches Staatsrecht“. (Landshut 1804). S. 47.

weit später das Wort „Staat" zu seinem heutigen prägnanten Sinne entwickelte [13]). Wie also der Name „Stadt" in seiner heutigen Bedeutung weit älter ist, als der Name „Staat", so verkörpert sich das politische Gemeinwesen in seinem heutigen Sinne weit früher in der Stadt, als im Staate.

In seinem mehrerwähnten Aufsatze kennzeichnet Gerber den schroffen Gegensatz des heutigen zum alten Staatsrecht besonders durch den Hinweis auf das Gebiet: „Das Territorium erscheint nicht mehr als das principale Objekt eines fürstlichen Rechts, dem die Unterthanen gewissermassen als Pertinenzen anhängen; sondern es ist ein Faktor in dem Begriffe des Staats geworden; es bildet das körperliche Fundament des Staats, die örtliche Basis seiner Existenz" [14]). Mit diesen Worten deutet Gerber auf den Punkt hin, welcher — gemäss der im vorigen Abschnitte dargelegten Anschauung über die Bedeutung des Gebiets für die staatliche Begriffskonstruktion — den Ausgangspunkt unsrer Untersuchung bilden muss. Und wenn man dies verbindet mit der im Obigen behaupteten Anknüpfung des modernen Staatswesens an das alte Gemeindewesen, so ergiebt sich die Forderung, darzulegen, in wie fern dieses Gemeindewesen bereits wie der moderne Staat und im Gegensatz zum alten Territorialstaate das Gebiet als Faktor in seinem Begriffe enthielt. Mit andern Worten: das Wesen der Gebietskörperschaft, als welche der Gattungsbegriff der modernen politischen Gebilde ist, soll an der alten Gemeinde als ihrer ersten Erscheinungsform dargelegt werden; und gerade hierin ihr begrifflicher Gegensatz zum alten Territorialstaat wie zum alten Reiche gefunden werden.

Obwohl man, wie schon bemerkt wurde, eine der unsrigen völlig entsprechende Anschauung in der alten Reichspublicistik nicht wohl suchen darf, so enthält doch ein Hauptwerk jener Publicistik, J. J. Moser's: „Von der teutschen Reichsstände

---

[13]) Vgl. A. Stölzel: „Brandenburg-Preussens Rechtsverwaltung und Rechtsverfassung" 1888. Bd. I. S. 18; K. Maurer in Bluntschli u. Brater's Staatswörterbuch Bd. VI. S. 227.

[14]) Gerber a. a. O. S. 16.

Landen", eine Stelle, welche so bedeutsam an unser Thema anklingt, dass sie hier wiedergegeben werden muss. Indem er seine Terminologie bezüglich der Bezeichnungen: Land, Territorium und Gebiet auseinandersetzt, sagt Moser: „Ich nehme das Wort Land hier in solchem Verstand, dass es einen Strich oder Bezirk bedeute, der einen eignen Herrn hat, von einem etwas beträchtlichen Umfang ist, und wenigstens aus mehreren Aemtern u. dgl. besteht. — Ein Gebiet hingegen heisse ich, was nur einen einigen oder wenige Orte, oder nur ein Amt u. dgl. in sich fasset. — Das Wort Territorium nehme ich für einen unmittelbaren Strich, es mag nun ein Land oder Gebiet sein. — Doch muss ich selbsten dabey melden, dass das Wort Gebiet im Teutschen gewissermassen derer Reichsstätte und der Reichsritterschaft eigen ist: Wann dahero eine Reichsstatt, z. E. Ulm vil mehr an Land und Leuten besitzet, als manche Grafen zusammen, so sagt man doch nicht: der **Statt** Ulm **Land**, sondern: **Gebiet**"[15]).

Gegen seine eigene Nomenklatur also, welche innerhalb der Gattung „Territorium" die Arten „Land" und „Gebiet" lediglich nach der Grösse scheidet, muss Moser die Macht eines festen Sprachgebrauchs anerkennen, welcher die Bezeichnung „Gebiet" ohne Rücksicht auf die Grösse für die Städte in Anspruch nimmt. Allerdings erwähnt er gleichzeitig auch die Reichsritterschaft; jedoch hat in dieser Beziehung das Wort „Gebiet" stets die ihm von Moser allgemein beigelegte Bedeutung eines kleinen Territoriums. Es durchbricht diese Beschränkung einzig und allein in Beziehung auf die Städte. Ritterschaftliche Territorien, welche ihrer Grösse nach zu den „Ländern" zu rechnen gewesen wären, gab es nicht; wohl aber gab es derartige reichsstädtische Territorien, denen trotzdem die Bezeichnung als „Gebiet" anhaftete. So darf man wohl in diesem fest ausgeprägten Sprachgebrauch, welchen Moser seine eigene Nomenklatur durchbrechen lässt, einen Fingerzeig

---

[15]) J. J. Moser: „Von der teutschen Reichsstände Landen". Frankfurt u. Leipzig 1769. S. 2.

sehen, dass sich das Bewusstsein eines besondern Zusammenhanges der Begriffe „Gebiet“ und „Stadt“ erhalten hatte.

Die besondere und überwiegende Bedeutung, welche das deutsche Recht von jeher dem Grund und Boden, allen Verhältnissen des Immobiliarrechts beilegt, ist stets und allgemein als specifisches Charakteristikum der deutschen im Gegensatz zur römischen Rechtsgestaltung anerkannt worden [16]). Wohl kann man, was K. S. Zachariae nur mit Hinzufügung eines vorsichtigen „vielleicht“ thut, „von den Deutschen behaupten, dass sie alle Rechtsverhältnisse an den Grund und Boden gleichsam zu befestigen bemüht waren“ [17]). So lange die eigenartige Entwicklung deutschen Rechts von der bestimmenden Einwirkung des römischen Rechts sich freihielt, ging „der Zug der Zeit auf Verdinglichung ihrer Natur nach nicht dinglicher Rechtsverhältnisse. Fast alle öffentlichen Rechte und Pflichten wurden auf Grund und Boden radicirt“ [18]). Nach zwei mit einander in engster Wechselbeziehung stehenden Seiten hin ist dieser Charakterzug des deutschen Rechts von wesentlicher Bedeutung; nämlich einmal bezüglich des Verhältnisses zwischen öffentlichem und privatem, zwischen Sozial- und Individualrecht, sodann bezüglich der Herausbildung objektiver Rechtseinheiten.

Widerspricht es zwar überhaupt der Natur jugendlicher Staats- und Rechtszustände, gesonderte Systeme des privaten und des öffentlichen Rechts aufzustellen, so kann sich diese Abneigung doch in verschiedener Weise äussern, indem entweder nur einer dieser Rechtszweige mit Sorgfalt gepflegt wird, während der andere verkümmert, oder indem beide in völliger Vermischung als ein ungesondertes Ganze sich entwickeln. Entsprach jener Entwicklungsgang dem Wesen des

---

16) Sogar Gerber, welcher im allgemeinen die Hervorkehrung solcher Gegensätze nicht liebt, hebt diesen Punkt hervor: „System des deutschen Privatrechts“ (14. Aufl.) S. 151 n. 1.

17) K. S. Zachariae: „Vierzig Bücher vom Staate“. Bd. I. S. 95.

18) Brunner: „Geschichte u. Quellen des deutschen Rechts“ in v. Holtzendorffs Encyclopädie (3. Aufl.) S. 183.

römischen Rechts, so dieser dem des deutschen. Ein Recht, welches wie das römische den Menschen, das Individuum zum Träger und Mittelpunkt seines ganzen Systems nimmt, kann sich ebendesshalb einzig und allein als Individualrecht gestalten, kann lediglich auf dem Gebiete des Privatrechts, welches es auch noch nicht seinem ganzen Umfange nach begreift, schöpferisch walten; das wahre Wesen des öffentlichen Rechts, als welches nur sozialrechtlich begriffen werden kann, muss ihm seiner Natur nach verschlossen bleiben. So entspricht denn nicht nur im römischen Rechte selbst der hohen Entwicklung aller individualrechtlichen Elemente des Privatrechts eine fast völlige Verkümmerung des öffentlichen Rechts, sondern der Einfluss römisch-individualistischer Rechtsanschauung erschwert bis auf unsere Tage die Konstruktion des öffentlichen Rechts auf der einzig ihm adäquaten Grundlage des Sozialrechts [19]).

Dem gegenüber bildet die Neigung des deutschen Rechts, an Grund und Boden anzuknüpfen, den diametralen Gegensatz. Denn nicht nur wird dadurch neben den Menschen die Sache in den Mittelpunkt des Rechts gestellt, sondern es liegt auch zugleich in der Hervorhebung der Immobilien gegenüber den Mobilien ein eminent **anti-individualistischer** Zug. „Die bewegliche Sache ist ein für sich bestehendes Individuum“ [20]); der Grund und Boden ist es nicht, vielmehr steht er in unlöslichem Zusammenhange mit dem Erdganzen. Während also jener Anschauung, die lediglich von dem **Menschen** als Rechtssubjekt ausgeht, folgeweise das Individuum, die einzige sinnlich wahrnehmbare Person, auch als das eigentliche natürliche Rechtswesen, alle andern als künstliche Bildungen erscheinen müssen, erkennt die mehr auf Grund und Boden gerichtete Rechtsanschauung in ihren bevorzugten Rechtsträgern sogleich organische Theile eines nichtindividuellen Ganzen. Ist jener Anschauung das Individuum das Reale, das Nichtindividuelle erst das Produkt einer abstrahirenden Gedankenthätigkeit, so verhält es sich für diese gerade umgekehrt. Denn „auf

[19]) Vgl. oben Abschnitt V u. VI.

[20]) Fricker: „Vom Staatsgebiet“ S. 21.

Grund und Boden hat das Recht Einheiten erst schaffen müssen" [21]).

Dabei unterliegt übrigens diese letztere Anschauung weit weniger der Gefahr, gleich jener anderen — nur nach entgegengesetzter Richtung — in absolute Einseitigkeit zu verfallen. Denn die reale Existenz des menschlichen Individuums ist eine allzu handgreifliche Thatsache, als dass sie über der Beachtung des Nichtindividuellen völlig übersehen werden könnte. So erzeugt diese Anschauung aus sich selbst heraus die Nothwendigkeit, die organische Verbindung von Individuen zu einer lebendig wirklichen — nicht künstlich geschaffenen oder gedachten — Gesammtexistenz als eigenartiges Rechtsverhältniss in's Auge zu fassen. Damit ist aber die Grundlage des Sozialrechts gegeben, und so erklärt es sich, dass die sozial- oder genossenschaftsrechtliche Staatskonstruktion naturgemäss an die deutschrechtliche, im Gegensatz zur römisch-individualistischen Gedankenwelt anknüpfen muss.

Lag somit ein sehr starkes sozialrechtliches Element in der ureignen Natur deutscher Rechtsanschauung, so ergab sich daraus die Fähigkeit und der Beruf dieses Rechts, von Anbeginn seiner Gestaltung an das publicistische Gebiet mitzuumfassen; und es nicht, wie das römische Recht, auszuscheiden. Dass dies zunächst nicht unter begrifflicher Scheidung von Privat- und öffentlichem Recht, sondern unter völliger Vermischung beider geschah, liegt einmal im Wesen eines jugendlichen Entwicklungsstadiums überhaupt, und ward ferner im besondern durch die hohe Bedeutung verstärkt, welche das deutsche Recht dem Grund und Boden beilegte. Denn weit mehr, als die rechtliche Beziehung des Menschen zur Fahrniss, trägt die des Menschen zu Grund und Boden die Tendenz in sich, publicistische und private, sozial- und individualrechtliche Elemente zu ungesonderter Einheit zu verbinden.

Es ist diese Tendenz eine natürliche Folge des schon oben erwähnten Umstandes, dass die bewegliche Sache ein für sich stehendes Individuum, der Grund und Boden dagegen ein un-

---

[21]) Brinz: Pandekten. I. (1857) S. 178.

getrenntes Ganze ist. Daher kann sich das menschliche Individuum zum Grund und Boden nicht in so individueller Weise in Rechtsbeziehung setzen, wie zum Sachindividuum, zur beweglichen Sache. Sowohl Erwerb als Besitz der Fahrhabe kann einen individualistischeren Charakter haben, als es bei Erwerb und Besitz des „Erbes" möglich ist. Treffend betont Fricker diesen „gesellschaftlichen Charakter des Grundeigenthums", welcher schon in seiner Genesis zu finden ist, „in der ersten Erwerbung und Vertheilung des Bodens, die von der Gemeinschaft, nicht vom Einzelnen ausgeht" ..... „Siedelt sich an irgend einem Punkt der Erde eine Mehrheit von Menschen an, so ist zunächst die Unterwerfung dieses Bodens eine gemeinsame; nach innen ist er nicht getheilt, der Einzelne kann nicht zugreifen, wie bei der individualisirten beweglichen Sache; nun muss erst als eine künstliche Aufgabe die Individualisirung, die Theilung unter den Einzelnen folgen, die eben nur von der Gemeinschaft selbst ausgehen kann" [22]). Und andrerseits hat auch der Besitz, gleichwie der Erwerb, beim Grund und Boden eine mehr soziale Natur, als bei der beweglichen Sache. Wie ebenfalls Fricker [23]) mit Recht ausführt, folgt aus der Beweglichkeit des Menschen gegenüber der Unbeweglichkeit des Bodens, dass letzterer „nicht in derselben Ausschliesslichkeit zur Disposition der Einzelnen stehen kann, wie das bewegliche Eigenthum, dass er überhaupt von dieser Seite her von vornherein als etwas Gemeinsames erscheint".

Wenn nun ein Rechtssystem sein Schwergewicht auf die rechtliche Verbindung des Menschen mit Grund und Boden, nicht auf die mit dem Sachindividuum, der beweglichen Sache, legt, so überträgt sich naturgemäss Etwas von der Gebundenheit, dem sozialen, anti-individuellen Wesen des Grund und Bodens auf die Gestaltung der menschlichen Rechtsbeziehungen überhaupt. Und wenn das liegende Gut für das wichtigste Besitzthum des Einzelnen, nur dies für wahres

---

[22]) Fricker a. a. O. S. 22, 23.

[23]) a. a. O. S. 22.

„Eigen" gilt, welchem er allein seine Stellung und Bedeutung in der Gemeinschaft dankt, so muss dies die Idee einer Sonderung der Rechte und Pflichten, welche der Einzelne als solcher gegen andere Einzelne, und derjenigen, welche er als organisches Glied der Gesammtheit gegenüber dieser Gesammtheit hat, auf lange Zeit zurückdrängen. Die soziale Natur des Grundeigenthums als der Hauptbesitzart trägt in die Privatrechtsverhältnisse ein starkes sozial- und öffentlich-rechtliches Element hinein, während andrerseits die Verquickung aller möglichen Rechtsverhältnisse mit Besitz- und Nutzungsrechten an Grund und Boden das öffentliche Recht privatrechtlich inficirt. Während das römische *dominium* „als rein privatrechtlicher Begriff die Sache nur als Vermögensbestandtheil setzte, war das germanische Eigen von je gleichzeitig Grundherrschaft und Grundvermögen, und barg in einer Hülle die Keime der heutigen Gebietshoheit und die Keime des heutigen Eigenthums" [24]).

Aus dieser ganzen Vorstellungsart heraus erklärt sich nun auch leicht die eigenartige Begriffskategorie der objektiven Rechtseinheit. Wenn jene Rechtsanschauung, welche die Beziehungen des Menschen zum Grund und Boden vornehmlich in's Auge fasst, etwas von der natürlichen Gebundenheit des Bodens auf die menschlichen Verhältnisse überträgt, so liegt es ihr andrerseits auch nahe, den Grund und Boden gleichsam menschlich zu beseelen. Für diese Rechtsanschauung durchdringen sich gegenseitig der Erdboden und die Menschen, die ihn bewohnen. Die Betrachtung der ungetrennten Einheit des Bodens führt leicht zur Anerkennung wirklicher — nicht blos gedachter — Gesammtwesen über den Individuen; und die Bedeutung, welche man dem Boden für die ihn bewohnenden Menschenverbände beimisst, führt ebenso leicht dazu, die Eigenschaft einer rechtlichen Einheit, eines Rechtsträgers von den Bewohnern auf den Boden selbst zu übertragen. Auch dies ist nur eine Aeusserung jener Tendenz, alle Rechtsverhältnisse auf Grund und Boden

---

[24]) Gierke: Genossenschaftsrecht Bd. II. S. 141; vgl. auch Bd. I. S. 126.

zu radiciren. Die individualistische Rechtsanschauung des Römers, welchem nur der einzelne Mensch als reales Wesen und daher auch als einziger natürlicher Rechtsträger erschien, konnte „als Ausgangs- und Mittelpunkt aller Rechtsverhältnisse einseitig und ausschliesslich die Personen“ betrachten; und zwar auch diese nur als wirkliche oder künstliche Individuen. Der Auffassung des deutschen Rechts, welches durch die Beachtung des Grund und Bodens sich gewöhnt hatte, den Einzelnen als zusammenhängendes Glied eines untheilbaren Ganzen anzusehen, lag es nahe, auch Theile des Grund und Bodens als Rechtsträger den Theilen der menschlichen Verbände d. h. den Individuen ähnlich zu behandeln. „Das deutsche Recht“, sagt Gierke [25]), „stellte von je die Sachen als Ausgangspunkte von Rechtsverhältnissen neben die Personen. Weil ihm die Person nicht absoluter, sondern bedingter Wille, das Recht nicht einseitige Befugniss, sondern zugleich befugende und bindende Beziehung war, musste ihm auch die Sache zugleich als bedingt durch das Recht und als bedingend für das Recht, als Endpunkt und als Ausgangspunkt der auf sie gerichteten Willensbeziehung erscheinen. So konnten die einzelnen Sachen im weitesten Umfange mit bestimmten Rechtsqualitäten bekleidet, ja es konnte zuletzt bei Grundstücken eine Standesqualität möglich werden. Die Sachen konnten ferner unter einander in die mannigfachsten objektiven Beziehungen der gegenseitigen Verbindung und Zusammenfügung, der Ueber- und Unterordnung treten“.

Dass das Vorhandensein solcher „objektiven Rechtseinheiten neben den subjektiven Willenseinheiten“ [26]) auf die Gestaltung des Körperschaftsbegriffs von tiefgreifendem Einflusse sein musste, leuchtet ein. Denn durch diese objektiven Rechtseinheiten war die Möglichkeit gegeben, ein dingliches Moment in das innere Wesen der Körperschaft aufzunehmen; eine solche objektive Einheit schlang ein körperliches, sichtbares Band um eine Mehrzahl menschlicher Individuen; sie

25) Gierke a. a. O. Bd. II. S. 66 fg.; vgl. auch S. 92 und 94 fg.
26) Gierke a. a. O. S. 68.

erleichterte die Verdichtung der älteren Genossenschaften zu eigentlichen Körperschaften [27]).

Von bleibender Bedeutung für das deutsche Staatsrecht war diese Verdinglichung der Körperschaft, wie sie sich in den Städten des Mittelalters vollzog. Und zwar kommt gerade nur der städtischen Entwicklung diese Bedeutung aus zwei Gründen zu. Einmal weil nur in den Städten sich eine genossenschaftliche Bildung von grösserem Belang erhielt, während überall sonst das Herrenrecht durchdrang; sodann weil in den Städten zuerst und am entschiedensten die Sonderung von privatem und publicistischem Recht an Grund und Boden, und damit die von Privat- und öffentlichem Recht überhaupt sich vollzog. „Die Bedeutung der mittelalterlichen Städte war auf allen Gebieten und so auch auf dem Gebiete von Verfassung und Recht keine geringere, als dass sie aus dem Mittelalter die neue Zeit geboren haben“ [28]).

Der herrschaftliche Verband „ist in seiner reinen Gestalt diejenige Gemeinschaft, in welcher Einer das ist, was in der Genossenschaft Alle sind“ [29]). Daraus ergiebt sich, dass ein derartiger Verband sich naturgemäss im Herrn verkörpert; dass also in der Person des Herrn das einigende Moment gegeben ist, welches für den genossenschaftlichen Verband mit Hilfe jener objektiven Rechtseinheit hergestellt wird. Auch diese herrschaftlichen Verbände erfuhren — gemäss dem allgemeinen Zuge des deutschen Rechts — eine Verdinglichung,

---

[27]) Vgl. oben S. 247.

[28]) Gierke in v. Holtzendorff's Rechtslexikon Bd. II. S. 44. — Ausreichende Litteraturnachweise über die Entwicklung des Gemeinderechts s. ebenda S. 67; ferner G. Meyer: Deutsches Staatsrecht (2. Aufl.), S. 295 n. 3; S. 298 n. 8. H. Schulze: Preussisches Staatsrecht (2. Aufl.) Bd. I, S. 446, 454, 478; Brunner in v. Holtzendorff's Encyclopädie, S. 185; vgl. auch das unten n. 57 gegebene Litteraturverzeichniss; ferner Bornhak: Geschichte des preuss. Verwaltungsrechts, bes. Bd. I, S. 41 und 257.

[29]) Gierke: Genossenschaftsrecht, Bd. I. S. 89. Betreffs des Wesens von Genossen- und Herrenrecht und ihrer beiderseitigen Entwicklung kann hier nur im Allgemeinen auf das Werk Gierke's verwiesen werden.

und zwar in allen ihren Erscheinungsformen von der königlichen Krone, den Herzogthümern und Grafschaften bis herab zur kleinsten Grundherrschaft[30]). Aber die Verbindung, in welche die Eingesessenen durch diese Verdinglichung zum Grund und Boden gebracht wurden, war eine indirekte, stets durch die Person des Herrn vermittelte. Die Herrschaft ward insofern auf Grund und Boden radicirt, als die obrigkeitliche Gewalt über die Leute in enge Verbindung mit dem Rechte des Herrn am Lande gebracht wurde; und die Leute bildeten einen hofrechtlichen Verband, weil sie auf Land sassen, welches dem Herrenhofe unterthan war. So hatte für diese herrschaftlichen Verbände auch die immer mehr um sich greifende Immunität[31]) nur die Bedeutung, die Person des Herrn in jeder Beziehung zwischen seine Hintersassen und die höheren Gewalten einzuschieben, die Hintersassen völlig mittelbar zu machen. Die Abschliessung des herrschaftlichen Immunitätsverbandes nach aussen liess also die Angehörigen desselben sich als eine Einheit nicht direkt — wie in den Städten —, sondern nur durch das Dazwischentreten des Herrn empfinden. „Vollfreie Höfe, grundherrliche Hofmarken, Immunitäten mit der Bedeutung einer Cent, Immunitäten mit Grafschaftsrechten, fürstliche Territorien, Landesherrschaften und souveräne Staaten sind die Glieder einer langen Entwicklungsreihe, welche den Herrschaftsverband von den alten Genossenverbänden und den sie fortsetzenden Amtsverbänden in stetigem Fortschritt eximirte“ [32]). Aus dieser Entwicklungsreihe der herrenrechtlichen Gebilde scheiden schon seit dem 10. Jahrhundert als Wesen eigener Art die Städte aus. Während überall sonst — mit unwesentlichen Ausnahmen in einigen Gebirgs- und Küstenstrichen — das Hofrecht siegreich war und die alten Genossenverbände durch Herrschaftsverbände ersetzte, vollzog sich in den Städten eine Umbildung der Gemeindegenossenschaft zur Körper-

---

[30]) cf. Gierke a. a. O. Bd. I. S. 127 fg.

[31]) Vgl. Brunner a. a. O. S. 179; K. Maurer a. a. O. S. 214 fg. v. Löw: „Geschichte der deutschen Territorialverfassung“ (Heidelberg 1832) S. 155 fg. u. a. m.

[32]) Gierke a. a. O. Bd. I. S. 135.

schaft[33]). So mussten die Städte und ihr Recht als eine Ausnahme zu Gunsten des freien Volksrechts von dem im übrigen herrschenden Hof- und Dienstrecht erscheinen; die ihr Recht setzende Urkunde als ein Privilegium; die Errichtung eines solchen als ein Befreien der Stadt, *„urbem libertare"* [34]).

Die Umbildung einer Genossenschaft zur Körperschaft bedeutet — nach dem früher Gesagten[35]) — die Verdichtung derselben zu einer Einheit in der Vielheit. Im Gegensatz zu dieser in den mittelalterlichen Städten vollzogenen Entwicklung bestand der Werdegang, welchen die herrschaftlichen Verbände durchliefen, und welcher in dem „souveränen" Staate des Absolutismus gipfelte, in der Errichtung einer Einheit über der Vielheit, d. h. in der Umbildung der alten Genossenschaft zur Anstalt. War für diesen Prozess die über der Vielheit stehende Einheit in der Person des Herrn gegeben, so bedurfte es dagegen für jene andere Entwicklung noch eines verbindenden Elementes, welches die Vielheit zu einer immanenten Einheit zusammenschloss. Denn ursprünglich war die städtische Bevölkerung sehr weit davon entfernt, eine irgendwie geartete Einheit zu bilden; vielmehr trug sie einen weit ungleichartigeren Charakter, als die Hintersassenschaft der herrschaftlichen Verbände. „In den alten königlichen Bischofssitzen, den ältesten Entwicklungspunkten des Staatsrechts, sassen anfangs vollfreie Gemeinden, bischöfliche Vasallen und Dienstmannen, hörige Leute der Kirche, königliche Fiskalinen, als verschiedene Genossenschaften, nur räumlich und äusserlich neben einander"[36]). Diese heterogenen Elemente zu einer körperschaftlichen Einheit zusammenzuschweissen, dazu war es nothwendig, aus der Thatsache des räumlichen Zusammenwohnens den Begriff einer objektiven Rechtseinheit zu gestalten, und zugleich dieses äusserliche Moment durch seine Aufnahme in den Körperschaftsbegriff zu ver-

---

[33]) Vgl. Gierke a. a. O. Bd. II. S. 448.

[34]) Vgl. Schulze a. a. O. S. 456.

[35]) cf. oben S. 247.

[36]) Schulze a. a. O. S. 455.

innerlichen. Dass sich dieser Prozess in einer für die ganze moderne Staatsgestaltung so fruchtbaren Weise vollzog, beruht vor allem darauf, dass sich in den mittelalterlichen Städten zuerst jener Begriff einer objektiven Rechtseinheit als ein rein öffentlich-rechtlicher Begriff ausbildete; dass der Grund und Boden als objektive Rechtseinheit im publicistischen Sinne, d. h. als Gebiet sich begrifflich vom privaten Grundeigenthum sonderte; und dass dieser Vorgang in organischem Zusammenhange, in Wechselwirkung stand mit der Zusammenschliessung der Bewohner zur Körperschaft. Aus dieser wechselseitigen Durchdringung des persönlichen und dinglichen Körperschaftselements erstand die Kategorie der Gebietskörperschaft.

Wir haben oben (S. 304fg.) darauf hingewiesen, dass, wenn das liegende Gut für das wichtigste Besitzthum des Einzelnen, nur dies für wahres „Eigen" gilt, von welchem allein Stellung und Bedeutung in der Gemeinschaft abhängt, in Folge der eigenartig sozialen Natur des Grundbesitzes die Idee einer Sonderung öffentlicher und privater Rechte und Pflichten auf lange Zeit zurücktritt. Jene Voraussetzung kam nun während des Mittelalters zuerst und vollständig nur in den Städten in Wegfall. „Hier vollzog sich zuerst der Uebergang von der ausschliesslichen Naturalwirthschaft zur Geldwirthschaft"; und der Haupthebel dieses Ueberganges, die Verselbständigung des Zinsrechtes, „lag in der steigenden Bedeutung der Fahrhabe überhaupt begründet, welche in den Städten zuerst neben dem Grundbesitze einen selbständigen wirthschaftlichen Werth erlangte und nicht mehr wie früher als blosses Zubehör desselben betrachtet werden konnte"[37]). Diese wirthschaftliche Differenzirung von Stadt und Land steht mit der rechtlichen in Wechselwirkung. Hatte jene den durch das Zusammenwohnen Vieler auf engem Raume bedingten Verkehr, die dadurch erzeugten Betriebe und Gewerbe zur Voraussetzung, so ermöglichte und beförderte sie andererseits die Gestaltung jener thatsächlichen Voraussetzungen zu rechtlichen

[37]) Brunner a. a. O. S. 183, 184.

Organisationen. Es ist dies nichts, als eine Aeusserung jenes Gesetzes organischer Wechselwirkung, welches oben[38]) für den Werdegang von Staat und Recht überhaupt aufgestellt worden.

Mit der steigenden Bedeutung, welche die Fahrhabe in den seit dem 10. Jahrhundert sich entwickelnden städtischen Niederlassungen gewann, ward auch für das Immobiliarrecht der Keim einer Scheidung publicistischer und privater Rechtsverhältnisse am Grund und Boden gegeben. Denn mit der Verselbständigung und dem Hervortreten des Rechts an der Fahrhabe gewann zuerst im deutschen Rechtsleben ein reines Individualrecht, welches als solches die Grenzen des Privatrechts nicht überschreiten konnte, also von allen publicistischen Elementen frei bleiben musste, Leben und Bedeutung. Alle jene sozialrechtlichen Bestandtheile, welche — wie oben dargelegt worden — von einer vornehmlich die Rechtsverhältnisse des Grund und Bodens in's Auge fassenden Rechtsanschauung unzertrennlich sind, fehlten hier; das Recht an der Fahrniss war lediglich eine Beziehung des menschlichen auf das Sachindividuum. War damit die Grundlage eines reinen Individualrechts gegeben, so lag es nahe, dasselbe, soweit als möglich, auch in das Immobiliarrecht hineinzutragen, d. h. zu unterscheiden zwischen den Rechten, welche dem Individuum als solchem gegenüber anderen Individuen bezüglich des Grund und Bodens analog wie bezüglich der Fahrniss zustanden, und den Immobiliarrechten, bei welchen der Einzelne nur als Glied der Gesammtheit in Betracht kam. Auch dieser rechtliche Prozess steht in engem Zusammenhange mit thatsächlichen, wirthschaftlichen Verhältnissen. Denn es lag in der Natur des städtischen Lebens, dass hier die Benutzung des Bodens als Wohn-(und Gewerbe-)Stätte immer mehr jede andere Benutzungsart überwog. Nun hat sich aber schon seit der Urzeit germanischer Ansiedelungen innerhalb der wirthschaftlichen und rechtlichen Dreitheilung in Hofstätte, Ackerland und gemeine Mark zuerst an der Hofstätte, welche in

---

[38]) Vgl. Abschnitt VIII.

ihrer Umhegung die Wohn- und Wirthschaftsgebäude barg, eine Sondernutzung und allmälig ein Sondereigenthum entwickelt. Letzteres soll an der Hofstätte schon zur Zeit des Tacitus bestanden haben, während für das Ackerland noch lange die Feldgemeinschaft mit wechselnder Hufenordnung fortdauerte und die gemeine Mark als Almende sich bis in die Neuzeit erhalten hat [39]).

Während nun für das ländliche Wirthschaftsleben der Schwerpunkt im Ackerland lag, und daneben auch Wald und Weide der Almende für die Landwirthschaft unentbehrlich war, traten beide für die specifisch städtischen Wirthschaftsbetriebe, das Handwerk und den Handel, gegenüber der Hofstätte als dem Sitze derselben zurück. Damit gewann auch wirthschaftlich das Sondereigenthum an Grund und Boden das Uebergewicht über die Besitzarten von mehr sozialer Natur, und verband sich mit dem verselbständigten Recht an der Fahrniss zu einem wesentlich individualistischen Privatrecht, wenngleich dasselbe seine deutsche Natur in der verschiedenen Behandlung des Mobiliar- und Immobiliarrechts immerhin nicht verleugnete, bis dass endlich diese Entwicklung durch die Reception des rein individualistischen römischen Rechts mit seiner begrifflichen Gleichstellung des Eigenthums an beweglichen und an unbeweglichen Sachen ihren Abschluss fand.

Diese in den Städten sich vollziehende Ausscheidung eines grossen Theiles der Rechte am Grund und Boden als reines Privatrecht musste nun auch die rechtliche Natur des noch übrigen Immobiliarrechts verwandeln, indem dasselbe nach der Absorbirung der individualrechtlichen Elemente im Privatrecht zu reinem Sozialrecht wurde. Demgemäss trug das rechtliche Verhältniss der städtischen Bürgerschaft als solcher, als Gemeinschaft zu dem Grund und Boden, auf welchem sie sass, einen völlig anderen Charakter, als das der ländlichen Gemeinde zu

---

[39]) Vgl. Brunner: Deutsche Rechtsgeschichte (in Binding's Handbuch), Bd. I. S. 59, 61; und Gierke: Genossenschaftsrecht, Bd. I. — Betreffs der Kontroversen über Sonderrecht und Gemeinschaftsrecht in der Urzeit ist auf Brunner a. a. O. S. 58 zu verweisen; ebenda S. 56 fg. Litteraturnachweise.

ihrer Mark. Wirthschaftsleben und Rechtsgestaltung wirkten gemeinsam auf eine immer verstärkte Differenzirung von Stadt und Land hin.

„Die Dorfgemeinde war eine Genossenschaft, welche auf Markgemeinschaft beruhte, wo das wirthschaftlich-privatrechtliche Element der Flurgemeinschaft mit dem öffentlich-rechtlichen einer Rechts- und Friedensgenossenschaft verbunden war[40]). Diesen gemischten Charakter hat die ländliche Gemeinde aus sich heraus nicht zu überwinden vermocht; ihre Mark war „sowohl ein territoriales Herrschaftsgebiet, als ein gemeinsames Grundvermögen"[41]). Auch als das fast überall siegreiche Herrenrecht die ländlichen Verbände mehr und mehr von Genossenschaften in Anstalten gewandelt hatte, blieb das rechtliche Verhältniss bezüglich des Grund und Bodens ein ungesondert öffentlich-privat-rechtliches, welches gleichzeitig die Nutzungsbefugnisse des Bauern und die territoriale Gewalt des Dynasten umfasste[42]). Eine Scheidung trat erst ein, nachdem sich aus dem Keime des anstaltlichen Herrschaftsverbandes der absolute, „souveräne" Staat entwickelt hatte und nunmehr die Verhältnisse der ihm unterworfenen Verbände von oben her reglementirend ordnete. Der absolute Staat war es, der endlich auch in den Landgemeinden die Sonderung von privatem und öffentlichem Recht durchführte, indem er die Realgemeinde vollständig in das Privatrecht verwies, und unabhängig von dieser eine politische Gemeinde als reine Staatsanstalt schuf[43]).

Bis auf den heutigen Tag wirkt diese Verschiedenheit ländlicher und städtischer Rechtsentwicklung fort; aus ihr erklärt sich leicht, wesshalb die Landgemeinden die Schmerzenskinder für die Selbstverwaltungsorganisation des modernen Rechtsstaats sind. Folgt aus dem Wesen des letzteren, dass er den umfassenden Gesammtorganismus des Staates als politischer Körperschaft organisch aufbaut aus einer ununterbrochenen Reihe

[40]) H. Schulze a. a. O. S. 479.

[41]) Gierke: Genossenschaftsrecht. Bd. II. S. 326.

[42]) Gierke a. a. O. S. 141.

[43]) Vgl. Schulze a. a. O. S. 482; Gierke a. a. O. S. 327, 456 etc.

ihm eingegliederter, gleichartiger Körperschaften als lebendiger Gemeinwesen[44]), so muss er die Landgemeinden meist erst zu solchen erziehend umwandeln. Denn er findet hier nichts vor, als eine, von einem ihr transcendenten, über ihr stehenden Willen beherrschte Anstalt, die Schöpfung des absoluten Staates, welcher die Voraussetzung alles modernen politischen Lebens, die Scheidung öffentlicher und privater Rechtsverhältnisse, in sie erst von oben her hatte hineintragen müssen. Dagegen hatte sich in den Städten das anstaltliche Wesen des absoluten Staates nur wie eine verhüllende Schicht über das reich entwickelte körperschaftliche Leben gebreitet. Die beiden Elemente einer politischen Körperschaft, das dingliche einer rein publicistischen objektiven Rechtseinheit, und das persönliche einer zu immanenter Einheit organisirten Vielheit waren hier in innerlich organischer Durchdringung ausgebildet. Wie man die Kalkschicht, welche ein barbarisches Zeitalter über prächtige Fresken gebreitet hat, nur abzutragen braucht, um sich wieder der lebendigen Farbenfülle zu freuen, so regte sich nach Ueberwindung des absoluten Anstaltsstaates in den Städten das von jenem unterdrückte körperschaftliche Leben. An die Befreiung und Neubelebung der Städte knüpft sich so der moderne Rechtsstaat an.

Wenn in den allerältesten Genossenschaften, bevor noch der Trieb zur Verdinglichung des Rechts sich bethätigt hatte, die Persönlichkeit allein zur Geltung kam; wenn umgekehrt in den hofrechtlichen Verbänden das persönliche Recht eine Pertinenz des Grund und Bodens bildete, so ging die städtische Entwicklung auf die Zusammenschliessung des persönlichen und dinglichen Elementes zu einer begrifflichen Einheit. „Es wuchsen mehr und mehr Stadtrecht und Bürgerrecht, Stadtgebiet und Bürgerschaft innerlich zusammen .... Der Ausdruck dieser neuen Einheit war die Erhebung des idealen Begriffs der Stadt zur Rechtseinheit“[45]). Die Voraussetzungen, welche diesen Process erst ermöglichten, waren, wie

44) Vgl. oben S. 214.

45) Gierke: Genossenschaftsrecht. Bd. I. S. 310, 311.

im Vorhergehenden dargelegt worden, doppelter Art: nach der persönlichen Seite die Erhaltung des genossenschaftlichen Verbandes mit seiner Tendenz zur Ausbildung einer immanenten Einheit — im Gegensatz zum Herrschaftsverbande mit seiner Tendenz zur Ausbildung einer transcendenten Anstaltseinheit —; nach der dinglichen Seite die Ausscheidung der individualistisch-privatrechtlichen Bestandtheile des Immobiliarrechts, so dass hier eine rein publicistische objektive Einheit übrig blieb. Auf diese Weise fügten sich beide Elemente ergänzend in einander. Gemeinsam war ihnen von vornherein der ausschliesslich sozialrechtliche Charakter, welcher die Auffassung der in Betracht kommenden Rechtsverhältnisse als solcher von Individuum zu Individuum ausschloss. Und wenn jene objektive Einheit des räumlichen Substrats ein zusammenschliessendes Band um die Vielheit der Bewohner schlang, so ward andrerseits dieses dingliche Element von dem dasselbe erfüllenden körperschaftlichen Leben, dessen Theil es wurde, gleichsam beseelt. So zeigten sich hier die Lieblingsideen deutschen Rechts, die Radicirung ursprünglich persönlicher Rechtsverhältnisse auf Grund und Boden und die Belebung des Bodens zur Rechtseinheit, in eigenartiger, publicistischer Gestaltung.

Zunächst war die Stadt nichts, als eine Stätte, welche sich durch die Zusammenziehung einer grösseren Menge von Wohnplätzen auf engem Raume von dem mit Dörfern und einzelnen Höfen besetzten flachen Lande rein äusserlich unterschied. Dieser Unterschied war theils die Wirkung, theils auch wieder die Ursache eines besonderen städtischen Gewerbelebens. Handel und Wandel zogen sich an diesen Plätzen naturgemäss zusammen; nur hier fanden zuerst *thatsächlich* Märkte statt, und in der Folge erhielten diese Plätze das Marktrecht als Privilegium. Im Anschluss daran entwickelte sich ein besonderer Stadtfriede innerhalb jenes Raumes, der sich nun durch Wall und Mauer vom flachen Lande abschloss. Indem sich an diesen Kern ein mehr oder weniger weiter Gürtel ansetzte, welchen der Stadtbann mit städtischem Frieden und städtischem Recht umfing, geschah es, „dass die Stadt mit allen ihren Pertinenzen und Bewohnern als ein eigenthümlich beschaffenes Territorium aus der allgemeinen Gliederung des Landes heraustrat; dass mit dem Worte Stadt sich nun nicht mehr bloss die Vorstellung einer äusserlich besonders qualificirten Stätte, sondern einer juristisch besonders qualificirten räumlich-dinglichen Einheit verband, welcher ein Stadtfriede, ein Stadtrecht und ein Stadtgericht entsprachen. Die Stadt in diesem Sinne war also eine neue Gebietsart" [46]).

Wohl blieben an diesem in sich geschlossenen Stadtgebiet noch Rechte eines Stadtherrn, sei dies der König, ein Bischof oder weltlicher Reichsfürst, bestehen; aber sie schieden begrifflich aus dem hofrechtlichen Rechtskreise des Herrn aus und wurden zu einem besonders gearteten Rechte an der Stadt als solcher.

Innerhalb dieser räumlich-dinglichen Einheit sass eine zunächst nichts weniger als einheitliche Bevölkerung, für welche anfänglich nur die rein thatsächliche Gemeinsamkeit des Wohnsitzes bestand. Aber indem sich diese thatsächliche Gemeinschaft allmälig in eine Rechtsgemeinschaft wandelte, überwand sie die ursprünglichen Verschiedenheiten und verschmolz die Menschen, welche innerhalb jener dinglichen Einheit sassen, zur körperschaftlichen Einheit. Die Gesammtheit der Stadtbewohner wurde zur Bürgerschaft.

Dass für diesen Einigungsprocess die dingliche Einheit der Ausgangspunkt gewesen ist, dafür legt die Sprache ein charakteristisches Zeugniss ab. Für den Römer, dem lediglich das Individuum der Ausgangspunkt aller Rechtsverhältnisse war, musste füglich der einzelne Bürger das primäre sein, die Stadt (oder der Staat) als die nur gedachte Gesammtheit der Einzelnen das von jenem abgeleitete: *civis-civitas*. Gerade umgekehrt ist dem deutschen Sprachgeist die Stadt oder Burg das primäre, der Bürger das davon abgeleitete. Und auch der lateinisch schreibende Deutsche des Mittelalters mochte diese Anschauung nicht verleugnen, er setzte nicht nur neben den *civis* den *urbanus* oder *burgensis* [47]), sondern er betrachtete

[46]) Gierke a. a. O. Bd. II. S. 575.

[47]) Vgl. Schulze a. a. O. S. 455.

sogar das von *civis* abgeleitete Wort *civitas* seinerseits als Grundform, von der er das Wort *civitatensis* ableitete[48]. So bekundet laut genug die Sprache, dass nach deutscher Rechtsanschauung die objektive, dingliche Rechtseinheit des Stadtgebiets es war, welche die Bewohner zur einheitlichen Körperschaft der Städter, der Bürger zusammenfügt.

Diese Zusammenfügung der von einer räumlich-dinglichen Einheit umschlossenen Einzelnen zu einer körperschaftlichen, d. h. einer der Vielheit immanenten Einheit musste auf den rechtlichen Stand der Einzelnen zurückwirken. Das Lebensprincip dieser Bildung war die Freiheit; denn nicht wie in den hofrechtlichen Verbänden verkörperte sich die Einheit in der über der Gesammtheit stehenden Person des Herrn, sondern jeder Einzelne war ein organisches Glied, ein integrirender Theil des Gesammtwesens. So war es nur konsequent, wenn dem Grundsatze des Wildfangsrechts: „Luft macht unfrei“ das Weichbildrecht den Satz: „Luft macht frei“ entgegenstellte; denn wie jenes der Ausdruck dafür war, dass man sich durch Aufenthalt im hofrechtlichen Verband unter die Gewalt des darüber stehenden Herrn gab, so bekundete dies, dass man durch Aufenthalt im städtischen Weichbild Glied und Theil der von ihm umschlossenen freien Gemeinde wurde. Dass die Gemeinde gleichberechtigter Freien, alle früheren Gegensätze überwindend, sich mit der Gesammtheit der Bewohner des Stadtgebietes decke, — das war das Ziel, welchem die ganze städtische Entwicklung zustrebte, und dies war nichts anderes, als „die äussere und innere Verschmelzung der subjektiven und der objektiven Begriffseinheit“ [49].

Wie sich diese Zusammenschliessung zur Einheit vollzog, so traten die Organe dieser immanenten, körperschaftlichen Einheit, die eigenen Organe der Stadt neben den Stadtherrn, und verdrängten schliesslich dessen Befugnisse mehr und mehr. So kam es, dass vor der Wesensgleichheit der Städte als körperschaftlicher Gesammtpersonen die ursprünglichen Unter-

[48]) Gierke a. a. O. Bd. II. S. 579, 580.
[49]) Ebenda S. 585.

schiede königlicher, bischöflicher und fürstlicher Städte in demselben Masse zurücktraten, wie die Stellung des Stadtherrn vor der Bedeutung der Stadt selbst verblich[50]). Waren die Rechte des Stadtherrn — der deutschen Rechtsanschauung gemäss — dinglicher Natur, Rechte an der Stadtmark gewesen, so gingen dieselben nunmehr auf die eben durch die objektive Einheit des Stadtgebiets zu einer persönlichen Einheit zusammengefügte Gesammtheit der Bürger über. Beruhte im herrschaftlichen Verbande die Gewalt des Herrn über seine Leute vornehmlich auf der Idee, dass dieselben auf herrschaftlichem Boden sassen, so beruhte die Herrschaft der städtischen Gesammtperson über die Bürger darauf, dass dieselben durch Ansiedelung innerhalb der objektiven Einheit des Stadtgebiets Theile und Glieder der Gesammtperson geworden, zu welcher sich die Gesammtheit der von jenem Gebiet umschlossenen Einzelpersonen organisirt hatte. Während also in jenem Verhältniss ein herrschendes Individuum andern, beherrschten Individuen äusserlich gegenüberstand, herrschte hier eine Gesammtperson über die ihr organisch eingegliederten Gliedpersonen. War jenes ein Rechtsverhältniss zwischen Individuen, welches sich dieser individualrechtlichen Natur gemäss in den Bahnen des Privatrechts bewegen musste, so handelte es sich hier um die Rechtsbeziehungen eines Gesammtorganismus zu seinen organischen Theilen, d. h. um die innere rechtliche Struktur einer Verbandsperson, welche dieser sozialrechtlichen Natur gemäss die Bahn des öffentlichen Rechts betreten musste. Und während dort das herrschende Individuum seinem Lande rein äusserlich als dem Objekte seines Individual-Willens gegenüberstand, war hier die objektive Rechtseinheit des Gebiets ein innerliches Element im Organismus der herrschenden Gesammtperson. Das Recht des Herrn am Lande vermochte, da es ein Individualrecht war, niemals die Namen und Formen des Privatrechts abzustreifen;

---

[50]) Vgl. v. Löw: „Geschichte der deutschen Reichs- und Territorial-Verfassung“ (Heidelberg 1832), S. 307; Bornhak: „Geschichte des preussischen Verwaltungsrechts“. Bd. I. S. 257.

das rechtliche Verhältniss der Stadt zu ihrem Gebiet sondert sich, da es ein sozialrechtliches Verhältniss ist, scharf vom privatrechtlichen Grundeigenthum. Wohl bleibt die Stadt auch Grundeigenthümerin eines Theils ihrer Mark; aber als solche steht sie jedem ihrer grundbesitzenden Bürger begrifflich gleich. Dagegen kommt ein Gebiet, die objektive Einheit des gesammten Weichbilds, als organisches Element ihres inneren Wesens nur ihr allein zu. Die objektive Einheit des Gebiets hat die Vielheit der von ihm umschlossenen Individuen zu körperschaftlicher Einheit zusammengefügt; darum steht es mit dieser Einheit in der Vielheit, und nur mit ihr in unlöslicher Verbindung. Weder der Einzelne, welcher einen Theil des Stadtbodens als Privateigenthum besitzt, noch etwa der Bürgermeister und Rath, welche als Organe der Körperschaft die einheitliche Seite derselben vertreten, noch auch die Stadt selbst, sofern sie als Quasi-Individuum in individualrechtliche Verhältnisse des Privatrechts eintritt, haben ein Gebiet; ein solches hat einzig und allein die Stadt als Einheit in der Vielheit, wie auch nur sie Bürger als Gliedpersonen hat. Die von der objektiven Einheit des Gebiets umschlossene, organisirte Gesammtheit der Bürger, das von der Gesammtperson der Bürgerschaft belebte Areal bilden in untrennbarer Durchdringung die Stadt als **Gebietskörperschaft.** Weil dieser Begriff des Gebiets ein rein sozialrechtlicher ist, desshalb „führt er zum Untergange aller feudalen nnd patrimonialen Verhältnisse“ [51]), als welche stets individualrechtliche Elemente in sich enthalten; weil die deutschen Städte des Mittelalters diesen Begriff zuerst ausgebildet haben, desshalb sind sie die Geburtsstätte eines wirklichen d. h. sozialrechtlichen öffentlichen Rechts, die erste Erscheinungsform des modernen Staates. „Wie in allen Beziehungen die Städte als die Geburtsstätten der neuen Gedanken zu betrachten sind, welche den Uebergang von der mittelalterlichen Kulturepoche zur modernen angebahnt haben, so vollendete sich hier auch der deutsche Körperschaftsbegriff und erzeugte durch die Erhebung der Stadt

[51]) Gierke a. a. O. Bd. II. S. 673.

zur Person das erste wahrhaft staatliche Gemeinwesen deutscher Bildung" [52]).

Aus dieser Betrachtung des Entwicklungsganges der Städte als des Prototyps der **Gebietskörperschaften** ergiebt sich zur Bestimmung dieses Begriffs beziehungsweise des ihn bedingenden Begriffs „Gebiet" folgendes:

1. Der Begriff des Gebiets im prägnanten, technischen Sinne ist ein specifisch **sozial**rechtlicher, d. h. er bezieht sich auf eine eigenthümliche Organisation von Gliedpersonen zur Gesammtperson; er ist ein Element in dieser Gliederung. Folglich kann von einem Gebiet niemals die Rede sein, wo es sich um rechtliche Beziehungen zwischen Individuen als solchen handelt; die Kategorien des Eigenthums, des Besitzes u. a. m., welche die äussere Willensherrschaft eines Individuums über eine Sache als Objekt bezeichnen, sind mit dem Begriffe des Gebiets incommensurabel.

2. Der Begriff des Gebiets ist ein **Rechts**begriff, und das Verhältniss der Gesammtperson zu ihrem Gebiet ist ein **Rechts**verhältniss; denn die innere Gliederung, die Struktur der Gesammtpersonen ist rechtlicher Natur [53]), und daher auch der Begriff des Gebiets als eines Elementes dieser Struktur. Aber das Gebiet ist ebenso wenig Objekt eines dinglichen Rechts der Gesammtperson, wie die Gliedperson im Obligationsverhältniss zur Gesammtperson steht. Vielmehr ist in beiden Fällen das Recht der letzteren das eines rechtlichen Gesammtorganismus an seinen organischen Theilen.

3. Das Gebiet als **objektive** Rechts**einheit** steht in Wechselwirkung mit der Verdichtung genossenschaftlicher Elemente zur **subjektiven** Rechts**einheit**, d. h. zur **Körperschaft**. Im Gegensatz zu den anstaltlichen Herrschaftsverbänden ist hier also das einigende Element kein persönliches, sondern ein dingliches; und es steht ferner nicht ausserhalb des Verbandes, sondern ist ein organischer Theil desselben.

---

[52]) Ebenda S. 573; vgl. auch Bd. I. S. 300.

[53]) Vgl. oben S. 237 fg.

4. Das Gebiet ist daher ein Moment im **Werdegange** einer Körperschaft, und folglich nur als Element „**gewordener**“ Körperschaften möglich. Die unlösliche, organische Verbindung des persönlichen und des dinglichen Elementes solcher Körperschaften beruht auf der entwicklungsgeschichtlichen Durchdringung beider. Wie das Gebiet nur entstehen konnte durch die Verdichtung der Vielheit seiner Bewohner zur körperschaftlichen Einheit, so konnte diese sich nur vollenden, indem der Raum, den ihre Glieder bewohnten, den Charakter einer objektiven Einheit annahm. Solche genetische Durchdringung ist aber nur möglich im Laufe eines organischen Werdeganges; sie ist das Produkt organischen Wachsthums, nicht menschlicher Willkür. Nur „gewordene“, nicht „gewillkürte“ Körperschaften erscheinen daher als Gebietskörperschaften.

Demnach ist **Gebietskörperschaft**: eine gewordene Körperschaft, welche, entstanden durch die Wechselwirkung eines genossenschaftlichen und eines dinglichen Verdichtungsprocesses, eine persönliche und eine dingliche Rechtseinheit in organischer Durchdringung umschliesst;

und **Gebiet** ist eine dingliche Einheit des Sozialrechts, welche in ihrem Entstehen und Bestehen mit der Verdichtung einer Genossenschaft zur körperschaftlichen Einheit unlöslich verknüpft ist.

Bei dieser Begriffsbestimmung der Gebietskörperschaft ist jedoch zunächst ein Punkt noch unberücksichtigt geblieben, und musste es bleiben, weil diese Begriffsbestimmung zuvörderst nur an die erste historische Erscheinungsform der Gebietskörperschaft, die mittelalterliche Stadt, anknüpft. Es wurde früher [54]) als wesentliche Eigenschaft jeder Körperschaft die Fähigkeit bezeichnet, anstaltliche Elemente in sich aufzunehmen, d. h. zugleich eigener Organismus und Glied eines höheren Organismus sein zu können. Diese Fähigkeit hat die Gebietskörperschaft als Art der Gattung „Körperschaft“ mit allen

[54]) Vgl. oben S. 251 fg.

übrigen gemein. Es wurde jedoch ferner betont[55]), dass Körperschaften solche anstaltlichen Elemente in ihr Wesen aufnehmen können lediglich gegenüber weiteren, sie selbst mitumfassenden Körperschaften; und nicht gegenüber fremden Persönlichkeiten, zu welchen sie in keinem organischen, gliedmässigen Verhältniss stehen. Der Grund hierfür wurde in der Nothwendigkeit gefunden, dass die Durchdringung des der Verbandsperson immanenten Willens mit dem sie beeinflussenden, ihr transcendenten Willen eine organische sein müsse, damit die für den Begriff der Gesammtperson wesentliche Willenseinheit erhalten bleibe. Da nun die Gebietskörperschaft neben der — jeder Körperschaft eigenen — Willenseinheit die ihr besondres Kriterium bildende dingliche Rechtseinheit des Gebiets in sich enthält, so folgt mit logischer Nothwendigkeit, dass auch der höhere Gesammtorganismus, dem gegenüber eine Gebietskörperschaft anstaltliche Elemente in sich aufnehmen könnte, mit der Willenseinheit die dingliche Einheit des Gebiets in sich vereinigen muss, d. h. dass sich eine **Gebietskörperschaft** nur einer anderen **höheren Gebietskörperschaft** als organisches Glied einfügen kann. Denn das Gebiet nimmt — als eine sozialrechtliche Einheit — Theil an der organischen Natur aller sozialrechtlichen Begriffe; und wie also eine Willenseinheit nur durch Eingliederung in eine ihr homogene, organische Willenseinheit ihr Lebensprincip nicht aufgiebt[56]), so kann sich die dingliche Rechtseinheit des Gebiets auch nur mit einer ihr homogenen dinglichen Rechtseinheit derart organisch verbinden, dass sie ein Theil jener höheren Einheit wird, ohne dadurch ihren Charakter als eigene Rechtseinheit zu verlieren.

Im Vorhergehenden wurde, gemäss der von unten nach oben fortschreitenden Methode, die Entwicklung der ersten Gebietskörperschaften, der deutschen Städte des Mittelalters, von innen heraus betrachtet; es wurden diese ersten Gebietskörperschaften isolirt in's Auge gefasst; und so konnte nur die ge-

---

[55]) Vgl. oben S. 253 fg.

[56]) Vgl. oben S. 254.

nossenschaftliche Seite ihres Wesens hervortreten, während ihr Verhältniss zu höheren Gesammtpersonen zunächst ausser Betracht blieb. Nun hat aber eine organische Eingliederung dieser Gebietskörperschaften in höhere Gesammtorganismen während der Zeit des alten Reichs thatsächlich nicht stattgefunden; und eine solche konnte begrifflich nicht stattfinden, weil sie, wie oben dargelegt worden, nur in homogene Gebietskörperschaften möglich gewesen wäre, während weder der alte Territorialstaat noch das alte Reich jenen homogen waren. Statt organischer Eingliederung trat dann eine Wandlung des Wesens der Städte ein.

Um dies klar zu stellen, bedarf es einer Erörterung über das Wesen des alten Territorialstaats und des alten Reiches im Hinblick auf ihre begriffliche Verschiedenheit von der Gebietskörperschaft der Stadt [57]).

Es war in den letzten Zeiten des alten Reichs, um die Wende des 18. zum 19. Jahrhundert, da sich die deutsche staatsrechtliche Litteratur mit besondrem Eifer der begrifflichen Konstruktion der deutschen Landeshoheit zuwendete. Man mochte empfinden, dass der Zeitpunkt unabwendlich herannahe,

[57]) Im Rahmen dieser Untersuchung ist eine dogmenhistorische Betrachtung der überaus reichen einschlägigen Litteratur und ein Eingehen auf alle hiermit in Verbindung stehenden Kontroversen unmöglich. Als Quellen der im Texte versuchten Darlegung sind — ausser den Lehr- und Handbüchern des deutschen Reichs- und Partikular-Staatsrechts, der deutschen Staats- und Rechtsgeschichte sowie den Werken Gierke's — besonders folgende ältere und neuere Schriften hier zu nennen, welche, auch soweit im einzelnen nicht auf sie Bezug genommen werden kann, im allgemeinen für die Untersuchung von Bedeutung sind: Andreae Knichen: „*De sublimi et regio territorii jure synoptica tractatio, in qua principum Germaniae regalia territorio subnixa, vulgo* Landesobrigkeit, *indigitata, nusquam antehac digesta luculenter explicantur*“. *Francofurti 1600*. — *Severini de Monzambano* (S. v. Pufendorf): „*De statu imperii germanici*“ (zuerst 1667), Ausgabe von H. Bresslau, Berlin 1870. — *Caesarini Fürsteneri* (Leibnitz): „*Tractatus de jure suprematus ac legationum principum Germaniae*“ *London 1678* in Leibnitz *opera ed. Duteus* Bd. IV. 1789. — *Ludolphi Hugonis:* „*De statu regionum Germaniae liber*

da nach völliger Zerreissung des morsch gewordenen Reichsbandes die deutschen Territorialstaaten als solche ohne den Ueberbau des heiligen Reiches ihren Platz in der Staatenwelt würden einnehmen müssen; und diese Empfindung musste das

---

unus". *ed. Joh. Nic. Hertius, Gissae 1689.* — V. L. v. Seckendorff: „Teutscher Fürstenstaat" Ausgabe: Frankfurt u. Leipzig 1703 (Vorrede von 1655). — Struben: „Nebenstunden" 4. Theil (2. Aufl. Hannover 1765) und zwar: 22. Abhandlung: „Vom Ursprung der Landeshoheit in Teutschland"; 23. Abh.: „Versuch des teutschen Staatsrechts unter König Rudolf I."; 25. Abh.: „Vom Beweis der Landeshoheit". — J. J. Moser: „Von der teutschen Reichsstände Landen", Frankfurt u. Leipzig 1769. — Ders.: „Teutsches auswärtiges Staatsrecht". ebenda 1772. — Ch. G. Biener: „*De natura et indole dominii in territoriis Germaniae eiusdemque effectibus tam in regalibus quam in alienando et obligando territorio conspicuis libri duo*". Halle 1780. — A. F. H. Posse: „Ueber das Einwilligungsrecht teutscher Unterthanen in Landesveräusserungen". Jena 1786. — Ders.: „Ueber das Staatseigenthum in den deutschen Reichslanden und das Staatsrepräsentationsrecht der deutschen Landstände". Rostock u. Leipzig 1794. — J. St. Pütter: „Beyträge zum teutschen Staats- und Fürstenrechte". Göttingen 1777. — Ders.: „Historische Entwicklung der heutigen Staatsverfassung des teutschen Reichs". ebenda 1788. — Ders.: „*Institutiones juris publici*"; deutsche Ausgabe von Graf v. Hohenthal, mit Vorrede und Anmerkungen von Senator Grimm, Bayreuth 1791. — Ders.: „Geist des Westphälischen Friedens, nach dem inneren Gehalte und wahren Zusammenhange der darin verhandelten Gegenstände historisch und systematisch dargestellt". Göttingen 1795. — Häberlin: „Handbuch des Teutschen Staatsrechts, nach dem System des Herrn Geh. Justizrath Pütter". Berlin 1794. — K. S. Zachariae: „Geist der deutschen Territorial-Verfassung". Leipzig 1800. — J. Fr. X. v. Epplen: „Ueber das Princip der deutschen Territorialverfassung. Widerlegung der Schrift des Herrn Prof. Zachariae: Geist der deutschen Territorialverfassung". Frankfurt 1803. — Nic. Thad. Gönner: „Teutsches Staatsrecht". Landshut 1804. — Laurenz Himmelstoss: „Versuch einer Entwicklung des Begriffes und der rechtlichen Verhältnisse der Regalität in Teutschland, mit einem Programm des Herrn Hofraths und Professors Gönner über das rechtliche Princip der teutschen Territorialverfassung". Landshut 1804. — v. Löw: „Geschichte der deutschen Reichs- und Territorial-Verfassung". Heidelberg 1832. — Reichard: „Die Untheilbarkeit der Gebietsbestände und die Regierungsnachfolge in den fürstlichen Staaten Deutschlands"; in der Zeitschrift f. d. ges. Staatswissenschaft, Jg. 1844, H. 3. — Fr. Schmitthenner: „Zwölf Bücher vom Staate oder systematische Encyclopädie der Staats-

Bestreben wachrufen, zunächst mit den Mitteln der Wissenschaft die begriffliche Grundlage ihrer staatlichen Existenz klar zu stellen. Hierbei musste sich naturgemäss der Einfluss der ausländischen Rechtsphilosophie geltend machen, welche seit langem, besonders in Frankreich und England, an der Arbeit war, einen allgemein giltigen Staatsbegriff zu entwickeln. Wie schon ein Jahrhundert früher Pufendorf in seinem Monzambano, von der Allgemeingiltigkeit gewisser normaler Staatsformen ausgehend, das heilige römische Reich deutscher Nation für ein staatliches Monstrum hatte erklären müssen [58]), so legte man auch jetzt den Massstab einer in der Zwischenzeit weiter entwickelten und gefestigten philosophischen Staatslehre an die Erscheinungen des spezifisch deutschen Staatslebens. Jedoch handelte es sich dabei kaum mehr um das Reich selbst. Die Zeit, da Reinking und seine Schule noch die kaiserliche Majestät zum Mittelpunkt aller staatsrechtlichen Konstruktion hatten nehmen können [59]), war vorüber; und einzelne theoretische Versuche in dieser Richtung, welche allerdings bis in die letzten

---

wissenschaften". Bd. III. „Grundlinien des allgemeinen oder idealen Staatsrechts". Giessen 1845. — Hinrichs: „Geschichte der Rechts- und Staatsprincipien". 3 Bde. Leipzig 1848—1852. — Ficker: „Der Reichsfürstenstand". Innsbruck 1861. — Ders.: „Das deutsche Kaiserreich in seinen universalen und nationalen Beziehungen"; ebenda 1861. — Ders.: „Deutsches Königthum und Kaiserthum"; ebenda 1862. — J. Berchtold: „Die Entwicklung der Landeshoheit in Deutschland in der Periode von Friedrich II. bis zum Tode Rudolf's von Habsburg, staatsrechtlich erörtert". I. Theil. München 1863. — K. Maurer: Art. „Landeshoheit" und „Landstände" in Bluntschli und Brater's Staatswörterbuch Bd. VI. — Gerber: „Ueber die Theilbarkeit deutscher Staatsgebiete", in Aegidi's Zeitschrift für deutsches Staatsrecht und deutsche Verfassungsgeschichte Bd. I. 1867. — Inama-Sternegg: „Beiträge zur Lehre vom Staatsgebiete" in der Zeitschrift f. d. ges. Staatswissenschaft, 25 Jg. 1869. Heft 3 u. 4. — Laband: „Die Bedeutung der Reception des römischen Rechts für das deutsche Staatsrecht". Strassburg 1880. — Jastrow: „Pufendorf's Lehre von der Monstrosität der Reichsverfassung". Berlin 1882. — Stintzing: „Geschichte der deutschen Rechtswissenschaft". I. Abth. 1880; II. Abth. 1884. — v. Mohl: „Geschichte und Litteratur der Staatswissenschaften", Bd. II. 1856.

[58]) Vgl. oben S. 14 fg.

[59]) Vgl. Stintzing Abth. II. S. 40 fg. und S. 203 fg.

Jahre des Reiches fortdauern[60]), waren ohne Wirkung im Leben. Nur um so eifriger war man nunmehr bestrebt, den philosophischen Normalbegriff des Staates, den man beim Reiche kaum noch suchte, im Wesen der partikularen Landeshoheit zu finden.

Den Einfluss, welchen die philosophische Doktrin eines „allgemeinen“ Staatsrechts in diesem Stadium ausübte, feiert Schmitthenner mit den begeisterten Worten: „Nirgends hat sich die Gewalt der Wissenschaft über das Leben in einem glänzenderen Lichte dargestellt, als in dem Geltendwerden des idealen Staatsrechts. Von dem Augenblick an, wo die Idee des Staates erkannt ward, verräth eine neue Sprache in der Politik, dass neue Begriffe herrschen und walten“ [61]). Wohl ist das richtig, und die Theorie als solche mag wohl auf diese ihre Wirksamkeit stolz sein. Aber der grosse Fehler der neuen Lehre lag doch darin, dass sie, ihrem philosophischen Ursprunge treu, mit dem der Philosophie eigenen Anspruche auf Allgemeingiltigkeit auftrat, und den Besonderheiten, welche gerade bei den Erscheinungen des Rechts- und Staatslebens nach Zeit und Ort von wesentlicher Bedeutung sind, nicht gerecht zu werden wusste. In das Schema, welches die philosophische Staatslehre von den grossen Nationalstaaten Frankreich und England abgezogen hatte, sollten sich nun wohl oder übel die eigenartigen Bildungen der mannigfaltigen deutschen Territorien einfügen. Und wie einst der Gegensatz zwischen den Lehren Ludolf Hugo's und Samuel Pufendorf's darauf zurückging, dass Jener das deutsche Reich, wie es nun einmal war, in's Auge fasste, während Dieser den Staatsbegriff, wie er nach allgemeinen Grundsätzen sein sollte, zum Ausgangspunkt nahm[62]), so theilt sich unter den gleichen Gesichtspunkten bezüglich der Konstruktion der deutschen Landeshoheit die Publicistik während der letzten Jahrzehnte des alten Reichs in zwei

[60]) So noch 1804 Nic. Thad. Gönner in seinem teutschen Staatsrecht und Programm zur Dissertation von Himmelstoss; cf. n. 57.

[61]) Schmitthenner: Zwölf Bücher vom Staate, Bd. III. S. 201.

[62]) Vgl. darüber oben S. 12 fg.

Parteien, deren Gegensätze in den Monographien Biener's und K. S. Zachariae's auf der einen, A. F. H. Posse's und J. Fr. X. v. Epplen's auf der andern Seite zum deutlichsten Ausdruck kommen [63]).

„Die deutsche Territorialverfassung gehört nicht in die Klasse der Staatsverfassungen, in welchen gleichsam durch einen Machtspruch die Ideale der Vernunft realisirt werden sollen. Sondern sie hat sich ohne einen bestimmten Plan unter dem Einflusse der Ursachen gebildet, wodurch die Handlungen der Menschen in der Reihe der Begebenheiten bestimmt werden" [64]). Von dieser vorurtheilslosen Betrachtungsweise geleitet, sieht K. S. Zachariae die Quelle der deutschen Landeshoheit im **Landeigenthum**; auf diesem beruhe wie die Landeshoheit, so auch die Reichs- und Landstandschaft [65]). So hatte auch Pütter anerkannt, dass „die Vorfahren unserer jetzigen Reichsstände ursprünglich nur als Privatbesitzer grosser Güter anzusehen gewesen und erst nach und nach in die Lage als wahre Regenten gekommen" seien [66]). Und die gleiche Anschauung liegt der Lehre Biener's zu Grunde: *„Territoria Germaniae cum superioritate territoriali iisdem adhaerente aut jure allodii aut jure feudi possidentur. Utraque possessio proprietatem territorii juriumque annexorum continet, a qua quidem superioritas distingui debet, quae ipsa tamen cum territorio, in quo tanquam in fundo residet,* ***patrimonium*** *constituit principum familiarumque illustrium in Germania".* Daher: *„Germania tota, si ab imperio ipso eiusque regimine . . . . . . recesseris, regitur jure patrimoniali et herili. Neque enim superioritas territorialis secundum principia majestatis in gente libera debet judicari; sed territoriis adhaeret ex formula*

63) Siehe die oben n. 57 aufgeführten Schriften der genannten Autoren.

64) K. S. Zachariae: Geist der deutschen Territorial-Verfassung (1800) S. 248.

65) a. a. O. S. 100 fg.; 113 fg.; 146 fg. u. a. v. O.

66) Pütter: Historische Entwicklung der heutigen Staatsverfassung des teutschen Reichs (1788) Bd. II. S. 184.

imperii, atque cum ipsis territoriis in patrimonio est, ut patrimonialem et herilem haut inepte dixeris" [67]).

Die deutsche Landeshoheit zu konstruiren „*secundum principia majestatis in gente libera*", d. h. nach den Lehren des allgemeinen Staatsrechts, wie sie in den ausserhalb des Reiches stehenden Nationalstaaten ausgebildet worden, das war aber gerade das Bestreben der wissenschaftlichen Gegner Biener's und Zachariae's. Statt also dem historischen Werdegange der deutschen Landeshoheit und der ihr eigenen Entwicklung nachzugehn, betrachten sie das Dogma der damaligen Rechts- und Staatsphilosophie vom Staatsvertrage als allgemein giltige Grundlage jeder derartigen Konstruktion. „Ohne von der Orthodoxie des Verbrechens der beleidigten Majestät angeschuldigt zu werden, kann man heut zu Tage in der Regel eine vertragsweise Unterwerfung der Nation unter ihre Herrscher behaupten, wenn es gleich unmöglich ist, von jeder die Vertragsurkunde nachzuweisen"; — so hebt Posse die erste seiner einschlägigen Monographien an [68]); und in vielen Schriften ähnlicher Tendenz erscheint die gleiche Voraussetzung des Staatsvertrages als der selbstverständlichen Grundlage jeder politischen Herrschaft, also auch der deutschen Landeshoheit [69]). Besonders betonte Epplen in seiner Streitschrift gegen Zachariae den Vereinigungs-, Verfassungs- und Unterwerfungsvertrag als das Rechtsprincip jeder Staatsverfassung, welches von den historischen Principien wohl zu unterscheiden sei. „Jenes ist allen Staatsverfassungen gemein und kann nur eines sein: es besteht in einem ausdrücklichen oder stillschweigenden Vertrage ..... Die historischen aber sind bei jeder Staatsverfassung verschieden, und es können mehrere

---

[67]) Biener: *De natura et indole domini* etc. (1780). S. 40, 41.

[68]) Posse: Ueber das Einwilligungsrecht etc. (1786). S. 2.

[69]) Vgl. z. B. Posse: Ueber das Staatseigenthum etc. (1794) S. 16. — Häberlin: Handbuch S. 5: „Alles, was durch ausdrückliche oder stillschweigende Verträge in Ansehung der Rechte der höchsten Gewalt bestimmt ist, macht das positive und besondre Recht des Staates (Staatsrecht) aus". — v. Epplen an den in der nächsten Note citirten Stellen; u. v. a. m.

concurriren". Während Zachariae lehrt, die Principien einer Verfassung könnten entweder aus der Offenbarung oder aus der Vernunft, und zwar letzteres aus der Erfahrung oder aus reinen Vernunfterkenntnissen, geschöpft werden, entgegnet Epplen, nur Offenbarung und reine Vernunfterkenntnisse könnten das Rechtsprincip, die Erfahrung nur die historischen Principien an die Hand geben. „Hausherrnrecht und Eigenthum an Grund und Boden sind ihrer Natur nach wesentlich von der Staatsgewalt verschieden, und können der Rechtsgrund derselben nicht seyn. Sie können Veranlassung zur Unterwerfung werden oder gewesen seyn; aber nur die Unterwerfung, d. i. der ausdrückliche oder stillschweigende Vertrag kann der Rechtsgrund der Staatsgewalt, der Staatsverfassung und folglich auch der Landeshoheit seyn" [70]) [71]).

Das Ziel, welchem diese ganze Schule zustrebte, wird am deutlichsten von Häberlin ausgesprochen, wenn er das Resultat der Lehre also zusammenfasst: „Nach allem diesen kommt die Landeshoheit mit einer jeden höchsten Gewalt, wie diese nur immer nach dem allgemeinen Staatsrechte gedacht werden kann, überein, und sie begreift nach Abrechnung der dem Kaiser vorbehaltenen Hoheitsrechte, alle übrige, welche sich nur immer nach Grundsätzen des allgemeinen Staats-

---

[70]) v. Epplen: Ueber das Princip der deutschen Territorial-Verfassung (1803) S. 3, 4, 12 fg., 30.

[71]) Wenn v. Mohl (Gesch. u. Litt. d. Staatsw. Bd. II. S. 520) betreffs der Kontroverse zwischen Zachariae und Epplen auf die Seite des Ersteren tritt und ihm „eine helle Auffassung des innersten Kernes der Frage und eine meisterhafte Folgerichtigkeit in der Ableitung der einzelnen Rechtssätze" nachrühmt, so können wir dem nur beipflichten. Wenn er dann aber von der „kläglichen Gegenschrift Epplen's" spricht, so ist dies Urtheil ungerecht. Epplen's Schrift ist durchaus nicht kläglicher, als all' die andern, welche dem politischen Streben ihrer Zeit eine — freilich irrige — Grundlage aus einem „allgemeinen" Staatsrechte herzuholen suchten; und in einzelnen Punkten ist ihm sogar gegen Zachariae Recht zu geben. Dass allerdings auch wir, vom Standpunkt der heutigen Wissenschaft aus, die Ansicht Zachariae's für die zutreffende halten, ergiebt die weitere Ausführung im Text; desshalb ist aber die Schrift Epplen's im Rahmen seiner Zeit noch nicht als „kläglich" zu bezeichnen.

rechts denken lassen, sie mögen übrigens mit oder ohne Rücksicht auf Auswärtige ausgeübt werden können, schon erdacht seyn, oder erst erdacht werden. Also selbst solche Rechte, welche sonst nur freyen Völkern zuzustehen pflegen, z. B. das Gesandtschaftsrecht, das Recht der Bündnisse, des Kriegs und Friedens" [72]). Den von der Philosophie fertig gemachten Begriff eines Staates und einer Staatsgewalt auf die deutschen Territorien und die deutsche Landeshoheit zu übertragen, das war die Aufgabe. Und zu ihrer Erfüllung war es durchaus nothwendig, die historischen Verhältnisse zu vergewaltigen. Dies erkennt z. B. Epplen vollständig an, wenn er in der Vorrede seiner Schrift gegen Zachariae sagt: „Im Mittelalter waren alle Rechte der Landesherren einzelne. Jeder hatte nur, was er hergebracht zu haben beweisen konnte, weil man vor der Epoche der Kultur des philosophischen Staatsrechts nicht aus allgemeinen staatsrechtlichen Gründen deducirte, folglich auch von einem Inbegriff der Regierungsrechte und also von einer heutigen Landeshoheit nichts wusste" [73]). Im Werke selbst führt er dann näher aus, wie erst seit 1600 das allgemeine Staatsrecht den Begriff einer Staatsgewalt und Hoheit geschaffen habe; wie die damaligen Rechte der deutschen Landesherren zwar keine Staatsgewalt gewesen, aber ihr doch sehr nahe gekommen seien, so dass „die Besitzer der gedachten Befugnisse immer unabhängiger von der Reichsstaatsgewalt wurden, und Rechte, die man wirklich nicht wohl anders als für Aeusserungen einer Staatsgewalt ansehen konnte, auszuüben, und zwar nicht mehr als einzelne, ihnen blos vermöge positiver Bestimmungen zukommende, sondern aus der Regentengewalt fliessende Rechte auszuüben anfingen". Ihren Abschluss habe die Bewegung zunächst im westfälischen Frieden gefunden, der den Reichsständen die Landeshoheit „zuerkannte"; wie Epplen besonders betont: „nicht übertrug" [74]).

---

[72]) Häberlin a. a. O. S. 376; ebenso Posse: Ueber das Staatseigenthum, S. 174.

[73]) v. Epplen a. a. O. S. XIII. Anm.

[74]) a. a. O. S. 34—36.

Die unbestreitbare und auch im wesentlichen unbestrittene Richtigkeit dieser Anschauung völlig zugegeben, so folgt daraus doch keineswegs die Nothwendigkeit, das Landeigenthum als Ursprung und Quelle der Landeshoheit zu leugnen; und nicht im rechtlichen Charakter der letzteren sehr bedeutsame Spuren jenes Ursprungs finden zu wollen. Denn wie richtig auch die sorgfältige Scheidung historischer und rechtlicher Begriffe ist [75]), so darf doch nicht in fehlerhafter Einseitigkeit die geschichtliche Natur des Rechts, welche dessen Verschiedenheit nach Zeit und Ort bedingt, völlig übersehen werden. Desshalb wird man auch den juristischen Charakter bestimmter Erscheinungsformen des Staats- und Rechtslebens nur unter Würdigung des ihnen eigenthümlichen historischen Entwicklungsganges vollkommen erkennen können. Gerade hier aber liegt die schwächste Seite der philosophischen Staatslehre. Ihre Ideenwelt war im Leben wie in der Theorie siegreich. Während jedoch die Logik der Thatsachen, welche so oft schärfer ist als die der Weisen, im rechtlichen Charakter der deutschen Länder auch nach dem Westfälischen Frieden, ja über den Untergang des Reiches hinaus den Zusammenhang mit ihrem Ursprunge aufrecht erhielt, setzte die Theorie vielfach ihren ganzen Scharfsinn ein, um diesen Zusammenhang zu verdecken; denn nur so glaubte sie den Anforderungen ihrer „allgemeinen“ Norm gerecht zu werden. Weil ihr Dogma nicht den Zusammenhang zwischen Landeigenthum und Staatsgewalt als „allgemeine“ Schablone aufstellte, desshalb musste dieser Zusammenhang für die deutschen Territorien, als welche jener allgemeinen Staatsschablone durchaus entsprechen sollten, um jeden Preis geleugnet werden. Dass die Fürsten ihr Recht vom Kaiser hätten, und dieser nicht mehr Recht verleihen könne, als er selbst habe [76]); dass nicht alles Land, welches zur Zeit ein fürstliches Territorium bilde, einst Privateigenthum

---

[75]) Vgl. oben S. 117 fg. und S. 298.

[76]) Posse: Ueber das Einwilligungsrecht etc. S. 32, 40; derselbe: Ueber das Staatseigenthum etc. S. 24, 120; von Epplen a. a. O. S. 67 fg.

der fürstlichen Familie gewesen sei [77]; dass doch unter der Landeshoheit freies Privateigenthum am Lande bestehe [78], — dies und ähnliches musste als Argument gegen jenen — nicht bloss historischen, sondern auch rechtlichen — Zusammenhang dienen. Und dabei beachtete man nicht, dass man dem specifisch deutschen und mittelalterlichen Charakter der in Betracht kommenden Rechtsverhältnisse stillschweigend die Begriffe der Rechtsphilosophie und des römischen Rechts supponirte. Dieser Lehre gegenüber, welche die Anschauungen ihrer Gegenwart mit ewigen Kategorien des Rechts und der Vernunft überhaupt identificirte, erschien die Lehre von Männern wie Biener, K. S. Zachariae, zum Theil auch Pütter und Gönner, welche die Gegenwart mit der Vergangenheit nicht nur historisch, sondern auch rechtlich verknüpft sahen, als reaktionär. Und es kann nicht bestritten werden, dass für das politische Leben jener Zeit die philosophische Staatslehre von förderndstem Einflusse war. Heute jedoch, da wir die Kontroversen jener Zeit rein wissenschaftlich, ohne von ihren politischen Strebungen beirrt zu werden, beurtheilen können, erkennen wir leicht, dass jene Männer das richtige trafen, wenn sie in der deutschen Landeshoheit auch noch der letzten Reichszeit den Zusammenhang mit dem Landeigenthum betonten. Freilich wird hierdurch keineswegs die Berechtigung der so überaus zahlreichen Uebertreibungen und Auswüchse dieses Princips zugegeben, wie sie besonders in der bis zum Abenteuerlichen ausschweifenden Regalitätstheorie jener Zeiten hervortreten [79]. Aber die richtige Erkenntniss jenes Zusammenhanges giebt eine Erklärung auch für diese Auswüchse, welche doch immerhin eben nur Auswüchse, Uebertreibungen einer an sich begründeten Idee, und nicht lediglich, wie Posse es thut [80], der Unwissenheit der Juristen zuzuschreiben sind.

---

[77]) Posse: Ueb. d. Einwilligungsrecht etc. S. 4; Ueb. das Staatseigenthum, S. 20, 27, 36 etc. v. Epplen a. a. O. S. 43 fg.

[78]) Posse: Ueber das Staatseigenthum etc. S. 33 fg., 35 fg.; v. Epplen a. a. O. S. 93 fg.

[79]) Vgl. z. B. Fischer: „Lehrbegriff der sämmtlichen Cameral- und Polizeyrechte". II. S. 388 fg.

[80]) Ueber das Staatseigenthum etc. S. 104.

Am klarsten tritt das innerste Wesen jenes Zusammenhanges zwischen der Landeshoheit und dem Landeigenthum, oder mit anderen Worten, der **individualrechtliche** Charakter der ersteren hervor, wenn man sie der sozialrechtlichen Entwicklung der Stadt gegenüberstellt: im Gegensatze von „Land“ und „Gebiet“, Landeshoheit und Stadtgebiet.

Schon die Betrachtung der Entwicklung der mittelalterlichen deutschen Städte zu Gebietskörperschaften hat gezeigt, wie diese Entwicklung auf's innigste mit der Scheidung des städtischen vom ländlichen Leben zusammenhängt[81]). Treffend sagt Schmitthenner[82]): „Die Fortbildung des Staates . . . muss nothwendig einen verschiedenen Gang nehmen, je nachdem sie eine Stadt, wo die Grundherren, wenn auch dem König unterthan, unter der Form der **freien Gemeinde** beisammen wohnen; . . . . oder das Land, wo die Form der **Grundherrschaft** vorwiegt, zum Ausgangspunkte hat. Es bilden sich in beiden Fällen verschiedene Staatsanschauung und öffentliche Verhältnisse. Im ersteren Falle muss die Gliederung des Volkes in eine grundherrliche Aristokratie früher oder später in Timokratie übergehen und endlich sich in demokratische Formen auflösen. . . . . . . Im letzteren Falle dagegen wird sich, sobald mit der Vervollkommnung des Ackerbaues die Wohnsitze sich mehr befestigen, die Ansicht, dass der Herr des Landes auch der Obere der Landsassen, also die Obrigkeit Ausfluss der Landesherrschaft sei, m. a. W. die patrimoniale Staatsanschauung ausbilden; das System der Grundherrschaft aber auch die ganze Landesverfassung durchdringen, der Staat also in die Formen des Feudalismus übertreten“. Hiermit ist der Gegensatz der Entwicklung in den Städten einerseits, in den fürstlichen Territorien andererseits treffend angedeutet.

Der Amtscharakter der fürstlichen Stellung verschwand gleichzeitig mit den alten Namen ihrer Amtssprengel, der Gaue und Hundertschaften. Wie seit Beginn des 12. Jahrhunderts die Grafen sich nicht mehr nach ihrem Gau, sondern nach ihren

---

[81]) Vgl. oben S. 312 fg.

[82]) Zwölf Bücher vom Staate. Bd. III. S. 40, 41.

— feudalen oder allodialen — Schlössern und Gütern nannten, und wie sich dieser — gewissermassen private — Name nun umgekehrt auf den ganzen Umfang ihrer Grafschaften übertrug[83]), so trat — in Wechselwirkung, zugleich als Ursache und Folge dieser Wandlung — an die Stelle der Ernennung zum Amt die Nachfolge durch Erbgang[84]). Waren früher jene Besitzungen, welche den Grafen in ihren Sprengeln entweder als Erbgut gehörten oder eben wegen und zu Zwecken ihres Amtes von den Königen zu Lehen gegeben worden, dem Amte gegenüber nebensächliche Beigaben, so erschienen sie jetzt, wie jene Namensübertragung schon äusserlich bekundet, als die Hauptsache, als der Kern, an welchen sich die Rechte ihrer Besitzer über anderes Land als Pertinenzen ansetzen. Und in der That waren auch vielfach jene Privatbesitzungen, welche sich als Immunitätsbezirke abgeschlossen hatten, wirklich der Kern der neuen Grafschaften und Fürstenthümer; denn „an die Stelle der alten Eintheilung des Reichs in Grafschaften und Centenen ist jetzt eine neue getreten, die Eintheilung nämlich in **Privatherrschaften**, bezüglich deren nicht mehr unterschieden wird, ob sie aus alten Immunitäten oder aus früheren Grafschaften hervorgegangen sind; für diese Privatherrschaften aber tritt, entschieden seit dem Anfang des 13. Jahrhunderts, die Bezeichnung als *territoria*, für ihre Besitzer die Bezeichnung als *domini terrae*, Landesherren, als technisch auf, während freilich die mit diesen Ausdrücken bezeichnete Sache bereits in einer wesentlich früheren Zeit fertig gegeben ist“[85]). Dieser Zusammenhang weist darauf hin, dass das Wort

[83]) Pütter: Historische Entwicklung etc. Bd. I. S. 165; K. S. Zachariae a. a. O. S. 118; Maurer a. a. O. S. 218.

[84]) Pütter: ebenda; Struben: Nebenstunden. IV. S. 62 fg., 108.

[85]) Maurer a. a. O. S. 218; vgl. auch Pütter: Historische Entwicklung. Bd. I. S. 166. — Bezeichnend für den Zusammenhang des entstehenden *dominium terrae* mit der Immunität und zugleich für den wesentlich privaten Charakter desselben ist der Wortlaut einer Urkunde Kaiser Heinrich III. vom Jahre 1044 über Schenkung thüringischen Landes an den Grafen Ludwig. Dort heisst es am Schluss: „*Decernimus etiam, ut nullus omnino hominum seu quaelibet persona potens aut impotens, princeps aut dux, aliquid negotii in his locis nisi cum illius*

territorium schon bei seiner Einbürgerung in Deutschland, nicht, wie Knichen will, die Bedeutung einer *„universitas, quae uni et eidem subest magistratui“* [86]) gehabt hat, da ja die Amtsstellung der nunmehrigen Territorialherren gerade mit ihrer Entwicklung zu solchen verschwand; dass jenes Wort vielmehr von Anfang an einen Landkomplex bezeichnete, welcher sich dadurch als eine Einheit charakterisirte, dass sich eine Anzahl verschiedenartiger, aber in der Hand eines Herrn, des Landesherrn, vereinigter Rechte auf diesen ganzen Landkomplex bezogen. Und die Bezeichnung als *dominus terrae* verleugnet ihre Ableitung von *dominium* = Eigenthum durchaus nicht; allerdings mit der Massgabe, dass der deutschrechtliche Eigenthumsbegriff kein so rein und ausschliesslich privater Rechtsbegriff war, wie der des römischen *dominium,* sondern, entsprechend seiner Verbindung mit dem Grund und Boden, private und publicistische Elemente in ungesonderter Mischung enthielt [87]). So unterschied sich das *dominium terrae* der Landesherren von jedem anderen deutschrechtlichen Landeigenthum lediglich quantitativ, durch die grössere Zahl der in ihm enthaltenen Gerechtsame; nicht qualitativ, durch begrifflich verschiedenes Wesen [88]).

Zur Veranschaulichung der Thatsache, dass im 13. Jahrhundert die sog. Landeshoheit der deutschen Fürsten nichts weiter war, als ein Konglomerat verschiedenartiger Befugnisse

---

voluntate et jussu exerceat. Sed ipsi soli possidere, dare, commutare, cuicunque velit, legitimo proprietatis jure potestative in sempiternum liceat“. (Thuringia sacra. Francof. 1737. fol. 42—44. — Pütter: Beyträge. I. Theil. S. 137.)

[86]) Andr. Knichen: *„De sublimi et regio territorii iure“ etc.* S. 36.

[87]) Vgl. oben S. 305.

[88]) Ein Zeichen für die Bedeutung des individuellen Moments bei der Bildung der deutschen Fürstenthümer erwähnt Pütter („Historische Entwicklung“ etc. Bd. I. S. 189) bezüglich der Namen: Sachsen-Lauenburg und Sachsen-Wittenberg. „An sich waren beides ursprünglich wendische Länder, auf die nun nur von der Würde ihrer Besitzer der herzoglich sächsische Titel kam“. Denn sie wurden nicht dem Herzogthum Sachsen einverleibt; vielmehr hatte nur der Erbauer Lauenburgs und Wittenbergs, Bernhard v. Anhalt, den sächsischen Herzogstitel erhalten, „der eben damit auf ganz andere Gegenden übertragen wurde“.

öffentlichen und privatrechtlichen Charakters, theilt Berchtold (aus Böhmer's Regesten N. 413) eine vom Kaiser Friedrich II. am 6. Dezember 1220 zu Tibur dem Patriarchen von Aquileja ertheilte Urkunde mit, welche denselben in seiner Stellung als Reichsfürst bestätigt und als Inhalt dieser Stellung zehn verschiedene Rechte und Befugnisse, welche demselben innerhalb seines Territoriums zustehen sollen, einzeln aufzählt [89]). Was also diese einzelnen Rechte und die Landdistrikte, auf welche sie sich beziehen, verbindet, das ist zunächst lediglich die Person des Herrn, welche als herrschendes Individuum dem beherrschten Lande äusserlich, transcendent gegenübersteht. Von der Durchdringung einer persönlichen und einer dinglichen Einheit, wie wir sie bei der Ausbildung der Stadt zur Gebietskörperschaft sahen, kann hier nicht die Rede sein. Dafür spricht unter anderem auch die Erscheinung der sog. *territoria non clausa sive mixta*, welche sich bis in die letzte Reichszeit erhielten, und deren Wesen Struben also bezeichnet: „An verschiedenen Orten in Teutschland werden nicht alle Hoheitsrechte von einem Reichsstand, sondern eines von diesem, das andere aber von einem andern geübt" [90]). Eine solche Erscheinung wäre undenkbar, wenn nicht das einigende Moment der Landesherrschaften ein wesentlich individualistisches, dem Lande äusserlich gegenüberstehendes gewesen wäre. Und auf denselben Grund geht die Thatsache zurück, „dass an manchem Ort die Länder seltsam genug durcheinander liegen" [91]). Wenn der Halle'sche Kanzler v. Ludewig die Stifter nicht als Territorien anerkennen will, weil sie durch einzelne Striche wie ein Bettlermantel zusammengeflicket worden [92]), so übersieht er, dass hierin kein Wesensunterschied gegenüber den Territorien weltlicher Herren lag; dass vielmehr nur die Stifter in der

[89]) Vgl. Berchtold: „Die Entwicklung der Landeshoheit" etc. I. S. 154. 155.

[90]) Struben: „Nebenstunden". Theil IV. 25. Abhandl. S. 141. Vgl. auch Hildebrand: *De territorio clauso et non clauso.*

[91]) Struben a. a. O. S. 153.

[92]) Anmerkung zu V. L. v. Seckendorf's Fürstenstaat. *lib. I, cap. 2.* § 2. — Struben a. a. O.

Arrondirung mit jenen nicht gleichen Schritt gehalten; wohl besonders desshalb, weil hier der Erbgang, welcher ja die Abrundung jedes Familienbesitzes fördert, fehlte.

Schon oben wurde bemerkt, dass das *dominium terrae* der deutschen Landesherren zwar keineswegs Natur und Form des Privatrechtes abgestreift hatte, aber andrerseits doch auch kein reines Privateigenthum nach Art des römischen *dominium* war [93]. „Der Gegensatz von öffentlichem und privatem Recht", sagt Gierke [94], „war der alten Zeit so gut fremd gewesen, wie er es dem Feudalstaat war. In Genossenschaften wie Herrschaftsverbänden hatte es immer nur ein einziges einartiges Recht gegeben, welches bald mehr aus den Gesichtspunkten unseres heutigen öffentlichen, bald mehr aus denen unseres heutigen privaten Rechts behandelt wurde". Während sich bei der Entwicklung der Städte zu Gebietskörperschaften, wie wir gesehen haben, die Scheidung des individualistischen Grundeigenthums von der sozialrechtlichen Einheit des Gebiets vollzog, blieb in den fürstlichen Territorien jene Mischung bestehen. Auf den Zusammenhang dieser Vermischung individualrechtlich-privater und sozialrechtlich-publicistischer Elemente mit der Neigung der deutschen Rechtsanschauung, Rechte aller Art an Grund und Boden anzuknüpfen, wurde früher des näheren hingewiesen [95]. Eine solche Verdinglichung der fürstlichen Rechte fand auch in den Territorien statt; aber sie war völlig verschieden von der Ausprägung des Stadtgebiets zu einer objektiven Rechtseinheit des Sozialrechts. Dort ward nicht das Land durch die Verbindung mit einer genossenschaftlichen Einheit zu einer immanenten, persönlich-dinglichen Körperschaftseinheit erhoben; sondern die Einheit blieb eine transcendente, mit individualrechtlichen Elementen versetzte, welche sich nur, wie in den hofrechtlichen Verbänden das Recht des Herrn an den Herrenhof, so in den fürstlichen Territorien an den Landbesitz des Fürsten anknüpfte. Und während also jene Aus-

---

[93] Oben S. 335.

[94] Genossenschaftsrecht Bd. I. S. 126.

[95] Siehe oben S. 310.

bildung der sozialrechtlichen Einheit des Stadtgebiets eine Folge der Scheidung von Individual- und Sozialrecht war, förderte umgekehrt diese Verdinglichung des fürstlichen Herrenrechts die Fortdauer einer ungesonderten Mischung beider.

Wie schon in früher Zeit die fränkische Königskrone eine Verdinglichung erfuhr, indem sie als ein zum Königshofe gehöriges Immobiliarrecht gedacht wurde [96]), so wurden auch die Rechte der Fürsten über ihr Territorium verdinglicht, indem sie als Immobiliarrechte erschienen, welche an den Lehn- oder Allodialgütern derselben, dem Kern der Immunitätsbezirke, denen die alte Gauverfassung zum Opfer fiel [97]), hafteten. So hat K. S. Zachariae völlig Recht, wenn er dieses Verhältniss also darstellt [98]): „In mehreren, besonders kleineren Ländern ist und war der Regent geradezu der alleinige Landeigenthümer, und dieses Landeigenthum der Hauptgrund der Landeshoheit. Allein auch in den übrigen Ländern .... mussten die beträchtlichen Lehns- und Allodialstücke, die dem Fürsten gehörten, schon um deswillen die Idee von einem Eigenthum des Landes veranlassen, weil die Landeshoheit als ein Annexum dieser Besitzungen betrachtet wurde".

Dieser rechtlichen Anschauung entsprach übrigens auch vollkommen die thatsächliche Bedeutung jener Besitzungen für die Ausbildung der Landeshoheit. So weist Pütter darauf hin, wie Kaiser Heinrich IV. durch seinen langen Aufenthalt zu Goslar mangels hinreichender eigener Güter den Sachsen höchst lästig wurde, während „sowohl Bischöfe und Prälaten, als weltliche Fürsten und Herren, jene von wegen ihrer Stiftungen, diese an dem, was sie von Familiengütern als Lehn oder Eigen besassen, Einkünfte genug hatten" [99]). Und ebenso zählt Struben unter die Gründe für das Anwachsen der Landeshoheit den Verlust der kaiserlichen Kammergüter und damit

---

[96]) Gierke a. a. O. Bd. I. S. 127 fg.; Bd. II. S. 565.

[97]) Siehe oben S. 333 fg. — Gierke a. a. O. Bd. I. S. 129—135; S. 212 fg. u. a. v. a. O.

[98]) Zachariae: „Geist der deutschen Territorialverfassung". S. 113, 114. Vgl. auch Schmitthenner a. a. O. S. 102, 103, 143, 162 etc. u. A. m.

[99]) Pütter: „Historische Entwicklung" etc. Bd. I. S. 207, 208.

des Ansehens in den mittelbaren Landen. Denn zur Verwaltung jener Güter seien früher kaiserliche Beamte in jenen Landen anwesend gewesen, welche die fürstliche Macht beschränkten. „Nachdem nichts übrig war, welches eine Verwaltung erforderte, hörten dergleichen Aemter auf, und man spürte in manchem Lande kaum, dass ein Kaiser in Teutschland zu finden“ [100]).

Was diese Allodial- oder Feudalgüter mit dem übrigen Territorium verband, das war wiederum die Einheit in der Individualperson des Herrn. Der Besitzer dieser Güter vereinigte in seiner Hand neben dem Eigenthumsrecht an ihnen zugleich eine Anzahl von Rechten über Landestheile, welche nicht sein Eigenthum waren. Die Besitzer dieser Güter bildeten den Kern der Landstände. „So wie sich die Landeshoheit von dem Eigenthume an dem gesammten Lande herschreibt, so gründet sich die Landstandschaft auf das Eigenthum an einzelnen Theilen desselben“ [101]). Wenn man bei dieser Behauptung K. S. Zachariae's seine zuletzt citirte Aeusserung berücksichtigt, wonach nicht das ganze Territorium Eigenthum des Landesherrn zu sein brauche, vielmehr nur seine sonstigen Rechte als Annexum seines Grundeigenthums zu betrachten waren, so ist ihr durchaus beizustimmen. Mangels einer begrifflichen Scheidung von öffentlichem und Privatrecht waren es Rechte gleicher Art, aber höheren Ranges, welche der Landesherr gegenüber den niederen Rechten seiner Landsassen ausübte [102]). Und wie jene höheren Rechte ein Annexum der landesherrlichen Güter, so bildeten diese niederen ein Annexum der landsässigen Güter. Zu diesen Rechten gehörte das der Landstandschaft. „Kraft persönlichen, wohlerworbenen Rechts erschien der Einzelne auf dem Landtage“, und die ständischen Rechte unterlagen völlig privatrechtlicher Form und Behandlung [103]). So erklärt es sich, dass — wie auf dem Reichstage das *votum decisivum* der Reichsstädte — die landständische

[100]) Struben: Nebenstunden IV. 22. Abhandl. S. 75.

[101]) Zachariae a. a. O. S. 146.

[102]) Vgl. Schmitthenner a. a. O. S. 143.

[103]) K. Maurer a. a. O. S. 264, 265.

Gleichberechtigung der Landstädte sich erst spät und allmälig durchsetzte, und auch dies nur Hand in Hand mit der unten zu erwähnenden Umwandlung ihres Wesens. Denn so lange sie die reine Natur der Gebietskörperschaft bewahrten, fügten sich diese Gebilde des Sozialrechts nicht in jenen Rahmen. Wohl schlossen sich allmälig auch die Landstände zur genossenschaftlichen Einheit der „vereinigten Landschaft" zusammen[104]; aber von der Gebietskörperschaft der Stadt war diese Einheit wesentlichst verschieden[105]! Denn einmal war sie nicht — wie jene — eine gewordene, sondern — gleich all' den zahlreichen Einungen und Bünden des Mittelalters — lediglich eine gewillkürte Körperschaft[106], geschlossen zu dem bewussten Zwecke, das gemeinsame Interesse der Landstände besonders gegenüber dem Landesherrn zu wahren. Sodann verschmolz sie nicht, gleich der städtischen Gebietskörperschaft, eine persönliche und dingliche Rechtseinheit in sich; sie war nicht die körperschaftliche Einheit der vom Landesgebiet umschlossenen Einwohnerschaft, des vom genossenschaftlichen Leben seiner Bewohner beseelten Gebiets[107]; sondern sie war im wesentlichen eine bloss persönliche Verbandseinheit, für deren Mitgliedschaft neben andren Erfordernissen Landbesitz von gewisser Art nöthig war[108]. Selbst diese letztere Bedingung setzte sich erst spät und allmälig durch; denn ursprünglich trat der Charakter der Landtage als wesentlich persönlicher Interessenverbindung auch darin hervor, dass auf ihnen nicht bloss Landsassen, sondern auch Bundesgenossen, Nachbarn, Schutzverwandte, auswärtige Lehnsmannen etc. erschienen[109]. Und andrerseits stand — abgesehen von der anfänglich zweifelhaften Landstandschaft der Städte — der ganze landesherrliche Besitz, oft der beträcht-

---

[104]) Vgl. K. Maurer a. a. O. S. 255. — Gierke: Genossenschaftsrecht Bd. I. S. 534 fg.; Bd. II. S. 855 fg.

[105]) Andrer Meinung Gierke a. a. O.

[106]) So auch Gierke Bd. I. S. 562.

[107]) Andrer Meinung Gierke Bd. II. S. 855.

[108]) Vgl. Gierke Bd. I. S. 562.

[109]) Vgl. Struben a. a. O. IV. 25. Abhandl. S. 160.

lichste Theil des Landes, völlig ausserhalb des landständischen Verbandes, während dessen Mitglieder keineswegs als Organe der Einwohnerschaft oder auch nur ihrer Hintersassen, sondern, wie schon betont, kraft „wohlerworbenen“, individuellen Rechts auf den Landtagen erschienen. Als einigendes Moment über all' diesen Sonderrechten erscheint immer wieder die Individualperson des Herrn. Dafür spricht denn auch die Natur des Rechtsbandes, welches einerseits die landsässigen Prälaten und Herren mit dem Landesherrn und dem Lande, andrerseits die geistlichen und weltlichen Landesherren mit Kaiser und Reich verband. Als solches erscheint mehr und mehr nur noch das alleinige Band des Lehns und der Lehnstreue“ [110]).

Wie der Gedanke der Treue, welcher das ganze Lehnssystem durchdringt, seiner Natur nach auf ein wesentlich individual-persönliches Verhältniss hinweist, so trägt auch schon bei ihrer Entstehung die höhere Form der Landleihe, das Lehn, gegenüber der niederen, dem Zinsgut, einen individuellen Charakter an sich, wenngleich auch sie nach deutscher Art eng mit dem Grund und Boden verknüpft ist, und von dieser Verknüpfung in der mehrfach geschilderten Weise beeinflusst wird. „Der Beliehene“, sagt Brunner, „soll nicht dem Grundbesitz, sondern der Person seines Herrn dienen“ [111]). Dieser individualistischen Natur entspricht es, wenn das Lehnrecht von Laband als ein Institut des Privatrechts nach Ursprung und Begriff bezeichnet wird [112]). Wie sich aber der ganze Reichskörper in eine Unzahl mannigfach abgestufter Herrschaftsverbände aufgelöst hat, innerhalb deren das Grundeigenthum den Kern bildete, an welchen sich Rechte andrer

[110]) Gierke Bd. I. S. 214. — Vgl. auch Pütter: „*Institutiones juris publici*“ *ed. cit.* I. S. 71; ders.: „Beyträge zum teutschen Staats- und Fürstenrecht“. I. S. 112 fg. u. A. m.

[111]) H. Brunner: „Deutsche Rechtsgeschichte“. Bd. I. S. 209. — Wenn Brunner ebenda den „öffentlich-rechtlichen“ Charakter des Lehns dem „wirthschaftlichen“ des Zinsguts gegenüberstellt, so entspricht dem Recht jener Zeit doch mehr die von ihm gleichfalls ausgesprochene Gegenüberstellung eines höheren und eines niederen Rechts.

[112]) Laband: „Die Bedeutung der Reception des römischen Rechts für das deutsche Staatsrecht“. S. 37.

Art als Annexe anschlossen; und wie überall nur die Individualperson des Herrn den festen Einigungspunkt abgab, so war es gerade jener individualistische Charakter des Lehnrechts, der dasselbe befähigte, als verbindendes Rechtsband alle jene herrschenden Individuen vom Kaiser bis herab zum letzten Vasallen des kleinsten Dynasten mit einander zu verknüpfen. War es doch lediglich dieses individualrechtliche Verhältniss, welches seit 1180 für die Reichsunmittelbarkeit, für die Zugehörigkeit zum neueren Reichsfürstenstand massgebend ward; denn: „welcher Landesherr nicht unmittelbarer Vasall des Königs war, hiess nicht mehr Reichsfürst und sein Territorium nicht Fürstenthum“ [113]). So stellt sich die Gliederung des Reiches nicht als ein System von Gebietskörperschaften dar, von denen je eine Anzahl engerer in eine weitere organisch eingegliedert ist, und die weiteste, das Reich, sie alle umfasst; sondern — abgesehen von der besonderen Entwicklung der Städte — als eine Reihe herrenrechtlicher Verbände, welche nur eben bezüglich ihres Einigungspunktes, der Individualperson der Herren, durch das individualpersönliche Band des Lehnrechts in ein Verhältniss der Ueber- und Unterordnung gebracht sind.

„Das deutsche Mittelalter war von dem Gedanken erfüllt, dass ‚das Reich‘ kraft göttlicher Einsetzung von Anbeginn an als eine höchste irdische Herrschergewalt existirt habe; dass aber zu seinen Trägern im Laufe der Jahrtausende verschiedene mit einander wechselnde Völker berufen worden seien“ [114]). Auf dieser Anschauung beruhte nicht zum wenigsten die spätere Aufnahme der fremden Rechte, wie sich denn auch noch Kaiser Max als direkten Nachfolger Justinians betrachtete [115]). Liegen aber abstrakte Anschauungen dem Rechtssinn der alten Zeit überhaupt fern, und drang die Personifikation des Reiches als Abstraktum niemals recht in das Volksbewusstsein [116]), so war es andrerseits nur natürlich, dass für den Geist jener Zeit

[113]) Berchtold: „Die Entwicklung der Landeshoheit“ etc. S. 26.
[114]) Gierke: Genossenschaftsrecht. Bd. II. S. 563.
[115]) Vgl. Pütter: „Historische Entwicklung“ etc. Bd. I. S. 331.
[116]) Vgl. Gierke a. a. O. S. 572.

sich das den Kaisern angeblich überkommene *imperium mundi* in ein *dominium mundi* wandelte; wie sich ja auch das amtliche *imperium* der Herzoge und Grafen in ein *dominium terrae* wandelte. Aeusserst charakteristisch hierfür ist jene Anekdote, wonach Kaiser Friedrich I. auf einem Spazierritt mit zweien der „*quattuor doctores*,“ Bulgarus und Martinus, an dieselben die Frage richtete: *utrum de jure esset dominus mundi?* Während Martinus dies unbedingt bejahte, meinte Bulgarus: *quod non erat dominus, quantum ad proprietatem.* Die Folge war, dass der Kaiser dem gefälligen Dr. Martinus sein Pferd schenkte. „*Bulgarus autem hoc audiens dixit haec elegantia verba: Amisi equum, quia dixi aequum, quod non fuit aequum*“ [117]). So verstand derselbe Kaiser, welcher auf den Roncalischen Feldern die Anknüpfung an das alte römische Reich belebte, seine kaiserliche Würde ganz in deutsch-mittelalterlichem Geiste als ein *dominium mundi*, „*quantum ad proprietatem*“, gerade wie seine höchsten Vasallen ihre fürstliche Würde bereits als ein *dominium terrae*, „*quantum ad proprietatem*“ betrachteten. Und nicht nur im Sinne des Kaisers, sondern auch im Sinne der zur Herrschaft gelangenden Rechtsanschauung war das Gutachten des Bulgarus „*non aequum*“.

„Allein der Gewinn von dieser Theorie war fast allein auf der Seite der deutschen Stände“ [118]). Verblasste das kaiserliche *dominium mundi* den Königen des Auslandes gegenüber zu einem Ehrenrecht, so erhielt sich davon den Reichsfürsten gegenüber wenigstens das lehnrechtliche Obereigenthum. Da die fürstliche Stellung den Amtscharakter bereits abgestreift hatte, so konnte Objekt der Belehnung nicht ein Amt sein, sondern vielmehr das *dominium terrae* mit den ihm anhängenden lehnsherrlichen und dem Konglomerate sonstiger Rechte und „Regalien“ über die Landsassen. Wie ausschliesslich das Lehnsverhältniss als Bindemittel zwischen Kaiser und Fürsten, und damit als einziger Kitt des Reichsbaus, angesehen wurde, das geht auch daraus hervor, dass die Welfen nach der Katastrophe

---

[117]) Otto Morena in *historia laudensi ap. Muratorium tom. 6 pag. 1018.*

[118]) K. S. Zachariae a. a. O. S. 120.

von 1180 ihre braunschweigischen Allodialgüter erst in Lehn verwandeln mussten, um die Herzogswürde darauf übertragen zu können[119]. So schildert Pütter den staatlichen Zustand jener Zeit treffend: „Auf diesem Fuss erwuchs zuletzt das ganze Feudalsystem des mittleren Zeitalters, vermöge dessen alles dergestalt bloss auf das Lehnswesen gerichtet war, dass der königlichen Gewalt in ganz Europa fast nichts übrig blieb, als das Recht der Lehnsherrlichkeit" . . . So „mussten Könige sich begnügen, wenn geistliche und weltliche Fürsten . . . nur ihren schuldigen Lehnsdienst thaten . . . Und so hatten sowohl Bischöfe und Prälaten, als weltliche Fürsten, Grafen und edle Herren wieder ihre Vasallen, mit deren Treue und Diensten nach Lehnrecht sie sich begnügen mussten"[120]. Auf einer völligen Verkennung dieses eigenartigen Lehnsbandes beruht es, wenn Epplen gegen die Lehre Zachariae's vom Zusammenhange sowohl der Landeshoheit als der Landstandschaft mit dem Grundeigenthum einwendet, dass sich nicht ein Eigenthum an einem Ganzen denken lasse, von dessen einzelnen Theilen schon jeder seinen Eigenthümer hat[121]. Er denkt hier eben lediglich an das untheilbare Eigenthum des römischen Rechts; ebenso wie Posse nur dieses, und nicht die Ausscheidung eines *dominium utile* von andren, am gleichen Objekte bestehenden Eigenthumsarten zu kennen scheint, wenn er schlechthin als Absicht des Eigenthums den alleinigen Nutzen des Eigenthümers bezeichnet[122]. Einen solchen absoluten Eigenthumsbegriff kannte aber die Rechtsanschauung des deutschen Mittelalters und im besondern das Lehnrecht nicht; sondern wie sie

[119]) Vgl. Pütter: „Historische Entwicklung" etc. Bd. I. S. 193. — Auf einer falschen Verallgemeinerung dieses besondern Falles mag vielleicht die Lehre Pufendorf's beruhen, dass allgemein im Mittelalter die deutschen Fürsten Besitzungen, die ihr Eigenthum waren, den Kaisern zu Lehn aufgetragen hätten. Vgl. Monzambano *ed. cit.* S. 58, und den Commentar Bresslau's zu dieser Stelle.

[120]) Pütter: „Beyträge zum teutschen Staats- und Fürstenrecht" *ed. cit.* I. S. 112, 113.

[121]) Epplen: „Ueber das Princip der deutschen Territorialverfassung". S. 94.

[122]) Posse: „Ueber das Staatseigenthum" etc. S. 36, 37.

alle Rechtsverhältnisse als relative, aus einer Reihe höherer und niederer sich zusammensetzend, ansah, so auch das Eigenthum. War das Lehnsverhältniss zunächst ein wesentlich individualistisches, dem zu Folge der Vasall eines höheren Lehnsherrn seinerseits der Lehnsherr niederer Vasallen und so fort in langer Reihe sein konnte, so ward hierin auch durch die Verknüpfung mit Grund und Boden nichts geändert; vielmehr nahm das lehnrechtliche Eigenthum denselben Charakter an, so dass das *dominium mundi* des Kaisers nicht das *dominium terrae* der Fürsten, dieses nicht das Grundeigenthum ihrer Vasallen ausschloss. Und nicht auf körperschaftlicher Eingliederung engerer in weitere Verbände beruhte dies Verhältniss, sondern auf der Lehnsverbindung zwischen den Individualpersonen der Herren. Andernfalls wäre auch die Thatsache undenkbar gewesen, dass Fürsten von einander, ja der Kaiser von Fürsten Land zu Lehen nahm. Zur Blüthezeit des Lehnswesens waren also — immer abgesehen von der eigenartigen Bildungsform der Städte — weder das Reich noch die Territorien Gebietskörperschaften.

Erscheint so im Rahmen des Feudalsystems die Stellung der Landesherren nur „als ein Moment in dem Aufwärtsstreben aller politischen Kräfte vom Gutsherrn bis zum Kurfürsten“ [123]), so änderte sich dies mit dem Verblassen des Lehnswesens, mit dem Uebergange von der Feudal- zur Patrimonialzeit. Der Patrimonialstaat knüpft sich in Deutschland ausschliesslich an die Territorien. Nach oben wie nach unten verdrängt die Landeshoheit das alte Lehnsband; aber während sie nach oben die Verbindung lockert, zieht sie sie nach unten zu vordem ungeahnter Straffheit an. Das Resultat dieser Entwicklung ist der absolute, der „souveraine“ Territorialstaat. Während nach unten hin die Landeshoheit mehr und mehr die Landstände zurückdrängte und ihnen die Lebenskraft aussog, thaten nach oben hin die Reichsstände das gleiche mit der kaiserlichen Macht.

---

[123]) Jastrow: „Pufendorf's Lehre von der Monstrosität der Reichsverfassung“. S. 20.

Wie die Landstände sich zur körperschaftlichen Einheit der vereinigten Landschaft zusammenschlossen, so die Reichsstände zur körperschaftlichen Einheit des ‚Reiches'. Insofern hat Pütter wohl Recht, „einige Gleichheit zwischen der Verfassung des Reichs im Ganzen und der einzelnen Länder, wie in mehr andern Dingen, auch hierin wahrzunehmen, dass ungefähr auf eben die Art, wie der Kaiser zum Reichstage, so die meisten Fürsten sich zu ihren Landtagen verhielten". Aber diese Analogie hatte eine sehr erhebliche Lücke, welche denn auch Pütter gleich darauf vermerkt: „Nur der einzige Unterschied war freylich nicht zu verkennen, dass nicht so, wie ganz Deutschland unter Reichsstände vertheilt und dem Kaiser nichts übrig geblieben ist, die Landstände das ganze Land ausmachen, sondern ein grosser Theil des Landes landesherrliches Kammergut ist" [124]). Welche Bedeutung diesem landesherrlichen Kammergute für die Entwicklung der Landeshoheit zukommt; wie jener Grundbesitz geradezu der Kern war, an welchen sich alle andern Rechte der Landesherren ansetzten, haben wir oben gesehen. Umgekehrt musste daher der Mangel eines solchen Kernes verhängnissvoll für die kaiserliche Macht werden. Nachdem schon sehr früh den Kaisern das freie Verfügungsrecht über die reichsunmittelbaren Territorien entzogen war [125]), und nach Erschöpfung der kaiserlichen Pfalz- und Kammergüter, blieb den Kaisern als solchen vom *dominium mundi* nichts als die Oberlehnsherrlichkeit, kein Besitz, an welchen sich ihre sonstigen Rechte, wie es die Anschauung der Zeit forderte, ansetzen konnten. An dessen Stelle trat mehr und mehr derjenige Besitz, welcher den Kaisern nicht als sol-

---

[124]) Pütter: „Historische Entwicklung" etc. Bd. II. S. 169.

[125]) Entscheidend hierfür war die Reichssentenz auf dem Hoftage in Würzburg 1216 über die Regensburg — Ober- und Niedermünstersche Angelegenheit, und die in Befolgung derselben erlassene Verordnung Kaiser Friedrich's II.: „*Decernimus etc., quod non liceat ulli successorum nostrorum principatum aliquem ab imperio aliquo modo alienare, sed omnes imperii principatus in suo jure et honore illesos observare*". — Vgl. Berchtold: „Die Entwicklung der Landeshoheit" etc. I. S. 90, 91 und Posse: „Ueber das Staatseigenthum" etc. S. 28.

chen, sondern als fürstlichen Landesherren gehörte; die Hausmacht wurde Stütze und Kern der kaiserlichen Stellung. Damit trat aber der Kaiser in die Reihe der Territorialherren zurück, seine Majestätsrechte wurden Accessorien seiner partikularen Landeshoheit[126]). Und je mehr einerseits durch die Verdichtung der Landeshoheit zu einer einheitlichen Gewalt der politische Schwerpunkt in diese fiel, und andrerseits die Bedeutung des Lehnsbandes und damit die persönliche Stellung der kaiserlichen Oberlehnsherren sich minderte, desto entschiedener erschien der Kaiser nur noch als *primus inter pares* und schliesslich als Organ des ‚Reiches'. Jenes Reichsgrundgesetz, welches das Siegel auf die Gestaltung der Landeshoheit drückte, die Urkunden des Westfälischen Friedens, zeigt, wie sogar das Recht der Lehnsherrlichkeit — nach Abstreifung des ihm zu seiner Blüthezeit eigenen Charakters — nicht mehr in der Hand des Kaisers allein, sondern bei „Kaiser und Reich" ruht; denn Schweden nahm damals die Herzogthümer Pommern, Bremen und Verden „als Lehen von Kaiser und Reich", „*a caesarea majestate et imperio*"[127]). Und ebenso nahm die Wahlkapitulation Kaiser Leopold's dem kaiserlichen Lehnsherrn das Recht der Verleihung erledigter Reichslehen, welche vielmehr an den Reichsfiskus fallen sollten[128]). Hatten einst die Kaiser ihre Stellung als Erbtheil der römischen Kaiser und als eine der vom Propheten verkündeten Weltherrschaften betrachtet, so verlachte man jetzt diesen Zusammenhang. „Es ist gleich dumm", sagt Pufendorf im Monzambano[129]) „wenn man aus der

[126]) Auf diese Verbindung der kaiserlichen Würde mit einer Territorialhoheit und auf die hierin liegende Aehnlichkeit mit der heutigen Reichsverfassung weist Jastrow a. a. O. S. 10, 11 hin. Aber über der äusseren Aehnlichkeit vergisst er völlig die innere Wesensverschiedenheit beider Bildungen, wozu ihn offenbar der Glaube an eine aprioristische „allgemeine" Bundesstaatstheorie verleitet; sieht er doch sofort in jener Verbindung ein Erforderniss des „Wesens des Bundesstaats".

[127]) *Instr. Pac. Osn.* 10, 15. Vgl. Pütter: „Geist des Westphälischen Friedens". S. 146.

[128]) *Cap. Leop. art.* 29, 30.

[129]) *ed. cit.* S. 103.

Vision des Daniel, wie wenn man aus dem römischen *corpus juris* die Befugnisse des deutschen Kaisers bestimmen will.“ Um das Lehnsband des weiteren zu lockern, erfindet man jene Theorie, dass die Fürsten einst ihr Eigenthum den Kaisern nur zu Lehn aufgetragen hätten[130]; und übrigens habe jedenfalls die Belehnung nur noch „die Bedeutung einer Ceremonie, nicht die einer wahren Verleihung, da sie ja Niemandem verweigert werden darf, der sie innerhalb der vorgeschriebenen Zeit nachsucht“[131]. So bestehen Namen und Formen des Lehnswesens noch lange fort; aber sein eigentlicher Gehalt ist erschöpft; die Spitze ist abgebrochen. Aus dem kaiserlichen *dominium mundi* ist eine Anzahl von Ehrenrechten, welche einer unter den vielen deutschen Landesherrschaften als Pertinenz anhaftet, aus dem kaiserlichen Oberlehnsherrn ist das Organ des „Reiches“ geworden.

Dieses „Reich“ nun ist ganz wie die oben besprochene „Landschaft“ eine Körperschaft, und ebensowenig wie diese eine Gebietskörperschaft. Gleich der Landschaft ist das Reich in diesem Sinne, d. h. die Gesammtheit der Reichsstände eine gewillkürte und keine gewordene Körperschaft. So bezeichnet Gierke das „Reich“ als eine „Föderation der Stände“, als „eine Einungspersönlichkeit nach dem Bilde vieler anderer, das späte Mittelalter erfüllender Bünde“[132]. Damit stimmte es überein, dass die Verleihung von Sitz und Stimme auf dem Reichstage an neue Reichsfürsten oder Reichsgrafen von der Zustimmung der andern Stände, d. h. von der willkürlichen Aufnahme in den gewillkürten Verein abhängig war[133]; gerade hierin aber, in Sitz und Stimme auf dem Reichstage, und „nicht in irgend anderen zufälligen Eigenschaften besteht das eigentliche Kennzeichen eines Reichsstandes“[134]. Schon aus diesem gewillkürten Charakter der Reichskörperschaft erhellt ihr Gegensatz zu der ihrem Wesen nach ge-

---

130) Vgl. oben n. 119.

131) Monzambano S. 96.

132) Gierke: Genossenschaftsrecht. Bd. II. S. 572.

133) *Capit. Leop. art.* 44. — Vgl. Monzambano *ed. cit.* S. 76.

134) Pütter: „*Institutiones juris publici*“ *ed. cit.* I. S. 93.

wordenen, eine persönlich-dingliche Rechtseinheit in sich schliessenden Gebietskörperschaft. Was oben von der „Landschaft“ gesagt wurde, das gilt denn auch vom „Reiche“ in diesem Sinne: es ist ein wesentlich persönlicher Verband, dessen Mitgliedschaft an gewisse Voraussetzungen des Besitzes geknüpft ist. Das Reich bildet nicht die Einheit der von seinem Gebiet umschlossnen Bewohner, des vom körperschaftlichen Leben seiner Bewohner beseelten Gebiets. Die fürstlichen Reichsstände erscheinen auf dem Reichstage nicht als Organe des Reichsvolks oder auch nur ihrer Landsassen, sondern kraft „wohl erworbnen“ individuellen Rechts. Hatte die Reichsstandschaft ihren Ursprung in dem wesentlich individuellen Bande, welches die unmittelbaren Vasallen mit ihrem kaiserlichen Lehnsherrn verknüpfte, so löste sich mit dem Zurücktreten des Lehnswesens wohl dieses Band nach oben, ohne dass aber eine Verknüpfung nach unten — durch die Idee einer Repräsentation — an die Stelle trat. Wie die ursprünglichen Lehnsgüter mit dem Verblassen des Lehnswesens bis auf einige unbedeutende Formen den Charakter von allodialen, d. h. eigenen Privatgütern annahmen, so erhielt das ursprünglich auf dem Lehnsnexus beruhende Recht der Standschaft den Charakter eines „wohl erworbenen“, eignen Rechts. Hieraus erklärt sich, dass die Städte als heterogene Elemente sich nur schwer und allmälig in diesen Rahmen der Reichsstandschaft einfügten, welcher dem Wesen der fürstlichen Territorien, aber nicht dem dieser Gebietskörperschaften entsprach.

An dieser wesentlich persönlichen Natur der Reichskörperschaft ward auch nichts geändert, als sich seit dem Normaljahr 1582 die Stimmen im Reichsfürstenrath consolidirten. „Anstatt dass bisher die Zahl der weltlichen Stimmen, nachdem in einem Hause bald mehr bald weniger regierende Herren waren, veränderlich gewesen war, indem man immer nur die erscheinenden Personen zählte, so wurde in der Folge mehr auf die Länder als auf die Personen gesehen. Und zwar gerade wie auf dem Reichstage 1582 die Zahl der Stimmen sich verhalten hatte, so ward sie nachher immer beibehalten. Waren damals mehrere Linien, so blieben auch für die Zukunft ebensoviel Stimmen, wenngleich die Linien zusammenstarben. . . . Hatte hingegen i. J. 1582 ein Land nur einen Herrn, der hernach mehrere Söhne, die sich wieder vertheilten, hinterliess, so blieb auf dem Lande doch nur eine Stimme haften. . . . Oder wenn nach 1582 auch die Besitzer eines Landes ganz ausstarben und das Land einem anderen Fürsten zufiel, so wurde doch die vorige Stimme fortgeführt, . . . anstatt dass mit allen Ländern, deren Besitzer vor 1582 ausgestorben sind, auch ihre Stimmen erloschen"[135])! Wenn Häberlin in dieser Fixirung des Normaljahres die Annahme des „sehr richtigen Grundsatzes" findet, „dass das Sitz- und Stimmrecht nichts persönliches sey, sondern auf dem Lande hafte"[136]), so datirt er Vorstellungen, welche zu seiner Zeit, um die Wende des 18. zum 19. Jahrhundert sich allmälig durchzudrängen begannen, um zwei Jahrhunderte vor. Allerdings haftete das Recht der Reichsstandschaft in gewissem Sinne am Lande; aber sein persönlicher Charakter ward dadurch nicht ausgeschlossen, so wenig wie der des älteren Herrenrechts durch seine Verknüpfung mit dem Herrenhof; so wenig wie der der Landeshoheit durch ihre Verknüpfung mit den fürstlichen Gütern oder der der Landstandschaft durch ihre Verknüpfung mit landtagsfähigen Gütern. Es sind dies eben sammt und sonders Aeusserungen jener Neigung deutscher Rechtsbildung, möglichst alle Rechtsverhältnisse auf Grund und Boden zu radiciren. So ist denn auch die Fixirung der Stimmen im Reichsfürstenrath seit 1582 nichts andres, als eine Bethätigung des jeder oligarchischen Körperschaft eigenen Strebens, ihren Mitgliederkreis abzuschliessen; ein Streben, welches sich hier in deutscher Art durch Anknüpfung an Grund und Boden, an das „Land," äussert. Wesentlich individuelle Rechte aber sind es, die auf diese Weise fixirt werden sollen; der Gedanke einer Repräsentation des Landes als gebietskörperschaftlicher Rechts-

[135]) Pütter: „Historische Entwicklung" etc. Bd. II. S. 12; vgl. auch desselben *Inst. jur. publ. ed. cit.* I. S. 99 fg., woselbst auch Beispiele der in Folge dessen entstandenen komplicirten Stimmverhältnisse mitgetheilt werden.

[136]) Häberlin: „Handbuch des teutschen Staatsrechts". Bd. I. S. 271.

einheit liegt jener Zeit fern. Dafür spricht auch, dass die Individualrechte der zur Zeit der Abschliessung (1582) vorhandenen Mitglieder durch eine spätere Verschmelzung ihrer Länder nicht beeinträchtigt werden; dass sie also ohne Rücksicht auf die Einheit des Landes ihre „wohlerworbenen" Stimmrechte fortführen; so die Herzoge von Sachsen und die Pfalzgrafen bei Rhein je 5, die Braunschweiger 4 Stimmen u. s. w. Ferner führen die nach 1582 zur Kurwürde berufenen Fürsten, z. B. das Haus Baiern, neben ihrer Stimme im Kurkollegium auch die im Fürstenrath fort, während die älteren Kurfürsten nur in jenem sitzen[137]). Derartige Dinge widersprechen ebenso der Idee einer Repräsentation des Landes als gebietskörperschaftlicher Einheit, wie sie der Idee eines „wohlerworbenen" Individualrechts entsprechen. So erscheint denn auch nach Ueberwindung des Lehnswesens das Reich weder in seiner Gesammtheit noch in der Art seiner Zusammensetzung als Gebietskörperschaft; sondern vielmehr als eine blos personelle Körperschaft, deren Mitglieder die Besitzer der patrimonialen Landesgewalten sind.

„Unter einem Patrimonialstaat versteht man einen solchen, in welchem die regierende Gewalt das Eigenthum einer Individualperson, einer Familie etc. ist" — so definirt, im Anschluss an Hugo Grotius[138]), Posse[139]) jenes politische Gebilde, zu welchem sich die deutschen Territorien nach Ueberwindung des Lehnswesens entwickelten[140]). Hatte das Verblassen des Lehnswesens nach oben hin die Wirkung, dass an die Stelle des kaiserlichen Oberlehnsherrn die Körperschaft der Reichsstände trat, so bewirkte die gleiche Entwicklung nach unten hin die Aufsaugung der landständischen durch die fürstliche Macht. Nach oben wie nach unten hin war die fürstliche Patrimonialgewalt die Erbin des absterbenden Lehnswesens, welches sich in beiden Richtungen nur noch in

[137]) Vgl. Pütter: *Instit. jur. publ. ed. cit.* I. S. 100.

[138]) Grotius: *De jure belli et pacis* I, 1 c. 3. § 11.

[139]) Posse: „Ueber das Staatseigenthum" etc. S. 13.

[140]) Andrer Meinung Posse ebenda S. 24 fg.

Gestalt leeren Formwesens forterhielt. Hand in Hand hiermit ging die Verdichtung der Landeshoheit aus einem Konglomerat einzelner Rechte zu einer einheitlichen Regierungswalt. Der vergebliche Versuch diesen Verdichtungsprocess zu verhindern, war die letzte Aeusserung des Selbsterhaltungstriebes der kaiserlichen Macht. Sie wollte jedem Fürsten „allenfalls nur die besonderen ihm verliehenen Regalien, aber nicht den vollständigen Inbegriff aller Hoheitsrechte zugestehen“ [141]). Mit Recht sieht daher Pütter in dem dreissigjährigen Kriege einen Streit über diese Frage, welcher dann im Westfälischen Frieden völlig zu Gunsten der Reichsstände entschieden ward. „Nicht dass derselbe die Landeshoheit, und was davon abhängt, erst begründet hätte; nein, sie war schon seit Jahrhunderten im Anwachse und schon vor dem Kriege so gut wie in ihrer völligen Reife; — aber gleichsam das Siegel hat erst der Westphälische Frieden darauf gedrückt, — für's Vergangene damit alle Zweifel gehoben, für die Zukunft der Sache ihre rechte Consistenz gegeben“ [142]). Indem die Friedensurkunden von Osnabrück und Münster den Reichsständen ihre Gewalt als eine einheitliche zusicherten [143]), sogar mit der Wirkung eines freien Bündnissrechts nach aussen [144]), erhielt die Landeshoheit eine fortzeugende Kraft, welche bewirkte, dass überhaupt alle Rechte, „die auch etwa von Neuem erst in Gang kommen, nun von selbst in der Landeshoheit begriffen“ [145]) sind, während

---

[141]) Pütter: „Historische Entwicklung“. Bd. II. S. 82; „Geist des Westphälischen Friedens“. S. 456.

[142]) „Historische Entwicklung“. Bd. II. S. 159.

[143]) *J. P. O. 8, 1*; *J. P. M. 9, 62*: „*Ut autem provisum sit, ne posthac in statu politico controversiae suboriantur, omnes et singuli electores, principes et status Imp. Rom. in antiquis suis juribus, praerogativis, libertate, privilegiis, libero* **juris territorialis** *tam in ecclesiasticis quam politicis exercitio .... horumque omnium possessione, vigore huius transactionis, ita stabiliti firmatique sunto, ut a nullo unquam sub quocumque praetextu de facto turbari possint vel debeant.*

[144]) *J. P. O. 8, 2; J. P. M. 9, 63*: „*.... jus faciendi inter se et cum exteris foedera*“ ....

[145]) Pütter a. a. O. S. 83; Biener: *De natura et indole etc.* S. 96: „*exorta autem superioritate territoriali, haec etiam ex se ipsa regalia nova*

die kaiserliche Macht auf bestimmte einzelne Reservatrechte beschränkt wird. Das Verhältniss zwischen kaiserlichem und fürstlichem Recht ist also geradezu in das Gegentheil seines ursprünglichen Bestandes gewandelt.

Wie die Urquelle der Landeshoheit in den Rechten des über dem hofrechtlichen Verbande stehenden Herrn zu suchen war, so erscheint das durch jenen Verdichtungsprocess der Landeshoheit entstandene Gebilde als obrigkeitlicher Anstaltsstaat. In Deutschland vollendete sich diese Entwicklungsform der politischen Gemeinschaftsidee nicht im Reiche, sondern in den Territorien. Welche Förderung dieser Werdegang durch das siegreiche Eindringen der fremden Rechte erhielt, wurde früher (im V. Abschnitt) dargelegt [146]. Dort wurde auch erörtert, wie der römische Begriff der Person als des absoluten Individuums ein Korrelat in dem Begriffe der Souveränität fand; wie der „souveräne“ Staat als solcher ausserhalb des Kreises der Personen stand [147]. Auf der andern Seite zeigte das kanonische Recht seinen Einfluss in der Ausprägung des Anstaltsbegriffs [148], in welchen der Unterthanenverband des Obrigkeitsstaates mehr und mehr hineinwuchs. War also der souveräne Staat als Ganzes überhaupt keine Person, kein Rechtssubjekt, sondern gleich dem Fürsten, in dem allein er sich verkörperte, jedenfalls in allen publicistischen Beziehungen *„legibus (scil. = jure) solutus“*, so folgte daraus in den Vorstellungen der Zeit der Mangel eines öffentlichen Rechtsbandes überhaupt. Sagt doch selbst noch K. S. Zachariae

---

gignere coepit, quae veteribus istis partim ex dominio partim ex imperio natis et acquisitis associata legibusque imperii agnita unam cum reliquis familiam constituunt“.

[146]) Vgl. oben S. 108 fg. — Ueber jene Reception bemerkt nicht unzutreffend Posse („Ueber das Staatseigenthum“ etc. S. 190): „Von Italien her verbreitete sich der Gebrauch zweier Rechtsbücher, die in der schönsten Uebereinstimmung weltlichen und geistlichen Despotismus athmeten, und dennoch in Absicht des Privatrechts so viel Gutes und Vernünftiges enthielten, dass es noch manchen in unsern Tagen schwer wird, das Gute von dem Bösen zu unterscheiden“.

[147]) Vgl. oben S. 110 fg.

[148]) Vgl. darüber oben im IX. Abschnitt S. 250.

geradezu: „Die Feststellung und Handhabung des Privatrechts ist im Grunde der wahre und einzige Endzweck des Staates“ [149])! Andrerseits war die Gesammtheit der Bewohner, der Unterthanen, keine körperschaftliche Einheit, sondern eine reine Anstalt, welche ihren Einigungspunkt, den sie beherrschenden Willen, nicht in sich, sondern in der ihr transcendenten, über ihr stehenden Individualperson des Fürsten fand. Das Rechtsverhältniss des Fürsten zu dieser Anstalt, welcher er äusserlich gegenüberstand, welche lediglich das Objekt seines Individualwillens war, konnte daher auch nur individualistisch, nur privatrechtlich gefasst werden. Die rechtliche Grundform für die Gewalt des Individuums über das Objekt ist aber stets das Eigenthum. Hatte dereinst die Landeshoheit ihren Kern im Grundeigenthum gehabt, so nahm sie nunmehr die Form einer zu Eigenthum zustehenden Regierungsgewalt über Land und Leute an d. h. die einer Patrimonialgewalt. Wohl war sie nicht mehr ein Konglomerat verschiedenartiger Rechte, welche sich als Annexe an den Grundbesitz ansetzten; aber die Idee eines Eigenthums der Landeshoheit ging von der Feudal- in die Patrimonialzeit über; und diese enthielt immer noch die Erinnerung an das Landeigenthum in sich. Denn Land und Leute durchdrangen sich nicht in sich selbst zu gebietskörperschaftlicher Einheit; sondern sie fanden dieselbe in der transcendenten, über beiden stehenden Individualperson des Fürsten: „*Imperans res in dominio habet, personas autem jussu dirigit*“ [150]).

Ob hierin eine Besonderheit der deutschen gegenüber den sonstigen Staatsbildungen lag, kann an dieser Stelle nicht untersucht werden. Jedenfalls entsprach diese Patrimonialität nicht der Dogmatik des philosophischen „allgemeinen“ oder „idealen“ Staatsrechts, welche, im 17. Jahrhundert begründet, im 18. zur Herrschaft gelangte. Wie sich dann die Litteratur über die

---

[149]) K. S. Zachariae: „Geist der deutschen Territorialverfassung“. S. 220.

[150]) C. L. Scheid: „*De jur. publ. et priv. convenientia et differentiis*“, (1744) § 7.

deutsche Landeshoheit in zwei Parteien spaltete, von denen die eine (Posse und Epplen) die auf der Vertragstheorie beruhende Normalform jenes „idealen“ Staates ohne weiteres auf die deutschen Territorien anwendete, während die andre (Biener und Zachariae) ohne Rücksicht auf jene Norm das historisch gewordene Wesen der deutschen Landeshoheit betonte, haben wir früher erörtert [151]. Aber auch Schriftsteller, welche im übrigen die Geltung des idealen Staatsrechts anerkennen, finden, dass sich „die teutsche Landeshoheit von den Grundsätzen des allgemeinen Staatsrechts dadurch entfernt, dass sie oder das Recht, das Volk zu regieren, Eigenthum der regierenden Familie ist“ [152]. Und Gönner betont gleichfalls, „dass zwischen einer Erbmonarchie“ (*scil.* wie sie die vermeintlich nach der Norm des idealen Staatsrechts gebildeten fremden Staaten zeigten) „und einem teutschen Erbfürstenthum ein mächtiger Unterschied, dass dem letzteren das Merkmal eines Eigenthums beygemischt sey“ [153]. Er erhärtet dies treffend durch den Hinweis auf die Urkunde des Friedens von Osnabrück, in welcher es bei den Landcessionen an die Krone Schweden heisst: „*Reginae et futuris ejus heredibus ac successoribus regibus regnoque Sueciae*“ etc. [154] — dagegen bei den Abtretungen an Brandenburg (und ähnlich auch an Mecklenburg und Hessen) bezeichnender Weise nur: „*Electori Brandenburgico, Dom. Friederico Guilhelmo ejusdemque posteris et successoribus, heredibus atque agnatis masculis*“ etc. [155]. Das gleiche

[151]) Vgl. oben S. 323 fg.

[152]) L. Himmelstoss: „Versuch einer Entwicklung des Begriffs und der rechtlichen Verhältnisse der Regalität in Teutschland“ etc. (1804) S. 73. Dort heisst es weiter (S. 74): „Da nun jeder teutsche Landesherr Eigenthümer seiner Landeshoheit ist, so kann auch der repräsentative Charakter, den das allgemeine Staatsrecht dem Regenten beylegt, auf den teutschen Landesherrn nicht übertragen werden“. Es ist dies eine Bestätigung des früher bezüglich der Reichsstandschaft von uns Ausgeführten.

[153]) Gönner: „Ueber das rechtliche Princip der deutschen Territorialverfassung“. (Programm zu der eben citirten Dissertation von Himmelstoss.) S. 6 und 8.

[154]) J. P. O. art. X. § 1.

[155]) J. P. O. art. XI. § 1 und 4–6.

Princip äusserte sich auch noch in der letzten Lebensregung des heiligen Reiches, dem Deputationshauptschluss von 1803, bei welchem „Entschädigungsgeschäft niemals ein Fürstenthum, sondern allemal nur der Erbfürst entschädigt wurde“ [156]).

Die Patrimonialität der deutschen Landeshoheit ist die Quelle aller der Lehren, welche, von der alten Reichspublicistik unter der Einwirkung römischer Rechtsideen in absolut privatrechtliche Form gekleidet, seit den letzten Jahrzehnten des 18. Jahrhunderts von einer der Gedankenwelt einer neuen Zeit zugewandten Richtung so heftig befehdet wurden. In der Patrimonialität wurzelt jene Regalitätstheorie, welche das gesammte Land- und Luftrevier der deutschen Territorien für fürstliches Eigenthum erklärte, während nur die Oberfläche des Landes den Unterthanen zum Behuf der Landwirthschaft zugetheilt sei [157]). Aus der Patrimonialität erklärt sich die Stellung, welche die herrenlosen Sachen, die vielgenannten *„adespota“* in der publicistischen Litteratur jener Zeit einnehmen, indem man aus dem Eigenthum des Fürsten am ganzen Lande sein Eigenthum an allen Sachen, die sonst keinen Eigenthümer haben, folgerte. Die Patrimonialität ist die Grundlage der Lehre vom *dominium (jus) eminens.* Und indem man später nur an die Stelle des Fürsten den „Staat“ setzte, geht diese Lehre in die neuere Lehre vom Staatsgebiet und staatlicher Gebietshoheit über. Wir haben im X. Abschnitt gesehen, wie hier die herrschende Lehre trotz heftigen Sträubens immer wieder sich in der Kategorie des Eigenthums verfängt. Es ist eben die alte Patrimonialidee, bei welcher man lediglich die wirkliche Individualperson des Fürsten durch die künstliche Individualperson des Staates ersetzt hat. Und durch solchen blossen Namenswechsel glaubt diese Lehre die individual- (privat-)rechtliche Patrimonialtheorie in eine wahrhaft öffentlich-

---

156) Gönner *loc. cit.*

157) Posse: „Ueber das Staatseigenthum“ etc. S. 35; woselbst noch erwähnt wird, wie man z. B. aus dem landesherrlichen Eigenthum an der Luft die Regalität der Windmühlen ableitete! Manches ähnliche ward damals ähnlich bewiesen. Aber es waren dies eben Auswüchse der an sich begründeten Patrimonialidee. Vgl. oben S. 332.

rechtliche gewandelt zu haben; — sie „spottet ihrer selbst und weiss nicht wie!" Demgegenüber gebührt der Patrimonialzeit das Lob der Konsequenz, mit der sie ihrer privatrechtlichen Denkweise gemäss die Grundidee verfolgt, dass der Fürst dem Staate äusserlich, als Individuum dem Objekt, als Eigenthümer seinem Eigenthum gegenübersteht.

„Der auffallendste Beweis des Eigenthums", sagt Posse, „ist der, wenn man eine Sache nach Willkür veräussern darf" [158]). Dem entspricht völlig die im Princip freie Veräusserlichkeit und Theilbarkeit der deutschen Landeshoheit, deren sämmtliche Rechte „sogar im Verkehr waren" [159]). Was die Veräusserung *mortis causa,* den Erbgang betrifft, so war derselbe lediglich durch die Normen des Lehnrechts, Lehnsherrlichkeit und eventuelle Lehnsexspektanzen, beschränkt, „wiewohl über diesen Punkt vieler Orten sonderbare Verträge und Erbeinigungen verfasset sind; auch sonst bei ansehnlichen Land und Leuten . . . . durch die Landesherren ohngeachtet der Lehnbarkeit viel freier, als etwa bei geringen Ritterlehen und Gütern verfahren, und solches vieler Umstände halben so genau nicht gesucht wird" [160]). So war denn die Art der Vererbung durch vielfältige Theilung der Lande, durch „Oerterung" oder „Mutschierung" [161]) sowie durch Errichtung von Kondominaten u. s. w. eine völlig individualrechtliche und je nach individuellen Verhältnissen eine so verschiedene, dass J. J. Moser mit Bezug darauf sagt: es „seynd dieselbige so verschieden, als die Gesinnungen und Gesichter derer Menschen" [162]).

Jener individualrechtliche Charakter änderte sich auch nicht, als von den Kurfürstenthümern anfangend, der Grund-

---

[158]) Posse: „Ueber das Einwilligungsrecht teutscher Unterthanen" etc. S. 6; desselben: „Ueber das Staatseigenthum" etc. S. 15.

[159]) Schmitthenner a. a. O. S. 183.

[160]) V. L. v. Seckendorff: „Teutscher Fürstenstaat" *ed. cit.* S. 71.

[161]) Vgl. Seckendorff a. a. O. S. 69; Pütter: „Historische Entwicklung" etc. Bd. I. S. 272.

[162]) J. J. Moser: „Von der teutschen Reichsstände Landen". *ed. cit.* S. 97; vgl. auch Gerber: „Ueber die Theilbarkeit deutscher Staatsgebiete" in Aegidi's Zeitschr. Bd. I. (1867).

satz der Untheilbarkeit und des Erstgeburtsrechts mehr und mehr zur Geltung kam. Denn es ist ein völliger Anachronismus, darin eine Aeusserung der Idee von einer untheilbaren, organischen Einheit des Landes als solchen, als Gebietskörperschaft, sehen zu wollen. Vielmehr ist der treibende Gedanke dabei ausschliesslich die Aufrechthaltung des Glanzes der fürstlichen Familie, also ein rein privatrechtlicher; und ebenso das Mittel dazu lediglich die Aufrechthaltung des deutschen Erbrechts gegenüber dem eingedrungenen römischen. Treffend äussert sich hierüber der berufenste Kenner gerade dieser Verhältnisse, Pütter: „Am nachtheiligsten für die Aufnahme der fürstlichen Häuser schien der Gebrauch zu seyn, den man je länger je mehr vom römischen Rechte machte, womit u. a. die demselben unbekannten Grundsätze von Unveräusserlichkeit geerbter Güter und dem Vorzuge des Mannsstammes vor Töchtern, als die Hauptstützen des unerschütterlichen Glanzes unserer hohen Häuser, schon merklich wankend gemacht wurden“[163]. Und ergänzend heisst es (in seiner Abhandlung über den vorzüglichen Gebrauch der einheimischen gemeinen Rechte unter dem deutschen hohen Adel) bezüglich des Erstgeburtsrechts:[164] „Dasselbe ist allerdings so, wie es jetzt beobachtet wird, fast in allen reichsständischen Häusern erst neu eingeführt, seitdem vorlängst das römische Recht sonst schon zur Kraft gemeinen Rechts in Teutschland gediehen gewesen. Gleichwohl stehet es mit demselben in solchem Widerspruche, dass es in keinem Hause zu retten sein würde, wenn man den römischen Klagen auf Pflichttheil dawider Gehör geben wollte. Wem wird es aber einfallen zu behaupten, dass davon Gebrauch gemacht werden könnte? Und von diesem Nichtgebrauche des römischen Rechts in Ansehung der Vorzüge der Erstgeburt in fürstlichen und anderen Häusern — was liesse sich da anders für ein Grund angeben, wenn es die Autonomie sothaner Häuser nicht wäre?“ Dieser Gedankengang ist doch offen-

---

[163]) Pütter: „Historische Entwicklung“ etc. Bd. I. S. 273.

[164]) Pütter: „Beyträge zum teutschen Staats- u. Fürstenrecht“ *ed. cit.* II. S. 124, 125.

bar ein völlig privatrechtlicher. Von dem Lande selbst ist überhaupt nicht die Rede; und jener Gebrauch des deutschen Erbrechts steht ausser allem Zusammenhang mit der Einheit des Landes; er ist ein Standesrecht, welches nicht einmal auf die landesherrlichen Familien beschränkt ist. Vielmehr spricht sich in jenem Erstgeburtsrechte keine andre Idee aus, als in dem Institut der adligen Majorate, welches seinen Zwillingsbruder, den Patromonialstaat, beträchtliche Zeit überlebt hat.

In einer späteren Abhandlung sagt Pütter noch ausdrücklich, dass vorzüglich das Familieninteresse jene Erhaltung des deutschen Erbrechts im Adel bewirkt habe. Dann aber fährt er fort: „Doch beim hohen Adel ist noch ein neuer Grund hinzugekommen, da Fürsten und Grafen nicht mehr, wie ursprünglich, bloss als Besitzer grosser Güter und Ehrenstellen sondern als wahre Regenten eigner Staaten anzusehen sind, und da nunmehr alles das, was theils das allgemeine Staats- und Völkerrecht, theils ein gewisser gemeinsamer Gebrauch aller Europäischen Mächte mit sich bringt, auch bei unseren deutschen Fürstenthümern und Grafschaften in ihrer Art seine Anwendung findet“ [165]). Deutlicher kann es nicht hervortreten, wie man in späterer Zeit die herrschend gewordenen Anschauungen des idealen Staatsrechts gleichsam ex post Einrichtungen aufzupfropfen suchte, welche unter völlig andren Gesichtspunkten entstanden waren; und wie man zu diesem Zwecke die deutsche Landeshoheit ihres spezifischen Charakters zu entkleiden versuchen musste.

Was nun — abgesehen vom Erbgange — die sonstige Veräusserlichkeit betrifft, so wäre eine doppelte Beschränkung der Fürsten denkbar: nach oben gegenüber dem Reiche, nach unten gegenüber dem Lande selbst. Aber weder die eine noch die andre bestand principiell. Wäre das Reich eine Gebietskörperschaft gewesen, so hätte sich aus diesem Wesen desselben jene Beschränkung mit Nothwendigkeit ergeben. Dass das

---

[165]) Pütter: „Ueber den Unterschied der römischen und teutschen Erbfolge überhaupt“, Beyträge *ed. cit.* II. S. 267.

Reich weder zur Feudalzeit noch später eine Gebietskörperschaft war, haben wir oben gesehen. Vielmehr blieb das Lehnsband — auch nachdem seine Blüthezeit längst vorüber war — das einzige, auf welches sich die Reichseinheit principiell zu stützen vermochte. So gilt es meist in der alten Reichspublicistik für „eine ausgemachte Wahrheit, dass die eigenthumliche Lande mit allen zugehörigen ohne Kayserlichen Konsens veräussert werden können; mithin auch die Regalien als ein Stück davon"[166]. „Dass bei Veräusserung unmittelbarer Reichsallodien der Kayserliche Konsens, wo nicht nöthig, doch wenigstens räthlich seye, wird zwar von Einigen behauptet, von Anderen aber besser widersprochen. . . . Man kann viele hunderte Exempel aufweisen, da allodiale Graf- und Herrschaften ohne Kayserliche Bewilligung verkauft worden seynd, schwerlich aber eines, da des Kaysers Einwilligung nachgesuchet worden wäre, und noch weniger eines, da der Kayser einen Verkauff etc. eines solchen eigenthümlichen Landes angefochten, oder auch sonst seinen Konsens für nöthig angegegeben habe"[167].

Andrerseits ward aber auch bei Veräusserungen unzweifelhafter Reichslehen das Einspruchsrecht des kaiserlichen Oberlehnsherrn zu blosser Form herabgedrückt[168]; wie das sehr natürlich war in einer Zeit, für welche das ganze Lehnswesen

[166]) J. J. Moser: „Von der teutschen Reichsstände Landen". *ed. cit.* S. 226.

[167]) Ebenda S. 215; vgl. auch Pütter: „Beyträge" *ed. cit.* II. S. 207 fg. Biener: *„De natura et indole"* etc. S. 187: *„Cum allodia principum et territoria penitus commercio exemta non sint, consequens est, ut alienatio territorii partisve adhuc fieri possit . . . . neque tum ulla imperatoris confirmatione opus est"*. — Vgl. ferner: Reichard: „Die Untheilbarkeit der Gebietsbestände" etc. in der Zeitschr. f. d. ges. Staatswissenschaft Jg. 1844, H. 3. S. 526.

[168]) Biener a. a. O. S. 213 lehrt: *„Territoria imperii feudalia sine imperatoris, domini directi, consensu neque alienari neque oppignorari posse; ita tamen ut facta alienatio et oppignoratio non expers solum feloniae et poenae, sed etiam tamdiu valeat, quamdiu domino directo non improbetur"*. — Uebrigens war die Grenze zwischen *allodia* und *feuda* sehr zweifelhaft, um so mehr, als man den *„feuda hereditaria"* vielfach das *jus allodii* beilegte; vgl. Biener a. a. O. S. 47, 48.

nur noch todter Schein, kein lebendiges Sein mehr war. An die Stelle des Kaisers als Oberlehnsherrn hatte sich das „Reich" d. h. die Körperschaft der Reichsstände gedrängt; der Kaiser war einer unter den Patrimonialfürsten geworden. Jene Reichskörperschaft aber war, wie wir sahen, eine wesentlich personelle, für deren dinglichen Zusammenhalt ein durchgreifendes Princip in jener Zeit der Patrimonialität sich schlechterdings nicht konstruiren liess. Während also der Kaiser in jeder Art von Verfügung über Reichsland ganz unbedingt an die Zustimmung der Reichsstände gebunden war [169]), als welche die Gesammtheit der Patrimonialherren, der Landeseigenthümer waren, ergab sich eben aus dieser Patrimonialidee, „dass einzelne Reichsstände jezuweilen dergleichen Handlungen pflogen, ohne den Kaiser oder das Reich etwas davon wissen zu lassen" [170]). Und wie sehr auch Patrioten wie J. J. Moser die Pflichten gegen das deutsche Vaterland hervorheben; sie müssen doch den Brauch von Landesveräusserungen seitens der Fürsten sogar an Auswärtige als bestehend anerkennen [170]). „Wie es überhaupt eben auch von Teutschland heisst: *Res communes communiter negliguntur*, so geht es nicht weniger in diesem Stück" [171]). Es war ein Zustand unaufhaltsamen Verfalls des Reichsbandes, welches nach Verblassen des Lehnswesens die deutschen Patrimonialgewalten unmöglich mehr zusammenhalten konnte. Nicht nur in der dynamischen, auch in der begrifflichen Natur der Dinge lag es, dass über den absoluten, „souveränen" Staaten ein Gesammtstaat *„monstrum tantum simile"* sein konnte [172]).

---

[169]) Wahl-Kapitulation Kaiser Karl's VII. von 1742 art. X. § 5: Der Kaiser solle in vorkommenden Reichsgrenzscheidungen [Kapit. von 1790: „auch bei Umtauschung der Grenzlande"] ohne des Reichs und der dabey interessirten Stände Einwilligung nichts vornehmen lassen". Vgl. auch Pütter: *Instit. jur. publici ed. cit.* II. S. 349; J. J. Moser: „Teutsches Auswärtiges Staatsrecht" S. 43; Häberlin: „Handbuch des Teutschen Staatsrechts" Bd. I. S. 79, 80 u. A. m.

[170]) Moser *loc. cit.*

[171]) Moser: „Von der teutschen Reichsstände Landen" S. 15.

[172]) Vgl. oben S. 115.

So wenig als nach oben unterlag die Veräusserlichkeit der patrimonialen Landeshoheit nach unten, gegenüber dem Lande, d. h. den Landständen einer principiellen Beschränkung. Die Unhaltbarkeit der allgemeinen Grundsätze, aus welchen besonders Posse in seinen mehrerwähnten Schriften das Einwilligungsrecht deutscher Unterthanen in Landesveräusserungen abzuleiten sucht, ist im Vorhergehendem dargethan worden. Wie in den allgemeinen Grundanschauungen, so ist auch in dem Resultat der Lehre Biener's, Moser's, Zachariae's u. A. m. beizupflichten, welche, unbeirrt durch angeblich allgemein giltige Dogmen eines idealen Staatsrechts, vielmehr aus der historischen Natur und eigenartigen Rechtsbasis der deutschen Landeshoheit, sowie aus dem positiv geltenden Rechte zu der Erkenntniss kommen, „dass Landstände und Unterthanen nicht befugt seynd, sich der Theilung [*scil.* oder Veräusserung] eines Landes zu widersetzen; sie seyen dann darzu durch Familien-Grundgesetze ihrer Landesherren oder durch Landesverträge oder Freyheiten oder ein verbindliches Herkommen darzu berechtiget“ [173]). Also nicht eine Rechtseinheit des Landes als solchen bildete eine Schranke für den Individualwillen des Fürsten bei Theilung oder Veräusserung seines Landes, sondern lediglich Familiensatzungen oder individualrechtliche Verträge zwischen der Person des Fürsten und denen seiner Stände. Kurz, das freie Individualrecht des Patrimonialherrn fand nicht an der gebietskörperschaftlichen Einheit des Landes, sondern am Individualrecht Andrer eine Grenze.

So erscheint denn nach alledem der Patrimonialstaat so wenig als das Reich oder die Gebilde der Feudalzeit — immer mit alleiniger Ausnahme der Städte — als Gebietskörperschaft. Nirgend sonst finden wir ein Gebiet als objektive, sozialrechtliche Einheit, welche

---

[173]) Moser a. a. O. S. 142. — Biener a. a. O. S. 223: „*Facultatem alienandi, oppignorandi et supponendi territoria Germaniae tam allodialia quam feudalia principi ac domino territorii inconsultis ordinibus competere; nisi hi aut ex pactis cum principe aut ex consuetudine territorii, se in consilium consortiumque harum rerum fuisse admissos receptosque probent*“. — K. S. Zachariae *loc. cit.* S. 135.

sich mit einer personellen genossenschaftlichen Einheit zu einem Körperschaftsorganismus verbindet. Der Fürst bildet mit seinem Lande keine sozialrechtliche Einheit, sondern er steht ihm als seinem Objekt in individualistischer Gesondertheit gegenüber. Wenn man nun das Wort „Gebiet" in jenem prägnanten Sinne als objektive Einheit des Sozialrechts fasst[174]), in welchem allein es ein wahrhafter *terminus technicus* zu sein vermag, so folgt, dass ausschliesslich die Stadt, dass dagegen weder der Lehns- noch der Patrimonialherr ein Gebiet hatte. Aus dem Begriff des Gebiets ist, wie wir oben gesehen haben, jedes individualrechtliche Element, vor allem die Idee des Eigenthums völlig ausgeschieden[175]), während diese Idee gerade den Kern sowohl der Feudalität als der Patrimonialität bildet. Die Stadt als sozialrechtliche Einheit hat ihr Gebiet: der Fürst als Individualperson hat sein Land. Dem entspricht die oben (S. 300) erwähnte Terminologie Moser's, sowie der Umstand, dass in allen hier aufgeführten Werken der alten Reichspublicistik überaus viel von der Landeshoheit, dagegen niemals von der Gebietshoheit die Rede ist.

Wenn demnach unter den politischen Gebilden der alten Reichszeit einzig und allein die Städte Gebietskörperschaften waren, so vermochten dieselben als solche sich weder dem Reiche noch den Territorien organisch einzugliedern[176]). Und wenn einst im lockeren Gefüge des Lehnsstaates kaum ein Unterschied zwischen unmittelbaren Reichs- und mittelbaren Landstädten hervorgetreten war[177]), so wirkte die Patrimonialzeit eine Wandlung ihres Wesens, welche jene beiden Kategorien völlig von einander trennte, indem die Reichsstädte an dem Aufsteigen der Reichsstände, die Landstädte am Niedergange der Landstände Theil nahmen. Wie die Reichsstädte, so lange sie den Charakter der Gebietskörperschaft rein bewahrten, der Einfügung in die heterogen gestaltete, personelle

[174]) Vgl. oben S. 320.
[175]) Vgl. oben S. 320.
[176]) Vgl. oben S. 322.
[177]) Vgl. oben S. 318.

Reichskörperschaft widerstreben mussten, wurde bereits erwähnt[178]). Um neben die beiden fürstlichen Kollegien des Reichstages treten zu können, musste das Kollegium der Städte sich der Natur des weitaus überwiegenden fürstlich-patrimonialen Elements anpassen. „Die reichsunmittelbaren Städte wurden selbst Territorien. Indem ihnen der westphälische Frieden zugleich mit dem bis dahin streitigen *votum decisivum* landeshoheitliche Rechte für ihr Gebiet zusicherte, bildeten die von da bis 1803 im Besitz der Reichsstandschaft und Landeshoheit gebliebenen (zuletzt 51) Städte nicht mehr eine Ausnahme von der Obrigkeitsverfassung, sondern nur von der Repräsentation der Obrigkeitsidee durch einen Fürsten“ [179]). So musste die Idee einer aus der genossenschaftlichen Rechtseinheit der Stadtbürgerschaft und der dinglichen Rechtseinheit des Stadtgebiets in organischer Durchdringung gebildeten städtischen Gebietskörperschaft zurücktreten gegenüber der Vorstellung, dass der regierende Rath oder Patriciat als personelle Körperschaft Inhaber einer Patrimonialgewalt über Stadt und Bürgerschaft sei, ganz wie der Fürst eine solche über Land und Leute besass. Es trat damit eine Art von Atavismus, eine Rückbildung in der Entwicklung der Städte ein.

„Den reichsunmittelbaren Städten gegenüber waren die Landstädte, weil der Landeshoheit unterworfen, nach der neuen Theorie von der im *princeps* concentrirten Staatsallmacht ohne eigene staatliche Bedeutung“ [180]). Mussten die Reichsstädte, um sich in den Rahmen der personellen Reichskörperschaft einzufügen, ihren Charakter als Gebietskörperschaft zurückdrängen, so mussten die Landstädte, um sich in den obrigkeitlichen Anstaltsstaat einzufügen, ihren körperschaftlichen Charakter überhaupt aufgeben und ein unselbständiges Stück jener Anstalt werden. Aber in beiden Fällen widersprach die den Städten aufgezwungene Wandlung ihrem ureigenen Wesen; sie legte sich daher als fesselnde Hülle um dieses; und so waren es die Städte, welche

[178]) Vgl. oben S. 349.

[179]) Gierke: Genossenschaftsrecht. Bd. I. S. 705, 706.

[180]) Gierke *loc. cit.*

zuerst, da die Tage des Patrimonialstaates gezählt waren, jene Hülle durchbrachen und zu ihrer wahren gebietskörperschaftlichen Natur zurückkehrten.

Das alte Reich ist über die Patrimonialität nicht mehr hinausgelangt. Wohl machten sich in den letzten Jahrzehnten neue Staatsanschauungen geltend, welche bald im patrimonialen Territorialstaat, bald in der Reichsidee[181]) ihre Verwirklichung suchten. Aber wenn auch in Folge dessen über das Verhältniss von Reich und Staat in jener Litteratur oft Aeusserungen erscheinen, welche einen erstaunlichen Anklang an Kontroversen unserer Tage haben, so legten jene Schriftsteller eben die Ideen einer aufkeimenden Zukunft in die absterbenden Gebilde ihrer Zeit hinein. Jener Absterbeprocess musste sich erst vollenden; das alte Reich musste, zusammenstürzend, den alten Patrimonialstaat mit sich reissen, ehe sich über den Gebietskörperschaften der neubelebten Städte die Gebietskörperschaft des neuen Rechtsstaates, über diesem die des neuen Reiches erheben konnte: die einander organisch eingegliederten Bildungen einer neuen, unserer Zeit.

[181]) So noch 1804 Nic. Thad. Gönner (Teutsches Staatsrecht, bes. S. 57, 94 fg., 99 etc.), welcher die Territorialstaaten als Reichsanstalt zu konstruiren sucht.

XII.

Gebietskörperschaften und Gebietshoheit im neuen Reich.

Im Eingange des vorigen Abschnitts ist auf den Gegensatz zwischen der juristisch-begrifflichen Grundlage der Gebilde des alten und des neuen Reiches hingewiesen worden, sowie darauf, dass die in den alten Stadtgemeinden vorgebildete Gemeinschaftsidee und nicht die Idee des alten Territorialstaates noch die des alten Reiches zum tragenden Princip des modernen Staats- und Reichswesens geworden ist [1]). Haben wir dann im weiteren gesehen, wie der Feudal- und Patrimonialstaat begrifflich auf der Individualgewalt des Fürsten über Land und Leute beruhte, und wie dieser individualistischen Anschauung gemäss das ganze Recht jener Zeit in Form und Wesen nicht über das Privatrecht hinaus konnte, so hat demgegenüber Laband treffend das Wesen des modernen öffentlichen Rechts dahin charakterisirt, dass dasselbe weder eine Privatunterthänigkeit noch eine Privatgewalt kennt [2]). An deren Stelle ist — wie wir schon früher gegenüber der Lehre Laband's u. A. m. von der ausschliesslichen Staatsherrschaft nachgewiesen haben [3]) — das sozialrechtliche Princip einer ausschliesslichen Herrschaft der Gesammtpersonen über ihre Gliedpersonen getreten. Da nun alle publicistischen Verhältnisse wesentlich Herrschaftsverhältnisse sind, da im modernen Recht der Begriff der Herrschaft ein ausschliesslich sozialrechtlicher ist, so ist

[1]) Vgl. oben S. 292 fg.

[2]) Laband: „Deutsches Staatsrecht" (2. Aufl.) Bd. I. S. 66

[3]) Oben S. 172 fg. und im ganzen VII. Abschnitt.

unser gesammtes öffentliches Recht ausschliesslich Sozialrecht; und jede Konstruktion moderner politischer Gebilde muss demnach, wie Gierke lehrt [4]), auf das Erfassen der Gliederung von Gesammtpersonen hinauslaufen.

Dass sich die Neugestaltung Deutschlands zur Gliederung des Rechtsstaates nicht durchweg systematisch von unten nach oben in Wirklichkeit vollzogen hat, wurde bereits erwähnt [5]). Heute jedoch, da die Zwischenglieder zwischen der neubelebten Gemeinde und dem verjüngten Staate meist gebildet sind, sowie die Zusammenfassung der Staaten zum neuen Reiche im wesentlichen vollendet ist, ermöglicht sich eine der richtigen Methode entsprechende Konstruktion. Gerade die Bildung jener Zwischenglieder, wie sie in dem wichtigsten deutschen Staate, in Preussen, durch Organisirung der Kreis- und Provinzialgemeinden erst in neuerer Zeit geschehen ist [6]), wirft ein helles Licht auf den Wesensunterschied alter und neuer Staatsgestaltung.

„Erst mit der Kreisordnung vom 13. December 1872 gelang es, die Konsequenzen des Edikts vom 9. Oktober 1807 zu ziehen und die Verknüpfung obrigkeitlicher und repräsentativer Befugnisse mit dem Besitze bestimmter Güter zu lösen. Die kreisständischen Befugnisse der Rittergüter, die gutsherrliche Polizeigewalt, das Aufsichtsrecht der Gutsherren über die Landgemeinden, sowie die mit dem Besitze gewisser Grundstücke verbundene Berechtigung und Verpflichtung zur Verwaltung des Schulzenamtes wurden aufgehoben“ [7]). Vergleicht man die Zustände, welche hier als durch die Kreisordnung beseitigt

---

[4]) Vgl. oben S 39 fg.

[5]) Oben S. 294 fg.

[6]) Bei der Verschiedenartigkeit dieser Zwischenglieder in den deutschen Einzelstaaten rechtfertigt es sich, in dieser Hinsicht stets auf Preussen Bezug zu nehmen, nicht nur wegen der Bedeutung dieses Gliedstaates, sondern weil hier allein die dynamische Möglichkeit einer vollen Entwicklung dieser Zwischenglieder vorhanden ist. Eine gedrängte aber gute Uebersicht dieser Organisation in den ausserpreussischen deutschen Staaten giebt G. Meyer: „Lehrbuch d. deutschen Staatsrechts“ (2. Aufl.) § 117. S. 333 fg.

[7]) Brauchitsch: „Die neuen preussischen Verwaltungsgesetze“ (herausgeg. von Studt u. Braunbehrens) Bd. II. (9. Aufl.) S. 5.

genannt werden, mit dem im vorigen Abschnitt dargelegten individualrechtlichen Wesen des Patrimonialstaates, so sieht man, dass es Rudimente jener individualrechtlichen Gestaltung waren, welche die Kreisordnung durch sozialrechtliche ersetzte. An die Stelle personeller Ständerechte traten die Sozialrechte körperschaftlicher Organe; an die Stelle individualistischen Privatrechts ein wirkliches, d. h. organisches öffentliches Recht.

Indem § 1 der Provinzialordnung vom 29. Juni 1875 bestimmt: „Zum Kommunalverbande der Provinz gehören alle innerhalb der Grenzen derselben belegenen Kreise und alle zu diesen Kreisen gehörenden Ortschaften. Diejenigen Kreise und einzelnen Ortschaften, welche bisher zu einem anderen provinzialständischen Verbande gehört haben, treten aus diesem Verbande aus und in den Kommunalverband derjenigen Provinz ein, innerhalb deren Grenzen sie belegen sind" — beseitigt er einen Zustand, welcher auf der personellen Natur des ständischen Staates beruhte. Das preussische Gesetz vom 5. Juni 1823 hatte jenen Staatszustand zu beleben versucht, indem es Provinzialstände anordnete. Wie aber die Körperschaften der alten Reichs- und Landstände stets bloss personelle Körperschaften gewesen [8]), so theilten auch diese Provinzialstände die personelle Natur alles altständischen Wesens. Daher kam es, dass sich diese personellen Verbände nicht mit den Grenzen ihrer Provinzen deckten [9]), weil in ihnen das räumliche Moment nicht zur Geltung kam. Die moderne Gestaltung der politischen Gemeinwesen ist aber nicht nur eine körperschaftliche, sondern im besonderen eine **gebietskörperschaftliche.**

Wir haben oben [10]) den Begriff des Gebiets definirt als den einer dinglichen Einheit des Sozialrechts, welche mit der Verdichtung einer Genossenschaft zur körperschaftlichen Einheit unlöslich verknüpft ist. Im weiteren Verfolg des vorigen Abschnitts hat sich dann gezeigt,

---

[8]) Vgl. oben S. 340 und S. 348 fg.

[9]) S. Brauchitsch a. a. O. S. 185 n. 5; vgl. auch H. Schulze: „Preuss. Staatsrecht" (2. Aufl.) Bd. I. S. 528.

[10]) S. 321.

dass die wesentlichen Voraussetzungen jenes Begriffs und also auch ein Gebiet selbst zur Zeit des alten Reiches ausschliesslich in den mittelalterlichen Städten, dagegen weder im feudalen noch im patrimonialen Territorialstaat oder Reich vorhanden waren. Die moderne politische Gestaltung hat diese Voraussetzungen auf allen Stufen ihrer Erscheinungsformen geschaffen. Die individualrechtliche Auffassung publicistischer Befugnisse, das dem Begriffskreise der Patrimonialität wesentliche Eigenthumsmoment sind überwunden; und demgemäss ist an die Stelle rein personeller Zusammengehörigkeit als einigendes Band die Sozialrechtseinheit des Gebiets getreten.

Betrachtet man unter diesem Gesichtspunkt zunächst die Gemeinden, so kommt ein Unterschied zwischen Stadt- und Landgemeinden nicht in Betracht. Zwar ist man von der falschen, unter französischem Einflusse zeitweilig herrschend gewesenen Nivellirungssucht zurückgekommen zu der Einsicht, dass der Unterschied zwischen Stadt und Land nicht nur ein natürlicher, sondern auch ein in der rechtsgeschichtlichen Entwicklung Deutschlands im besonderen tief begründeter ist[11]). Und demgemäss sehen auch die meisten deutschen Gemeinde- bezw. Städte-Ordnungen von einer mechanischen, lediglich auf der Einwohnerzahl fussenden Scheidung von Stadt und Land ab, indem sie sich vielmehr an die historisch gewordenen Verhältnisse anschliessen[12]). Indessen für die Betrachtung der Gemeinden als Gebietskörperschaften ist jener Unterschied unerheblich[13]). Wohl hat sich noch ein Zeugniss der alten An-

---

11) Vgl. oben S. 313.

12) So die preussische Städteordnung f. d. östl. Provinzen v. 30. Mai 1853 § 1; für Westfalen v. 19. März 1856 § 1 etc.; ebenso die bairische Gemeindeordnung f. d. Landestheile diesseits des Rheins v. 29. April 1869 Art. 9. — Anhalt hat neben einer Gemeinde- noch besondere Stadt- und Dorfordnungen. – Dagegen ist in der Städteordnung f. d. Rheinprovinz v. 15. Mai 1856 § 1 die Einwohnerzahl von Bedeutung; ebenso kgl. sächsische revidirte Städteordnung v. 24. April 1873 § 1; badisches Gesetz v. 24. Juni 1874; und noch entschiedner: hessische Städteordnung v. 13. Juni 1874 Art. 1—3.

13) Die in den östlichen Provinzen Preussens, ferner in Westfalen und Schleswig-Holstein, im Königreich Sachsen

schauungsweise bis auf unsere Tage erhalten in der Begriffsbestimmung des preussischen Landrechts (A. L. R. Th. II. Tit. 7 Abschn. 2 § 18): „Die Besitzer der in einem Dorfe oder in dessen Feldmark gelegenen bäuerlichen Grundstücke machen zusammen die Dorfgemeine aus“. Aber die hier bereits angedeutete Idee der Zusammenschliessung einer Mehrheit von Individuen durch die räumliche Einheit des Gebiets tritt rein hervor in den neueren Gesetzen, welche bestimmen: „Alle Einwohner des Stadtbezirks . . . gehören zur Stadtgemeinde. Als Einwohner werden diejenigen betrachtet, welche in dem Stadtbezirk nach den Bestimmungen der Gesetze ihren Wohnsitz haben“ [14]); oder: „Zur Gemeinde gehören alle Einwohner des Gemeindebezirks, und zu letzterem alle innerhalb dessen Grenzen gelegene Grundstücke“ [15]). Die neuere Reichsgesetzgebung [16]) hat die früheren Unterschiede zwischen der Gemeindeangehörigkeit und dem blossen Wohnsitz im Ge-

---

(Revidirte Landgemeinde-Ordnung v. 24. April 1873 § 82 fg.) und Fürstenthum Reuss ä. L. (Gemeindeordnung v. 28. Januar 1871 Art. 4) bestehenden selbständigen Gutsbezirke dürfen als vereinzelte Anomalien ausser Ansatz bleiben. Vgl. darüber H. Schulze a. a. O. S. 495 fg. und Gierke in Holtzendorff's Rechtslexikon Bd. II. S. 56.

[14]) Preussische Städteordnung f. d. östl. Provinzen Tit. 1 § 3; ebenso die andren preussischen Städteordnungen. — Kgl. sächsische rev. St.-O. § 14: „Personen, welche im Stadtbezirk wesentlich wohnhaft sind“. — Hessische St.-O. Art. 6: „Alle Einwohner des Stadtbezirks gehören zur Stadtgemeinde im weiteren Sinne“. — Badische St.-O. § 7a fg. — u. s. w.

[15]) Landgemeinde-Ordnung f. d. Rheinprovinz v. 23. Juli 1845 § 3; ähnlich die andren preussischen Gemeinde-Ordnungen. — Kgl. sächsische rev. Landgemeinde-O. § 14. — Hessische L.-O. Art. 5. — Grossherzogl. sächsische neue G.-O. v. 24. Juni 1874 Art. 2. — Oldenburgische rev. G.-O. v. 15. April 1873 Art. 3 § 1. — Anhaltische G.-O. § 6. — Rev. G.-O. f. Reuss j. L. v. 17. Juni 1874 Art. 17. — G.-O. f. Reuss ä. L. Art. 20. — G.-O. für Waldeck § 2 u. 3.

[16]) Reichsgesetze: v. 1. Nov. 1867 (Freizügigkeit); 4. Mai 1868 (Aufhebung polizeilicher Beschränkungen der Eheschliessung); 21. Juni 1869 (R. G. O.); 6. Juni 1870 (Unterstützungswohnsitz). — Das zweite und vierte dieser Gesetze erstrecken sich nicht auf Baiern.

biet der Gemeinde im wesentlichen beseitigt[17]; und das noch bestehende besondere Bürgerrecht erscheint lediglich als eine Qualificirung der ausschliesslich auf dem Wohnsitz im Gemeindegebiet beruhenden Gemeindeangehörigkeit, wie es z. B. die sächsische revidirte Städteordnung § 15 richtig ausdrückt: „Innerhalb der Gesammtheit der Gemeindemitglieder besteht ein besondres Bürgerrecht, welches vom Stadtrathe ertheilt wird“ [18]. Kurz: als das einigende Band, welches das personelle Element der Gemeinde zu einer besonderen Einheit abschliesst, tritt überall die dingliche Sozialrechtseinheit des Gebiets hervor; die deutschen Stadt- und Landgemeinden sind **Gebietskörperschaften.**

Nicht anders steht es mit den Zwischengliedern zwischen Gemeinde und Staat, den Kreis- und Provinzialgemeinden[19]. Sie sind eben wirkliche Gemeinden höherer Ordnung; und „die Angehörigkeit zu den Kommunalverbänden höherer Ordnung beruht auf dem Wohnsitz innerhalb des Verbandes“[20]. In der preussischen Kreisordnung v. 13. December 1872 § 6 ist dies in engem Anschluss an die Städteordnung ausdrücklich ausgesprochen[21]. Das Kreisgebiet ist demnach das die Kreisangehörigen zusammenschliessende Band; die Kreisgemeinden sind **Gebietskörperschaften.** Dagegen scheint ein Unterschied hervorzutreten in der Bestimmung der Provinzialordnung vom

---

[17]) Vgl. Gierke a. a. O. S. 57 und besonders G. Meyer: „Staatsrecht“ (2. Aufl.) § 112 S. 306 fg., woselbst sehr reiches Gesetzmaterial angegeben ist.

[18]) Die hessische St.-O. Art. 6 und L.-G.-O. Art. 5 spricht von einer „Gemeinde im weiteren Sinne“. — Bemerkenswerth ist, dass einige St.- bezw. G.-O. (z. B. sächsische § 14, weimarische Art. 2) die Gemeindeangehörigkeit ausdrücklich auch „juristischen Personen“ zusprechen.

[19]) Vgl. oben n. 6. — G. Meyer a. a. O. § 115 S. 320 fg.; H. Schulze a. a. O. § 146—150 S. 497—540.

[20]) G. Meyer a. a. O. S. 338.

[21]) So hiess es in den Motiven des Entwurfs v. 1869: „Der Begriff der Kreisangehörigkeit bestimmt sich nach dem Begriffe der Gemeindeangehörigkeit; danach ist kreisangehörig ein Jeder, welcher innerhalb des Kreises seinen Wohnsitz hat“.

29. Juni 1875: „Zum Kommunalverbande der Provinz gehören alle innerhalb der Grenzen derselben belegenen Kreise und alle zu diesen Kreisen gehörenden Ortschaften" (§ 1); und „Provinzialangehörige sind alle Angehörigen der zu der Provinz gehörigen Kreise". (§ 5.) Indessen käme die hierin sich etwa zeigende Besonderheit höchstens für die Art der Eingliederung der Gebietskörperschaften in einander, nicht für die Eigenschaft als solche in Betracht. Denn für letztere ist es zunächst gleichgiltig, welche Art von Personen durch die dingliche Rechtseinheit des Gebiets verbunden werden; ob dies Individuen oder Gesammtpersonen, eventuell selbst wieder Gebietskörperschaften sind. Und wenn die Provinzialangehörigkeit einerseits auf der Kreisangehörigkeit beruht und andrerseits auf der Lage des Kreises im Gebiet der Provinz, so ist jedenfalls das Provinzialgebiet das die Provinzialangehörigen zusammenschliessende Band; die Provinzen sind **Gebietskörperschaften.**

Die Staatsangehörigkeit in den deutschen Einzelstaaten ist geregelt durch das Reichsgesetz vom 1. Juni 1870[22]). Was zunächst den Unterschied zwischen Staatsangehörigen und Staatsbürgern betrifft, so verhält es sich damit nicht anders, als mit dem zwischen Gemeindeangehörigen und Gemeindebürgern. Die Staatsbürger sind besonders qualificirte Staatsangehörige; das personelle Element der Staatskörperschaft bilden ihre Angehörigen, und für unsere Zwecke kommt es daher hier wie dort auf diese an[23]).

Nach § 2 jenes Reichsgesetzes beruht die Staatsangehörigkeit auf Abstammung (wozu auch die „Legitimation" gehört),

---

[22]) In Baiern eingeführt durch Gesetz v. 22. April 1871; in Elsass-Lothringen durch Verordnung v. 8. Januar 1873. — Vgl. die Lehrbücher des Reichs- und Partikular-Staatsrechts; besonders: Laband (2. Aufl.) Bd. I. § 17—19 S. 148 fg.; G. Meyer a. a. O. S. 179 fg.; M. Seydel in Hirth's Annalen 1876 S. 135 fg.; 1883 S. 577 fg.; H. Schulze a. a. O. S. 342 fg.; Seydel: Bairisches Staatsrecht Bd. I. S. 517 fg. u. s. w. Ferner: F. Stoerk in Holtzendorff's Handbuch d. Völkerrechts Bd. II. S. 585 fg. (S. dort auch die einschlägige Litteratur.)

[23]) Vgl. H. Schulze a. a. O. S. 345, 346; G. Meyer a. a. O. S. 180 n. 4.

Verheirathung und Verleihung (d. h. Aufnahme bezw. Naturalisation). Die Bedeutung des Gebiets für die Staatsangehörigkeit tritt für alle Fälle zunächst negativ darin hervor, dass dieselbe durch Aufenthalt im Auslande erlischt. Allerdings nur durch Aufenthalt im Reichsauslande, während selbst dauernder Wohnsitz in einem andern deutschen Gliedstaate die Angehörigkeit im Heimathsstaate an sich nicht beeinträchtigt. Dies ist zweifellos eine Anomalie, hervorgerufen durch die Verbindung, in welcher die durch ein und dasselbe Gesetz normirte Staats- und Reichsangehörigkeit stehen, sowie durch die — in § 12 des Gesetzes noch ausdrücklich ausgesprochene Anordnung, dass der Wohnsitz innerhalb eines Gliedstaates für sich allein die Staatsangehörigkeit nicht begründet. Nach dieser Bestimmung wäre es, wenn die Verlegung des Wohnsitzes aus dem Gebiet des Heimathsstaates, aber innerhalb des Reichsgebiets die Staatsangehörigkeit vernichten würde, denkbar gewesen, dass Jemand, der im Staate seines neuen Wohnsitzes nicht den besonderen Aufnahmeakt bewirkt hat, Reichsangehöriger hätte bleiben müssen, ohne Staatsangehöriger zu sein[24]), was dem § 1 widerspräche, wonach die Reichsangehörigkeit durch die Staatsangehörigkeit erworben und verloren wird. Jene Anomalie muss nun fortzeugend die weitere gebären, dass Jemand Angehöriger beliebig vieler deutschen Gliedstaaten sein kann, ohne dass er mit ihrem Gebiet, ausgenommen den Staat, innerhalb dessen er seinen Wohnsitz hat, in irgend einem Zusammenhange steht. Dies ist die Folge davon, dass man für die Staatsangehörigkeit von dem aus der Natur der Gebietskörperschaft fliessenden Princip abgewichen ist, welches bei der Gemeindeangehörigkeit rein erhalten ist, und wonach zur Angehörigkeit wesentlich nur der Wohnsitz innerhalb des Gebiets erforderlich ist. Eine besondere Aufnahme u. dgl. hätte hier wie dort für die qualificirte Angehörigkeit, das Bürgerrecht, erheischt werden können[25]). Uebri-

[24]) Oder aber dass er die Reichsangehörigkeit verlöre, ohne das Reichsgebiet verlassen zu haben; was auch wieder eine Anomalie wäre.

[25]) Stoerk a. a. O. S. 652: „Das Axiom, dass die staatsbürgerlichen Pflichten in vollem Umfange nur einem Gemeinwesen geleistet werden

gens kennzeichnet sich jene Einrichtung als Anomalie — wie jede Abweichung von einem richtigen Princip — auch in *praxi* durch die Verwirrung, welche sie (besonders in Verbindung mit der Staatsangehörigkeit durch Abstammung) anrichtet. Wir kommen in diesem Zusammenhange darauf zurück.

Hiervon abgesehen, beruhen die in § 13 l. c. aufgeführten Gründe für den Verlust der Staatsangehörigkeit, soweit sie nicht lediglich Reflexe specieller Erwerbsgründe sind[26]), ausschliesslich auf Verlegung des Wohnsitzes aus dem Staatsgebiet. Denn die „Entlassung auf Antrag“ ist nur in Verbindung mit jener Verlegung wirksam und erlischt nach § 11 ohne dieselbe. Und ebenso bezieht sich der Verlust der Staatsangehörigkeit durch Beschluss der Centralbehörde gemäss § 20 l. c. auf Deutsche, welche sich im Auslande aufhalten. Mit Ausnahme dieses letzten Falles ist nun aber Voraussetzung für jene Wirkung des Aufenthalts im Auslande die Absicht einer dauernden Entfernung aus dem Staatsgebiet, der *animus non revertendi.* Ausdrücklich bekundet wird derselbe durch den Entlassungsantrag. Mangels eines solchen gilt zehnjähriger Aufenthalt im Auslande als *praesumtio juris* für jenen *animus,* falls nicht bestimmte Handlungen diese *praesumtio* entkräften. Solche Handlungen sind die Erwirkung eines Reisepapiers oder Heimathscheins sowie der Eintragung in eine deutsche Konsularmatrikel (§ 21). Die dadurch bewahrte Staatsangehörigkeit erscheint also keineswegs als unabhängig vom Wohnsitz im Staatsgebiet, vielmehr als eine Folge des ausdrücklich bekundeten *animus revertendi.*

---

können, ist ein logisch und physisch aus dem urewigen Gesetz der Undurchdringbarkeit der Körper fliessendes Resultat“. Obgleich Stoerk bei seiner völkerrechtlichen Konstruktion der Staatsangehörigkeit von andren Gesichtspunkten ausgeht, als wir es hier thun, und er an der gesonderten Personal- und Territorialhoheit festhält, so nähert er sich doch in solchen Aeusserungen und an manchen andren Stellen der hier vertretenen Anschauung.

[26]) Dies sind die sub 4 u. 5 angeführten: Legitimation durch und Heirath mit einem Staatsfremden, also Wirkungen der Reciprocität aus § 2 sub 2 und 3 l. c.

Ist somit negativ das Staatsgebiet wesentlich für die Staatsangehörigkeit, so folgt schon daraus durch logischen Schluss *e contrario* seine positive Bedeutung für dieselbe. Von den drei Erwerbsgründen nach Reichsgesetz beruht denn auch zunächst die Verleihung, sowohl in Form der Aufnahme wie der Naturalisation, wesentlich auf Niederlassung im Staatsgebiet (§§ 7 u. 8 l. c.)[27]. Dagegen geschieht der Erwerb durch Geburt nach § 3 l. c. „auch wenn diese im Auslande erfolgt". Diese ausdrückliche Bestimmung des deutschen Rechts, welche die Reflexwirkung hat, dass umgekehrt auch die im Staatsgebiet geborenen Kinder von daselbst wohnhaften, aber nicht naturalisirten Staatsfremden die Staatsangehörigkeit nicht erwerben[28], scheint in das Wesen des modernen Staates den Atavismus der Abstammungskörperschaft[29] hineinzutragen. Indessen scheint dies eben nur so; in Wahrheit ist auch hier das Gebiet von wesentlicher Bedeutung. Denn entweder hat der Vater der im Auslande geborenen Kinder seinen Wohnsitz im Staatsgebiet, so ist dies auch der gesetzliche Wohnsitz der Familie. Oder der Vater hat seinen Wohnsitz ebenfalls im Auslande, so kann er — und damit auch die im Auslande geborenen Kinder — seine Staatsangehörigkeit nur bewahren bei vorhandenem oder präsumirtem *animus revertendi* in das Staatsgebiet (nach Massgabe der eben erörterten Bestimmungen). Also auch beim Erwerb der Staatsangehörigkeit durch Abstammung bewährt sich im letzten Grunde das Staatsgebiet als das eigentlich zusammenfassende Moment. Nur die bereits erörterte Anomalie, dass der Aufenthalt in einem andern deutschen Gliedstaate nicht die Wirkung eines Aufenthalts im Auslande hat, und es daher in diesem Falle keiner Bekundung des *animus revertendi* bedarf, zeigt hier besonders

---

[27]) Allerdings nimmt § 8 sub 3 den Willen für die That, indem nur von „niederlassen wollen" die Rede ist.

[28]) Folgerichtiger ist das Princip des englischen Rechts: *„The children of aliens, born here in England are generally speaking, natural born subjects and entitled to all the privileges of such". (Blackstone, Commentaries I. cap. 10.)*

[29]) Vgl. oben S. 283.

grell ihre verwirrenden Folgen, auf welche Laband richtig hinweist. Auf diese Weise nämlich „können Familien, welche aus einem Gliedstaat in einen anderen übersiedeln, ohne die Staatsangehörigkeit zu ändern, für eine unabsehbare Reihe von Generationen die Staatsangehörigkeit in demjenigen Staate behalten, dem sie am 1. Januar 1871 angehört haben. In Verbindung mit der Freizügigkeit, welche innerhalb des ganzen Reichsgebiets besteht, wird dieser Grundsatz es daher im Lauf der Zeit immer schwieriger machen, die Staatsangehörigkeit festzustellen, und an grossen Verkehrsmittelpunkten mit schnell wechselnder Bevölkerung wird bald auch die ansässige Bevölkerung aus Staatsangehörigen der verschiedensten Gliedstaaten zusammengesetzt sein, von denen Jeder seine Staatsangehörigkeit in alle Ewigkeit vererben und in jeden beliebigen Gliedstaat mitnehmen kann. Es muss dies nothwendig dahin führen, die Staatsangehörigkeit immer mehr der Reichsangehörigkeit gegenüber zurücktreten zu lassen“ [30]). Diese Folge widerspricht aber auf das entschiedenste der dem Gesetz über die Reichs- und Staatsangehörigkeit zu Grunde liegenden Idee; und so rächt sich an diesem Gesetz selbst seine Abweichung von dem aus dem gebietskörperschaftlichen Wesen der Gliedstaaten fliessenden Princip; auch dies ein Beweis für die Uebereinstimmung einer richtigen Theorie und einer gesunden Wirklichkeit [31]).

Der Erwerb der Staatsangehörigkeit durch Heirath mit einem Staatsangehörigen endlich bedarf keiner besonderen Erörterung, sondern reiht sich den bisher besprochenen Fällen ein, da die Frau den gesetzlichen Wohnsitz des Mannes erwirbt.

Dass es die dingliche Rechtseinheit des Gebiets ist, welche das personelle Element zur körperschaftlichen Einheit der Staatsangehörigkeit zusammenschliesst, zeigt sich ferner auch darin, dass bei Einverleibung neuer Gebietstheile die Be-

---

[30]) Laband (2. Aufl.) Bd. I. S. 155. — Bezüglich Elsass-Lothringens vgl. Laband a. a. O. S. 721 fg., sowie unsere später im Text folgenden Ausführungen.

[31]) Vgl. oben S. 71.

wohner derselben ohne weiteres die Staatsangehörigkeit erwerben, während andrerseits diejenigen Personen, welche vor Vollziehung der Annexion ihren Wohnsitz ausserhalb des eroberten Gebiets verlegt haben, nicht in den Staatsverband eintreten; denn sie „werden nur dadurch Unterthanen der neuen Staatsgewalt, dass sie in der Machtsphäre [d. h. im Gebiet] der neuen Herrschaft verbleiben“ [32]). Den Gegensatz zur Einverleibung in die dingliche Rechtseinheit des Staatsgebiets bildet die Verbindung zweier selbständiger Gebietseinheiten durch die rein personelle Einheit in der Person des Herrschers, die Personalunion, welche demgemäss die Bewohner beider Gebiete auch nicht zu einer Körperschaft zusammenschliesst. Und wie die Anschauung des Patrimonialstaates, welcher als Anstalt das Einigungsmoment wesentlich in der Person des Herrschers fand, in der Bezeichnung: königlich preussische, bairische etc. Staaten zum Ausdruck kam, so die moderne Anschauung gebietskörperschaftlicher Einheit in der Bezeichnung als Staat Preussen, Baiern etc. [33]). — Demnach ist principiell — mit geringen Abweichungen im einzelnen — nach positivem Recht der deutschen Gliedstaaten das Staatsgebiet das die Staatsangehörigen zusammenschliessende Band; die deutschen Gliedstaaten sind **Gebietskörperschaften.**

Einer besonderen Erwähnung bedarf noch der rechtliche Charakter des Reichslandes Elsass-Lothringen, welcher besonders von Laband in Gegensatz zu dem der Gliedstaaten gebracht worden ist [34]). Die Grundfrage, ob Elsass-Lothringen ein Staat ist oder nicht, kann nicht hier entschieden werden, sondern erst nach endlicher Feststellung des staatlichen Kriteriums der deutschen Gliedstaaten. Aber ob Staat oder nicht;

---

[32]) H. Schulze a. a. O. S. 353 im Text und n. 1, woselbst auch Angaben über die specielle Litteratur. — Vgl. auch Stoerk a. a. O. S. 613.

[33]) Vgl. H. Schulze a. a. O. S. 139. — Preussische Verfassungsurkunde Tit. I. Art. 1: „Alle Landestheile der Monarchie in ihrem gegenwärtigen Umfange bilden das preussische Staatsgebiet“.

[34]) Laband, Staatsrecht (2. Aufl.) Bd. I. Kap. 9. S. 710 fg.; vgl. auch Stoeber im Archiv f. öffentliches Recht Bd. I. H. 4. S. 623 fg.

jedenfalls ist das Reichsland eine Gebietskörperschaft. Denn auch Laband betrachtet es doch als Provinz des Reiches [35]), seine Verwaltung als „decentralisirte Reichsverwaltung" [36]) und vergleicht es beständig mit den Provinzen Preussens. Freilich behauptet er auch gelegentlich, dass die reichsländische Verwaltung und Gesetzgebung in keiner Beziehung die mindeste Aehnlichkeit mit der Selbstverwaltung und Autonomie von Provinzial- oder andren Kommunalverbänden habe [37]). Jedoch beruht diese Behauptung lediglich auf der Anschauung Laband's von den „eigenen Herrschaftsrechten" als staatlichem Kriterium, welche wir früher zu widerlegen versucht haben [38]), und auf der daraus abgeleiteten Unterscheidung zwischen staatlicher und kommunaler Autonomie und Selbstverwaltung [39]). Mit jener Anschauung selbst fallen auch ihre Konsequenzen; und das Reichsland erscheint als eine — sei es staatliche, sei es kommunale — Körperschaft und in beiden Fällen auch als Gebietskörperschaft. Denn mag man die elsass-lothringische Landesangehörigkeit nun als Staats-, als Provinzial- [40]) oder sogar als allgemeine Reichsangehörigkeit auffassen, jedenfalls erscheint — selbst in Laband's Erörterungen — als Ausschlag gebendes Moment der Wohnsitz im Gebiet des Reichslandes. Wenn Laband meint, die Elsass-Lothringer seien Deutsche in derselben Art, wie die Pommern oder Brandenburger Preussen seien; oder Elsass-Lothringen verhalte sich zum deutschen Reiche wie die Rheinprovinz zum preussischen Staate [41]), so wird sich die Richtigkeit oder Unrichtigkeit dieser Behauptung nach der Untersuchung über die Art der Ein-

[35]) a. a. O. S. 716 und pass.

[36]) a. a. O. S. 718.

[37]) Ebenda n. 1; vgl. dagegen H. Schulze: „Deutsches Staatsrecht" Bd. II, S. 374; Löning: „Verwaltungsrecht" S. 77.

[38]) Oben Abschnitt VII.

[39]) Das Gleiche gilt von der Betonung, dass die Selbstverwaltung der Gliedstaaten ihr Recht gegenüber dem Reiche sei (a. a. O. S. 71). Das ist auch bei der Provinz gegenüber dem Staate der Fall.

[40]) G. Meyer in Hirth's Annalen 1876 S. 678 fg.; Leoni in Marquardsen's Handbuch Bd. II. Hlbd. 2. S. 227 fg.

[41]) a. a. O. S. 721 bezw. 726.

gliederung der deutschen Gebietskörperschaften in einander ergeben; aber jedenfalls spricht sie für die Eigenschaft Elsass-Lothringens als Gebietskörperschaft. Die Einführung des Reichsgesetzes vom 1. Juni 1870 in Elsass-Lothringen giebt dem Gebiet des Reichslandes für die Angehörigkeit zu demselben die gleiche Bedeutung, welche dem Gebiet der Gliedstaaten nach jenem Gesetz für die betreffende Staatsangehörigkeit zukommt. Und auch wenn, wie Laband lehrt, der Erwerb der reichsländischen Landesangehörigkeit im Gegensatz zu den Principien jenes Gesetzes ein Erwerb der Reichsangehörigkeit ohne Erwerb einer Staatsangehörigkeit ist, so geht dennoch die Landesangehörigkeit ebenso wenig in der allgemeinen Reichsangehörigkeit unter, als etwa die Provinzialangehörigkeit in der Staatsangehörigkeit. Dies zeigt sich besonders klar, wenn man, wie es Laband thut, die Bestimmungen des *Code civil* über den Begriff „*Français*“ zur Bestimmung der Eigenschaft als Inländer im Reichsland heranzieht. Es ist dann „*Français*“ für das Reichsland nicht wiederzugeben mit „jeder Deutsche“, da das französische Recht hier elsass-lothringisches Partikularrecht ist. Vielmehr weist Laband treffend nach, „dass, wo in französischen Gesetzen die Rede ist von „*Français*“, darunter für Elsass-Lothringen diejenigen Deutschen zu verstehen sind, welche im Reichslande wohnen“ [42]). Das gleiche Princip herrscht auch bezüglich der qualificirten Landesangehörigkeit, des Bürgerrechts, wie solches besonders im Wahlrecht zu den Vertretungskörpern sich äussert. Wenn in dieser Hinsicht das Gesetz vom 24. Januar 1873 bestimmt: „Wähler ist jeder Deutsche ...... in der Gemeinde, wo er seinen Wohnsitz hat“ [43]) — so ist dies im wesentlichen nichts anderes, als was z. B. die badische Städteordnung § 7a sagt: „Stadtbürger sind alle ..... Angehörigen des deutschen Reichs, welche seit 2 Jahren Einwohner des Stadtbezirks sind“ [44]) etc. So erscheint die elsass-lothringische Landesangehörigkeit —

[42]) Laband a. a. O. S. 726.

[43]) Laband a. a. O. S. 722.

[44]) Aehnlich oldenburgische rev. Gemeinde-Ordnung Art. 5 § 2; vgl. auch anhaltische G.-O. § 6.

gleichviel zunächst welches im übrigen ihr staatsrechtlicher Charakter sein mag — als Mitgliedschaft einer besonderen Körperschaft, welche auf dem Wohnsitz innerhalb eines bestimmten Gebiets beruht. Das Band, welches die Angehörigen des Reichslandes zusammenschliesst, ist die dingliche Rechtseinheit des elsass-lothringischen Gebiets; das Reichsland Elsass-Lothringen ist eine **Gebietskörperschaft.**

Dem Reiche vermag die Eigenschaft als Gebietskörperschaft nur abzusprechen, wer seine Eigenschaft als gewordene Körperschaft leugnet. Dass nur eine gewordene Körperschaft Gebietskörperschaft sein kann, wurde bereits oben aus dem Wesen des Gebiets abgeleitet[45]). Dies findet seine Bestätigung darin, dass die Lehre Seydel's, welche das Reich lediglich als gewillkürte Körperschaft, als ein Vertragsverhältniss der Gliedstaaten betrachtet, konsequenter Weise demselben ein eigenes Gebiet, die Eigenschaft als Gebietskörperschaft abspricht[46]). Dass diese Anschauung falsch ist, dass das deutsche Reich trotz der voraufgehenden Verträge zwischen den Gliedstaaten doch keine gewillkürte, sondern gleich allen andren politischen Gemeinwesen eine organisch gewordene Körperschaft ist, bedarf seit den Untersuchungen Hänels[47]) hierüber keines Beweises mehr, es ist *communis opinio.* Dann aber ist, wie bei allen bisher untersuchten politischen Gemeinwesen, auch

---

[45]) Vgl. oben S. 321.

[46]) Seydel: Commentar S. 5 fg.; Bayrisches Staatsrecht Bd. I. S. 638 fg. — Wenn man sich für diese Auffassung auf die bekannten Worte des Fürsten Bismarck über „Bundes-" und „Reichs"-Gebiet bezieht, so verdient wohl bemerkt zu werden, dass der Kanzler in derselben Reichstagssitzung v. 1. April 1871 auch äusserte: „Ich appellire an bessere Kenner unserer sprachlichen Quellen und Zusammenhänge, wenn ich die Frage stelle: ist das Wort Reichsgebiet überhaupt sprachlich hergebracht; ist es nicht eine Art von Tautologie, liegt nicht in dem Worte „Reich" schon die Bezeichnung des Bereichs und des Gebiets?" — Für die Begriffskonstruktion dürfte jene Aeusserung so wenig beweiskräftig sein, wie diese.

[47]) Hänel: „Studien zum deutschen Staatsrecht" I. S. 32 fg. S. 45 etc. — Gleichsam den Uebergang zu der heute herrschenden Lehre bildet die Anschauung G. Meyer's: Staatsrechtliche Erörterungen S. 57 fg. 62 fg.

hier die dingliche Rechtseinheit des Gebiets das die personellen Bestandtheile zusammenfassende Band. Man hat wohl diesem Gebiet den Charakter einer Rechtseinheit unter Berufung auf Art. 1 R.-V. bestreiten wollen. Aber abgesehen davon, dass die ersten Worte dieses Artikels gerade diese Einheit setzen, kann aus der folgenden Aufzählung der Einzelstaaten schon desshalb kein Argument gegen diese Einheit entnommen werden, weil eine andre Umschreibung des Reichsgebiets einfach unmöglich war. Allerdings weicht diese Umschreibung von der bei den Verfassungen der andren Gebietskörperschaften durchweg befolgten ab. Die Reichsverfassung von 1849 zeigt dagegen die letztere Art der Bezeichnung des Gebiets, wenn sie in Art. I § 1 sagt: „Das Gebiet des bisherigen deutschen Bundes bildet fortan das deutsche Reich[48]). Diese oder eine ähnliche Bezeichnung war jedoch weder 1867 noch 1871 möglich; und es blieb daher kein andrer Weg, die Rechtseinheit des neuen Reichsgebiets zu bestimmen, als durch Aufzählung seiner gliedstaatlichen Bestandtheile. Gerade hier zeigt sich aber recht augenfällig das Grundprincip alles Sozialrechts: die Durchdringung von Einheit und Vielheit. Der Begriff des Gebiets ist ein ausschliesslich sozialrechtlicher (s. oben S. 320) und theilt daher durchaus das Wesen dieses Rechts. Demnach ist die dingliche Sozialrechtseinheit des Reichsgebiets die Einheit in der Vielheit der Staatsgebiete; nicht etwas davon begrifflich verschiedenes. Und genau, dies drückt auch Art. 1 R.-V. aus, wenn er sagt: „Das Bundesgebiet besteht aus den Staaten Preussen" etc.

Selbst wenn man der Lehre Laband's beitritt, wonach principiell nur die Gliedstaaten unmittelbare Mitglieder des Reiches, die Bürger durch jene mediatisirt sind[49]), so wird da-

---

[48]) Vgl. darüber: „Die Verhandlungen des Verfassungsausschusses der deutschen Nationalversammlung", von G. Droysen. Bd. I. (Leipzig 1849); besonders die Bemerkungen Beseler's a. a. O. S. 341 und 343. Damals hatte man eben die Wahl das Reichsgebiet so oder durch Aufzählung der Gliedstaaten zu bezeichnen; und daher konnte der gewählten Art wohl principielle Bedeutung zukommen.

[49]) Vgl. oben S. 44.

durch die Eigenschaft des Reichsgebiets als dinglicher Rechtseinheit, die des Reiches als Gebietskörperschaft nicht ausgeschlossen. Vielmehr läge dann ein Analogon zu der gebietskörperschaftlichen Organisation der preussischen Provinzialverbände nach § 1 und 5 der Provinzialordnung vor[50]).

Die Reichsangehörigkeit wird durch dasselbe Gesetz vom 1. Juni 1870 geregelt, wie die Staatsangehörigkeit; und ebenso, wie wir es dort verfolgt haben, ist auch hier der Wohnsitz innerhalb des Gebiets von principieller Bedeutung für die Mitgliedschaft. Allerdings bindet § 1 jenes Gesetzes Erwerb und Verlust der Reichsangehörigkeit an Erwerb und Verlust einer Gliedstaatsangehörigkeit. Aber auch wenn man die Konsequenzen dieses Verhältnisses so scharf betont, wie es Laband thut, und abgesehen auch von der etwaigen Durchbrechung jenes Princips bezüglich Elsass-Lothringens, kann eine von der Gliedstaatsangehörigkeit jedenfalls ideell zu scheidende Reichsangehörigkeit unmöglich geleugnet werden[51]). Fasst man übrigens das Ziel jener Bestimmung in's Auge, dass nämlich jeder Reichsangehörige zugleich Angehöriger eines Gliedstaates sein muss, so ist auch dies nur ein Analogon des Princips, welches — auch wo es nicht ausdrücklich im Gesetz ausgesprochen wird —[52]) der ganzen modernen Gemeindegesetzgebung zu Grunde liegt, dass nämlich jeder Staatsangehörige zugleich Angehöriger einer Gemeinde sein soll. Und wie trotzdem die Staatsangehörigkeit einen in der Gemeindeangehörigkeit sich nicht erschöpfenden Inhalt hat, so auch hat die Reichsangehörigkeit einen Inhalt, welcher keineswegs in der Gliedstaatsangehörigkeit aufgeht. Mag man das Reichsindi-

---

[50]) Vgl. oben S. 372.

[51]) Anders verhält sich konsequenter Weise die Lehre Seydel's. Da sie dem Reiche die Eigenschaft einer gewordenen Körperschaft abspricht, muss sie ihm auch die dingliche Rechtseinheit des Gebiets und folglich auch die von dieser bedingte personelle Einheit der Angehörigkeit absprechen. Wie jedoch selbst Seydel's Konsequenz hier Schiffbruch leidet, weist treffend Laband a. a. O. S. 127 nach.

[52]) Dies ist der Fall z. B. in der sachsen-weimarischen G.-O. Art. 1; G.-O. f. Reuss j. L. Art. 1; Reuss ä. L. Art. 1.

genat des Art. 3 R.-V. so begrenzt auffassen, wie es — übrigens u. E. zutreffend — Laband thut[53]), wonach als Inhalt jenes Artikels nur der negative Satz erscheint, dass kein Deutscher in rechtlicher Beziehung ungünstigeren Regeln unterworfen werden darf als der Angehörige des eigenen Staates; — immerhin bezieht sich doch diese Bestimmung auf die Reichsangehörigkeit im ausgesprochenen Gegensatz zur Gliedstaatsangehörigkeit. Das Gleiche zeigt sich darin, dass beim Wechsel der Staatsangehörigkeit doch die Reichsangehörigkeit bestehen bleibt, sofern der Betreffende im Reichsgebiet verbleibt[54]). Die damit zusammenhängende Erleichterung der „Aufnahme" gegenüber der „Naturalisation" ist eine Wirkung der Reichsangehörigkeit im Gegensatz zur Staatsangehörigkeit und bildet ein Analogon zu der leichteren Erlangung des Bürgerrechts, welche z. B. nach den preussischen Städte-Ordnungen (§ 6) bei Ueberwanderung eines Staatsangehörigen von einer Gemeinde in eine andere eintritt. Und wenn Laband[55]) bezüglich der qualificirten Angehörigkeit, des Bürgerrechts meint: „An keinem Punkte kann man Reichsbürgerrecht und Staatsbürgerrecht schärfer auseinander halten, als durch den Gegensatz zwischen Reichstagswahlrecht und Landtagswahlrecht" — so kann man in ganz analoger Weise sagen, dass sich auch das Gemeinde- vom Staatsbürgerrecht vor allem durch den Gegensatz der Wahlrechte zu den Gemeinde- bezw. Staatsvertretungen scheidet. Das Reichsgebiet aber ist in demselben Masse das die Reichsangehörigen zusammenhaltende Band, wie es das Staatsgebiet für die Staats-, das Gemeindegebiet für die Gemeindeangehörigkeit ist; das deutsche Reich ist eine Gebietskörperschaft.

Schon in den bisherigen Erörterungen ist die Eingliederung dieser verschiedenen Arten der Gebietskörperschaften

---

53) Laband a. a. O. § 20.

54) Laband a. a. O. S. 129 drückt dies im Interesse seiner Theorie durch die Umschreibung aus: „wenn der Einzelne nur nicht aus dem Kreise der zum Reiche verbundenen Staaten ausscheidet". Der Kreis der zum Reiche verbundenen Staaten ist aber das Reichsgebiet.

55) a. a. O. S. 152, 153.

in einander berührt worden. Im IX. Abschnitt haben wir die Fähigkeit jeder Körperschaft, anstaltliche Elemente in sich aufzunehmen, sowie die Beschränkung kennen gelernt, dass sie dies nur gegenüber einer weiteren, sie selbst mitumfassenden Körperschaft vermag[56]). Später haben wir dann gesehen, dass sich jene Eigenschaft und jene Beschränkung auf die Gebietskörperschaft in der Art erstreckt, dass sie sich nur einer weiteren, sie selbst mitumfassenden Gebietskörperschaft organisch einzugliedern vermag[57]). Die vorangehende Betrachtung hat nun gezeigt, dass die rechtliche Organisation des neuen deutschen Reiches auf allen Stufen politischer Gebilde von der Ortsgemeinde bis hinauf zum Reiche selbst eine aufsteigende Reihe von Gebietskörperschaften aufweist, von denen je die höheren die niederen umschliessen. Damit ist die Voraussetzung organischer Eingliederung gegeben. Dass jede Gebietskörperschaft gerade der nächst höheren Art und nicht unmittelbar einer weiteren eingegliedert sei, ist selbstverständlich kein principielles Erforderniss. So sind z. B. in Preussen die grösseren Städte[58]) nicht den Kreis- sondern unmittelbar den Provinzialgemeinden, die Stadt Berlin[59]) auch nicht diesen, sondern unmittelbar dem Staate eingegliedert. Und demgemäss würde es, wenn man das Reichsland Elsass-Lothringen nicht als Staat, sondern als Reichsprovinz betrachtet, an sich keine Anomalie sein, dass diese Provinz nicht einem Staate, sondern unmittelbar dem Reiche eingegliedert ist.

Wenn Laband sagt: „Man kann das Reich einer Anzahl von Häusern vergleichen, über welche eine gemeinsame Kuppel gewölbt ist; die Insassen wohnen nicht theilweise unter dem Separatdach ihres Hauses und theilweise unter der gemeinsamen Kuppel, sondern unter beiden zugleich“[60]) — so ist dies ein gutes und treffendes Bild; aber es bezeichnet nicht nur das Verhältniss der Staaten zum Reiche, sondern genau ebenso

---

[56]) Vgl. oben S. 253 fg.
[57]) Vgl. oben S. 322.
[58]) Kreisordnung § 4.
[59]) Provinzialordnung § 2.
[60]) Laband a. a. O. S. 128.

das der Gemeinden zum Staate. Und dass die hieran anknüpfende Theorie Laband's von der Mediatisirung der Reichsangehörigen durch die Gliedstaaten unhaltbar ist und auch wenig Anklang in der Litteratur gefunden hat, wurde schon früher erwähnt[61]). Mit Recht sagt dagegen Gierke: „Man ist als Preusse mittelbarer und als Deutscher unmittelbarer Reichsangehöriger, wie man als Berliner mittelbarer und als Preusse unmittelbarer Staatsangehöriger ist“[62]). Wenn hiergegen Laband einwendet, dass man als Preusse immer zugleich Deutscher sei, und man nicht Deutscher sein könne, ohne einem Gliedstaate anzugehören[63]), so beweist dies nichts gegen Gierke; denn man ist auch als Berliner immer zugleich Preusse, und man kann, wie oben erwähnt worden, nach der modernen Gemeindeorganisation, wenigstens im Princip nicht Preusse sein, ohne einer Gemeinde anzugehören. Im letzten Grunde gehen die Einwendungen Laband's zurück auf seine früher kritisirte individualistische Staatsanschauung[64]), während ein richtiges Verständniss der stufenweisen Eingliederung der Gebietskörperschaften in einander die organische Staatsauffassung und diese wiederum die genossenschaftliche Personentheorie zur Voraussetzung hat. Jene Eingliederung beruht eben auf der Fähigkeit der Gesammtpersonen, zugleich eigene Organismen und Glieder höherer Organismen sein zu können, und diese Fähigkeit ist die eine und gleiche bei den Ortsgemeinden gegenüber den höheren Gemeinden, bei diesen gegenüber den Staaten, bei den Staaten gegenüber dem Reiche. Insofern die engeren Gebietskörperschaften als eigene Organismen in Betracht kommen, sind ihre Angehörigen mittelbare, sofern sie nur als Glieder in Betracht kommen unmittelbare Angehörige der weiteren Gebietskörperschaften. Im allgemeinen wird die Grenze zwischen beiden Sphären durch die Kompetenz gezogen; aber das Wesen organischer Durchdringung und Wechselwirkung bringt es mit sich, dass niemals die eine Sphäre von der andern ab-

---

[61]) Vgl. oben S. 46 fg.

[62]) In Schmoller's Jahrbuch 7. Jg. (1883) Heft 4 S. 67.

[63]) Laband a. a. O. S. 126 n. 2.

[64]) Vgl. oben S. 169 fg.

solut getrennt werden kann und dass schliesslich bei dem einzelnen Bürger seine Eigenschaften als Gemeinde-, Kreis-, Provinzial-, Staats- und Reichs-Angehöriger ein organisches Ganze bilden.

Dies findet seinen Ausdruck in der Art der Organbestellung. Wir haben oben gesehen, wie die Eigenschaften der s. g. Selbstverwaltungskörper als eigener Organismen und Glieder höherer Organismen bei der Bestellung ihrer Organe in verschiedener Weise zum Ausdruck kommen, indem dabei bald die eine, bald die andre Eigenschaft in den Vordergrund tritt[65]. Etwas analoges zeigt sich hier. Jede höhere Gebietskörperschaft schliesst die von ihr umfassten Individuen und niederen Gebietskörperschaften in sich. Bei der Bestellung ihrer Organe, soweit dieselbe durch Wahl oder dergl. erfolgt — also abgesehen von der Einwirkung der übergeordneten Gebietskörperschaft auf dieselbe, sowie von der eigenthümlichen Organstellung der Landesfürsten, welche später zu erörtern ist — kommt nun bald die Gesammtheit der jener höheren Gebietskörperschaft angehörenden Individuen an sich, bald die Gliederung derselben in niedere Gebietskörperschaften zur Geltung, d. h. die Angehörigen jener höheren Gebietskörperschaft erscheinen bei der Organbestellung bald mehr als unmittelbare, bald mehr als mittelbare Glieder derselben. Beides kann dann auch in der mannigfachsten Weise kombinirt werden, indem von mehreren Organen der höheren Gebietskörperschaft das eine in dieser, das andre in jener Art bestellt wird, oder indem bei der Bestellung eines Organs beide Arten zusammenwirken. Das letztere Princip findet sich bei der Bestellung des Kreistages als Organs der Kreisgemeinden durch die drei Wahlverbände der grösseren Grundbesitzer, der Landgemeinden und der Städte[66]. — Bei der Bestellung des Provinziallandtags als Organs der Provinzialgemeinden tritt das Princip der Mittelbarkeit besonders scharf hervor, indem derselbe von den Kreisen gewählt wird[67]. —

[65]) Vgl. oben S. 230 fg.

[66]) Preussische Kreisordnung § 85 fg.

[67]) Preussische Provinzialverordnung § 9 fg. — H. Schulze a. a. O.

Bei der Bestellung der Landtage als Organe der Gliedstaaten kommen meist beide Principien neben einander zur Geltung. Am reinsten, in geradezu musterhafter Weise geschah dies in der preussischen (oktroyirten) Verfassung vom 5. December 1848, welche sich zu diesem Zwecke des dafür vorzüglich geeigneten Zweikammersystems bediente. Neben die von den Bürgern als unmittelbaren Staatsangehörigen bestellte II. Kammer stellte sie die von denselben in ihrer Gliederung zu niederen Gebietskörperschaften bestellte I. Kammer, indem Art. 63 bestimmte: „Die Mitglieder der ersten Kammer werden durch die Provinzial-, Bezirks- und Kreisvertreter erwählt". Hier jedoch machten sich die unseligen Folgen der früher schon erwähnten Thatsache geltend, dass sich die Neugestaltung des Staates nicht organisch von unten herauf vollzog; denn die in jenem Artikel vorausgesetzten Kreis- und Provinzialgemeinden gab es noch nicht; und so kam man auf der abschüssigen Bahn der Provisorien schliesslich zu dem Gesetz vom 7. Mai 1853 und der darauf beruhenden Verordnung vom 12. October 1854. Die hierdurch geschaffene Zusammensetzung des Herrenhauses giebt ein getreues Bild des politischen Geistes, welcher die todten Formen einer abgestorbenen Zeit festhalten und sich mit den lebensvollen Bildungen der Gegenwart durch halbe Concessionen abfinden möchte. Da erscheint die alte, rein personelle Standschaft, die Individualberechtigung der Fürsten, Grafen und Herren. Das Präsentationsrecht haben nicht die dem modernen Staate homogenen gebietskörperschaftlichen, sondern gewisse ihm völlig heterogene Verbände der Grafen und des „alten und befestigten Grundbesitzes"; und die Berechtigung der einzigen Gebietskörperschaften, der Städte, ist eine unvollkommene und principlose. Dass die Bildungsart dieses Staatsorgans keine glückliche ist, dürfte in der Wissenschaft kaum streitig sein; und heute, da die gebietskörperschaftlichen Zwischenglieder zwischen Gemeinde und Staat vorhanden sind, wird

S. 527: „Das Gesetz geht davon aus, dass der Provinzialverband die Zusammenfassung der Kreisverbände sei, dass daher der Provinziallandtag nicht sowohl die Vertretung der einzelnen Provinzialangehörigen, als der Kreisverbände darzustellen habe".

man sich über kurz oder lang dem einst in unklarer Zeit verlassenen richtigen Princip wieder nähern[68]).

Aehnliche Ursachen hatten ähnliche Wirkungen auch in der Gestaltung der übrigen deutschen Landesvertretungen, welche in mannigfacher Weise bei der Zusammensetzung der I. oder der II. Kammern bald die Gesammtheit der Staatsbürger an sich, bald ihre Gliederung zu niederen Gebietskörperschaften mehr oder weniger berücksichtigt[69]).

In derselben Reinheit, welche der Art. 63 der preussischen Verfassung vom 5. December 1848 anstrebte, kommen die beiden Principien der Unmittelbarkeit und der Mittelbarkeit nebeneinander in der Reichsverfassung zum Ausdruck bei der Bestellung von Reichstag und Bundesrath. — „In dem Reichstage hat die dem deutschen Reiche angehörende Bevölkerung als Gesammtheit eine einheitliche Vertretung gefunden.“ Mit diesen Worten gesteht Laband selbst[70]) die wichtigste Durchbrechung seiner Lehre von der Mediatisirung der Reichsangehörigen durch die Gliedstaaten zu. Bei der Bestellung des Reichstags als Organ des Reiches kommen die einzelnen Bürger also als unmittelbare Glieder des Reiches in Betracht. Und ebenso tritt ihre Mittelbarkeit, d. h. ihre Gliederung zu niederen Gebietskörperschaften bei der Bestellung des Bundesraths hervor; und zwar werden dabei nur die höchsten der dem Reiche eingegliederten Gebietskörperschaften, die Gliedstaaten, berücksichtigt, wie ja auch der Art. 63 der preussischen Verfassung vom 5. December 1848 weuigstens nur die höheren, die Provinzen, Bezirke und

[68]) Vgl. H. Schulze a. a. O. S. 585 und die dort citirte Rede Twesten's und Schrift Geffcken's.

[69]) S. über Württemberg: Gaupp in Marquardsen's Handbuch III, I, 2 S. 132; Sachsen: Leuthold ebenda II, II S. 231 fg.; Baden: Schenkel ebenda III, I, 3 S. 9; Hessen; Gareis ebenda S. 73 fg. etc.

[70]) a. a. O. S. 272. — Dass auch der Einfluss der Gliedstaatsgrenzen auf die Bildung der Wahlkreise seine Lehre nicht in integrum restituirt, erhellt schon daraus, dass er die Bedeutung der Gliedstaatsangehörigkeit in dieser Hinsicht selbst nur als „keineswegs ganz wirkungslos“ bezeichnet.

Kreise, dagegen nicht die Gemeinden in's Auge fasst. Eine föderalistische Besonderheit kann in dieser Bestellungsart nicht gefunden werden, vielmehr liegt hier ein Analogon zur Bildung der preussischen Provinziallandtage vor. Wie diese von den Kreisen, so wird der Bundesrath von den Gliedstaaten bestellt; und daneben kommt hier die Unmittelbarkeit im Reichstage zum Ausdruck, welches Moment dort sogar völlig fehlt.

Jene föderalistische Besonderheit will Laband ferner darin finden, dass der Bundesrath nur zum Theil Organ des Reiches, andern Theils Organ der Gliedstaaten zur Ausübung ihrer Mitgliedschaftsrechte sei[71]). Mit vollem Recht verwirft Gierke diese „verfehlte Annahme“[72]). Sie ist überhaupt nur erklärlich aus Laband's früher kritisirter Anschauung, wonach man sich je nach Bedarf entweder das Reich oder die Gliedstaaten bei der Begriffskonstruktion „wegdenken“ muss. Der Bundesrath als solcher kann doch nur Organ der Gesammtheit der Gliedstaaten sein; die organisirte Gesammtheit der Gliedstaaten aber ist eben das Reich. Dass der Provinziallandtag lediglich Organ der Provinz ist, wird wohl Niemand bestreiten, und doch wird er von den Kreisen, wie der Bundesrath von den Staaten bestellt. Wie die organisirte Gesammtheit der Kreise die Provinz und die Gesammtheit ihrer Vertreter Organ der Provinz ist, so ist die organisirte Gesammtheit der Gliedstaaten das Reich und die Gesammtheit ihrer Vertreter Organ des Reiches. Der von Laband angezogene Vergleich mit der staatsrechtlichen Doppelstellung des Kaisers ist durchaus unzutreffend. Denn der Kaiser als solcher ist absolut nur Reichsorgan; der König von Preussen als solcher absolut nur Staatsorgan; Träger beider Eigenschaften ist dieselbe Person. Eine Analogie hier-

---

[71]) a. a. O. S. 217 fg.

[72]) Gierke in Schmoller's Jahrbuch 1883 Heft 4 S. 50: „In Wahrheit ist der Bundesrath als solcher durchaus nur Reichsorgan. Eine „Doppelstellung“ hat lediglich der einzelne Bundesrathsbevollmächtigte, indem er zugleich abhängiges Stimmorgan seines Staates und selbständiger Organtheil des aus solchen Stimmorganen gebildeten kollegialischen Reichsorgans ist“.

zu findet sich beim Bundesrath nicht; derselbe kann als Organ eines Gliedstaates in keiner Beziehung gedacht werden; und die Gesammtperson des Bundesraths ist nicht identisch mit der Individualperson des einzelnen Bevollmächtigten. Wohl ist der einzelne Bevollmächtigte Träger einer ausgesonderten Partikel einzelstaatlichen Willens; aber die Gesammtheit dieser gliedstaatlichen Willenspartikel, welche der Bundesrath darstellt, ist eben ein Element des Reichswillens, der sich aus ihr und der im Reichstag zur Erscheinung kommenden Gesammtheit von Willenspartikeln bildet.

Keine Widerlegung, sondern eine Bekräftigung dieser Anschauung liegt darin, dass die Bevollmächtigten zum Bundesrath an Instruktionen ihrer Staaten gebunden sind, während z. B. die Vertreter der Kreise im Provinziallandtage ebenso wie die Reichstagsabgeordneten nach freier Ueberzeugung stimmen. Wie die Mitglieder des Provinziallandtags Träger von Willenspartikeln der Kreise, so sollen die Mitglieder des Bundesraths Träger von Willenspartikeln der Staaten sein. Während aber jene durch Wahlen der gewählten Kreisvertretungen bestellt werden, und man hierin eine hinreichende Sicherheit für die Erreichung jenes Zieles sehen kann, werden die Mitglieder des Bundesraths von den Fürsten ernannt, und so mag es rathsam erscheinen, sie noch ausdrücklich an die Instruktion als eine verfassungsmässig normirte Aeusserung des Staatswillens als solchen zu binden. Wie Wahl mit Bestätigung oder Vorschlag mit Ernennung keine begrifflichen Gegensätze, sondern verschiedene Mittel zur Verwirklichung desselben Princips der Organbestellung sind, so erscheint auch hier ein und dasselbe Princip zur Bestellung eines Organs, welches Träger der Willenspartikel einer Gliedperson bei der Willensbildung der sie umfassenden Gesammtperson sein soll, in verschiedener Weise verwirklicht[73]).

---

[73]) Völlig hiervon zu scheiden ist die Frage, ob der Bundesrath eine parlamentarische Körperschaft, ein Oberhaus ist oder nicht. Denn ausser der Art der Bestellung ist hierfür auch der Charakter seiner Funktionen massgebend. Dieser aber ist, wie die Funktionen der Organe aller Gebietskörperschaften, in gegenwärtiger Arbeit nicht

Seine Anschauung vom Wesen des Bundesraths begründet Laband besonders durch den Hinweis auf den Zusammenhang dieser Institution mit dem alten Bundestage des deutschen Bundes. Aber so wichtig dieser Zusammenhang für die „politische Würdigung“ und die historische Betrachtung unzweifelhaft ist, so muss ihm doch die von Laband behauptete Bedeutung „für die Erkenntniss des juristischen Wesens des Bundesraths“[74]) durchaus abgesprochen werden. Gerade bei Laband befremdet diese Vermischung historisch-politischer und juristischer Anschauung ganz besonders. Nach seiner eigenen Lehre war der deutsche Bund als „Staatenbund“ gar keine „juristische Person“; und jedenfalls war er keine Gebietskörperschaft, sondern höchstens ein Verband von Gebietskörperschaften[75]). Daher konnte er, wenigstens nach Laband's Lehre, keine eigenen Organe haben, weil er kein einheitlicher Organismus war; und desshalb war der alte Bundestag durchaus nur eine Vielheit von Staatsorganen, kein Bundesorgan. So wenig nun Laband geneigt sein dürfte, das neue Reich theils als einen blossen Verein von Staaten (Gebietskörperschaften) theils als einen Staat (eine Gebietskörperschaft) anzusehen, so wenig darf er den Bundesrath theils als Staaten-, theils als Reichsorgan betrachten. Wie das Reich historisch wohl aus dem alten Bunde erwachsen, juristisch aber keine Fortsetzung desselben ist, so bestehen historisch-politische Zusammenhänge zwischen dem alten Bundestage und dem neuen Bundesrathe in Fülle, aber juristisch stehen sie ausser jedem Zusammenhange, da die Körperschaft, deren Organ der

zu untersuchen. Vielmehr beschäftigt sich dieselbe lediglich mit dem Begriff der Gebietskörperschaft als solcher und dem Verhältniss der verschiedenen Arten derselben. Allerdings machen die hier entwickelten Anschauungen, vor allem die Eliminirung des Souveränitätsbegriffs, auch eine Neukonstruktion jener Begriffe, welche die Funktionen der Organe betreffen, nothwendig. Die bequeme Scheidung von Innehabung und Ausübung der Souveränität u. A. m. fällt damit fort. Die Aufgabe dieser Konstruktion bleibt folgenden Arbeiten vorbehalten.

[74]) Laband a. a. O. S. 217.

[75]) D. h. er war ein Personenverband, keine Verbandsperson; vgl. die nächste n. 76.

Bundesrath ist, erst nach dem Untergange des alten Bundes geworden ist[76]).

Nach alledem leuchtet die Unmöglichkeit ein, auf diesem Wege, von der Unmittelbarkeit oder Mittelbarkeit ausgehend, zu einer begrifflichen Scheidung kommunaler und staatlicher Gebietskörperschaften zu gelangen. Wie die Art der Organbestellung zeigt, durchdringen sich Mittelbarkeit und Unmittelbarkeit der Individuen wie der Gemeinwesen auf allen Stufen, von der Kreisgemeinde bis zum Reiche, in mannigfachster Weise; und die dabei hervortretenden Verschiedenheiten sind nur — je nach der positiven Gesetzgebung — verschiedene Mittel zur Erreichung desselben Zieles, der Vereinigung von Mittelbarkeit und Unmittelbarkeit. Irgend ein begriffliches Scheidemittel geben sie nicht an die Hand, wie schon die eine Beobachtung zeigt, dass z. B. die Kreisgemeinden ihre Angehörigen den Provinzen gegenüber weit mehr mediatisiren, als die Gliedstaaten die ihrigen gegenüber dem Reiche. Und das Gleiche, wie für das personelle Element der Gebietskörperschaft, die Angehörigen, gilt für ihr dingliches Element, das Gebiet. Wie dort Mittelbarkeit und Unmittelbarkeit, so sind hier die Eigenschaften als eigene dingliche Rechtseinheit und Theil

---

[76]) Laband's Konstruktion wäre richtig, wenn man das Reich als eine Genossenschaft (im engeren Sinne) von Staaten betrachten dürfte, d. h. als einen Verband, der die ihm immanente Einheit noch nicht zur Vollendung entwickelt hat (s. oben S. 247). Das ist aber viel eher das Wesen des alten Bundes als des neuen Reiches, als welches eine voll entwickelte Körperschaft ist. — Ist der Vergleich mit dem Bundestage verfehlt, weil der Bund keine Körperschaft war, so ist der von Laband (a. a. O. S. 218) gleichfalls angezogene Vergleich mit dem Reichstage des alten Reiches desshalb verfehlt, weil das alte „Reich", wie im vorigen Abschnitt dargelegt worden, keine Gebietskörperschaft war. Ursprünglich war jener Reichstag nicht Organ des Reiches, sondern das Reich selbst; und als er später eine Versammlung von Gesandten wurde, da waren dieselben im wesentlichen nicht Vertreter staatlicher Gesammt- sondern fürstlicher Individualpersonen. Auch hier ist — im geraden Gegensatz zu der Meinung Laband's — die Aehnlichkeit mit den modernen Dingen eine thatsächliche, historisch-politische, aber keine begriffliche, keine juristische.

einer höheren auf allen Stufen gleicher Weise vereint. Wie das Gemeindegebiet zugleich dies und staatlicher Verwaltungsbezirk, d. h. zugleich mittelbarer und unmittelbarer Theil des Staatsgebiets ist, so ist das Gebiet der Gliedstaaten zugleich dies und Verwaltungsbezirk des Reiches, d. h. zugleich mittelbarer und unmittelbarer Theil des Reichsgebiets.

Und doch — wenn es überhaupt einen begrifflichen Unterschied zwischen deutschen Gemeinden und Staaten giebt, so kann derselbe nur in einer Verschiedenartigkeit der gebietskörperschaftlichen Eingliederung gefunden werden. Hierzu führt jedoch nur ein Gedankengang, welcher die logische Fortsetzung dessen ist, der zur Ausscheidung der Gebiets- von den sonstigen Körperschaften geführt hat; die Betrachtung des Verhältnisses der Gebietskörperschaften zu ihrem Gebiet.

Dass dieses Verhältniss kein sachenrechtliches sein, dass die Gebietskörperschaft ihrem Gebiet nicht wie das Subjekt seinem Objekt gegenüberstehen kann, ergiebt sich aus allen vorhergehenden Betrachtungen. Im Begriff der Gemeinde, des Staates als Gebietskörperschaften ist der Begriff des Gebiets bereits als Element enthalten; und daher kann jener Begriff nicht diesem äusserlich entgegengestellt werden. Folglich kann von einer Gebietshoheit in diesem Sinne ebenso wenig die Rede sein, als in dem einst von Zöpfl u. A. vertretenen, heute fast völlig aufgegebenen Sinne [77]). Und wie der Begriff des Gebiets in schroffstem Gegensatze zu dem des Eigenthums am Lande steht, so ist auch die das Völkerrecht noch beherrschende Anschauung, wonach die Staaten bezüglich ihres Gebiets gleich Grundeigenthümern einander gegenüberstehen, völlig falsch. Ebenso gut könnte man das Verhältniss der Individuen zu einander im Privatrecht als das von Körpereigenthümern, und das der Gemeinden etc. im Staatsrecht gleichfalls als das von Grundeigenthümern auffassen.

Wie die Gemeinde-, Staats-, Reichsangehörigkeit ein Statusrecht der Einzelnen ist [78]), so ist das Gebiet ein Status-

---

[77]) Vgl. oben S. 264 fg.

[78]) Vgl. z. B. Laband a. a. O. S. 130, 131.

recht der Gebietskörperschaften. Wie der Einzelne unter Umständen zum Schutz seines Angehörigkeitsstatus die Verwaltungsgerichte angehen kann (z. B. nach preussischem Zuständigkeitsgesetz § 155 al. 2), so die Gebietskörperschaften zum Schutz ihres Gebietsstatus. Dahin gehören im preussischen Recht die Bestimmungen des Zuständigkeitsgesetzes bezüglich der Stadtgemeinden (§ 9) [79]), der Landgemeinden (§ 26: „Streitigkeiten über die bestehenden Grenzen der ländlichen Gemeindebezirke, sowie über die Eigenschaft einer Ortschaft als Gemeinde unterliegen der Entscheidung im Verwaltungsstreitverfahren.“), der Kreisgemeinden (§ 2); und bezüglich der Provinzialgemeinden die Bestimmung der Provinzialordnung § 3 al. 2. In analoger Weise „ist eine Rechtsprechung bezüglich der Territorien der zum deutschen Reiche gehörigen Staaten denkbar. Der Art. 76 R.-V. . . findet unzweifelhaft auf einen Streit zwischen zwei Gliedstaaten über ihre Territorialgrenze Anwendung“ [80]). Als richterliche Behörde entscheidet über solchen Statusstreit auf Anrufen eines Gliedstaates der Bundesrath als Organ des Reiches, wie es bei den engeren Gebietskörperschaften die Verwaltungsgerichte als Organe des sie einschliessenden Staates thun. Da das Reich selbst nicht einer organisirten höheren Gebietskörperschaft eingegliedert ist, die internationale Gemeinschaft vielmehr den Charakter einer Genossenschaft (im engeren Sinne) [81]) von Gebietskörperschaften trägt, so vermag es seinen Status nicht im Wege der Klage, sondern nur durch die friedlichen und kriegerischen Mittel des internationalen Verkehrs zu wahren. Aber auch hier ist das Gebiet, wie auf allen niederen Stufen, ein Status- kein Eigenthumsrecht; eine Verletzung des Reichsgebiets ist eine Verletzung des Reiches selbst, nicht eines Besitzobjekts desselben; sie entspricht gewissermassen einer Körperverletzung, nicht einem Eigenthumsdelikt. Denn wie der Körper des Individuums nicht ein Besitzgegenstand desselben,

---

[79]) „Streitigkeiten über die bestehenden Grenzen der Stadtbezirke unterliegen der Entscheidung im Verwaltungsstreitverfahren“.

[80]) v. Sarwey a. a. O. S. 497; vgl. Laband a. a. O. S. 248 fg.

[81]) Vgl. oben S. 247.

sondern das Individuum selbst ist, so erscheint im Reichsgebiet das Reich selbst, ebenso wie im Staatsgebiet der Staat, im Gemeindegebiet die Gemeinde selbst [82]). Wohl darf man eine Bestätigung dieser Anschauung in der Erfahrung sehen, dass ein Staat nicht die schwersten Einbussen an Geld und Gut auch nur annähernd so nachhaltig empfindet, wie eine Verkürzung seines Gebietsbestandes; ganz wie der Einzelne pekuniäre Verluste leichter erträgt als körperliche Verstümmelung. Die Milliarden der Kontributionen sind Einbussen an Besitzobjekten, welchen der Staat äusserlich, als Subjekt seinem Objekt, gegenübersteht; jede Gebietsabtretung ist eine Verstümmelung des Staates selbst.

Der Begriff des Gebiets ist an sich und als solcher ein rechtlicher. Wie man nicht von einem Gemeinde- oder Staatsangehörigkeitsrechte, sondern schlechthin von der Angehörigkeit spricht; und wie diese Angehörigkeit sich nicht unter die subjektiven Rechte des Individualrechts einreihen lässt, trotzdem aber unzweifelhaft ein Rechtsverhältniss ist, — so ist in dem bisher erörterten Sinne nicht von einem Gebietsrecht, sondern schlechthin vom Gebiet zu sprechen; und obwohl dies sich in keiner Weise unter die dinglichen Rechte des Individualrechts einreihen lässt, ist es doch unzweifelhaft ein Rechtsverhältniss. In beiden Fällen handelt es sich eben um Sozialrecht; die Struktur seiner Gebilde ist ausschliesslich rechtlicher Natur; und die organische Verbindung der beiden Elemente, der Angehörigkeit und des Gebiets, als welche rechtliche Elemente sind, bildet das besondere Wesen der Gebietskörperschaften. Das Recht am Gebiet ist also nichts andres als das Recht, Gebietskörperschaft zu sein; das Gebiet ist ein Statusrecht der Gebietskörperschaften. Insoweit ergiebt sich auch für die Ausscheidung eines besonderen Begriffs: Gebietshoheit weder Anlass noch Möglichkeit. Und das bisher betrachtete rechtliche Verhältniss zum Gebiet

---

[82]) „Unklarheit über die Gebietsausdehnung eines Staates ist Unklarheit seines Bestandes überhaupt, seiner Rechte und Pflichten". Inama-Sternegg: „Beiträge zur Lehre vom Staatsgebiete" in der Zeitschrift f. d. ges. Staatswissenschaft Jg. 25 (1869) S. 469.

ist das eine und gleiche bei allen Arten der Gebietskörperschaften.

Völlig anders liegen die Dinge, sobald man das rechtliche Verhältniss zum Gebiet nicht im Zustande der Ruhe, wo es eben ein Naturrecht ist, sondern in der Bewegung betrachtet, d. h. sobald man das rechtliche Verhältniss bei Gebietsveränderungen in's Auge fasst.

Jede Veränderung des Gebiets ist eine wesentliche Veränderung der Gebietskörperschaft selbst. Dies ergiebt sich als logischer Schluss aus den vorangehenden Darlegungen. Mit ausschliesslicher Rücksicht auf den Staat führt es treffend Fricker aus[83]), welcher zugleich den hierin liegenden begrifflichen Gegensatz zur Idee des Eigenthums richtig hervorhebt. „Wir haben nicht, wie im Eigenthumskreis, ein im Centrum befindliches, fest bestimmtes und sich gleichbleibendes Wesen, das sich äusserlich mehr oder weniger an Gebiet zulegt und dadurch reicher oder ärmer, aber nicht anders wird. Der Staat selbst ist uns nichts anderes, als das in dem bestimmten Raum für das Recht[84]) organisirte Volk. Erwerbung und Veräusserung von Staatsgebiet ist also Aenderung des Staates selbst". Und im Folgenden berührt Fricker die Ursache, welche es bewirkt hat, dass die ganze Litteratur diesen Gegensatz stets verkannte, indem sie nämlich regelmässig statt vom Staate selbst von der Staatsgewalt ausgeht[85]). Die letztere mag bei einer Gebietsveränderung scheinbar völlig unverändert bleiben; aber da sie nur Organ des Staates, nicht der Staat selbst ist, so erleidet auch sie in Wahrheit eine Veränderung, indem sie Organ eines wesentlich veränderten Organismus wird. Freilich — wer wie Seydel von einer völlig heterogenen Staatsanschauung ausgeht, der handelt nur konsequent, wenn er in der Veränderung des Gebiets nur die Veränderung eines Herrschaftsobjekts, in der Abtretung eines Stückes Staats-

---

[83]) Fricker: „Vom Staatsgebiet" S. 27, 28. — Ueber die Bedeutung Fricker's für diese Lehre und den Mangel seiner Theorie s. das oben S. 279 Gesagte.

[84]) Statt „für das Recht" hiesse es richtiger: „rechtlich".

[85]) Vgl. oben S. 287 fg.

gebiet die „Abtretung eines Stückes Grund und Boden, also doch wohl Abtretung eines Gegenstandes“ sieht[86]). Aber den andren Schriftstellern, welche jene Gesammtanschauung verwerfen und doch von ihrem „staatsrechtlichen Sachenrecht“ nicht loskommen[87]), gebührt auch nicht die Rechtswohlthat der Konsequenz. Und wenn Rosin — unter Aufopferung des „staatsrechtlichen Sachenrechts“ — einen letzten Schlupfwinkel für die „sachenrechtliche Gebietsherrschaft“ im Völkerrecht sucht[88]), so ist die Thatsache des Rückzugs erfreulich, aber auch jener letzte Zufluchtsort nicht zu respectiren. Denn, wie früher dargelegt worden, muss der Begriff des Gebiets ein einheitlicher sein, und als solcher von unten, vom inneren Staatsrecht her entwickelt werden[89]). Und wie das Wesen des Gebiets an sich, so ist auch die Bedeutung einer Gebietsveränderung an sich die gleiche für alle Stufen der Gebietskörperschaften von der Ortsgemeinde bis zum Reiche.

Die Veränderung des Gebiets ist nicht nur eine wesentliche Veränderung der Gebietskörperschaft selbst; sie ist auch die einzig mögliche Art einer wesentlichen Veränderung derselben. Denn jede Verfassungsänderung u. dgl. m. ist nur eine Veränderung der Organe, nicht der Körperschaft selbst. Ihre wesentlichen Elemente sind Angehörigkeit und Gebiet. Nun wird aber, wie die früheren Ausführungen zeigen, die Angehörigkeit wesentlich vom Gebiet bestimmt, und nicht umgekehrt. Folglich kann eine Veränderung in den wesentlichen Elementen einer Gebietskörperschaft einzig und allein mittels Veränderung des Gebiets geschehen. Wenn eine Gebietskörperschaft — gleichviel ob Gemeinde, Staat oder Reich — ganz oder zum Theil einer andern einverleibt oder aus ihr ausgeschieden werden soll, so kann dies gar nicht anders als durch Einverleibung bezw. Ausscheidung ihres Gebiets geschehen[90]). Es ist undenkbar,

---

[86]) Seydel: „Bayrisches Staatsrecht“ Bd. I. S. 517 n. 3.

[87]) Vgl. oben S. 267 fg.

[88]) Rosin: „Recht der öffentlichen Genossenschaft“ S. 46.

[89]) Vgl. oben S. 275.

[90]) Die Wegführung eines Volkes wie z. B. der Juden in die baby-

ohne Veränderung des Gebiets eine wesentliche Aenderung der Angehörigkeit zu bewirken. Umgekehrt ist es für die wesentliche Aenderung der Körperschaft völlig unerheblich, ob den Bewohnern des abgetretenen bezw. einverleibten Gebiets durch die sog. Option die Erhaltung ihrer früheren Angehörigkeit ermöglicht ist oder nicht, wie ja auch die Aus- bezw. Einwanderung von Angehörigen überhaupt keine Aenderung der Gebietskörperschaft bewirkt. Dagegen ist Erwerb bezw. Verlust selbst von unbewohntem Gebiet oder solchem, dessen Bewohner sämmtlich optiren, eine wesentliche Aenderung der Gebietskörperschaft; denn dadurch wird das auch für die principielle Bestimmung der Angehörigkeit entscheidende Element verändert. Die Zahl der Angehörigen ist eine principiell offene; die Ausdehnung des Gebiets eine principiell geschlossene. Demgemäss ist Unbestimmtheit der Bewohnerzahl keineswegs Unbestimmtheit der Gebietskörperschaft selbst; Unklarheit über ihre Gebietsausdehnung dagegen Unklarheit ihres Bestandes überhaupt, ihrer Rechte und Pflichten[91]).

Ist jede Gebietsveränderung, und nur eine solche, eine wesentliche Veränderung der Gebietskörperschaft selbst, so entsteht die Frage, ob demgemäss die wesentlich veränderte Körperschaft auch eine andre, ein völlig fremdes Rechtssubjekt und daher nur Rechtsnachfolger der früheren ist. Sofern es sich nicht um Verlust des ganzen Gebiets bezw. um Ausscheidung einer völlig neuen Gebietseinheit handelt, ist diese Frage zu verneinen. Mit Recht sagt Gierke: „So bedeutungsvoll die wesentlichen Veränderungen von den unwesentlichen sich abheben mögen, so lässt doch auch die eingreifendste Veränderung einer juristischen Person deren eigentliches Selbst unversehrt. Eine Gesammtperson bleibt gleich der Einzelperson, so lange sie besteht, mit sich identisch; sie kann

---

lonische Gefangenschaft und verwandte Erscheinungen der Völkerwanderung sind heute nicht nur thatsächlich, sondern begrifflich unmöglich. Der Begriff der Gebietskörperschaft ist — mit Ausnahme der mittelalterlichen Städte — eben ein wesentlich moderner. Vgl. oben Abschnitte IV, V, IX, XI.

[91]) S. oben n. 82.

untergehen, aber sie kann kein mit dem Begriffe einer konstanten Einheit unverträgliches Schicksal erfahren"[92]). Wie die eigenartige Rechtsnatur des Gebiets überhaupt, so erfordert auch diese begriffliche Unterscheidung der wesentlichen Veränderung einer Gebietskörperschaft von ihrer Auflösung und Neubildung, auf welche doch die Idee der Rechtsnachfolge zurückgeht, zu ihrer gedanklichen Erfassung einen Bruch mit der individualrechtlichen Anschauungsweise. Wenn man in der Gebietskörperschaft, wie in jeder Gesammtperson, ein fingirtes Individuum sieht, so muss man mit jeder wesentlichen Veränderung die Idee der Auflösung und Neubildung, d. h. der Rechtsnachfolge, verbinden. Denn die Persönlichkeit ist dann einem bestimmten Substrat künstlich beigelegt; ändert sich dieses Substrat in wesentlichen Punkten, so muss dem veränderten Substrat eine neue Persönlichkeit künstlich beigelegt werden, und diese steht jener andern, da beide Quasi-Individuen sind, wie ein Individuum dem andern völlig fremd gegenüber; sie ist nicht die veränderte, sondern eine andre Person; eine rechtliche Verbindung zwischen ihnen ist nur in der Form der Rechtsnachfolge denkbar. Völlig anders ist der Standpunkt der organischen, sozialrechtlichen Anschauung[93]); und der Grund dieser Verschiedenheit liegt in dem wiederholt betonten Umstande, dass zwar Individuum wie Gesammtperson Organismen sind; jedoch jenes ein physischer, diese ein rechtlicher Organismus[94]). Während daher Veränderungen

---

[92]) Gierke: Genossenschaftstheorie S. 823; s. auch dort n. 3.

[93]) „Gerade hier ist einer der Punkte, bei denen es am klarsten einleuchtet, wie wenig sich das Wesen der Gesammtpersönlichkeit aus der Vergleichung mit der Einzelpersönlichkeit begreifen lässt. Die sozialen Organismen folgen eben bei ihrer Veränderung und Auflösung wie bei ihrer Entstehung eigenen Gesetzen, so dass diese Vorgänge aus Beobachtungen über das Leben und Sterben natürlicher Organismen eine Erklärung schlechthin nicht, eine etwaige Verdeutlichung jedoch oft mehr durch Vergleichung niederer als höherer Organismen empfangen können". Gierke a. a. O. S. 825 n. 1; vgl. übrigens zu den obigen Ausführungen das ganze V. Kap.: „Veränderung und Beendigung der Körperschaften" S. 809 fg.

[94]) Vgl. oben S. 146 fg.

des Individuums als rein physischer Natur in der Regel für das Recht unerheblich sind, wenn sie nicht den Fortfall oder die Entstehung der Persönlichkeit selbst bewirken, sind Veränderungen der Gesammtperson als rechtlicher Natur, auch wenn sie nicht die Auflösung oder Neubildung der Persönlichkeit selbst bewirken, für das Recht erheblich. Und während demgemäss die individualistische Anschauung in Folge ihrer Identificirung von Person und Individuum auch jede wesentliche Veränderung einer „juristischen“ Person mit ihrer Auflösung und Neubildung identificirt, muss die organische Anschauung beide Identificirungen gleicher Weise verwerfen. Dass diese letztere Anschauung die richtige ist, zeigt sich mit besonderer Klarheit an einem Punkte, wo auch die individualrechtliche Theorie ihrem Princip untreu werden und sich dem unsrigen anschliessen muss. Und zwar ist dies der einzige Punkt, wo eine Veränderung des physischen Individual-Organismus für das Recht von Bedeutung ist: der Uebergang von der Unmündigkeit zur Mündigkeit oder umgekehrt. Dass die Erlangung der Mündigkeit bezw. die Entmündigung eine rechtlich wesentliche Veränderung des Individuums ist, kann nicht zweifelhaft sein; aber ebensowenig, dass der mündige Mensch nicht Rechtsnachfolger seiner selbst zur Zeit der Unmündigkeit oder der Entmündigte Rechtsnachfolger seiner selbst zur Zeit der Mündigkeit ist. Trotz der eingetretenen wesentlichen Veränderung ist doch die Person eine identische; sie ist eine wesentlich veränderte, aber keine andre Person. Und genau dies ist der Fall bei wesentlichen Veränderungen der Gebietskörperschaften durch Erwerb oder Verlust von Gebietstheilen; sie werden dadurch wesentlich verändert, aber sie werden keine andren Personen; sie bleiben mit sich identisch; und daher kann die veränderte Gebietskörperschaft nicht ihr eigner Rechtsnachfolger sein. Das um die Hälfte verringerte Preussen nach dem Frieden von Tilsit war nicht der Rechtsnachfolger des früheren Preussen, sondern dieselbe Person, ebenso wie das Preussen vor und nach 1866. Dies gilt für alle Gebietskörperschaften, sowohl nach unten für die Gemeinden jeder Ordnung, wie nach oben für das Reich. Dieses ist daher nicht der Rechtsnachfolger des norddeutschen Bundes, sondern dieselbe durch die Einverleibung der süddeutschen Gebietstheile wesentlich veränderte Gebietskörperschaft[95]).

Dass mit dem Verlust des ganzen Gebiets der Untergang der Gebietskörperschaft selbst (also nicht bloss eine Veränderung), und ebenso mit der Aussonderung einer neuen Gebietseinheit die Entstehung einer neuen Gebietskörperschaft gegeben ist, folgt ohne weiteres aus dem Begriff. Und ferner ergiebt sich aus den vorstehenden Erörterungen, dass die Einverleibung der untergegangenen wie die Aussonderung der neu entstehenden Gebietskörperschaft eventuell nur eine wesentliche Veränderung, keine Neubildung bedeutet.

Nun kann aber die Einbeziehung einer Gebietskörperschaft in eine andre nicht nur in der Weise geschehen, dass das Gebiet der einverleibten Gebietskörperschaft überhaupt als dingliche Rechtseinheit zu existiren aufhört, sondern auch so, dass die eingegliederte Gebietskörperschaft zwar bestehen bleibt, aber zu der andern in das Verhältniss einer niederen zu einer sie umschliessenden höheren Gebietskörperschaft tritt. Eine wesentliche Veränderung des Gebiets und damit der Körperschaft selbst liegt auch hier vor; denn das eingegliederte Gebiet wird, was es bisher nicht war, Theil eines weiteren

---

[95]) In dieser Beziehung hat die auf der individualistischen Anschauung beruhende Unklarheit über das Wesen des Gebiets und der Gebietsveränderung eine eigenthümliche Sprachverwirrung in der Litteratur angerichtet. So sagt G. Meyer (Lehrbuch S. 158): „Das deutsche Reich ist nicht blos Rechtsnachfolger sondern geradezu Fortsetzung des norddeutschen Bundes und repräsentirt mit ihm dasselbe Rechtssubjekt". (Vgl. auch Jellinek: „Staatenverbindungen" S. 275.) Das letzte ist ganz richtig; aber das „nicht blos" ist bedenklich. Vollends Zorn (Staatsrecht Bd. I. S. 41) und Seydel (Commentar S. 18 fg.) bestreiten, dass das Reich Rechtsnachfolger des Bundes sei, weil es eine neue Person sei; und umgekehrt vertheidigt gegen sie Laband (2. Aufl. I. S. 41 n. 3) die Rechtsnachfolge, weil das Reich keine andre Person sei, als der Bund. Aber ist es nicht die Voraussetzung für die begriffliche Möglichkeit einer Rechtsnachfolge, dass der Nachfolger eine andre Person ist, als sein Vorgänger oder kann Jemand sein eigener Nachfolger sein? Laband vertheidigt also, was er bestreiten will, Seydel und Zorn bestreiten, was sie vertheidigen wollen.

Gebiets; dagegen braucht mit diesem Vorgange nicht nothwendig Auflösung und Neubildung der eingegliederten Gebietskörperschaft gegeben zu sein. Von diesem Gesichtspunkte aus unterscheiden sich nun mit aller Schärfe zwei begrifflich verschiedene Fälle. Wenn z. B. die Stadt Berlin, welche jetzt unmittelbar dem Staate Preussen eingegliedert ist, etwa einer Provinzialgemeinde eingegliedert werden würde, so wäre dies zwar eine wesentliche Veränderung der städtischen Gebietskörperschaft, denn das Stadtgebiet würde, was es bisher nicht war, Theil eines Provinzialgebiets; aber es wäre unzweifelhaft keine Auflösung und Neubildung derselben, die Stadt Berlin wäre keine andre Person nach als vor der Eingliederung. Dies zeigt sich in dem Gegenstück, der Ausscheidung grösserer Städte aus der Kreisgemeinde. Eine wesentliche Veränderung liegt auch hier vor, denn das Stadtgebiet ist nicht mehr, was es bisher war, Theil des Kreisgebiets; aber Niemand wird behaupten, dass eine Auflösung und Neubildung der Stadtgemeinde vorliegt; dass die einen Stadtkreis bildende Stadtgemeinde eine andre Person sei, als es die im Kreise stehende Stadt gewesen.

Ganz dasselbe Verhältniss ergiebt sich für die Eingliederung der deutschen Gliedstaaten in das Reich. Jene Eingliederung bedeutet für die Gliedstaaten eine wesentliche Veränderung, denn ihr Gebiet ist dadurch, was es früher nicht war, Theil des Reichsgebiets geworden. Aber die Staaten sind nicht aufgelöst und neugebildet worden[96]; der Staat Preussen seit 1867, der Staat Baiern seit 1871 sind keine andren Personen, als dieselben Staaten es vordem waren, sondern dieselben, freilich wesentlich veränderten Personen.

Dagegen zeigen z. B. die preussischen Annexionen von 1866 ein völlig andres Bild. Auch jetzt sind noch Hannover,

---

[96]) „— die Ansicht, dass die deutschen Staaten durch die Reichsgründung untergegangen und neu geschaffen seien, ist zwar vereinzelt aufgestellt worden, wird aber kaum viele Anhänger gewinnen". Gierke a. a. O. S. 824. Und doch ist die schliesslich darauf hinauslaufende Theorie Jellinek's (a. a. O. S. 272) und Zorn's (a. a. O. S. 60) vom Standpunkt der ominösen „Souveränität" jedenfalls konsequent.

Hessen, Nassau[97]), Frankfurt Gebietskörperschaften; aber diese Provinzial- bezw. Kommunalgemeinden sind nicht dieselben Personen, welche sie als Staat Hannover, Hessen etc. waren. Hier liegt vielmehr eine Auflösung und Neubildung vor. Jene Staaten sind untergegangen; und soweit von einer Rechtsnachfolge die Rede ist, sind nicht jene neuen Gemeinden, sondern ist der Staat Preussen ihr Rechtsnachfolger[98]). Die entsprechenden kommunalen Gebietskörperschaften sind als solche völlige Neubildungen.

Die Vergleichung und gedankliche Erfassung dieser Thatsachen ergiebt nun mit aller Deutlichkeit ein grundlegendes Princip. Wie eine Gemeinde durch Eingliederung in einen höheren Kommunalverband zwar eine wesentliche Veränderung, aber keine Auflösung und Neubildung erfährt, sondern dieselbe Person, d. h. eine Gemeinde bleibt, so haben die Gliedstaaten durch Eingliederung in das Reich zwar eine wesentliche Veränderung aber keine Auflösung und Neubildung erfahren, sondern sind dieselben Personen, d. h. Staaten geblieben. Dagegen haben jene Staaten, welche einem andern Staate eingegliedert worden sind, eine Auflösung und Neubildung erfahren; sie sind andre Personen, d. h. sie sind aus Staaten zu Gemeinden geworden. Hierin liegt aber das für unser ganzes Problem endgiltig entscheidende Resultat ausgesprochen, dass es einen begrifflichen Unterschied zwischen den deutschen **Gemeinden jeder Ordnung** einerseits und den deutschen **Gliedstaaten** andrerseits in Wahrheit und Wirklichkeit giebt; und ferner, dass dieser Unterschied, wie er es nach unserer Grundlage nur konnte, (vergl.

---

97) Auch nach dem Gesetz v. 8. Juni 1885, welches die Provinzialordnung in Hessen-Nassau einführte, bilden die Regierungsbezirke Kassel (Hessen) und Wiesbaden (Nassau mit Frankfurt) noch immer besondere Kommunalverbände; sie sind also im Gegensatz zu den sonstigen preussischen Regierungsbezirken, als welche bloss Staatstheile sind, Gebietskörperschaften.

98) Dass die privatrechtliche Theorie von der Rechtsnachfolge auf das Staatsrecht nur in sehr modificirter Form anzuwenden ist, kann Zorn (a. a. O. S. 41) gern zugegeben werden. Es gilt übrigens von jeder privatrechtlichen Theorie.

oben S. 393), in der That auf der Verschiedenartigkeit der Eingliederung beruht. Der für die Konstruktion entscheidende Werth dieses Resultats liegt nun aber in der Art, wie wir zu demselben gelangt sind. Denn es wurde dabei nicht von dem Vorhandensein dieses Unterschiedes als einer (sei es im „Sprachgebrauch", sei es irgendwie sonst) *a priori* gegebenen Thatsache ausgegangen, sondern vielmehr im Gegentheil zunächst von der begrifflichen Gleichartigkeit aller Gebietskörperschaften. Und wenn sich von diesem Ausgangspunkte her nach vollständiger Erschöpfung aller begrifflich wesentlichen Gleichheitsmomente dennoch zuletzt das Vorhandensein einer begrifflichen Verschiedenheit thatsächlich ergeben hat, so folgt daraus mit logischer Nothwendigkeit, dass damit nicht nur die Existenz, sondern zugleich auch das Wesen jenes begrifflichen Unterschiedes bereits gegeben ist. Denn wenn man bei der Vergleichung zweier Dinge zunächst alle gleichen Bestandtheile beider ausscheidet, und wenn danach noch ein Rest verbleibt, so hat man festgestellt nicht nur, dass — sondern auch worin beide verschieden sind. So enthalten denn auch in der That die vorangehenden Darlegungen bereits *in nuce* das Unterscheidungsmerkmal des deutschen Gliedstaates vom Kommunalkörper. Dasselbe ist nunmehr lediglich herauszuschälen, und auch hierbei bewährt sich diese Konstruktion als eine wahrhaft realistische, indem sie, wie bisher, im positiven Recht eine Stütze findet.

Im vorigen (XI.) Abschnitt haben wir gesehen, wie das für den Patrimonialstaat charakteristische, rein individualistische Verhältniss des Fürsten zu seinem Lande, die Landeshoheit, in der dem Fürsten principiell zustehenden freien Veräusserung, Theilung etc. des Landes zum Ausdruck kam. Ferner haben die bisherigen Erörterungen ergeben, dass der moderne Staat sich vom Patrimonialstaat nicht bloss durch seine Eigenschaft als Körperschaft, sondern im besonderen als Gebietskörperschaft abhebt. Die Wandlung besteht also nicht bloss, wie die herrschende Lehre mit ihrem „staatsrechtlichen Sachenrecht" annimmt, darin, dass an die Stelle der

Individualperson des Fürsten die Gesammtperson des Staates getreten ist, sondern zugleich auch darin, dass an die Stelle des blossen Objekts eines ihm äusserlich gegenüberstehenden Willens eine dingliche Sozialrechtseinheit getreten ist, welcher der sie beherrschende Wille immanent ist; mit andren Worten, dass an die Stelle des Landes das Gebiet getreten ist[99]). Demgemäss ist nothwendig das Verhältniss des Staates zu seinem Gebiet ein andres, als es das des Fürsten zu seinem Lande war. Veränderung, Theilung des Landes berührte nicht die Person des Fürsten selbst; sie war für ihn etwas äusserliches, wie es Theilung oder Veränderung des Vermögens für den Privatmann ist; dagegen ist eine Veränderung oder Theilung des Gebiets eine Veränderung und Theilung des Staates selbst[100]). Mit dem Verlust des ganzen Landes hört nicht die Person des Fürsten zu existiren auf; mit dem Verlust ihres Gebiets stirbt die Person des Staates; denn — der Staat ist Gebietskörperschaft. Ein solches Verhältniss ist mit der Vorstellung des Verhältnisses von Subjekt und Objekt unvereinbar; es ist nicht denkbar, dass jede wesentliche Veränderung eines Objekts auch sein Subjekt verändert; dass eine wesentliche Veränderung des Subjekts lediglich durch eine solche seines Objekts möglich ist; dass mit dem Fortfall des Objekts *eo ipso* auch sein Subjekt fortfällt. In alledem offenbart sich vielmehr in völlig charakteristischer Weise das Verhältniss, in welchem ein organisch wesentliches Element zu seinem Organismus steht. Demgemäss ist nun die Verfügung, welche einer Gebietskörperschaft über ihr Gebiet zusteht, nicht gleich dem Verfügungsrecht des Patrimonialfürsten über sein Land eines unter vielen andren

---

99) Vgl. oben S. 363.

100) Vgl. Pözl in Bluntschli u. Brater's Staatswörterbuch Bd. IX. S. 724; Gerber, „Grundzüge" S. 68: „Sowie der Staat selbst, weil eine Persönlichkeit, untheilbar ist, so ist es auch sein Territorium". Nur trifft dies nicht den entscheidenden Punkt. Nicht gleich dem Staate ist das Gebiet untheilbar; sondern weil der Staat gar nicht anders, als durch Theilung des Gebiets, und das Gebiet nur unter gleichzeitiger Theilung des Staates getheilt werden kann; d. h. weil das Gebiet nicht Objekt, sondern organisches Element des Staates ist.

in der s. g. Landeshoheit enthaltenen Rechten; sondern sie ist eine ganz specifische Eigenschaft; sie ist die rechtliche Fähigkeit einer Gebietskörperschaft, sich selbst (bezw. auch die in ihr enthaltenen engeren Gebietskörperschaften) wesentlich zu verändern (bezw. aufzulösen). Das ist das Wesen der **Gebietshoheit.** Und diese rechtliche Fähigkeit der Gebietshoheit ist das unterscheidende Merkmal zwischen Gemeinde und Staat. Die Gemeinden jeder Ordnung sind **Gebietskörperschaften ohne Gebietshoheit**; die Gliedstaaten (und das Reich) sind **Gebietskörperschaften mit Gebietshoheit.**

Bei der Betrachtung dieses Verhältnisses im einzelnen an der Hand des positiven Rechts, und zwar unserer Methode gemäss von unten nach oben fortschreitend, sind zunächst zwei principiell verschiedene Fälle zu scheiden. Die wesentliche Veränderung einer niederen Gebietskörperschaft kann nämlich entweder zugleich eine wesentliche Veränderung der sie enthaltenden höheren Gebietskörperschaft sein oder nicht, je nachdem Erwerb bezw. Verlust von Gebiet zwischen solchen Gebietskörperschaften geschieht, welche derselben höheren Gebietskörperschaft angehören oder nicht; je nachdem also die Veränderung des Gebiets der niederen zugleich eine Veränderung des Gebiets der höheren Gebietskörperschaft ist oder nicht. Dass nun die niedere Gebietskörperschaft nicht die rechtliche Fähigkeit haben kann, einseitig durch selbständige Veränderung ihrer selbst die höhere Gebietskörperschaft wesentlich zu verändern, folgt von selbst aus der Natur der Sache. Vielmehr können derartige Veränderungen nur **entweder** einseitig von der höheren Gebietskörperschaft **oder** von dieser in Uebereinstimmung mit der durch dieselben gleichfalls betroffenen niederen Gebietskörperschaft erfolgen. Handelt es sich nun um die Veränderung des Gebiets einer Orts-, Kreis- oder Provinzialgemeinde, durch welche zugleich eine Veränderung des betreffenden Staatsgebiets bewirkt wird, so ist hierzu stets und ausschliesslich nur der Staat ohne Rücksicht auf die davon betroffene Gemeinde berechtigt. Weder in der Gesetzgebung noch in der Theorie findet sich ein Anhalt dafür, dass etwa ein Staat bei Gebietsabtretungen an einen andern Staat der Zustimmung der durch jene Abtretungen gleichfalls wesentlich veränderten Gemeinden bedürfe.

In scheinbarem Widerspruch mit dem erwähnten natürlichen Princip, dass eine niedere Gebietskörperschaft nicht einseitig die höhere, in welche sie eingegliedert ist, wesentlich verändern kann, steht die Bestimmung der preussischen Kreis- bezw. Provinzialordnung (Kr.-O. § 3; Pr.-O. § 4), wonach Veränderungen solcher Gemeindegrenzen, welche zugleich Kreis- bezw. Provinzialgrenzen sind, auch die Veränderung der letzteren ohne weiteres nach sich ziehen. Wäre das zur Veränderung des Gemeindegebiets berechtigte Subjekt die Gemeinde selbst, so läge hier die paradoxe Bestimmung vor, dass die niedere Ortsgemeinde ohne weiteres einseitig eine wesentliche Veränderung der höheren Kreis- bezw. Provinzialgemeinde vornehmen könne. Schon diese Erwägung weist darauf hin, auch bei Veränderungen von Gemeindegebiet innerhalb des Staatsgebiets das berechtigte Subjekt nicht in der Gemeinde, sondern im Staate — als welcher die alle seine Gemeinden jeder Ordnung umschliessende Gebietskörperschaft ist — zu suchen. Und dies ist denn auch der gemeinsame begriffliche Kern der überaus verschiedenartigen Bestimmungen der deutschen Gemeindeordnungen über die Veränderungen des Gemeindegebiets.

Nach der preussischen Städteordnung für die östlichen Provinzen (§ 2) erfolgt die Veränderung eines Stadtgebiets durch Beschluss des Bezirksausschusses; dieser aber ist Organ des Staates. Wenn daher auch daneben „Vernehmung“ oder „Anhörung“ kommunaler Organe gefordert wird, so befinden sich dabei die Gemeinden in keiner begrifflich andern Lage, als die Besitzer der in Betracht kommenden Grundstücke; sie sind dabei interessirt; sie sind „Betheiligte“; aber das Subjekt, welches die Veränderung vornimmt, ist der Staat durch sein Organ, den Bezirksausschuss. Nothwendig ist die Zustimmung der Gemeinde überdies nur, wenn ihr ganzes Gebiet mit dem einer andern vereinigt werden soll, d. h. wenn es sich um völlige Auflösung, nicht um eine wesentliche Veränderung handelt; wobei dann auch Genehmigung des Königs, als höchsten Staatsorgans, gefordert wird [101]. — Nach der rheinischen St.-O. (§ 2) ist für Veränderungen des Stadtgebiets die Genehmigung des Königs, dagegen blosse „Anhörung" der Gemeindevertretung nöthig. Die bloss anzuhörende Gemeinde ist also keinesfalls das zur Veränderung berechtigte Subjekt. — Bezüglich der Landgemeinden bringt der § 1 des Gesetzes vom 14. April 1856 ganz analoge Grundsätze zur Anwendung, nur dass hier als Organ des Staates nicht der Bezirks-, sondern der Kreisausschuss fungirt. Auch hier ist für völligen Gebietsverlust, d. h. Auflösung einer Gemeinde, deren Zustimmung und die Genehmigung des Königs erforderlich; letztere auch für die Ausscheidung einer neuen Gebietseinheit, d. h. Neubildung einer Gemeinde [102].

Genau das gleiche Princip liegt dem Art. 4 der bairischen G.-O. zu Grunde und wird noch schärfer in § 8 der kgl. sächsischen St.-O. ausgesprochen [103]. — Nach Art. 3 § 4 der oldenburgischen G.-O. erfolgen Gebietsveränderungen der Gemeinden entweder durch Gesetz oder durch Verordnung, also stets durch den Staat. — Nach hessischem Gesetz (St.-O. Art. 5; G.-O. Art. 3) kann sich keine Gemeinde bilden, umgestalten oder auflösen ohne Bewilligung der Staatsregierung. — Die grossherzoglich sächsische G.-O. spricht in Art. 4 ausdrücklich aus, dass die Abänderung bestehender Gemeindebezirke durch landesherrliche Entschliessung erfolgt. — Die anhaltische G.-O. lässt die im § 11 vorausgesetzte Uebereinkunft der Betheiligten im § 12 gegenüber einer Verordnung der Regierung fallen. — Die G.-O. für Reuss j. L. Art. 4 und Reuss ä. L. Art. 7 bindet Neubildung und Veränderung von Gemeinden an die Genehmigung der Regierung. — Im Fürstenthum Waldeck (G.-O. § 5) erfolgen Veränderungen des Gemeindegebiets durch Beschluss des Landesdirektors.

---

[101] Ebenso St.-O. f. Westfalen § 2; ähnlich Schleswig-Holstein etc.

[102] Vgl. ferner L.-G.-O. f. Westfalen § 3 u. 6; f. d. Rheinprovinz § 2, 4, 6; Schleswig-Holstein § 1 etc.

[103] Vgl. kgl. sächsische L.-G.-O. § 7.

Was endlich die Gemeinden höherer Ordnung betrifft, so geschieht in Preussen [104]) die Veränderung bestehender Kreis- und Provinzialgebiete durch staatliches Gesetz (Kr.-O. § 3, Prov.-O. § 4) [105]). Und die vom Gesetz von vornherein in's Auge gefasste Gebietsveränderung der Kreise durch Ausscheiden der grösseren Städte erfolgt durch Erklärung des Ministers des Innern bezw. durch königliche Verordnung (Kr.-O. § 4).

Diese Beispiele dürften genügen, um die Behauptung zu erhärten, dass „jede Gebietsveränderung einer Gemeinde, auch wo es ihrer Zustimmung bedarf, durch Staatsakt" [106]) geschieht. Weder nach aussen noch nach innen besitzen also die Gemeinden die rechtliche Fähigkeit, ihr Gebiet, d. h. sich selbst, wesentlich zu verändern; und die Gemeinden höherer Ordnung besitzen diese Fähigkeit auch nicht bezüglich der ihnen eingegliederten engeren Gemeinden; vielmehr erfolgt die Veränderung der Gemeinden jeder Ordnung ausschliesslich durch die sie umschliessende staatliche Gebietskörperschaft. **Die Gemeinden jeder Ordnung sind Gebietskörperschaften ohne Gebietshoheit.**

Völlig anders ist die rechtliche Lage der deutschen Gliedstaaten in dieser Beziehung. Gebietsveränderungen zwischen deutschen Gliedstaaten erfolgen ausschliesslich durch den Willen dieser Staaten selbst; weder bedarf es zu einer solchen Gebietsveränderung der Zustimmung des Reiches, noch ist das Reich befugt, eine solche Veränderung vorzunehmen. Hierüber herrscht fast Einstimmigkeit in der Theorie [107]), und dem entspricht die feststehende Uebung der

[104]) Vgl. oben n. 6.

[105]) Auflösung u. Neubildung der Ortsgemeinden erfolgt durch Gesetz in Baden (St.-O. § 4), Oldenburg (G.-O. Art. 2 § 2), Waldeck (G.-O. § 6).

[106]) Gierke a. a. O. S. 819 n. 1.

[107]) Vgl. Laband a. a. O. S. 183 fg.; G. Meyer a. a. O. S. 478, wo auch weitere Litteraturangaben zu finden. — Andrer Meinung nur Zorn a. a. O. S. 71 ohne schlüssige Gründe. — Die Ansicht von Martitz: „Betrachtungen" etc. S. 10, beruht auf seiner unhaltbaren Vertragstheorie. — Unabhängig von dieser Frage ist die Regelung des Stimmenverhältnisses im Bundesrath, wie die Abgrenzung der Reichstagswahlkreise.

Praxis [108]). Dass die Gliedstaaten auch zur Veränderung der ihnen eingegliederten Gebietskörperschaften ausschliesslich berechtigt sind, und dass in dieser Hinsicht jede Konkurrenz des Reiches ausgeschlossen ist, ergeben die vorangehenden Darlegungen.

Fraglich könnte nur im Hinblick auf Art. 1 R.-V. sein, ob eine innere Gebietsveränderung, welche den Fortfall eines der gegenwärtigen Staaten oder die Entstehung eines neuen zur Folge hätte, d. h. ob völlige Einverleibung eines Gliedstaates in einen andern oder Neubildung eines solchen innerhalb des gegenwärtigen Reichsgebiets durch gliedstaatlichen Willensakt ohne Einwirkung des Reiches geschehen könne [109]). Mit Recht bejaht Laband diese Frage; denn, wie auch aus unseren Ausführungen über das Wesen des Reiches als Gebietskörperschaft hervorgeht [110]), bestimmt Art. 1 R.-V. lediglich das Reichsgebiet als dingliche Rechtseinheit; nicht dagegen die gliedstaatlichen Einzelgebiete. Das Reichsgebiet als Rechtseinheit bleibt aber unverändert, auch wenn sich mehrere Gliedstaaten zu einem vereinigen oder einer in mehrere theilt. Auch hier spricht die herrschende Meinung der Theorie [111]) wie die — besonders bei der Einverleibung Lauenburgs in Preussen hervorgetretene — Uebung der Praxis für die Gebietshoheit der Gliedstaaten.

Veränderungen eines Gliedstaatsgebiets, welche zugleich Veränderungen des Reichsgebiets sind, können selbstverständlich [112]) nicht einseitig durch Willensakt des Gliedstaates als der niederen Gebietskörperschaft erfolgen. Aber im Gegensatz zu dem oben erörterten Gemeinderecht und in Folge der eben

---

108) Beispiele s. bei Laband a. a. O. S. 185 n. 3.

109) Die Frage der Personalunion ist von unserem Standpunkt aus gar nicht zu erörtern; denn dieselbe ist keine Gebietsveränderung.

110) Vgl. oben S. 381.

111) Laband a. a. O. S. 121; andrer Meinung G. Meyer a. a. O. S. 477, der aber in n. 15 (wo auch weitere Litteraturangaben zu finden) die entgegengesetzte Ansicht als herrschend anerkennt. — Ueber Art. 6 R.-V. s. Laband a. a. O. S. 122 fg.

112) Vgl. oben S. 406.

festgestellten gliedstaatlichen Gebietshoheit können solche Veränderungen auch nicht einseitig durch Willensakt des Reiches erfolgen; vielmehr bedarf es der Uebereinstimmung beider Gebietskörperschaften, deren Gebiet davon berührt wird.

Dass zur Abtretung von gliedstaatlichem Gebiet an einen ausserdeutschen Staat principiell die Zustimmung des betroffenen Staates erforderlich ist, wird mit einer einzigen Ausnahme in der Litteratur nicht bezweifelt [113]; und auch hier hat die Praxis dementsprechend gehandelt [114]. Dagegen wird vielfach eine Ausnahme hiervon für Friedensverträge behauptet, indem in solchen das Reich ohne gliedstaatliche Einwilligung Staatsgebiet abtreten könne [115]. Mit Recht meint hiergegen Zorn, dass sich ein solcher Unterschied juristisch nicht begründen lässt [116]; und „politische Nothwendigkeit“ ist kein juristischer Grund. Ausser den „politischen Nachtheilen“ weiss aber Laband lediglich Art. 11, 1 R.-V. anzuführen, welcher dem Kaiser das Recht ertheilt, Frieden zu schliessen. Indessen ist diese Befugniss doch nur ein specieller Fall des allgemeinen Rechts, „Verträge mit fremden Staaten einzugehen“. Und wie durch dieses Recht nicht die materielle Kompetenz des Reiches erweitert wird, d. h. wie das Reich nicht durch internationalen Vertrag Materien regeln kann, zu deren gesetzlicher Regelung es verfassungsmässig nicht befugt ist, so kann auch durch Friedensvertrag das Reich keine Bestimmung treffen,

---

[113]) Diese Ausnahme bildet Thudichum: „Verf.-R. d. nordd. Bundes“ S. 57; die abweichenden Ansichten Seydel's und Zorn's beziehen sich nicht auf diesen Punkt, sondern fordern Zustimmung aller Gliedstaaten, wenigstens bei Abtretung des ganzen Gebiets. — Vgl. Laband a. a. O. S. 181; G. Meyer S. 477 n. 13.

[114]) Bei der badisch-schweizerischen Grenzregulirung (Verträge v. 28. April 1878 u. 24. Juni 1879); vgl. Drucksachen des Reichstags, 4. Legislat.-Per. II. Session 1879, Bd. V. S. 14.

[115]) Laband a. a. O. S. 182 fg.; G. Meyer a. a. O. S. 477 u. die dort n. 14 Citirten.

[116]) Zorn a. a. O. S. 71 n. 60; — vgl. auch Seydel: Commentar S. 29; bayerisches Staatsrecht Bd. I. S. 639. Soweit sich letzterer gegen Laband auf das Fehlen einer Gebietshoheit des Reiches beruft, können wir ihm nicht beitreten.

welche es durch Gesetz zu treffen nicht befugt wäre. Dass das Reich nicht befugt ist, einseitig, d. h. durch blosses Reichsgesetz gliedstaatliches Gebiet abzutreten, haben wir gesehen; also kann es dies auch nicht durch internationalen Vertrag oder eine Art desselben, den Friedensvertrag. Art. 11 R.-V. enthält keine Durchbrechung der allgemeinen Verfassungsgrundsätze; auch in Friedensverträgen ist das Reich bei Abtretung von gliedstaatlichem Gebiet an die Einwilligung des betroffenen Gliedstaates gebunden [117]).

Aus dem gleichen Grunde ist aber auch die Ausschliessung eines Gliedstaates aus dem Reiche ohne die Einwilligung des Staates unzulässig. Denn auch eine solche Ausschliessung ist eine wesentliche Veränderung des Staatsgebiets [118]), welche gemäss dem vorstehend entwickelten Grundsatze an die Zustimmung des Staates gebunden ist. Eine Ausschliessung von Gebietstheilen eines Gliedstaates aus dem Reiche ohne Abtretung an einen fremden Staat ist nicht nur nach dem oben Gesagten, sondern überhaupt begrifflich unmöglich. Denn aus dem Begriffe der Gebietskörperschaft und des Gebiets als einer Rechtseinheit folgt mit logischer Nothwendigkeit, dass eine Gebietskörperschaft niemals zum Theil einer höheren Gebietskörperschaft eingegliedert, zum Theil nicht eingegliedert sein kann. So wenig es denkbar ist, dass z. B. eine Stadt theils kreisangehörig, theils kreiseximirt sei, so unmöglich ist es, dass ein Gliedstaat theils zum Reiche, theils nicht zu demselben gehöre. Das einzige moderne Beispiel der Art, die Stellung Hessens zum norddeutschen Bunde wird in ihrer Anomalie und der daraus folgenden Unhaltbarkeit von Laband treffend beurtheilt [119]). Dass derartige Verhältnisse sowohl im deutschen Bunde als im alten Reiche mehrfach bestanden, erklärt sich einfach daraus, dass im alten Reiche, wie wir gesehen haben, weder das Reich noch die Territorien Gebietskörperschaften

---

117) Vgl. E. Meier: „Ueber den Abschluss von Staatsverträgen" S. 270 u. 304 fg.

118) Vgl. oben S. 402.

119) Laband a. a. O. S. 183 n. 2, woselbst er seine in der 1. Aufl. ausgesprochene andre Meinung richtig stellt.

waren, während später jedenfalls dem Bunde als solchem diese Eigenschaft fehlte. Heute, da sowohl das Reich als die Gliedstaaten Gebietskörperschaften sind, ist die theilweise Reichsangehörigkeit eines Gliedstaates eine unvollziehbare Vorstellung; und alle darauf zielenden Betrachtungen fallen völlig in's Leere[120]).

So fliessen alle rechtlichen Verhältnisse der Gliedstaaten zu ihrem Gebiet, für welche in der Litteratur die mannigfachsten und komplicirtesten Erklärungsversuche herbeigeholt worden sind, aus dem einheitlichen und einfachen Begriff der Gebietshoheit. Die Gliedstaaten besitzen sowohl nach aussen wie nach innen die rechtliche Fähigkeit, ihr Gebiet, d. h. sich selbst zu verändern; und sie besitzen diese Fähigkeit ausschliesslich bezüglich der ihnen eingegliederten engeren Gebietskörperschaften, der Gemeinden. **Die deutschen Gliedstaaten sind Gebietskörperschaften mit Gebietshoheit.**

Endlich ist aber auch das Reich eine Gebietskörperschaft mit Gebietshoheit. Dass jede Veränderung des Reichsgebiets an die Einwilligung des Reiches gebunden ist, ist völlig unbestritten. Soweit eine solche Veränderung zugleich eine Veränderung eines Staatsgebiets in sich schliesst, bedarf es des übereinstimmenden Willens der beiden davon berührten gebietshoheitlichen Körperschaften; sie beruht auf gemeinsamem Willensakt beider. Soweit aber eine solche Veränderung kein Gliedstaatsgebiet berührt, ist sie ausschliesslich Reichssache. Abtretung von Reichsgebiet, welches nicht zugleich Staatsgebiet ist, Erwerb von Gebiet, welches keinem Gliedstaate einverleibt wird, erfolgt lediglich durch Willensakt des Reiches. Dabei ist es auf Seiten des Reiches unerheblich, ob das neue Reichsgebiet als eigener Gliedstaat oder als „unmittelbares Reichsland" eintritt. Der Unterschied liegt nur darin, dass im ersten Falle auch ein Willensakt des eintretenden Staates als gebietshoheitlicher Körperschaft erfordert wird, im andern

---

120) Auch hier sind die durch Personalunion hergestellten Verbindungen als für das Gebiet und damit für den Staat unwesentlich ausser Betracht zu lassen.

nicht. Auf jene Weise ist bei der Einverleibung der süddeutschen Staaten, auf diese bei der Einverleibung Elsass-Lothringens verfahren worden; und in beiden Fällen mit Recht[121]. Dass ein Gliedstaat durch Erwerbung von Gebiet nicht einseitig das Reichsgebiet erweitern kann, ist unbestritten[122]. Da ein Gliedstaat aber auch, wie wir eben sahen, nicht theils in, theils ausser dem Reiche stehen kann, so ist Erwerb von Staatsgebiet ohne Einwilligung des Reiches überhaupt unzulässig. Und damit ist auch die logische Harmonie in diesen Verhältnissen hergestellt. Denn Erwerb wie Verlust von Gebiet sind begrifflich in gleicher Weise wesentliche Veränderungen; und daher muss jener den gleichen Beschränkungen wie dieser unterliegen. In allen Fällen herrscht das eine und gleiche Princip, dass die Gebietshoheit des Reiches so wenig die der Gliedstaaten durchbrechen kann, als diese jene. Wo immer daher beide in Frage kommen, ist auch Willensakt beider gebietshoheitlichen Körperschaften erforderlich.

So besitzt das Reich zunächst nach aussen die rechtliche Fähigkeit, sein Gebiet, d. h. sich selbst, wesentlich zu verändern; und zwar, sofern es sich nur um Reichsgebiet handelt, ausschliesslich, sofern es sich zugleich um Staatsgebiet handelt, gemeinsam mit dem Staate. Und es besitzt diese Fähigkeit auch nach innen, d. h. bezüglich engerer Gebietskörperschaften, sofern diese nicht selbst Gebietshoheit haben, d. h. nicht Staaten oder Glieder von Staaten sind. **Das deutsche Reich ist eine Gebietskörperschaft mit Gebietshoheit.**

Eine dem Reiche unmittelbar eingegliederte Gebietskörperschaft ohne Gebietshoheit, d. h. die nicht selbst Staat ist, giebt es nun in der That: das Reichsland Elsass-Lothringen. Nachdem das staatliche Kriterium in der Gebietshoheit gefunden ist, ergiebt sich die nichtstaatliche Natur dieser Gebietskörperschaft ebenso leicht als unzweifelhaft.

---

[121]) Vgl. G. Meyer a. a. O. S. 482. — Die entgegenstehende Ansicht Seydel's beruht auf seiner Gesammtanschauung, welche das Reich nicht als Gebietskörperschaft anerkennt.

[122]) Dagegen nur Tinsch: „Das Recht der deutschen Einzelstaaten" etc. S. 43 ohne ausreichende Begründung.

Nach Art. 4 des Gesetzes vom 18. Juli 1837 über die Gemeindeverwaltung bezw. nach dem diesen Artikel modificirenden Art. 13 des Gesetzes vom 24. Juli 1867 in seiner gegenwärtig geltenden Gestalt erfolgen Veränderungen von Gemeindegebieten in Elsass-Lothringen durch den Bezirkspräsidenten oder durch kaiserliche Verordnung. Der Bezirkspräsident sowohl wie der Kaiser sind Reichsorgane; die Veränderung der elsass-lothringischen Gemeinden beruht also nicht auf dem Willensakte dieses Landes, sondern des Reiches. Ebenso ist es unzweifelhaft, dass wesentliche Gebietsveränderungen des Landes selbst sowohl gegenüber deutschen als fremden Staaten lediglich von Reichswegen geschehen würden. Die Eingliederung des Reichslandes ganz oder zum Theil in einen Gliedstaat, seine Vergrösserung, Verringerung, Abtretung an fremde Staaten werden nirgends an seine eigene Einwilligung gebunden[123]. So ist auch seine eigene Einverleibung in das Reich nicht — wie die der süddeutschen Staaten — mit eigener Zustimmung erfolgt. Während also jene ihre Gebietshoheit behielten, ist die Gebietshoheit über Elsass-Lothringen von Frankreich an das deutsche Reich übergegangen.

Weder nach aussen noch nach innen besitzt also Elsass-Lothringen die rechtliche Fähigkeit, sein Gebiet, d. h. sich selbst, wesentlich zu verändern; es besitzt diese Fähigkeit auch nicht bezüglich der ihm eingegliederten Gemeinden; vielmehr erfolgt jede wesentliche Veränderung seiner Gemeinden wie des Landes selbst ausschliesslich durch die es umschliessende Gebietskörperschaft des Reichs. **Elsass-Lothringen ist also eine Gebietskörperschaft ohne Gebietshoheit, d. h. es ist kein Staat, sondern eine Gemeinde**; und zwar eine unmittelbar dem Reich eingegliederte Gemeinde höherer Ordnung, d. h. eine **Reichsprovinz**[124].

Mit gleicher Leichtigkeit fliesst aus diesem einen hiermit gewonnenen Grundprincip die Lösung der beiden soviel erör-

---

[123]) Vgl. Laband a. a. O. S. 727.

[124]) Nunmehr ergiebt sich auch, inwieweit wir der oben (S. 195) erwähnten Meinung Stoeber's beitreten; vgl. Archiv f. öffentl. Recht Bd. I. H. 4. S. 642.

terten und bisher so komplicirt erschienenen Fragen nach der rechtlichen Stellung der deutschen Fürsten und der internationalen Existenz der deutschen Gliedstaaten.

Die deutschen Fürsten sind danach keine „erblichen Oberpräsidenten“; sie unterscheiden sich in ihrer rechtlichen Stellung von diesen genau so, wie sich die Gliedstaaten von Provinzen unterscheiden. Wohl hat heute der Fürst kein Individualrecht am Lande; aber dies ist nicht durch die Eingliederung in das Reich, sondern durch die Umwandlung des Patrimonialstaates in den modernen Rechtsstaat verschwunden. Jenes organische Recht, das die Fürsten vor Errichtung des Reiches besassen, haben sie so wenig verloren, wie die Staaten ihre Gebietshoheit. Es ist das Recht, höchstes Organ des Staates zu sein. Jede wesentliche Veränderung einer Gebietskörperschaft ist eine wesentliche Veränderung ihrer Organe, insofern sie dadurch eben Organe einer wesentlich veränderten Körperschaft werden. Die Bürgermeister der Städte, die Landräthe der Kreise, die Oberpräsidenten der Provinzen unterliegen solcher wesentlichen Veränderung durch den Willen ihres Staates, weil die Gebietskörperschaften, an deren Spitze sie stehen, keine Gebietshoheit besitzen. Die deutschen Fürsten unterliegen solcher Veränderung durch den Willen des Reiches nicht, weil ihre Staaten Gebietshoheit haben. Wie die kommunalen Gebietskörperschaften durch Staatsakt aufgelöst werden können, so steht die amtliche Stellung ihrer obersten Organe am letzten Ende zur Disposition des Staates; die fürstliche Stellung der höchsten Staatsorgane dagegen steht so wenig zur Disposition des Reiches, wie die Existenz der Staaten selbst als gebietshoheitlicher Körperschaften. Und hierin liegt ebenso der rechtliche Unterschied zwischen der Stellung des Statthalters von Elsass-Lothringen und der fürstlichen Stellung. Weil das Reichsland keine Gebietshoheit hat, also kein Staat, sondern eine Reichsprovinz ist, desshalb ist der Statthalter — trotz seiner besonderen, „landesherrlichen“ Befugnisse — nichts als Oberpräsident des Reiches. Würde diese Stellung zu einer erblichen Würde gemacht, ohne dass Elsass-Lothringen die Gebietshoheit erhielte, dann gäbe es in der That einen erblichen

Oberpräsidenten. Keine persönliche Erhöhung vermag eine wahrhaft fürstliche Stellung zu schaffen, sondern nur die Begabung der Gebietskörperschaft mit Gebietshoheit. Deutlicher kann die Eigenschaft des modernen Fürstenthums als Staatsorgans nicht hervortreten. Gesetzliche Verbote gegen die Ernennung von Personalisten, wie sie im alten Reich erlassen wurden, sind heute unnöthig; denn eine solche Ernennung ist begrifflich unmöglich geworden, weil an die Stelle des Patrimonialstaates die Gebietskörperschaft mit Gebietshoheit getreten ist. Was in diesen klaren und einfachen Sachverhalt Verwirrung gebracht hat, das ist hier — wie überall in diesem Begriffskreise — das unpassende, weil dogmatisch inhaltlose Wort „Souverän".

Die Idee der Souveränität, die von ihr untrennbare individualistische Staatsauffassung und die daraus wieder sich ergebende privatrechtliche Konstruktion des Völkerrechts[125]) hat auch die in Wahrheit höchst einfache völkerrechtliche Stellung der deutschen Gliedstaaten komplicirt und verwirrt. Indem man das Charakteristikum der politischen Gemeinwesen, das Gebiet, aus einem organischen Element ihres Wesens zu einem blossen Objekt erniedrigt, betrachtet man (in wörtlicher Auffassung des Wortes Völkerrecht) die Völker gleich Grundeigenthümern[126]) und weiss nun natürlich diese Individuen von andren nur durch die Eigenschaft der Souveränität zu unterscheiden. Damit steht aber bezüglich des deutschen Reiches und seiner Gliedstaaten das Völkerrecht vor demselben Berge, über den die Staatskonstruktion nicht hinüberkann. Und da das Staatsrecht seinen Beruf, hier dem Völkerrecht fertige Begriffe zu liefern, nicht erfüllt, versucht man, dem Staatsrecht diese Begriffe

[125]) „Da die Völker im internationalen Verkehr als Individuen erscheinen, und das Völkerrecht demgemäss, um mit Montesquieu zu reden, als das *„droit civil de l'univers dans le sens, que chaque peuple est un citoyen"* sich darstellt, so ist es durchaus natürlich, dass die Sätze des Völkerrechts vielfach Abstraktionen aus dem Privatrecht sind". E. Meier: „Ueber den Abschluss von Staatsverträgen". Leipzig 1874. S. 36. 37.

[126]) Vgl. oben S. 276 fg.

vom Völkerrecht aus zu oktroyiren, den natürlichen Lauf der Dinge völlig auf den Kopf stellend.

Wie die politischen Gemeinwesen überhaupt als solche durch ihr Gebiet, so werden die Staaten im besonderen als solche durch ihr specielles Verhältniss zum Gebiet, d. h. durch ihre Gebietshoheit in dem hier festgestellten Sinne charakterisirt. Unserer Anschauung stellt sich die internationale Gemeinschaft dar als eine im Verdichtungsprocess begriffene Genossenschaft von Gebietskörperschaften. Selbständige Mitglieder dieser Genossenschaft sind nur und alle die Gebietskörperschaften, welchen die rechtliche Verfügung über ihr wesentliches Element, ihr Gebiet, d. h. über sich selbst, die rechtliche Fähigkeit, sich selbst wesentlich zu verändern, aufzulösen und neu zu bilden, d. h. die Gebietshoheit, zusteht. Desshalb sind die Gemeinden jeder Ordnung nicht selbständige Mitglieder der internationalen Gemeinschaft, dagegen sind dies sowohl die Gliedstaaten als das Reich, weil und insoweit ihnen die Gebietshoheit zusteht. Wie die Gebietshoheit des Reiches die der Gliedstaaten und wiederum diese jene beschränkt, so beschränken beide gegenseitig ihre internationale Rechtsfähigkeit. Hier wie überall machen sich „die durch die innere Organisation bedingten Einschränkungen auch nach aussen geltend“ [127]). Alle in dieser Beziehung hervortretenden Streitfragen finden aber unter diesem Gesichtspunkte ihre principiell einheitliche und mit der Wirklichkeit voll übereinstimmende Lösung.

Damit stehen wir am Ende unserer Untersuchung. Von der Grenze des Individualrechts aufsteigend, haben wir den Gegensatz des Sozial- zum Individualrecht, die drei Hauptkategorien des ersteren und ihre Kombinationen kennen gelernt. Wir haben die sämmtlichen politischen Gemeinwesen als Körperschaften und im Unterschiede von allen übrigen als **Gebietskörperschaften** erkannt. Als solche bilden sie eine aufsteigende Reihe von der Ortsgemeinde bis zum Reiche. Aber

---

[127]) E. Meier a. a. O. S. 90.

zwischen Gemeinde und Staat erscheint die **Gebietshoheit** als sonderndes Kriterium, nach welchem sich die beiden Arten **kommunaler** und **staatlicher** Gebietskörperschaften scheiden. Wie die höheren Gemeinden die homogenen engeren umschliessen, so umschliesst das Reich die ihm homogenen Staaten. — Und auf diesem ganzen Wege ersparte die schöpferische Kraft des genossenschaftlichen Gedankens jedes Anklammern an die Krücken der Fiktion, der Zweckidee oder der Souveränität. Aus der einzigen und einen Uridee der Genossenschaftstheorie ergiebt sich alles weitere mit der innerlich zwingenden Kraft des logischen Schlusses. Was die Theorie mit den verschiedenartigsten Hilfsmitteln zu erweisen versucht, was die Praxis oft unbewusst der inneren Logik der Dinge folgend geordnet, erklärt sich einheitlich aus diesem einen Gedankengange, die Fabel von der begrifflichen Inkongruenz der Wirklichkeit und der Theorie widerlegend. Auf der Grundlage der Genossenschaftstheorie und dem aus ihr fliessenden Begriffe der Gebietskörperschaft erhebt sich in sich einheitlich und geschlossen die Konstruktion des deutschen Staates.

GPSR Compliance

The European Union's (EU) General Product Safety Regulation (GPSR) is a set of rules that requires consumer products to be safe and our obligations to ensure this.

If you have any concerns about our products, you can contact us on ProductSafety@springernature.com

In case Publisher is established outside the EU, the EU authorized representative is:

Springer Nature Customer Service Center GmbH
Europaplatz 3
69115 Heidelberg, Germany

Batch number: 10852600

Printed by Printforce, the Netherlands